企业人力资源管理师二级（第三版）

5+1快速通关宝典

弗布克人力资源管理师项目中心◎编著

中国电力出版社
CHINA ELECTRIC POWER PRESS

内 容 提 要

本书以企业人力资源管理师国家职业标准和历年真题为依据，根据《企业人力资源管理师（二级）》（第三版）和《企业人力资源管理师（基础知识）》第三版的知识体系进行编写，涵盖了企业人力资源管理师二级考试的所有题型。

本书分为考试鉴定标准及解析、全面梳理考核重点、一对一辅导训练、名师点评易错易混鉴定点、真题模拟题测试与综合检查，以及资料分享与实操技能提升六篇内容。

本书既适合参加企业人力资源管理师职业资格二级考试的考生使用，也可供人力资源管理从业人员、人力资源管理专业学生参考。

图书在版编目（CIP）数据

企业人力资源管理师二级（第三版）5+1快速通关宝典 / 弗布克人力资源管理师项目中心编著 . —北京：中国电力出版社，2015.3

ISBN 978-7-5123-6945-0

Ⅰ . ①企… Ⅱ . ①弗… Ⅲ . ①企业管理 – 人力资源管理 – 资格考试 – 自学参考资料 Ⅳ . ① F272.92

中国版本图书馆 CIP 数据核字（2014）第 299974 号

中国电力出版社出版、发行

北京市东城区北京站西街 19 号　　100005　　http：//www.cepp.sgcc.com.cn
责任编辑：闫丽娜
责任校对：太兴华　责任印制：赵　磊
航远印刷有限公司印刷·各地新华书店经售
2015 年 3 月第 1 版·2015 年 3 月北京第 1 次印刷
787mm×1092mm　16 开本·25.5 印张·500 千字
定价：58.00 元

前　　言

随着职场竞争激烈程度的增加，人力资源岗位晋升门槛不断提高，人力资源从业人员要想在职场中如鱼得水，博得领导的赏识，必须不断充电学习，而获得人力资源管理师职业资格证书成为大部分从业人员的选择。但是他们也不得不面对一个现实，即绝大部分时间都要花在工作上，用来学习的时间少之又少。

本书通过梳理培训教程知识点，精心配置关键习题，总结多年考试规律，力求看透本质、抓住重点、直击难点、参透要点，化繁为简，有效减轻考生的复习负担，提升考生的复习效率，使广大考生在有限的时间和精力下从容应对考试，顺利通过人力资源管理师职业资格考试，获取人力资源管理师职业资格证书。

本书分为6篇，即考试鉴定标准及解析、全面梳理考核重点、一对一辅导训练、名师点评易错易混鉴定点、真题模拟题测试与综合检查，以及资料分享与实操技能提升。第一篇帮助考生详细了解考试重点和考试题型，实现针对性复习；第二篇帮助考生进行知识梳理，提炼知识点，减轻考生复习负担；第三篇为考生提供大量练习题，检验考生复习质量；第四篇为考生提供大量考情和预测信息，提高考生通过率；第五篇为考生提供最新真题和仿真模拟题，再现考试场景；第六篇与考生分享资料，提升考生实际操作技能。通过这6篇内容，本书的优势能切实落地，成为对广大考生有利的考试辅导用书。本书的特点主要体现为以下5个方面。

紧扣鉴定点，增强考试指导性——本书在第一篇就对考试鉴定点进行了深入细致的研究，为考生复习提供了引导，指明了方向。

系统梳理，提炼考试知识点——为节约考生复习时间，减少无用功，本书以图表形式展现各个考试要点，使考生一目了然。

同步练习，透彻清晰地解答——不仅做到与书中内容完全同步，而且有针对各种题型的专项训练。

点评精准，提高预测准确率——本书结合培训教程，对人力资源管理师职业资格考试的部分考试真题进行详细解析和点评，并对新旧教程进行对比分析，列举易错易混鉴定点，从而提高了考试预测的准确率。

强化练习，高仿真模拟试题——通过全真模拟考试试题，重现考试情境，引导考生进入良好的备考状态，充满信心地迎接考试。

由于时间问题，本书仍有不足之处，欢迎广大读者批评指正，以便我们改版时能够做得更好，读者用起来更加方便。

在本书编写过程中，孙立宏、刘井学、王淑燕、程富建、刘伟负责资料的收集和整理，贾月、罗章秀负责图表编排，王胜会、孙宗虎参与编写了本书的第一篇，王胜会、李作学、齐艳霞、刘柏华、程淑丽、姚小风、王春霞参与编写了本书的第二篇，王胜会、黎建勇、阎晓霞参与编写了本书的第三篇，王胜会、高春燕、权锡哲参与编写了本书的第四篇，王胜会、刘俊敏、王瑞永参与编写了本书的第五篇，王胜会、郭蓉、李亚慧、韩燕参与编写了本书的第六篇，全书由弗布克人力资源管理师项目中心统撰定稿。

编者

目　　录

第一篇
通关计划一：考试鉴定标准及解析

第一章　考试鉴定标准

第一节　命题依据及原则

本书旨在详细说明企业人力资源管理师二级鉴定考试的特点，给考生指明鉴定考试的重点范围和内容，明确复习内容的核心要素和一般要素，并通过各种类型的知识和技能练习题及其参考答案，为考生掌握重点、理解难点、解析疑点提供具体的指导。

企业人力资源管理师二级考试的命题依据及原则如图1-1-1所示。

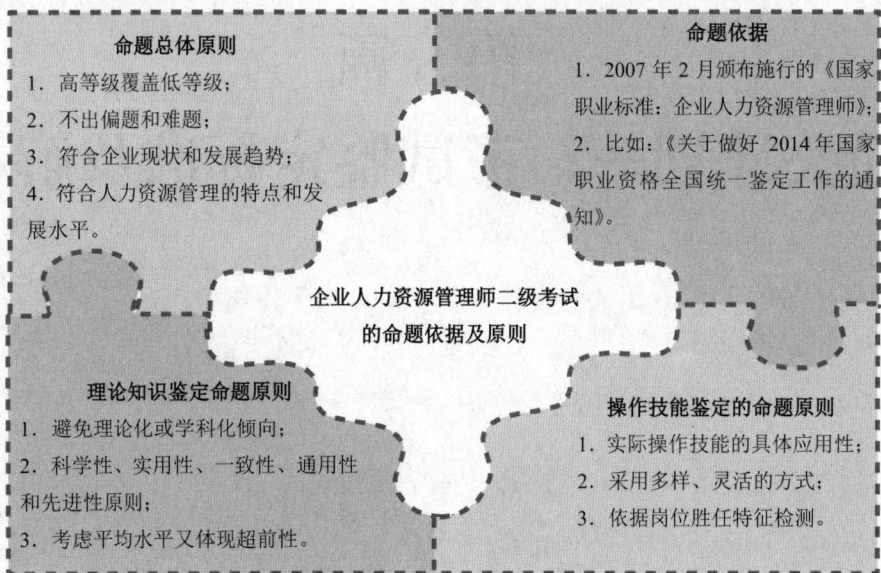

命题总体原则
1. 高等级覆盖低等级；
2. 不出偏题和难题；
3. 符合企业现状和发展趋势；
4. 符合人力资源管理的特点和发展水平。

命题依据
1. 2007年2月颁布施行的《国家职业标准：企业人力资源管理师》；
2. 比如：《关于做好2014年国家职业资格全国统一鉴定工作的通知》。

企业人力资源管理师二级考试的命题依据及原则

理论知识鉴定命题原则
1. 避免理论化或学科化倾向；
2. 科学性、实用性、一致性、通用性和先进性原则；
3. 考虑平均水平又体现超前性。

操作技能鉴定的命题原则
1. 实际操作技能的具体应用性；
2. 采用多样、灵活的方式；
3. 依据岗位胜任特征检测。

图1-1-1　企业人力资源管理师二级考试的命题依据及原则

第二节　鉴定内容及方式

企业人力资源管理师二级考试分为理论知识（含职业道德）考试、专业能力考试、综合评审（论文撰写及答辩）三个部分，其中理论知识100分；专业能力100分；综合评审100分。三个部分考试分别达60分为合格。采取闭卷笔试、模拟操作等考核方式进行。

考试内容包括《国家职业资格培训教程：职业道德》参考资料、《企业人力资源管理师（基础知识）》（第三版）、《企业人力资源管理师（二级）》（第三版）、《企业人力资源管理师（常用法律手册）》（第三版），以及《国家职业资格考试指南：企业人力资源管理师（二级）》所介绍的相关知识要求和能力要求。

第三节 理论知识和专业能力权重分布

在企业人力资源管理师二级鉴定考试中，理论知识和专业能力的权重分布具体如表1-1-1所示。

表 1-1-1　企业人力资源管理师二级考试理论知识和专业能力的权重分布

项目	二级	
	理论（％）	技能（％）
基础知识	10	—
人力资源规划	15	20
招聘与配置	15	15
培训与开发	15	15
绩效管理	15	15
薪酬管理	15	20
劳动关系管理	15	15
合 计	100	100

第二章　卷册一鉴定要求

第一节 鉴定要求分析

卷册一共计125道选择题。卷册一的考试时间不少于90分钟，考试采用单选（试题题干下有A、B、C、D四个选项，其中包含一个正确答案）与多选（试题题干下有A、B、C、D、E五个选项，其中包含两个或两个以上的正确答案）两种类型的客观题目。考试涉及的范围包括：职业道德25道题、基础知识10道题、培训教程共六章知识90道题，共125道题。

第二节　职业道德

一、职业道德基础理论与知识部分

考查职业道德基础理论与知识部分的题目共 16 道，分布在单项选择题第 1 ~ 8 题，以及多项选择题第 9 ~ 16 题。

二、职业道德个人表现部分

考查职业道德个人表现部分的题目分布在第 17 ~ 25 题。

第三节　基础知识

企业人力资源管理师考试基础知识部分知识点共五章内容，具体如图 1-1-2 所示。

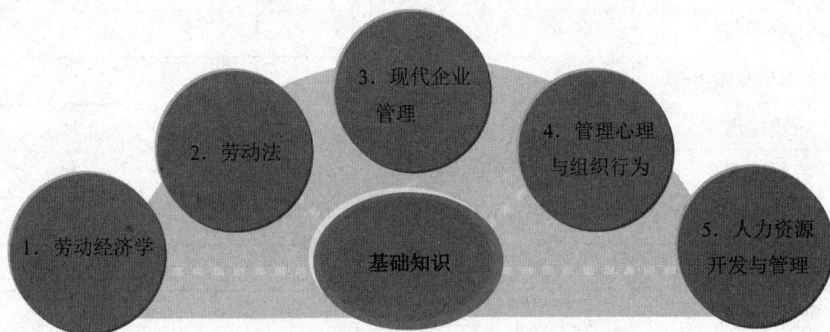

图 1-1-2　企业人力资源管理师考试基础知识共五章内容

基础知识在企业人力资源管理师二级鉴定考试中，题目设置为单项选择题 6 道题，分布在第 26~31 题；多项选择题 4 道题，分布在第 86~89 题。

第四节　教程第三版

《企业人力资源管理师（二级）》（第三版）中的六章内容，在卷册一中的题量及题目分布具体如表 1-1-2 所示。

表 1-1-2　教程内容在卷册一中的题量及题目分布

章节	内容	单项选择题		多项选择题	
		题目数量	题目序号	题目数量	题目序号
第一章	人力资源规划	9	32~40	6	90~95

续表

章节	内容	单项选择题		多项选择题	
		题目数量	题目序号	题目数量	题目序号
第二章	招聘与配置	9	41~49	6	96~101
第三章	培训与开发	9	50~58	6	102~107
第四章	绩效管理	9	59~67	6	108~113
第五章	薪酬管理	9	68~76	6	114~119
第六章	劳动关系管理	9	77~85	6	120~125
合 计		54	32~85	36	90~125

第三章　卷册二鉴定要求

第一节　鉴定要求

　　卷册二部分专业能力的考核时间不少于 120 分钟，考试一般采用简答题、综合题两种类型的主观题目，其中综合题包括案例分析题或方案设计题。卷册二部分的题量为简答题 3 道、综合题 3 道，共计 6 道题。

第二节　教程第三版

　　企业人力资源管理师二级考试中，卷册二的考查范围主要是《企业人力资源管理师（二级）》（第三版）和《企业人力资源管理师（常用法律手册）》（第三级）中所阐述的相关知识和能力要求，不包括职业道德和基础知识部分。考试涉及的各部分内容及其所占比重，参见表 1-1-2。考试的具体题型、题量、配分比例参见当年的鉴定考核方案。

第四章　卷册三鉴定要求

第一节　鉴定要求：论文评审

　　论文评审一般是按照以下要求和步骤进行。

一、论文评审基本要求

（1）各省级职业技能鉴定指导中心根据本地区的实际，按照各统考职业的特点，统一安排时间组织实施。

（2）综合评审可采取多种方式进行。采取论文撰写、口头答辩或书面答辩的考生，须按省级职业技能鉴定指导中心的安排，提交本人论文和有关材料。省级职业技能鉴定指导中心在答辩前统一组织综合评审委员会对论文内容进行评定，并根据考生人数确定答辩日程。

（3）采取其他方式进行综合评审的，各省级职业技能鉴定指导中心应事先制定综合评审的具体要求和办法，通知报考考生，并上报劳动保障部职业技能鉴定中心备案。

二、综合评审委员会的组成

（1）省级职业技能鉴定指导中心根据申请答辩人数，成立若干综合评审委员会，并填写综合评审委员会专家登记表报劳动保障部职业技能鉴定中心备案。

（2）每个综合评审委员会由3~5名委员组成。设主席1名，主持答辩工作。配秘书一名，负责答辩过程的记录工作。

（3）所有综合评审委员会委员必须具备本专业或者相关专业副高级以上职称（主席必须具备正高级职称），并参加由省级职业技能鉴定指导中心按有关要求统一组织的考评员培训。

（4）省级职业技能鉴定指导中心按照有关要求，统一组织综合评审期间的考务管理。

三、论文内容评定

（1）由评审委员独立对论文内容进行评定，将评定结果填入综合评审评分表，同时填写相应的答辩问题。

（2）论文内容不符合撰写要求的考生，不得参加答辩。

（3）论文内容部分的成绩实行百分制，由评审委员会中每位成员评定的成绩进行算术平均后得出。考生该部分成绩必须符合以下两个条件，方可参加答辩：占评审委员会总数2/3以上的委员评分合格（≥60分），平均分合格（≥60分）。

四、答辩的主要程序和要求

（1）书面答辩。

①省级职业技能鉴定指导中心根据答辩问题，制作书面答辩试卷（试卷格式见附表5），用信封分别封存，并在信封上注明考生姓名、准考证号和论文题目。

②省级职业技能鉴定指导中心组织考生集中进行书面答辩。书面答辩采用闭卷笔试方式，时间不少于 60 分钟，考生不得携带论文等与答辩有关的资料。

③答辩结束后，省级职业技能鉴定指导中心组织评审委员结合论文对答辩试卷进行评定，并将评定结果填入综合评审评分表。

④答辩成绩实行百分制，由评审委员会中每位成员评定的成绩进行算术平均后得出。评定成绩符合以下两个条件即为合格：占评审委员会总数 2/3 以上的委员评分合格（≥ 60 分），平均分合格（≥ 60 分）。

（2）口头答辩。

①答辩由评审委员会主席主持，主席宣布答辩开始。

②答辩人作简短的自我介绍，汇报论文的主要内容和需要说明的问题，时间不超过 5 分钟。

③评审委员提问（每个委员一般提 1~2 个问题），答辩人准备，准备时间不超过 10 分钟。

④答辩人进行口头答辩，时间不超过 20 分钟。

⑤答辩人回避，评审委员分别将答辩评定成绩填入综合评审评分表，评审委员会秘书汇总评分表。

⑥答辩部分的成绩实行百分制，由评审委员会中每位成员评定的成绩进行算术平均后得出。评定成绩符合以下两个条件即为合格：占评审委员会总数 2/3 以上的委员评分合格（≥ 60 分），平均分合格（≥ 60 分）。

五、成绩统计

（1）评审委员对考生的论文内容进行评定后，由省级职业技能鉴定指导中心负责登记汇总考生论文内容评定成绩，并在综合评审之前公布参加答辩人员名单。

（2）论文内容评分表和论文由省级职业技能鉴定指导中心统一封存保管，供评定答辩成绩时使用。

（3）书面 / 口头答辩结束后，省级职业技能鉴定指导中心负责登记汇总考生答辩成绩，保存考生论文、答辩试卷、综合评审评分表和综合评审成绩登记汇总表。

（4）综合评审成绩计算办法

综合评审成绩 = 论文内容成绩 ×40% + 论文答辩成绩 ×60%。

第二节　论文写作

论文写作应注意对格式和内容的鉴定要求，具体说明如下。

一、论文格式的一般要求

论文组成一般包括标题、署名、摘要、关键词、正文、注释、参考文献等部分。

（1）标题（即文章的名称）。标题可以是单一标题，也可在正标题下加副标题；一般排列在稿纸居中的位置。标题的拟定要求简短、直接、贴切、凝练、醒目、新颖。

（2）署名。署名是论文不可或缺的构成项目，一方面明确了论文著作权的归属，另一方面也是作者文责自负的标志。

（3）摘要。摘要是对论文的基本内容、主要论点、重要论据、研究方法等进行简明扼要的概括和说明。摘要的字数一般为 100~300 字。摘要撰写特点是短、精、完整，摘要具有导向作用、报道作用和检索作用。

（4）关键词。关键词是从文章的题名、摘要、正文中抽取出来的，是对表述文章的中心内容有实质意义的词汇，对论文的中心思想、中心内容或中心论点的一种直接提示或表述，是用作标引文章内容特征的语言。每篇一般取 3~5 个词作为关键词。

（5）正文。正文是论文的核心部分，包括绪论、本论和结论三部分；或由提出问题—分析问题—解决问题构成篇章结构形式。

①绪论：开头部分。

②本论：主体部分；作者研究成果、见解；论点的证实，论据的陈述，论证的过程。

③结论：收尾部分，总判断、总评价。

或采用以下 3 个核心部分。

①提出问题。比如现状、出现的问题。

②分析问题。为什么出现这样的情况。

③解决问题。具体的针对那些问题而提出的解决措施。

最后要有结语部分，即总结性的语句。

备注：正文各级标题序号依次采用一、（一）1.（1）①，一般以三级标题为宜。

（6）注释。注释是对文章中需要解释的词句加以说明，或是对文章中引用的词句、观点注明来源出处。注释一律采用脚注的方式（在页末加注释）。

注释方式：一是夹注（在需要注释的词句后加括号，在括号中写出注文）；二是脚注（在需要注释的词句所在页码下方加注释）；三是尾注（在论文末尾加注释）。

（7）参考文献。参考文献是在论文研究和写作中对论文撰写人（研究者）起到启示、参考作用的书籍、报刊中的文章。

注释和参考文献的标注格式如下：

①图书。按"作者. 书名. 出版地：出版者，出版年，版次，页数"的顺序标注。

如：加里 德勒斯. 人力资源管理［M］. 北京：中国人民大学出版社，1999。

赵曙明.企业人力资源管理与开发国际比较研究［M］.北京：人民出版社，1999。

②期刊。按"作者.篇名.期刊名称，年份（期号）：页数"的顺序标注。

如：颜士梅.试论组织中关于"人"的管理的两次转变［J］.外国经济与管理，2002,（6）。

许庆瑞.21世纪的战略性人力资源管理［J］.科学学研究，2002,（1）。

③报纸。按"作者.篇名.报纸名称，日期（版次）"的顺序标注。

二、论文内容的鉴定

（1）论文内容是否围绕论题，主题突出，不跑题、不偏题。

（2）论点是否鲜明，得出的结论是否正确，是否有创新。

（3）论证过程是否逻辑严谨，数据是否准确，阐述是否完整。

（4）论文的文字是否通顺流畅，表述是否恰当，应当无病句，无错别字。

三、论文内容的分值构成

格式（30分）＋表达（10分）＋内容（60分）

四、零分处理

（1）抄袭。

（2）雷同。

（3）非本专业范围。

（4）跑题、偏题，或结论不正确，或论据、数据基本不准确，或逻辑结构严重混乱，或语句文字不通顺、病句、错别字太多的论文为不合格论文。

第二篇
通关计划二：全面梳理考核重点

　　按照人力资源管理师职业技能鉴定的考试规律，命题注重基本知识的理解和基本能力的掌握，不出偏题和难题。因此，考生应全面掌握教程的理论和操作知识，按照本书梳理的考核重点进行系统性的复习。第一阶段一般应通过 1~2 个月的时间，看书 2~3 遍，对教程的编写体例及所有考核点有宏观而详细的认识。

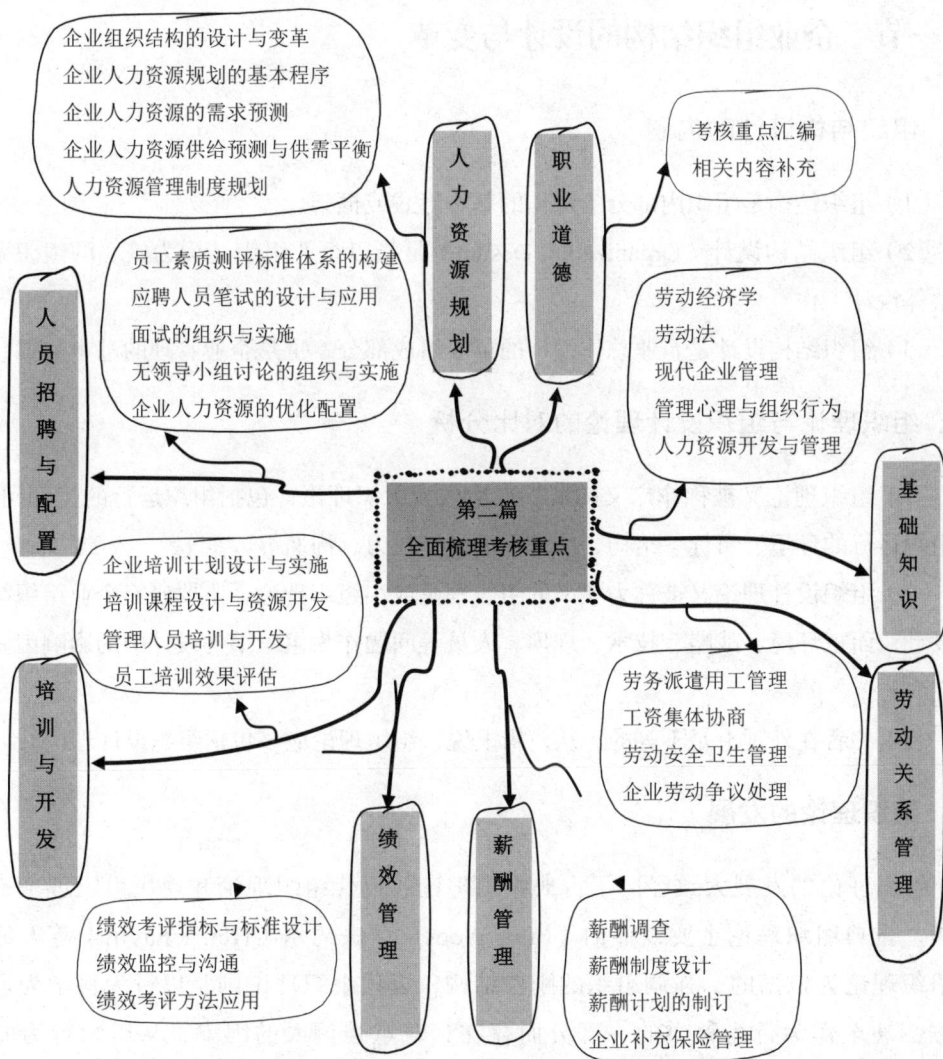

```
企业组织结构的设计与变革
企业人力资源规划的基本程序
企业人力资源的需求预测
企业人力资源供给预测与供需平衡
人力资源管理制度规划
```

```
考核重点汇编
相关内容补充
```

人力资源规划　　职业道德

```
员工素质测评标准体系的构建
应聘人员笔试的设计与应用
面试的组织与实施
无领导小组讨论的组织与实施
企业人力资源的优化配置
```

人员招聘与配置

```
劳动经济学
劳动法
现代企业管理
管理心理与组织行为
人力资源开发与管理
```

第二篇 全面梳理考核重点

基础知识

```
企业培训计划设计与实施
培训课程设计与资源开发
管理人员培训与开发
员工培训效果评估
```

培训与开发

```
劳务派遣用工管理
工资集体协商
劳动安全卫生管理
企业劳动争议处理
```

劳动关系管理

绩效管理　　薪酬管理

```
绩效考评指标与标准设计
绩效监控与沟通
绩效考评方法应用
```

```
薪酬调查
薪酬制度设计
薪酬计划的制订
企业补充保险管理
```

第一章 人力资源规划

第一节 企业组织结构的设计与变革

一、组织结构设计的内涵

（1）组织结构是组织内部分工协作的基本形式或框架。

（2）组织结构设计（Organization Design）是指以企业组织结构为核心的组织系统的整体设计工作。

（3）组织结构设计是企业总体设计的重要组成部分，也是企业管理的基本前提。

二、组织理论与组织设计理论的对比分析

（1）组织理论又被称作广义的组织理论或大组织理论，包括组织运行的全部问题，如组织运行的环境、目标、结构、技术、规模、权力、沟通等。

（2）组织设计理论又被称为狭义的组织理论或小组织理论，主要研究企业组织结构的设计，而把环境、战略、技术、规模、人员等问题作为组织结构设计中的影响因素来研究。

（3）二者在外延上是不等的，从逻辑上说，组织理论应该包括组织设计理论。

三、组织理论的发展

组织理论的发展大致经历了古典组织理论、近代组织理论和现代组织理论三个阶段。古典组织理论主要以韦伯（Max Weber）、法约尔（Henri Favol）等人的行政组织理论为依据的，强调组织的刚性结构；近代组织理论则是以行为科学为理论依据，甚至作为行为科学的一部分而存在，着重强调人的因素，从组织行为的角度来研究组织结构；现代组织理论则是从行为科学中分离出来，以权变管理理论为依据。

四、组织设计理论的分类

组织设计理论分为静态的组织设计理论和动态的组织设计理论。静态的组织设计理

论主要研究组织的体制（权、责结构）、机构（部门划分的形式和结构）和规章（管理行为规范）；动态的组织设计理论除包括静态研究的内容外，还加进了人的因素、组织结构设计、组织在运行过程中的各种问题，如协调、信息控制、绩效管理、激励制度、人员配备及培训等。

五、组织设计的基本原则

（1）任务与目标原则；（2）专业分工和协作的原则；（3）有效管理幅度原则；（4）集权与分权相结合的原则；（5）稳定性与适应性相结合的原则。

六、新型组织结构模式

（1）超事业部制。又称执行部制，它首先按产品、地区和顾客等标志将企业划分为若干相对独立的经营单位，分别组成事业部，然后将提供产品（服务）的种类相近、地理位置相对集中，或顾客对象相同的事业部组合在一起形成超事业部，即在公司总经理与各个事业部之间增加一级管理机构。

（2）矩阵制组织结构。亦称规划—目标结构、非长期固定性或项目性组织结构。矩阵制组织形式是在直线职能制垂直形态组织系统的基础上，再增加一种横向的管理系统。这是一种横、纵两套系统交叉形成的复合结构组织。纵向是职能系统，横向是为完成某项专门任务而组成的项目系统。

（3）多维立体组织。又称多维组织、立体组织、多维立体矩阵制等，它是矩阵组织的进一步发展，它把矩阵组织结构形式与事业部制组织结构形式有机地结合在一起，形成了一种全新的管理组织结构模式。

（4）模拟分权组织。又称模拟分权制或模拟分散管理组织，是指根据生产经营活动连续性很强的大型联合企业内部各组成部分的生产技术特点及其对管理的不同要求，人为地把企业分成许多"组织单位"，并把它们看成是相对独立的生产经营部门，赋予它们尽可能大的生产经营自主权，让它们拥有自己的职能机构，使每一单位负有"模拟性"的盈亏责任，实现"模拟"的独立经营、独立核算，以调动其生产经营积极性和主动性，达到改善整个企业生产经营管理的目的的组织结构。

（5）流程型组织结构。是以系统、整合理论为指导，按照业务流程为主、职能服务为辅的原则进行设计的一种组织结构模式。

（6）网络型组织。亦称虚拟组织，它是以信息、通信技术为基础，依靠高度发达的网络，将供应、生产、销售企业和客户，乃至竞争对手等独立的企业或个体连接而成的经济联合体。

七、企业组织结构设计的内容

（1）企业组织结构的设计包括组织环境分析、组织发展目标的确立、企业流程设计、组织职能设计、组织部门设计和工作岗位设计等多项内容。

（2）从企业组织结构存在的具体形态来看，组织结构的设计又包括决策层、管理层、执行层和操作层四个层级的组织设计。

（3）从企业组织的内部互联关系来看，组织结构的设计又包括各类管理和业务（生产）部门的横向结构设计和纵向结构的设计。

八、管理层次与管理幅度的定义

（1）管理层次。是指职权层级的数目，即一个组织内部，从最高管理者到最底层职工的职级、管理权力的层级。企业管理层次的多少，表示企业组织结构的纵向复杂的程度。

（2）管理幅度。又称管理跨度，是指主管人员有效地监督、管理其直接下属的人数。管理幅度的大小，意味着上级领导直接控制和协调的业务活动量的多少。

九、管理层次与管理幅度的关系

（1）管理层次与管理幅度成反比，在组织规模给定的情况下，管理幅度增大，管理层次就减少；管理幅度减少，则管理层次增多。

（2）管理幅度与管理层次之间存在相互制约的关系，因为管理层次的多少取决于主管人员有效管理直接下属的人数，所以在这一对矛盾变量中，管理幅度起主导作用。

（3）从上下级关系对管理幅度的影响程度进行深入研究得出，管理幅度以算术级数增加时，主管和下属间可能存在的相互交往的人际关系数，将以几何级数增加。计算上下级之间关系数的公式如下：

$$N = n\left[2^{n-1} + (n-1)\right]$$

式中，N 为人员之间的关系数；n 为管理幅度。

十、组织的职能设计

1. 组织职能设计的步骤

组织职能设计的步骤具体如图 2-1-1 所示。

職能分解是将已经确定的職能按照一定的逻辑关系，逐步进行细分细化，将总職能分解为若干相对独立的易于操作的具体业务活动

職能调整的方法包括充实已有職能、增加新的職能、转移或重新确定職能的重心

職能分析的目的是从宏观的角度确定组织需要的基本職能，明确企业的关键職能和基本職能

| 職能分析 | → | 職能调整 | → | 職能分解 |

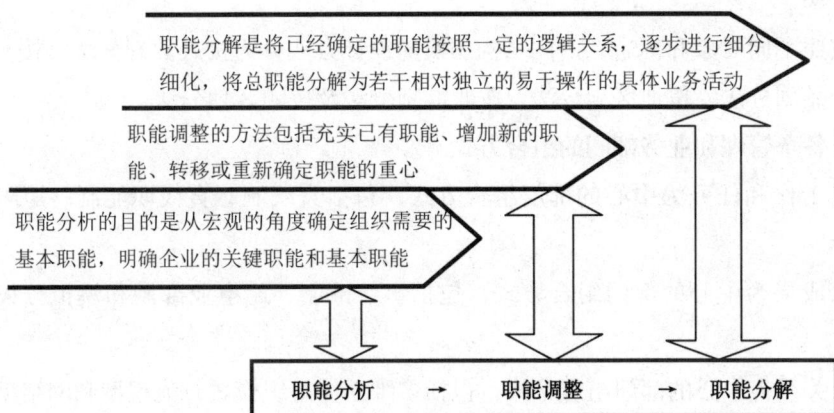

图 2-1-1　组织職能设计的步骤

2. 组织職能设计的方法

（1）基本職能设计。基本職能亦企业组织一般性職能，它是根据组织设计的权变因素如环境、战略、规模、员工素质等因素，确定特定企业应具有的基本職能。企业基本職能设计一般包括生产、计划、人事、财务、研发、信息、销售及售后服务等内容。

（2）关键職能设计。关键職能是由企业的经营战略决定的。战略不同，关键職能则不同。关键職能设计包括技术开发、市场营销、生产管理、质量安全、成本控制、资源开发等内容。

十一、组织的部门设计

1. 部门的纵向结构设计

部门纵向结构的设计包括管理幅度和管理层次的设计。

（1）管理幅度的设计方法包括经验统计法和变量测评法。经验统计法是指管理幅度的确定是通过对多个企业管理幅度进行抽样调查，以调查所得到的统计数据为依据，结合本企业的具体情况确定其管理幅度。

变量测评法是将影响管理幅度的各种因素作为变量，采用定性分析与定量分析相结合的方法来确定组织的管理幅度。运用变量测评法，首先必须找出影响管理幅度的主要变量；其次要分析各变量对管理者负荷的影响程度，求出权数；最后将管理人员的总权数与管理幅度的标准值进行比较，以确定具体的管理幅度。

（2）管理层次的设计步骤和方法包括按照企业的纵向職能分工，确定企业的管理层次；有效的管理幅度与管理层次成反比；选择具体的管理层次；对个别管理层次做出调整。

2. 部门的横向结构设计方法

（1）从企业总体结构来看，部门结构的横向设计方法分为自上而下法、自下而上法

15

及业务流程法。

（2）按照不同对象和标志，部门结构的横向设计方法分为按人数划分法、按时序划分法、按产品划分法、按地区划分法、按职能划分法及按顾客划分法。

3. 企业各个管理和业务部门的组合方式

（1）以工作和任务为中心的部门组合方式，包括直线制、直线职能制、矩阵制等模式。

（2）以成果为中心的部门组合方式，包括事业部制、超事业部制和模拟分权制等模式。

（3）以关系为中心的部门组合方式，包括多维立体组织模式，流程型和网络型组织结构等模式。

十二、企业战略与组织结构的关系

1. 组织结构的功能在于分工和协调，是保证战略实施的必要手段

钱德勒的组织结构服从战略的结论。

2. 组织发展战略

（1）增大数量战略。行业发展阶段，只需采用简单的结构或形式。

（2）扩大地区战略。行业进一步发展，要求企业将产品或服务扩展到其他地区。

（3）纵向整合战略。行业增长阶段后期，组织应选择事业部制结构。

（4）多种经营战略。行业进入成熟期，分别采用矩阵结构或经营单位结构。

3. 战略前导性与结构滞后性

战略前导性是指企业战略的变化快于组织结构的变化。结构滞后性是指企业组织结构的变化常常慢于战略的变化速度。

十三、企业组织结构变革的程序

1. 组织结构诊断

（1）组织结构调查。系统反映组织结构的资料包括工作岗位说明书、组织体系图、管理业务流程图。

（2）组织结构分析。分析的内容包括内外部环境变化引起的企业经营战略和目标的改变、决定企业经营的关键性职能；分析各种职能的性质及类别。

（3）组织决策分析。要考虑的因素包括决策影响的时间、决策对各职能的影响面、决策者所需具备的能力及决策的性质。

（4）组织关系分析。分析某个单位应同哪些单位和个人发生联系、要求别人给予何种配合和服务及它应对别的单位提供什么协作和服务。

2. 实施结构变革

（1）企业组织结构变革的征兆，包括企业经营业绩下降、组织结构本身病症的显露及员工士气低落。

（2）企业组织结构变革的方式，包括改良式变革、爆破式变革及计划式变革。

（3）排除组织结构变革的阻力，包括让员工参加组织变革的调查、诊断和计划，大力推行与组织变革相适应的人员培训计划及大胆起用年富力强和具有开拓创新精神的人才。

3. 企业组织结构的评价

十四、企业组织结构的整合

1. 企业结构整合的依据

（1）按照整分合原理，在总体目标指导下进行结构分化。

（2）对已作的职能分工进行结构整合。

（3）结构整合主要在于解决结构分化时出现的分散倾向和实现相互间协调的要求，即有效的综合或整合使企业组织上下畅通、左右协调。

2. 新建企业的结构整合

新建企业的结构整合主要按规定的标准，对分解后的各部门、各层次、各岗位和各职位之间的关系进行修正和确认，排除那些相互重复和冲突的职责、任务，纠正那些不符合组织总目标的局部要求。

3. 现有企业的结构整合

现有企业的结构整合先要对原有结构分解的合理性进行分析，检查其是否存在不协调的问题。如果问题不严重，整合可以在原有结构分解的基础上进行，或对原有结构分解仅作局部调整，重点放在协调措施的改进上；如果问题很严重，则应首先按结构分解的基本原则和要求重新进行结构分解，在此基础上再作整合。

4. 企业结构整合的过程

（1）拟定目标阶段；（2）规划阶段；（3）互动阶段；（4）控制阶段。

十五、工作岗位设计的基本原则

（1）明确任务目标的原则；（2）合理分工协作的原则；（3）责权利相对应的原则。

十六、改进岗位设计的基本内容

（1）岗位工作扩大化与丰富化。工作扩大化（Job Enlargement）包括横向扩大工作和纵向扩大工作。工作丰富化（Job Enrichment）是指在岗位现有工作的基础上，通过充实工作内容，增加岗位的技术和技能的含量，使岗位的工作更加多样化、充实化，消除因从事单调乏味工作而产生的枯燥厌倦情绪，从心理、生理上满足员工的合理要求。

（2）岗位工作的满负荷。在企业中，每个岗位的工作量应当饱满，有限的劳动时间应当得到充分利用。这是进行岗位设计的一项最基本的原则和要求。

（3）岗位的工时工作制。对企业来说，它将影响到工时利用的状况、劳动生产率及整体的经济效益；从员工的角度看，它将体现到如何"以人为本"，科学合理地安排员工的工作轮班和作业时间。

（4）劳动环境的优化。劳动环境即劳动场所、工作地。劳动环境优化是指利用现代科学技术，改善劳动环境中的各种因素，使之适合于劳动者的生理心理特点，建立起"人——机——环境"的最优化系统。

十七、岗位设计的基本方法

1. 传统的方法研究技术

方法研究（Methods Study）是运用调查研究的实证方法，对现行岗位活动的内容和步骤，进行全面系统的观察、记录和分析，找出其中不必要、不合理的部分，寻求构建更为安全经济、简便有效作业程序的一种专门技术。方法研究的应用技术分为程序分析和动作研究两种。

（1）程序分析。程序分析常用的分析工具具体如表 2-1-1 所示。

表 2-1-1　方法研究的应用技术

分析工具	具体说明	备注
作业程序图	它是显示产品在加工制作过程中，各个作业及保证其效果的检验程序的图表	主要侧重在产品制造过程中操作、检验、运输等事项的分析研究，是以宏观的物料流程为对象
流程图	它是显示产品在加工过程中，操作、检验、运输、延迟、储存等全部子过程的图表	
线图	它是用平面图或立体图来显示产品加工制作的全过程	
人—机程序图	亦称联合程序图，它是显示机手并动的操作程序图。通常是先绘制出专用的图表并在图表中定出一个时间标尺，然后在现场实地观测，将各个操作的内容及时间登记在图表上，经过对照比较，最后设计出新的人—机操作程序	是以工作地上的一个岗位或几个岗位，一台或多台设备、一名或若干名员工为对象，研究手工操作或机手并动操作的作业程序
多作业程序图	它是以多个岗位的多名员工及所操纵的设备为对象绘制的程序图	
操作人程序图	也称左右手操作程序图，它是按岗位员工操作时的连续动作及先后顺序绘制的程序图	

（2）动作研究。所谓的动作经济原理，是指实现动作经济与减轻疲劳的一些法则，

用以改善工作方法。动作经济原理可以分为人体利用、工作地布置和工作条件改善、工具和设备的设计三个方面。

2. 现代工效学的方法

工效学是研究人们在生产劳动中的工作规律、工作方法、工作程序、细微动作、作业环境、疲劳规律、人机匹配，以及在工程技术总体设计中人机关系的一门科学。

3. 其他可以借鉴的方法

最具借鉴意义的是工业工程所阐明的基本理论和基本方法。具体来讲，就是通过研究、分析和评估，对人—机系统的每个组成部分都进行设计，乃至再设计、再改善，将各个组成部分恰当地综合起来，构造成一个整体系统，以实现生产要素合理配置优化运行，保证以低成本、低消耗、安全、优质、准时、高效地完成生产任务，最终达到预定的发展目标。

十八、岗位工作扩大化的设计方法

岗位工作扩大化的设计方法具体如表 2-1-2 所示。

表 2-1-2　岗位工作扩大化的设计方法

方法名称	具体形式	详细说明
岗位宽度扩大法	延长加工周期	将若干周期较短的岗位合并，由几名员工组成作业小组共同承担原来多个岗位的生产任务
	增加岗位的工作内容	改变过去辅助或服务工作由专门岗位负责的状况
	包干负责	增加岗位活动的范围，将原来几个不同性质的岗位归并在一起，由一个岗位员工负责
岗位深度扩大法	岗位工作纵向调整	将同一或相似相近的岗位，由横向分工改为纵向分工，提高岗位技术和技能含量
	充实岗位工作内容	将不同性质与负荷不完全相同的岗位重新进行调整，以充实岗位业务活动的内容
	岗位工作连贯设计	即从产品的研究开发、科学论证、试验试制，到小批量试生产由原来的多种岗位组合在一起，由项目组共同完成
	岗位工作轮换设计	将原来若干不同岗位的工作任务，交给若干员工去完成，每个员工在某个岗位上连续工作一周之后，再转到下一个岗位去工作，以此类推
	岗位工作矩阵设计	将原来若干岗位的工作进行交叉设计，使某个岗位员工既负责一个工段所有岗位的工作，又承担着某一产品或工序的连续生产加工任务

十九、岗位扩大丰富化的框架图

岗位扩大丰富化的框架图如图 2-1-2 所示。

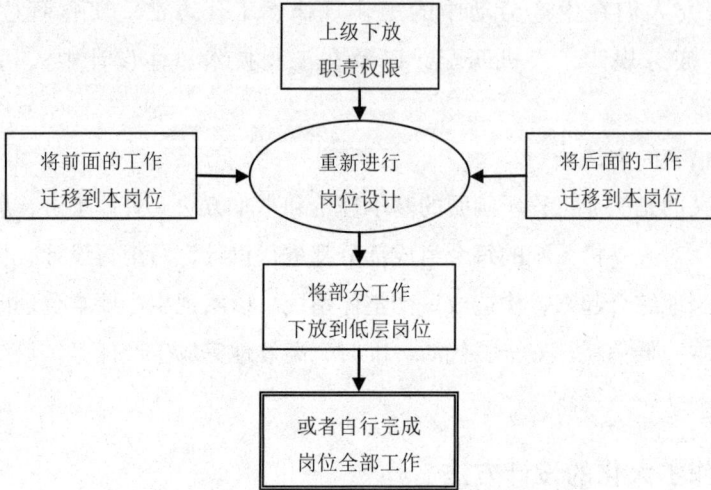

图 2-1-2　岗位扩大丰富化的框架图

第二节　企业人力资源规划的基本程序

一、企业人力资源规划的内容

广义的人力资源规划泛指各种类型人力资源规划，狭义的人力资源规划是特指企业人员规划。从时限上看，人力资源规划还可以区分为中长期计划与按照年度编制的短期计划，一般来说，五年以上的计划可以称为规划。

（1）狭义的人力资源规划包括人员配备计划、人员补充计划及人员晋升计划。

（2）广义的人力资源规划除上述三种人员计划外，还包括人员培训开发计划、员工薪酬激励计划及其他人力资源计划，如劳动组织计划、员工援助计划、劳动卫生与安全生产计划等。

二、企业人力资源规划的作用

（1）满足企业总体战略发展的要求；（2）促进企业人力资源管理的发展；（3）协调人力资源管理的各项计划；（4）提高企业人力资源的利用效率；（5）使组织和个人发展目标相一致。

三、企业人力资源规划的环境

企业人力资源规划的环境具体如图 2-1-3 所示。

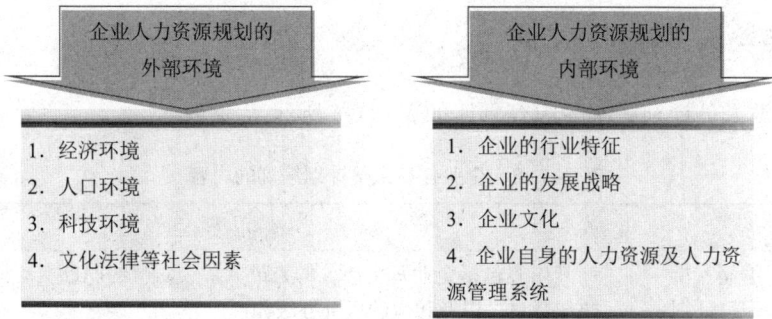

图 2-1-3　企业人力资源规划的环境

四、制定企业人力资源规划的基本原则

（1）确保人力资源需求的原则；（2）与内外环境相适应的原则；（3）与战略目标相适应的原则；（4）保持适度流动性的原则。

五、制定企业人力资源规划的基本程序

制定企业人力资源规划的基本程序具体如图 2-1-4 所示。

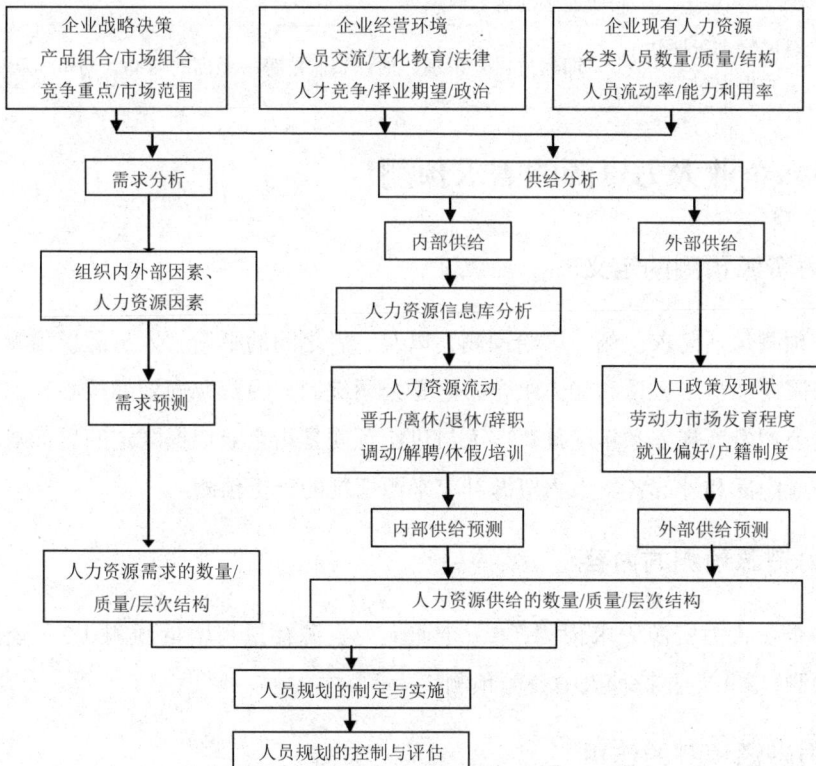

图 2-1-4　制定企业人力资源规划的基本程序

六、企业各类人员计划的编制

企业各类人员计划编制的内容具体如表 2-1-3 所示。

表 2-1-3　企业各类人员计划编制的内容

序号	计划类别	编制内容
1	编制人员配置计划	其内容包括企业每个岗位的人员数量、人员的职务变动情况、职务空缺数量，以及相应的填补办法等
2	编制人员需求计划	形成一个含有工作类别、员工数量、招聘成本、技能要求，以及为完成组织目标所需的管理人员数量和层次的计划清单
3	编制人员供给计划	包括人员招聘计划、人员晋升计划和人员内部调动计划等
4	编制人员培训计划	包括培训政策、培训需要、培训内容、培训形式、培训考核等内容
5	编制人力资源费用计划	包括招聘费用、调配费用、奖励费用，以及其他非员工直接待遇且与人力资源开发利用相关的费用
6	编制人力资源政策调整计划	应明确计划期内的人力资源政策的调整原因、调整步骤和调整的范围等。其中包括招聘政策、绩效考评政策、薪酬福利政策、激励政策、职业生涯规划政策等
7	对风险进行评估并提出对策	即通过风险识别、估计、监控等一系列的活动来防范风险的发生

第三节　企业人力资源的需求预测

一、人力资源预测的定义

人员预测包括需求预测与供给预测，以及二者之间的平衡。人员需求预测就是估算组织未来需要的员工数量和能力组合，它是公司编制人力资源规划的核心和前提，其直接依据是公司发展规划和年度预算。人员供给预测是指企业依据既定的目标对未来一段时间内企业内部和外部各类人力资源补充来源情况的分析预测。

二、人力资源预测的内容

（1）企业人力资源需求预测；（2）企业人力资源存量与增量预测；（3）企业人力资源结构预测；（4）企业特种人力资源预测。

三、人力资源预测的作用

（1）对组织方面的贡献。满足组织在生产发展过程中对人力资源的需求；提高组织的竞争力；人力资源预测是人力资源部门与其他直线部门进行良好沟通的基础。

（2）对人力资源管理的贡献。人力资源预测是实施人力资源管理的重要依据；有助于调动员工的积极性。

四、人力资源预测的局限性

（1）环境与预期的情况不同；(2）企业内部的抵制；(3）预测的代价高昂；(4）知识水平的限制。

五、影响人力资源需求预测的一般因素

影响人力资源需求预测的一般因素具体如图 2-1-5 所示。

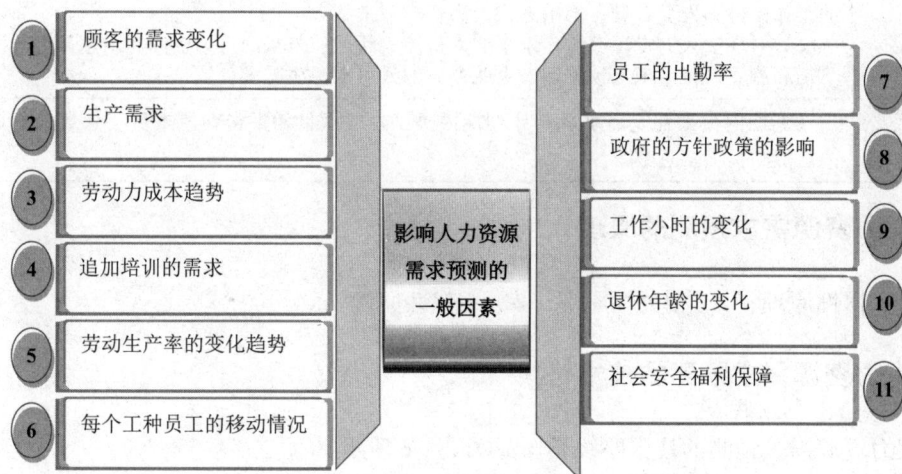

图 2-1-5　影响人力资源需求预测的一般因素

六、人力资源需求预测的程序

人力资源需求预测包括现实人力资源预测、未来人力资源需求预测、未来流失人力资源预测分析，不管是哪一种，其遵循以下程序。具体如表 2-1-4 所示。

表 2-1-4　人力资源需求预测的程序

阶段划分	具体说明	详细内容
准备阶段	构建人力资源需求预测系统	由企业总体经济发展预测系统、企业人力资源总量与结构预测系统和人力资源预测模型与评估系统三个子系统构成
	人员预测环境与影响因素分析	SWOT 分析法，竞争五要素分析法
	岗位分类	专门技能人员的分类；专业技术人员的分类；经营管理人员的分类

阶段划分	具体说明	详细内容
准备阶段	资料采集与初步处理	（1）数据的采集运用查阅资料、实地调研两种方法 （2）在统计数据期间，企业（单位）曾经购并其他部门，则应收集被购并部门的相关数据，与该企业（单位）购并前的数据进行汇总 （3）在统计数据期间，企业（单位）曾经剥离若干部门，则应收集被剥离部门的相关数据，从该企业（单位）剥离前的数据中减去
预测阶段		（1）根据工作岗位分析的结果确定岗位职务序列和人员配置的标准 （2）进行人力资源盘点，对现有人员缺编、超编，以及是否符合任职资格条件进行统计分析 （3）将上述统计结果与部门主管进行讨论，修正并得出统计结果，即现实的人力资源需求量 （4）根据历史数据，对预测期内退休的人员、未来可能发生人员离职、流失情况进行统计分析 （5）根据企业发展战略规划，以及工作任务量总体的增长情况，确定各部门需要增加的工作岗位和人员数量，得出未来人力资源需求量 （6）对现实人力资源存量、未来的人员流失状况和未来的人力资源需求总量进行综合平衡和测算，得出未来预测期内企业整体的人力资源净需求总量
编制人员需求计划		计划期内员工补充需求量＝计划期内员工总需求量－报告期期末员工总数＋计划期内自然减员员工总数

七、人力资源需求预测的原理

（1）惯性原理;（2）相关性原理;（3）相似性原理。

八、人力资源需求预测的技术路线

人力资源需求预测的技术路线具体如图 2-1-6 所示。

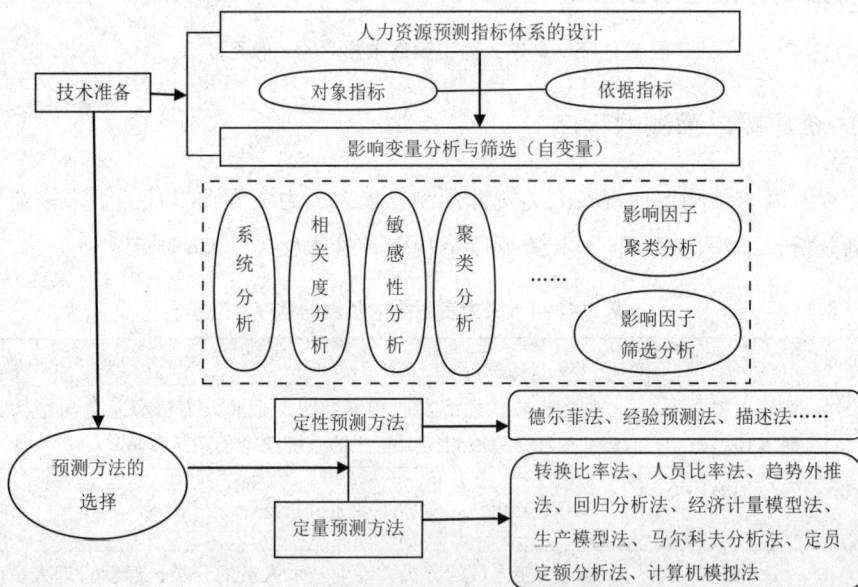

图 2-1-6　人力资源需求预测的技术路线

第四节　企业人力资源供给预测与供需平衡

一、人员供给类型

企业人员供给包括内部供给和外部供给两种。其预测类型包括内部供给预测和外部供给预测。

二、内部供给预测

企业内部人力资源供给量需考虑的因素包括企业内部人员的自然流失（伤残、退休、死亡等）、内部流动（晋升、降职、平调等）、跳槽（辞职、解聘）等。

三、外部供给预测

影响企业外部劳动力供给的因素包括地域性因素、人口政策与人口现状、劳动力市场发育程度、社会就业意识和择业心理偏好。企业外部人力资源供给的主要渠道包括大中专院校应届毕业生、复员转业军人、失业人员、流动人员、其他组织在职人员。

四、企业人员供给预测的步骤

企业人员供给预测的步骤具体如图 2-1-7 所示。

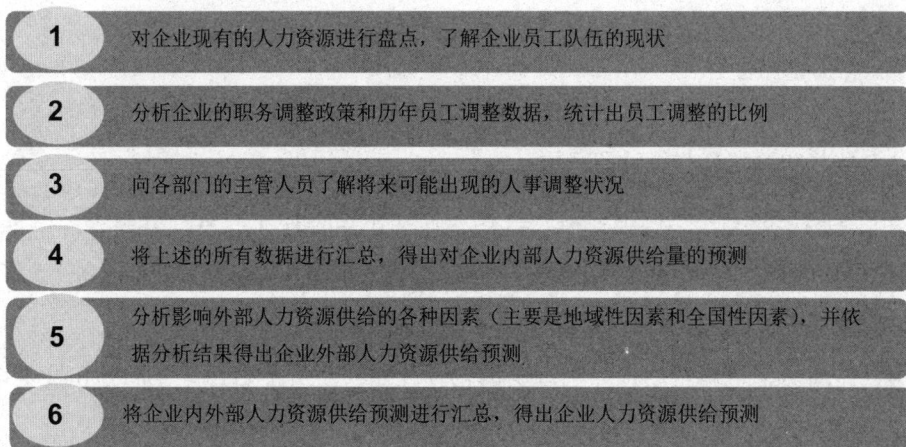

1	对企业现有的人力资源进行盘点，了解企业员工队伍的现状
2	分析企业的职务调整政策和历年员工调整数据，统计出员工调整的比例
3	向各部门的主管人员了解将来可能出现的人事调整状况
4	将上述的所有数据进行汇总，得出对企业内部人力资源供给量的预测
5	分析影响外部人力资源供给的各种因素（主要是地域性因素和全国性因素），并依据分析结果得出企业外部人力资源供给预测
6	将企业内外部人力资源供给预测进行汇总，得出企业人力资源供给预测

图 2-1-7　企业人员供给预测的步骤

五、内部供给预测的方法

（1）人力资源信息库，包括技能清单和管理才能清单;（2）管理人员接替模型;

（3）马尔可夫模型。

六、企业人力资源供求关系的情形

企业人力资源供求关系有三种情况：人力资源供求平衡；人力资源供大于求，结果是导致组织内部人浮于事，内耗严重，生产或工作效率低下；人力资源供小于求，企业设备闲置，固定资产利用率低，也是一种浪费。

七、企业人力资源供不应求的应对方法

（1）将符合条件、而又处于相对富余状态的人调往空缺职位。

（2）如果高技术人员出现短缺，应拟订培训和晋升计划，在企业内部无法满足要求时，应拟订外部招聘计划。

（3）如果短缺现象不严重，且本企业的员工又愿延长工作时间，则可以根据《劳动法》等有关法规，制订延长工时适当增加报酬的计划，这只是一种短期应急措施。

（4）提高企业资本技术有机构成，提高工人的劳动生产率，形成机器替代人力资源的格局。

（5）制订聘用非全日制临时用工计划，如返聘已退休者，或聘用小时工等。

（6）制订聘用全日制临时用工计划。

八、企业人力资源供大于求的应对方法

（1）永久性辞退某些劳动态度差、技术水平低、劳动纪律观念差的员工。

（2）合并和关闭某些臃肿的机构。

（3）鼓励提前退休或内退，对一些接近而还未达退休年龄者，应制定一些优惠措施，如提前退休者仍按正常退休年龄计算养老保险工龄，有条件的企业，还可一次性发放部分奖金（或补助），鼓励提前退休。

（4）提高员工整体素质，如制订全员轮训计划，使员工始终有一部分在接受培训，为企业扩大再生产准备人力资本。

（5）加强培训工作，使企业员工掌握多种技能，增强他们的竞争力。鼓励部分员工自谋职业。同时，可拨出部分资金，创办第三产业。

（6）减少员工的工作时间，随之降低工资水平，这是西方企业在经济萧条时经常采用的一种解决企业临时性人力资源过剩的有效方式。

（7）采用由多个员工分担以前只需一个或少数几个人就可完成的工作和任务，企业按工作任务完成量来计发工资的办法。这与上一种方法在实质上是一样，都是减少员工工作时间，降低工资水平。

第五节　人力资源管理制度规划

一、制度化管理的定义

以制度规范为基本手段协调企业组织集体协作行为的管理方式，就是制度化管理。制度化管理通常称作"官僚制""科层制"或"理想的行政组织体系"，是由德国马克斯·韦伯提出并为现代大型组织广泛采用的一种管理方式。制度化管理的实质在于以科学确定的制度规范为组织协作行为的基本约束机制，主要依靠外在个人的、科学合理的理性权威实行管理。

二、制度化管理的特征

（1）在劳动分工的基础上，对每个岗位的权力和责任进行明确并制度化。

（2）按照各机构、各层次不同岗位权力的大小，确定其在企业的地位，从而形成一个有序的指挥链或等级系统，并以制度的形式固定下来。

（3）以文字形式规定职位特性及该职位对人的应有素质、能力等要求，通过正式途径来挑选组织中所有的成员。

（4）在实行制度管理的企业中，所有权与管理权相分离。

（5）管理人员在实施管理时有三个特点：一是因事设人；二是每个管理者均拥有执行自己职能所必要的权力；三是管理人员所拥有的权力要受到严格的限制。

（6）管理者的职务是管理者的职业，他有固定的报酬，具有按资历、才干晋升的机会，他应忠于职守，而不是忠于某个人。

三、制度化管理的优点

（1）个人与权力相分离；（2）是理性精神合理化的体现；（3）适合现代大型企业组织的需要。

四、制度规范的类型

（1）企业基本制度；（2）管理制度；（3）技术规范；（4）业务规范；（5）行为规范。

五、企业人力资源管理制度体系的构成

（1）劳动人事基础管理制度包括组织机构和设置调整的规定；工作岗位分析与评价工作的规定；岗位设置和人员费用预算的规定；对内对外人员招聘的规定（含合同管理规定）；员工绩效管理（目标管理）的规定；人员培训与开发的规定；薪酬福利规定（含社会保险规定）；劳动保护用品与安全事故处理的规定；其他方面的规定，如职业病防治与检查的规定。

（2）员工管理制度包括工作时间如加班、轮班、不定时工作的规定；考勤规定；休假规定；年休假的规定；女工劳动保护与计划生育规定；员工奖惩规定；员工差旅费管理规定；员工佩戴胸卡的规定；员工因私出境规定；员工内部沟通渠道的规定；员工合理化建议的规定；员工越级投诉的规定；其他有关的规定如员工满意度调查的规定等。

六、企业人力资源管理制度体系的特点

（1）体现了人力资源管理的基本职能是以组织为中心的人为对象的管理，具有五种职能，包括录用、保持、发展、考评和调整。

（2）体现了物质存在与精神意识的统一。

七、人力资源管理制度规划的基本原则

（1）共同发展原则；（2）适合企业特点；（3）学习与创新并重；（4）符合法律规定；（5）与集体合同协调一致；（6）保持动态性。

八、制定人力资源管理制度的基本要求

（1）从企业具体情况出发；（2）满足企业的实际需要；（3）符合法律和道德规范；（4）注重系统性和配套性；（5）保持合理性和先进性。

九、人力资源管理制度规划的基本步骤

（1）提出人力资源管理制度草案；（2）广泛征求意见并认真组织讨论；（3）逐步修改、调整、充实完善。

十、制定具体人力资源管理制度的程序

制定具体人力资源管理制度的程序具体如图 2-1-8 所示。

1.概括说明建立本项人力资源管理制度的原因，在人力资源管理中的地位和作用

2.对负责本项人力资源管理的机构设置、职责范围、义务分工，以及各项参与本项人力资源管理活动的人员的责任、权限、义务和要求做出具体规定

3.明确规定本项人力资源管理的目标、程序和步骤，以及具体实施过程中应当遵守的基本原则和具体的要求

4.说明本项人力资源管理制度设计的依据和基本原理，对数据采集、汇总整理、信息传递的形式和方法，以及具体的指标和标准等做出简要确切的解释和说明

5.详细规定本项人力资源管理活动的类别、层次和期限（如何时提出计划，何时确定计划，何时开始实施，何时具体检查，何时反馈汇总，何时总结上报等）

6.对本项人力资源管理制度中所使用的报表格式、量表、统计口径、填写方法、文字撰写和上报期限等提出具体的要求

7.对本项人力资源管理活动的结果应用原则和要求，以及与之配套的规章制度的贯彻实施和相关政策的兑现办法做出明确规定

8.对各个职能和业务部门本项人力资源管理活动的年度总结、表彰活动和要求做出原则规定

9.对本项人力资源管理活动中员工的权利与义务、具体程序和管理办法做出明确详细的规定

10.对本项人力资源管理制度的解释、实施和修改等其他有关问题做出必要的说明

图 2-1-8 制定具体人力资源管理制度的程序

第二章　人员招聘与配置

第一节　员工素质测评标准体系的构建

一、员工素质测评的基本原理

（1）个体差异原理。员工测评的对象是人的素质。

（2）工作差异原理。

（3）人岗匹配原理，包括：①工作要求与员工素质相匹配；②工作报酬与员工贡献相匹配；③各类员工与员工之间相匹配；④各类岗位与岗位之间相匹配。

二、员工素质测评的类型

选拔性测评、开发性测评、诊断性测评、考核性测评。

三、选拔性测评

选拔性测评是指以选拔优秀员工为目的的测评。主要特点包括：（1）强调测评的区分功能；（2）测评标准刚性强；（3）测评过程强调客观性；（4）测评指标具有灵活性；（5）结果体现为分数或等级。

四、开发性测评

以开发员工素质为目的的测评。摸清情况，了解优势与不足，指出努力方向，提供开发依据。

五、考核性测评

考核性测评又称鉴定性测评，是指以鉴定或验证某种素质是否具备，以及具备的程度为目的的测评，它经常穿插在选拔性测评中，主要特点包括：（1）概括性；（2）结果要求有较高的信度与效度。

六、员工素质测评的主要原则

（1）客观测评与主观测评相结合；（2）定性测评与定量测评相结合；（3）静态测评与动态测评相结合；（4）素质测评与绩效测评相结合；（5）分项测评与综合测评相结合。

七、员工素质测评量化的主要形式

素质测评的量化技术，从理论上说，具体包括一次量化、二次量化、类别量化、模糊量化、顺序量化、等距量化、比例量化与当量量化等多种形式。

八、一次量化与二次量化

（1）当"一"与"二"作序数词解释时，一次量化是指对素质测评的对象进行直接的定量刻画，例如，违纪次数、出勤频数、身高、体重、产品数量；等等。二次量化即指对素质测评的对象进行间接的定量刻画，即先定性描述后再定量刻画的量化形式。

（2）当"一"与"二"作基数词解释时，一次量化是指素质测评的量化过程可以一次性完成。二次量化则不然，它是指整个素质测评量化过程要分两次计量才能完成。

九、类别量化与模糊量化

类别量化与模糊量化都可以看作二次量化（第一次解释的二次量化）。所谓类别量化就是把素质测评对象划分到事先确定的几个类别中去，然后每个类别赋予不同的数字。模糊量化则要求把素质测评对象同时划分到事先确定的每个类别中去，根据该对象的隶属程度分别赋值。

十、顺序量化、等距量化与比例量化

在同一类别中常常需要对其中的各个素质测评对象进行深层次的量化，这就是顺序量化、等距量化与比例量化，它们也都可以看作二次量化。具体如图 2-2-1 所示。

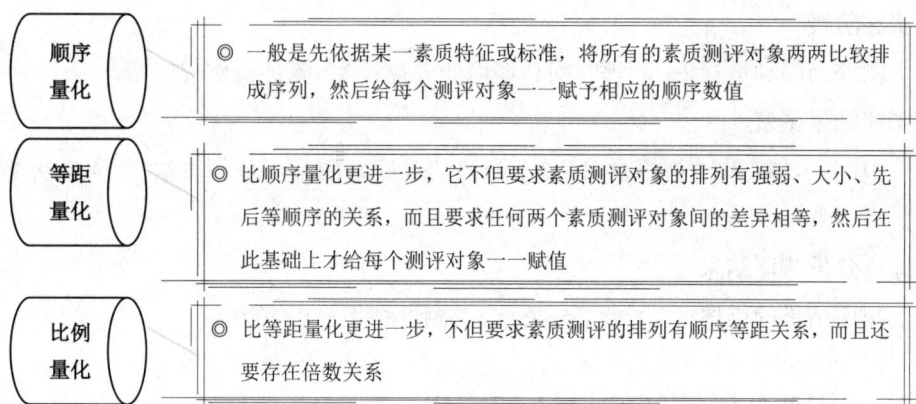

图 2-2-1　顺序量化、等距量化与比例量化的定义

顺序量化 ◎ 一般是先依据某一素质特征或标准，将所有的素质测评对象两两比较排成序列，然后给每个测评对象一一赋予相应的顺序数值

等距量化 ◎ 比顺序量化更进一步，它不但要求素质测评对象的排列有强弱、大小、先后等顺序的关系，而且要求任何两个素质测评对象间的差异相等，然后在此基础上才给每个测评对象一一赋值

比例量化 ◎ 比等距量化更进一步，不但要求素质测评的排列有顺序等距关系，而且还要存在倍数关系

十一、当量量化

所谓当量量化，就是先选择某一中介变量，把各种不同类别或并不同质的素质测评对象进行统一性的转化，对它们进行近似同类同质的量化。

十二、测评标准体系构建的步骤

（1）明确测评的客体与目的；（2）确定测评的项目或参考因素；（3）确定素质测评标准体系的结构；（4）筛选与表述测评指标；（5）确定测评指标权重；（6）确定测评指标的计量方法；（7）试测或完善素质测评标准体系。

十三、确定测评指标权重的方法

常见的确定权重的方法如表 2-2-1 所示。

表 2-2-1　常见的确定权重的方法

类型	内容
德尔菲法	该方法是请专家背靠背（可以用匿名问卷的方法）反复填写对权重设置的意见，不断反馈信息，以期专家意见趋向一致，得出一个较为合理的权重分配方案
主观经验法	该方法是指加权者依据以前的经验权衡每个测评指标的轻重直接加权
层次分析法	该方法把专家的经验认识和理性分析结合起来，并且两两分析，直接比较，使比较过程中的不确定因素得到很大程度的降低

十四、企业员工素质测评的具体实施

1. 准备阶段

（1）收集必要的资料;（2）组织强有力的测评小组;（3）测评方案的制定。

2. 实施阶段

（1）测评前的动员;（2）测评时间和环境的选择;（3）测评操作程序。

3. 测评结果调整

（1）引起测评结果误差的原因;（2）测评结果处理的常用分析方法;（3）测评数据处理。

4. 综合分析测评结果

（1）测评结果的描述;（2）员工分类;（3）测评结果分析方法。

第二节　应聘人员笔试的设计与应用

一、应聘笔试的定义和种类

应聘笔试是采用笔试测验方法对应聘人员进行初次选拔的活动过程。

从表现形式上看，笔试可以采用多种选择题、是非题、匹配题、填空题、简答题、综合分析题、案例分析题，以及撰写论文等多种试题形式。

从试题的内容上看，笔试试题主要包括技术性笔试和非技术性笔试两大类。

二、岗位知识测验的内容

（1）基础知识测验;（2）专业知识测验;（3）外语考试。

三、笔试设计与应用的基本步骤

笔试一般应包括的基本步骤如图 2-2-2 所示。

```
┌─────────┐   ┌─────────┐   ┌─────────┐   ┌─────────┐   ┌─────────┐   ┌─────────┐
│ 成立考务 │→ │ 制订笔试 │→ │ 设计笔试 │→ │ 成立考务 │→ │ 监控笔试 │→ │ 成立考务 │
│  小组   │   │  计划   │   │  试题   │   │  小组   │   │  过程   │   │  小组   │
└─────────┘   └─────────┘   └─────────┘   └─────────┘   └─────────┘   └─────────┘
```

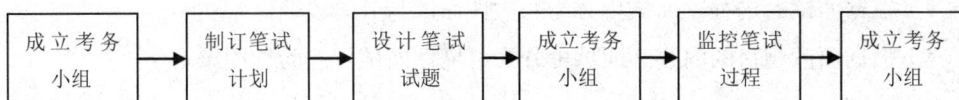

图 2-2-2　笔试基本步骤

四、笔试存在的问题与主要对策

1. 笔试测验虽有着不可替代的优势，但其存在的不足也是十分明显的。例如，重知识而轻能力，重结果而轻过程，重识记而轻应用；等等。

2. 从笔试命题机制的流程与程序上讲，必须加强以下几个方面的建设，才能保证笔试试题的针对性与科学性。

（1）建立笔试命题的研究团队；（2）针对招聘岗位的级别及选拔对象进行岗位的匹配能力分析；（3）根据岗位的级别与分类，实施针对性命题；（4）实施专家试卷整合与审题制度。

五、笔试结果深层次的开发与应用

（1）改进选拔录用方式；（2）多种手段密切结合。

第三节　面试的组织与实施

一、面试的定义

面试是指在特定的时间和地点，由面试考官与应聘者按照预先设计好的目的和程序，进行面谈、互相观察、互相沟通的过程。通过面试，可以了解应聘者的经历、知识、技能和能力。

二、面试的特点

（1）以谈话和观察为主要工具；（2）面试是一个双向沟通的过程；（3）面试具有明确的目的性；（4）面试是按照预先设计的程序进行的；（5）面试考官与应聘者在面试过程中的地位是不平等的。

三、面试的类型

（1）根据面试的标准化程度，面试可分为结构化面试、非结构化面试和半结构化面试。

（2）根据面试实施的方式，面试可分为单独面试与小组面试。

（3）根据面试的进程，面试可分为一次性面试与分阶段面试。

（4）根据面试题目的内容，面试可分为情境性面试和经验性面试。

四、面试的发展趋势

（1）面试形式丰富多样；（2）结构化面试成为面试的主流；（3）提问的弹性化；（4）面试测评的内容不断扩展；（5）面试考官的专业化；（6）面试的理论和方法不断发展。

五、面试的基本程序

面试的基本程序包括四个阶段：准备阶段、实施阶段、总结阶段、评价阶段。

六、制定面试指南

（1）面试团队的组建。规定面试团队的人数、成员来源、谁具体负责等内容。

（2）面试准备。在面试之前应规定面试准备的内容，以及要达到的目的。

（3）面试提问分工和顺序。规定面试员工的提问内容和顺序。

（4）面试提问技巧。规定面试提问的方式。

（5）面试评分办法。制定面试评分标准，给所有考官以参考答案，避免失去面试打分的公正性。

七、面试实施阶段

面试的实施过程一般包括五个阶段：关系建立阶段、导入阶段、核心阶段、确认阶段和结束阶段。

1. 关系建立阶段

在这一阶段，面试考官应从应聘者可以预料到的问题开始发问，以消除应聘者的紧张情绪，创造轻松、友好的氛围，为下一步的面试沟通做好准备。

2. 导入阶段

在这一阶段，面试考官应提问一些应聘者一般有所准备的、比较熟悉的题目，以进一步缓解应聘者的紧张情绪，为进一步的面试做准备。

3. 核心阶段

在这一阶段，面试考官通常要求应聘者讲述一些关于核心胜任力的事例，面试考官将基于这些事实做出基本的判断，对应聘者的各项核心胜任能力做出评价，为最终的录用决策提供重要的依据。

4. 确认阶段

在这一阶段，面试考官应进一步对核心阶段所获得的信息进行确认。

5.结束阶段

在面试结束之前，面试考官完成了所有预计的提问之后，应该给应聘者一个机会，询问应聘者是否还有问题要问，是否还有什么事项需要加以补充说明。

八、面试中的常见问题

（1）面试目的不明确；（2）面试标准不具体；（3）面试缺乏系统性；（4）面试问题设计不合理；（5）面试考官的偏见。

九、面试的实施技巧

面试的实施技巧具体如图 2-2-3 所示。

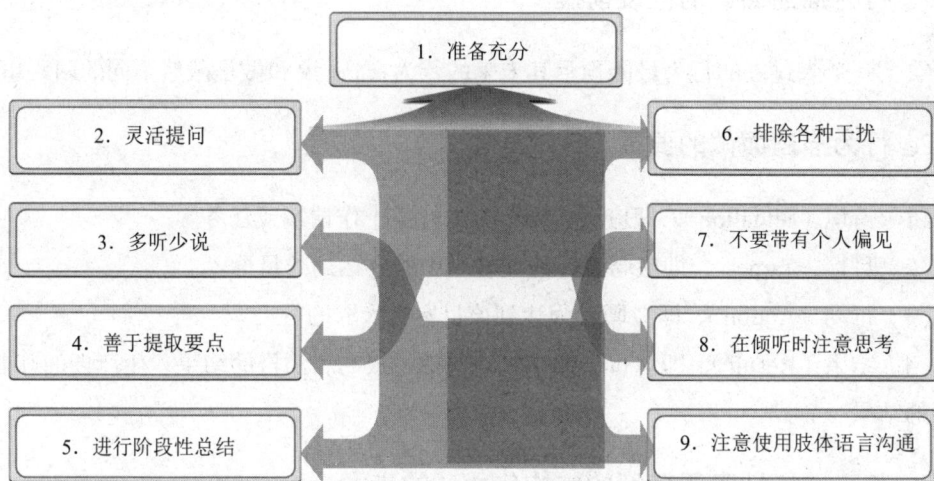

图 2-2-3　面试的实施技巧

十、员工招聘时应注意的问题

（1）简历并不能代表本人；（2）工作经历比学历更重要；（3）不要忽视求职者的个性特征；（4）让应聘者更多地了解组织；（5）给应聘者更多的表现机会；（6）注意不忠诚和欠缺诚意的应聘者；（7）关注特殊员工；（8）慎重做决定；（9）面试考官要注意自身的形象。

十一、结构化面试试题的类型

（1）背景性问题；（2）知识性问题；（3）思维性问题；（4）经验性问题；（5）情境性问题；（6）压力性问题；（7）行为性问题。

十二、行为描述面试的定义

行为描述面试简称 BD（Behavior Description）面试，是一种特殊的结构化面试，与一般的结构化面试的区别在于，它采用的面试问题都是基于关键胜任特征（或称胜任力）的行为性问题。

十三、行为描述面试的实质

面试考官通过行为描述面试要了解两方面的信息。一是应聘者过去的工作经历，判断他选择本企业发展的原因，预测他未来在本组织中发展所采取的行为模式；二是了解他对特定行为所采取的行为模式，并将其行为模式与空缺岗位所期望的行为模式进行比较分析。实质包括：（1）用过去的行为预测未来的行为；（2）识别关键性的工作要求；（3）探测行为样本。

十四、行为描述面试的假设前提

（1）一个人过去的行为最能预示其未来的行为；（2）说和做是截然不同的两码事。

十五、行为描述面试的要素（STAR 模式）

（1）情境（Situation），即应聘者经历过的特定工作情境或任务。
（2）目标（Target），即应聘者在这情境当中所要达到的目标。
（3）行动（Action），即应聘者为达到该目标所采取的行动。
（4）结果（Result），即该行动的结果，包括积极的和消极的结果，生产性的和非生产性的结果。

十六、基于选拔性素质模型的结构化面试的步骤

基于选拔性素质模型的结构化面试的步骤具体如图 2-2-4 所示。

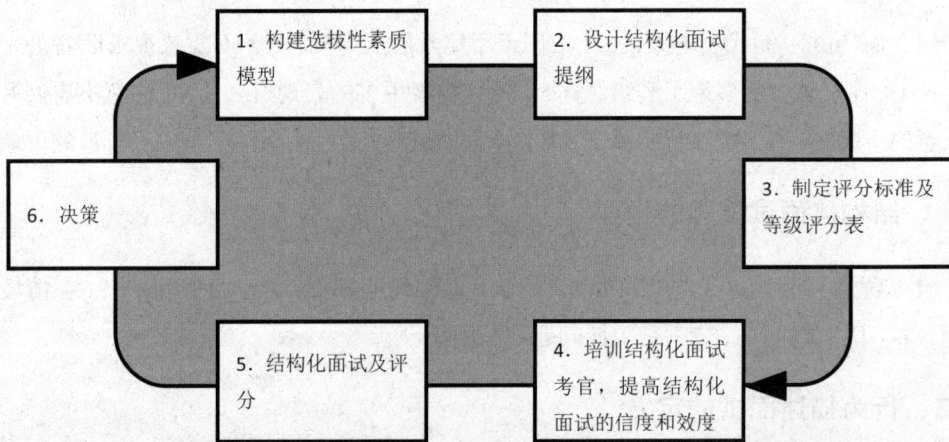

图 2-2-4　基于选拔性素质模型的结构化面试的步骤

十七、群体决策法的定义和特点

群体决策法是指在招聘的最后阶段，组建决策团队，由具有不同背景的多个决策人员对应聘者进行评价和打分，最后综合各决策人员的评价意见，得出应聘者的最终评价结果的招聘决策方法。其特点包括：（1）决策人员的来源广泛；（2）决策人员不唯一；（3）运用了运筹学群体决策法的原理，提高了招聘决策的科学性与有效性。

十八、群体决策法的步骤

（1）建立招聘团队，包括：企业高层管理人员、人力资源管理人员、用人部门经理、用人部门的直接主管；（2）实施招聘测试；（3）做出录用决策。

第四节　无领导小组讨论的组织与实施

一、评价中心方法的作用

评价中心是从多角度对个体行为进行的标准化评估。评价中心方法的作用包括以下3个方面：（1）用于选拔员工；（2）用于培训诊断；（3）用于员工技能发展。

二、无领导小组讨论的定义

无领导小组讨论（Leaderless Group Discussion，LGD）是评价中心方法的主要组成部分，是指由一定数量的一组被评人（6~9人），在规定时间内（约1小时）就给定的问题进行讨论，讨论中各个成员处于平等的地位，并不指定小组的领导者或主持人。

三、无领导小组讨论的类型

（1）根据讨论的主题有无情境性，可以分为无情境性讨论和情境性讨论。

（2）根据是否给应聘者分配角色，可以分为不定角色的讨论和指定角色的讨论。

四、无领导小组讨论的优缺点

1. 优点

（1）具有生动的人际互动效应；（2）能在被评价者之间产生互动；（3）讨论过程真实，易于客观评价；（4）被评价人难以掩饰自己的特点；（5）测评效率高。

2. 缺点

（1）题目的质量影响测评的质量；（2）对评价者和测评标准的要求较高；（3）应聘者表现易受同组其他成员影响；（4）被评价者的行为仍然有伪装的可能性。

五、无领导小组讨论操作流程

（1）前期准备；（2）具体实施；（3）评价和总结。

六、设计评分表

无领导小组讨论评分表的具体内容如表 2-2-2 所示。

表 2-2-2　无领导小组讨论评分表

测评指标	决策能力	计划能力	组织协调能力	人际影响力	团队合作能力	语言表达能力	灵活性	推理能力	创新能力
权重（%）	17	15	15	13	13	10	6	5	6
行为记录									
评分									
加权得分									
评分标准：优—10　良—7　中—4　差—1					总分				

七、编制计时表

无领导小组讨论计时表的具体内容如表 2-2-3 所示。

表 2-2-3　无领导小组讨论计时表

序号	姓名	每次发言时间（秒）				合计	
1		1	2	3	…	次数	时间
2							
3							
…							

八、实施阶段

1. 宣读指导语

主考官向应试者宣读无领导小组讨论测试的指导语，介绍讨论题的背景资料、讨论步骤和讨论要求。

2. 讨论阶段

考官宣读完指导语后一般不做任何发言，对于有的被测评者提出的问题，不涉及讨论内容的要做适当回复，并不是回答他们所问的所有问题，而是要强调整个活动由小组自己安排。接着进入集体讨论时间，一切活动都由被测评小组成员自己决定，测评者要做的就是观察各成员，并在观察表上对每个项目进行评分。

九、评价与总结

（1）参与程度；（2）影响力；（3）决策程序；（4）任务完成情况；（5）团队氛围和成员共鸣感。

十、无领导小组讨论的题目类型

无领导小组讨论的题目类型具体内容如表 2-2-4 所示。

表 2-2-4　无领导小组讨论的题目类型

类型	具体内容	考察方面
开放式问题	开放式问题的答案范围可以很广，没有固定的答案	主要用于考察被测评者思考的全面性、针对性，以及思路是否清晰，能否提出新见解
两难式问题	两难式问题是指让测评者在两种互有利弊的选项中选择其中的一种，并说明理由	主要用于考察被测评者分析问题的能力、语言表达能力及影响力
排序选择型问题	排序选择性问题，一般先提供问题的主题与备选答案，再由被测评者分别提出自己的观点，然后进行小组讨论得到统一的意见	主要用于考察被测评者分析问题的能力、语言表达能力等
资源争夺型题目	资源争夺是指给被测评者一些有限的资源，每个小组成员处于平等的地位，分别代表自己的利益或自己所从属团队的利益，设法获得更多分配的一种争论方式	主要能考察被测评者的语言表达能力、分析问题能力、概括与总结能力发言的积极性和灵敏性及组织协调能力等
实际操作型题目	操作实践型，顾名思义，要通过动手的方式来完成的任务。给被测评者一些材料、工具或道具，设计出一个方案，给出一个问题的解决建议，动手实际操作得到一个结果等	主要考察被测评者的主动性、合作能力等

十一、设计题目的原则

（1）联系工作内容；（2）难度适中；（3）具有一定的冲突性。

十二、无领导小组讨论题目的设计流程

无领导小组讨论题目的设计流程具体如图 2-2-5 所示。

```
┌─────────┐   ┌─────────┐   ┌─────────┐   ┌─────────┐   ┌─────────┐   ┌─────────┐
│ 选择题目 │ → │ 编写试题 │ → │ 进行试题 │ → │ 聘请专家 │ → │ 组织进行 │ → │ 反馈、修 │
│ 类型    │   │ 初稿    │   │ 复查    │   │ 审查    │   │ 测试    │   │ 改和完善 │
└─────────┘   └─────────┘   └─────────┘   └─────────┘   └─────────┘   └─────────┘
```

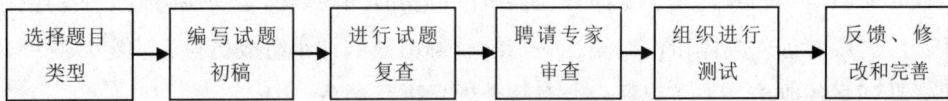

图 2-2-5　无领导小组讨论题目设计流程

第五节　企业人力资源的优化配置

一、企业人力资源配置的定义和类型

从企业经济学的角度看，人力资源配置是指在多种因素综合作用下，企业内各个部门实际投入和占用的劳动力总量。

企业人力资源配置可按不同标志对其做出区分，从配置的方式上看，可以将其区分为空间上和时间上的优化配置；从配置的性质上看，可以分为数量配置与质量配置；从配置的成分上看，可以分为企业人力资源的总量与结构配置；从配置的范围上看，可以分为企业人力资源的个体配置与整体配置。

二、企业员工个体素质的构成

企业员工个体素质的构成具体如图 2-2-6 所示。

年龄	员工劳动效率的高低与他们的年龄存在着一定的依存关系。人的智力和体力状况受到年龄的限制。随着年龄的增长，人的体力和智力也有增长、稳定和衰退的过程
性别	员工的性别不同，其生理特点和劳动能力也不同。一般来说，妇女的体力较男子弱
体质	人员体质是指人体的健康水平和外界的适应能力。员工体制的强弱，对以体力劳动为主的工作有着重要的影响
性格	性格是人们对外界的人和事的态度及行为方式上所表现处理的心理特点。它是一个人较稳定对现实存在的事物的态度及与之相应的习惯化的行为方式
智力	智力是指人的脑力劳动能力。具体地说，它是认识理解客观事物，运用知识和经验，处理解决问题的能力
品德	从企业员工的角度看，主要是指员工的职业道德。即员工个人依据一定的道德行为准则，在行动上所表现出来的某种稳固的特征

图 2-2-6　企业员工个体素质的构成

三、企业人力资源整体结构中的亚结构

企业人力资源整体结构具体表现为以下五种结构：年龄结构、性别结构、知识结构、专业结构，以及生理心理素质结构。企业人力资源结构的合理化是在这些亚结构合理化的基础上形成的。

1. 年龄结构合理化

年龄结构是指企业人力资源中具有不同年龄员工的构成方式和比例关系。年龄结构合理化是力求建立一个老年、中年和青年比例合理的人力资源综合题，并使之处于不断发展的动态平衡之中。

2. 性别结构合理化

性别结构是指企业人力资源中男女员工的构成方式和比例关系。性别结构的合理化，有利于充分地发挥不同性别的员工在从事体力和脑力劳动方面的优势，使不同性别的员工适才适所、各尽所能。

3. 知识结构合理化

知识结构是指企业人力资源中具有不同文化和专业知识水平的员工构成方式和比例关系。知识结构合理化是要保证企业人力资源中具有不同文化和专业知识水平的员工，按照合理比例进行组合，形成一个适应企业生产经营需要的文化知识有机体。

4. 专业结构合理化

专业结构是指企业人力资源中具有不同类别专业技能的员工构成方式和比例关系。将企业中具有不同专业技能的员工按一定比例进行合理配置，使他们能以满足各类工作岗位的要求，通力协作，密切配合，共同努力，从而发挥出其最大的整体效能。

5. 生理心理素质结构的合理化

生理心理素质结构是指企业人力资源中不同体质、性格、气质、兴趣、爱好、能力、品德的员工构成方式和比例关系。生理心理素质结构的合理化就是使具有不同生理心理素质的员工按一定比例和要求组合在一起，从而保证他们兼容并蓄、协调一致，从而更好地发挥团队的集体力。

四、五种重要人力的比例关系

（1）生产人员与非生产人员的关系；（2）生产人员内部的各种比例关系；（3）企业男女两性员工的比例关系；（4）技术与管理人员及其内部各类人员之间的比例关系；（5）其他的比例关系（企业中青年、老年员工的比例关系；从事后勤保障的服务人员与企业全员的比例关系）。

五、人力资源个体与整体配置的方法

（1）劳动定额配置法；（2）企业定员配置法；（3）岗位分析配置法。

六、企业人力资源配置效率的分析

研究企业人力资源配置的水平及其配置的经济效益是，可以采用生产率等多种统计指标衡量、分析和评价。

生产率指标是衡量企业经济效益的一项极其重要的指标，它等于企业生产经营系统的产生与创造这一产出的各种投入之比。

劳动生产率作为企业生产率测定的基本指标，是研究企业人力资源配置状况的基本依据之一。具体来说，劳动生产率指标可采用正指标和逆指标两种表示方法。

1. 产量表示法

它是用员工在单位劳动时间内所产生的合格产品的数量来表示劳动生产率，其公式是：

劳动生产率 = 实际产品产量（或总产值、净产值）/ 实际消耗的劳动时间（工时或工日）

2. 时间表示法

它是用员工生产出的单位合格产品所消耗的劳动时间来表示劳动生产率，其公式是：

劳动生产率 = 实际消耗的劳动时间（工时或工日）/ 实际产品产量（或总产值、净产值）

第三章　培训与开发

第一节　企业培训计划设计与实施

一、企业员工培训规划的定义

企业员工培训规划是在培训需求分析的基础上，从企业总体发展战略的全局出发，根据企业各种培训资源的配置情况，对计划期内的培训目标、对象和内容，培训的规模和时间，培训评估的标准，负责培训的机构和人员、培训师的指派、培训费用的预算等一系列工作所作出的统一安排。

二、企业员工培训规划的分类

（1）从规划的内容上看，企业员工培训规划分为员工培训开发的战略规划、员工培训开发的管理规划，以及其他类型的规划。

（2）从规划的期限上看，企业员工培训规划分为长期规划、中期规划和短期规划。

（3）从规划的对象上看，企业员工培训规划分为管理人员、技术人员和技能操作人员的培训规划，或一般人员，中、高层级人员的培训开发规划。

三、企业员工培训规划的内容

一份完整的企业员工培训规划应包括的内容具体如表 2-3-1 所示。

表 2-3-1 企业员工培训规划的内容

序号	项目	具体内容
1	培训的目的	主要说明员工为什么要进行培训
2	培训的目标	主要解决员工培训应达到什么样的标准
3	培训对象和内容	即明确培训谁，培训什么，进行何种类型的培训
4	培训的范围	包括四个层次，即个人、基层（班组或项目小组）、部门（职能和业务部门）和企业
5	培训的规模	受很多因素的影响，如人数、场所、培训的性质、工具及费用等
6	培训的时间	培训时间安排受培训的范围、对象、内容、方式和费用，以及其他与培训有关的因素影响
7	培训的地点	一般指学员接受培训的所在地区和培训场所
8	培训的费用	即培训成本，它是指企业在员工培训的过程中所发生的一切费用，包括培训之前的准备工作、培训的实施过程及培训结束之后的效果评估等各种与之相关活动的各种费用的总和。分为直接培训成本和间接培训成本两部分
9	培训的方法	实现培训规划各项目标的重要保障，它所要解决的是"船"或"桥"的问题
10	培训的教师	企业培训应当以员工为中心，培训的管理工作以教师为主导
11	规划的实施	为了保证培训规划的顺利实施，应提出具体的实施程序、步骤和组织措施

四、企业员工培训规划制定的要求

（1）系统性；（2）标准化；（3）有效性；（4）普遍性。

五、企业员工培训需求分析的内容

（1）企业战略分析；（2）组织分析，包括工作分析、责任分析、任职条件分析、督导与组织关系分析、组织文化分析；（3）任务分析；（4）人员分析；（5）员工职业生涯分析。

六、明确企业员工培训的目标

1. 目标层次分析

（1）可以达到的目标，即培训能达到的最佳效果；（2）应该达到的目标，即培训效果非常好的状态；（3）必须达到的目标，即培训要达到的基本要求。

2. 目标的可行性检查

明确可行的目标必须符合四个基本条件，即准确定位、具体明确可量化、能够合理分解及有相应的时间限制。

3. 订立培训目标的步骤

（1）在项目设计工作开始前，为培训提出明确的目标。

（2）在培训需求调查中，参加培训的人员有很多需求，在确定目标时，对这些需求要分清主次区别对待。只有完成了"必须掌握的"目标之后，才能考虑"应该达到的"目标，最后考虑"可以达到的"目标。

（3）检查培训目标的可行性。

（4）设计目标层次。第一，确定培训的起点，明确这次培训要掌握的知识；第二，建立目标层次；第三，将目标层次分为四层，即知识培训、技能培训、管理培训、观念培训；第四，简要列出工作目标。

七、员工培训规划设计的基本程序

（1）明确培训规划的目的；（2）获取培训规划的信息；（3）培训规划的研讨与修正；（4）把握培训规划设计的关键点；（5）撰写培训规划方案，方案内容包括规划背景说明、规划概括说明、制定规划的工作过程说明、规划信息的陈述和分析、规划目的与预期成效，以及培训规划实施工作安排与建议等。

八、起草培训规划的注意事项

（1）制定培训的总体目标；（2）确定具体项目的子目标；（3）分配培训资源；（4）进

行综合平衡，包括在培训投资与人力资源规划之间进行平衡、在企业正常生产与培训项目之间进行平衡；在员工培训需求与师资来源之间进行平衡；在员工培训与个人职业生涯规划之间进行平衡。

九、年度培训计划构成的模块

（1）封面模块；（2）目录模块；（3）计划概要模块；（4）主体计划模块；（5）附录模块。

十、年度培训计划的基本内容

年度培训计划的基本内容具体如图 2-3-1 所示。

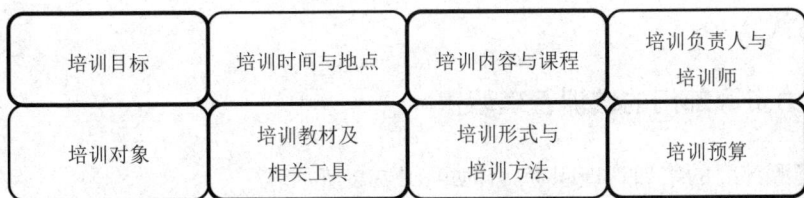

培训目标	培训时间与地点	培训内容与课程	培训负责人与培训师
培训对象	培训教材及相关工具	培训形式与培训方法	培训预算

图 2-3-1　年度培训计划的基本内容

十一、年度培训计划设计的基本程序

（1）前期准备。本阶段工作自上而下启动，主要工作包括上年度培训总结、本年度计划制订工作、培训年度计划制订动员会（宣传年度计划项目进程等）、面对各机构或部门的宣传鼓动等。

（2）培训调查与分析研究。主要工作包括内部访谈与收集信息、现况分析与策略思考、机制评价、资源评估、培训计划分解、公司高层培训工作意见等。

（3）年度培训计划的制订。本阶段采用自下而上方法，初步形成年度培训计划。

（4）年度培训计划的审批及开展。

十二、年度培训计划设计的主要步骤

（1）培训需求的诊断分析。诊断项目包括工作任务、工作责任、任职条件、督导与组织关系及企业文化。

（2）确定培训对象。其工作内容包括分析员工状况、明确员工差距及筛选培训对象。

（3）确定培训目标。

（4）根据岗位特征确定培训项目和内容。培训项目内容与培训对象是相辅相成的，需要做到"因材施教"。培训内容包括知识培训、技能培训和素质（态度）培训。

（5）确定培训方式和方法。一般分为职内培训、职外培训和自我开发。

（6）做好培训经费预算与控制。制定培训预算的程序包括确定培训计划方案及经费预算情况；确定年度培训计划；分配培训预算、初步确定培训项目；估算部门培训费用；调整部门培训预算方案；确定培训项目、审批培训预算方案。

（7）预设培训评估项目和工具。一是从培训计划角度考察，分为内容效度、反应效度及学习效度三个指标进行培训评估。二是从受训者角度来考察，看受训者培训前后行为的改变是否与期望的一致。三是从培训实施的实际效果来考察，即培训实施的成本收益比来分析。

（8）年度培训计划的确定方式。这些方式包括会议组织者确定、会议参加者确定及会议决策方式。

十三、人力资源部门的培训管理职责

人力资源部门的培训管理职责具体如图 2-3-2 所示。

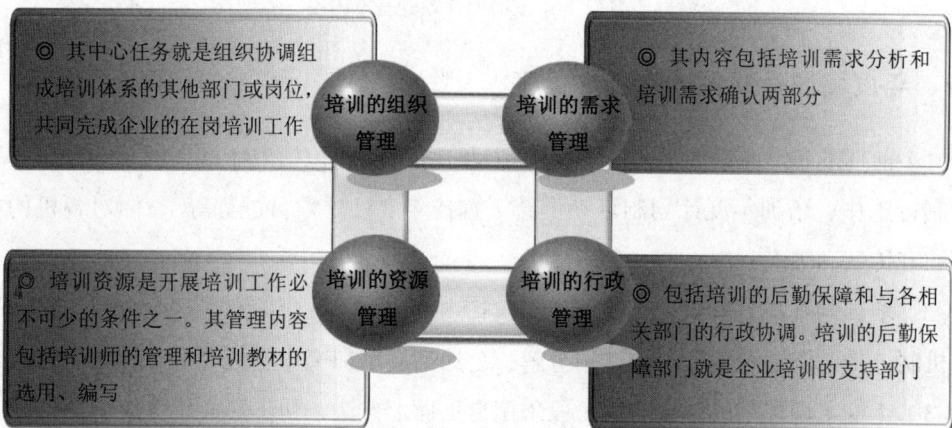

图 2-3-2　人力资源部门的培训管理职责

十四、培训计划的实施与管理控制

1.明确实施培训计划的基本思路

首先要明确"到哪里去"，其次是明确"我现在何处"，最后就是选择"哪条道路是通往目的地的最佳选择"。

2.确立培训计划的监督检查指标

常见的培训计划监督检查的项目和指标具体如图 2-3-3 所示。

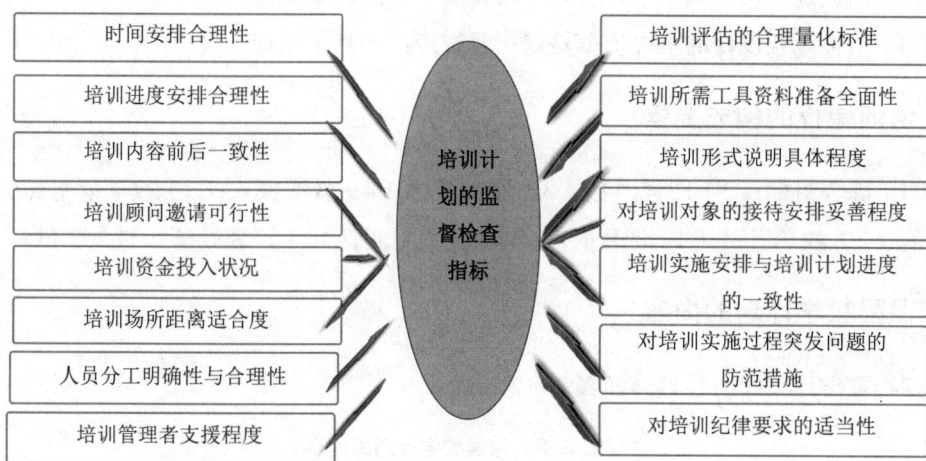

图 2-3-3　培训计划的监督检查指标

3. 计划实施全过程的评估与管控

采用上述监督检查指标，通过对培训计划实施前、实施中和实施后的全称评估，可以实现对培训计划实施的全过程监管和控制，从而使培训需求分析更加准确、培训计划更加符合实际、培训资源分配更加合理。

十五、实施培训计划管理的配套措施

（1）企业全员培训文化的培育；（2）企业全员培训环境的营造；（3）企业培训师资队伍的建设；（4）企业培训课程的开发与管理；（5）企业员工培训成果的跟进；（6）全员员工培训档案的管理；（7）员工培训激励机制的确立。

第二节　培训课程设计与资源开发

一、企业培训课程设计的特征

（1）创业初期。企业应集中力量提高创业者的营销公关能力、客户沟通能力。

（2）发展期。企业应集中力量提高中层管理人员的管理能力、管理知识、管理观念和管理技能。

（3）成熟期。企业应集中力量建设企业文化，将企业长期发展所必需的观念、规则和态度传播到所有员工中去，并提升员工对企业目标的认同、对企业的归属感。

二、企业培训课程设计的基本原则

（1）培训课程设计的根本任务是满足企业与学习者的需求。

（2）培训课程设计的基本要求是应体现成年人的认知规律。

（3）培训课程设计的主要依据是现代系统理论的基本原理。

三、培训课程的构成要素

（1）课程目标；（2）课程内容；（3）课程教材；（4）教学模式；（5）教学策略；（6）课程评价；（7）教学组织；（8）课程时间；（9）课程空间；（10）培训教师；（11）学员。

四、课程教学计划的内容

课程教学计划的内容具体如表2-3-2所示。

表2-3-2　课程教学计划的内容

计划内容	详细说明
教学目标	教学目标是在员工培训中开展各种教学活动所要达到的标准和要求
课程设置	课程设置就是根据教学计划的要求，确定教学内容，建立合理的培训课程体系的活动过程
教学形式	教学形式主要是指在教学过程中所要采用的教学方式，即如何组织培训师与受训者之间的教与学的活动
教学环节	教学环节是指整个培训的教学活动过程中各相关联的环节
教学时间安排	影响教学时间安排的因素包括整个教学活动所采用的时间；为完成某门课程所需要的时间；周学时设计；总学时设计；教学形式、教学环节中涉及的各类课程的讲授、复习、实验、参观、讨论、自习、测验、考查等各环节的时间比例

五、培训课程的需求度调查

1. 确定课程需求度调查项目

（1）课程需求度调查的层次，包括组织调查、任务调查、个体调查。

（2）课程需求度调查的要求，一是企业整体的课程体系建设需要和员工个人学习发展需求相结合，二是将企业长期的需要与现实需求相结合，三是定性分析与定量分析相结合。

（3）培训调查的流程具体如表2-3-3所示。

表2-3-3　培训调查的流程

流程序号	流程内容
1	各职能部门的培训管理人员收集绩效记录、质量控制报告和客户反馈信息等，会同培训中心结合工作分析中设定的工作内容及任务绩效标准，分析员工的任务与绩效之间的差距及其原因

流程序号	流程内容
2	由培训管理委员会根据企业发展方向、经验策略及环境变化指出培训需求的大方向，并结合人力资源规划确定企业整体的培训需求
3	培训中心应与人力资源部针对每一岗位做出胜任力评价和员工技能评估，以便评估员工技能与任务之间的差距
4	培训中心应定期向员工发放问卷调查员工具体的培训需求
5	最后培训中心负责整理、综合、平衡企业总体上各个层面的需求，并应兼顾企业目前的需求和长远的发展，且满足环境的变化，在此基础上设置培训课题系列

2. 课程信息和资料的收集

可以从企业内部各种资料中查找自己所需要的信息，征求学员、培训相关问题的专家等方面的意见，借鉴已开发出来的类似课程；也可以从企业外部的可能渠道挖掘可利用资源，资料收集的来源越广泛越好。

六、培训课程体系的设计定位

1. 培训课程的类别

培训课程应达到的全部目标分为三个领域，即由知识掌握、理解与智力发展诸目标组成的认知领域；由兴趣、态度、价值观和正确判断力、适应性的发展诸目标组成的情感领域；由各种技能和运动技能诸目标组成的精神运动领域。

2. 培训课程性质与任务层次

培训课程性质与任务层次具体如图 2-3-4 所示。

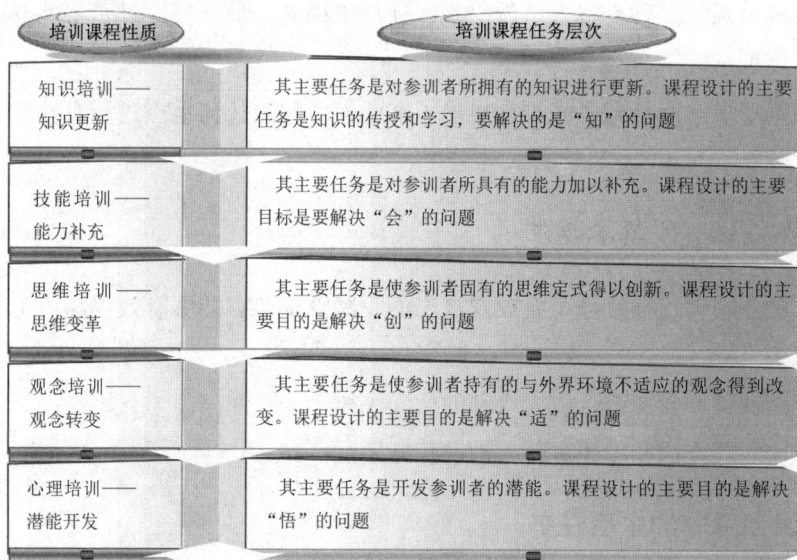

图 2-3-4　培训课程性质与任务层次

3. 培训课程系列的编排

培训课程的编排主要根据接受培训的对象而定。

（1）新员工培训课程。应主要体现在企业概况认识、企业文化、企业管理制度、工作岗位职能等方面，其余的时间新员工应更多地参与到企业的相关部门进行实习，以便尽快对企业有全面深入的了解。对老员工的培训，则应着重于引导他们的自我指导式学习，强化他们的学习能力。

（2）生产人员培训课程。除了人际关系和创新能力方面的培训以外，主要侧重的是技术能力的培训。

（3）新产品开发人员培训课程。应注重于培养新产品开发人员以顾客为导向的思想理念，注重开发和培养他们的创新思维和能力及加深相应的产品专业知识。

（4）管理人员培训课程。可以按照岗位职责和管理者在企业管理中所处的层次来确定。

（5）对其他业务人员的培训。主要是指对企业的销售人员和其他服务人员的培训。

除以上培训课程外，对以上各类人员通常还应进行企业文化、商务礼仪、团队精神等方面的教育与培训。

七、选择适用的课程培训方式

（1）内部培训。由公司内部提供的培训项目，培训部负责与培训师合作开发培训课程，协调培训时间安排与人员安排。

（2）外部培训。当公司所需要的培训不能由公司内部提供，就需要向外部购买。外部培训有两种形式，一种是将人员派出参加外部机构的培训，另一种是将外部讲师请到公司里开展培训。

（3）网络培训。网络教育和培训提供了在任何时间、任何地点进行有效教学和学习的机会，尤其是 E-learning 教学方式的运用。

八、培训课程编制的基本要求

（1）立足于培训目标，满足企业及员工的发展需求，以能够有效提高员工技能，改善工作绩效为准则。

（2）培训课程开发应符合成人培训的认知规律。

（3）应用系统方法和思想进行培训课程开发。

九、培训课程编制的主要任务

（1）前期的组织准备工作;（2）信息和资料的收集;（3）培训课程模块设计:（4）课

程的演练与试验;（5）信息反馈与课程修订。

十、培训课程项目系列

培训课程项目系列是有效实施培训课程的基础，包含三个层次。

（1）企业培训课程大纲。企业培训计划是指根据培训需求分析的结果，对培训项目的目标、对象、内容、要求、期限和实施方法等主要工作事项所作出的统一安排。

（2）培训课程系列计划。课程系列计划是指按一定的顺序组合起来的目标一致的课程组合。

（3）员工培训课程计划。培训课程计划是对某一课程的详细描述。它是课程系列计划的一部分，也是企业培训计划的一部分。培训课程计划主要包括课程题目的暂定、培训范围的确定、学员的确定、主要课题的界定、开发时间的估算、必需的资源、课程的期限和课程开发费用的初步预算等。

十一、课程设计文件的格式

（1）封面;（2）导言;（3）内容大纲;（4）开发要求;（5）交付要求;（6）产出要求。

十二、编排培训课程的关键点

编排培训课程的关键点具体如图 2-3-5 所示。

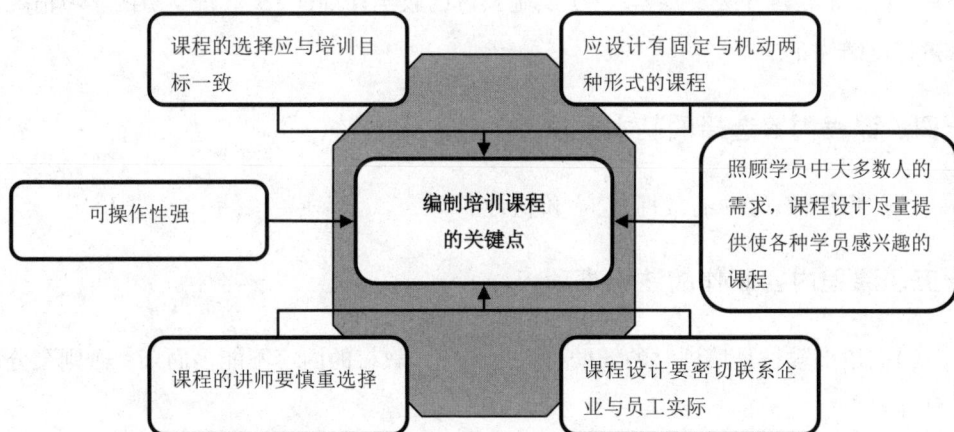

图 2-3-5 编制培训课程的关键点

十三、国外课程设计的基本模式

1. 肯普的教学设计程序

（1）列出课题，确定每一课题的教学目的;（2）分析学员特点;（3）确定可能取得明显学习成果的学习目标；（4）列出每一个学习目标的学科内容和大纲；（5）设计预测题；（6）选择教与学的活动和教学资源；（7）协调所提供的辅助服务；（8）实施教学；（9）根据学员完成学习目标的情况，评价教学活动以便进行反馈和再修正。

2. 加涅和布里格斯的教学设计程序

（1）系统 A 级，包括分析教学需求、目的及其需求优先加以考虑的部分；分析教学资源和约束条件及可选择的传递系统；确定课程范围和顺序，设计传递系统。

（2）课程级，包括确定某一门课的结构和顺序、分析一门课的目标。

（3）课堂级，包括确定行为目标、制订课堂教学计划、选择教学媒体与手段、评价学员行为。

（4）系统 B 级，包括教师方面的准备、形成性评价、现场试验及修改、总结性评价及系统的建立和推广。

3. 迪克和凯里的教学设计程序

（1）确定教学目标；（2）分析教学对象；（3）教学内容分析；（4）制定具体的行为目标；（5）设计标准的参照测试；（6）开发教学策略；（7）开发教材课件；（8）设计和开展形成性评估；（9）修改完善教学计划。

4. 现代常用的教学设计程序

（1）确定教学目的；（2）阐明教学目标；（3）分析教学内容的特征；（4）选择教学策略；（5）选择教学方法及媒体；（6）实施具体的教学计划；（7）评价学员的学习情况，及时进行反馈修正。

十四、课程内容选择的基本要求

（1）相关性；（2）有效性；（3）价值性。

十五、课程内容制作的注意事项

（1）培训教材是培训时的辅助材料。因此，教材的内容不能多而杂，否则会分散学员的注意力。

（2）凡是培训师讲授、表达的内容，教材不必重复。

（3）教材以提示重点、要点、强化参训者认知为重要功能。

（4）应将课外阅读资料、课堂教材分开。

（5）教材应简洁直观，按照统一的格式和版式制作。

（6）制作时用"教材制作清单"进行控制和核对。

十六、培训中印刷材料的准备

培训中使用的印刷材料包括工作任务表、岗位指南、学员手册、培训者指南和测验试卷。

十七、培训教师的来源

（1）聘请企业外部培训师；（2）开发企业内部的培训师。

十八、设计合适的培训手段

在开发课程时，需要正确回答的一个重要问题是："进行这项培训时，我需要哪些培训手段来实现培训目标"，回答这个问题需要从课程内容和培训方法、学员的差异性、学员的兴趣和动力，以及培训手段的可行性四个方面来考虑。

十九、开发培训教材的方法

（1）培训课程教材应切合学员的实际需要，而且必须是足够的能反映该领域内最新信息的材料。

（2）资料包的使用。

（3）利用一切可开发的学习资源组成活的教材。

（4）充分利用现代科学技术的先进成果，把单一的文字教材扩充到声、像、网络及其他各种可利用的媒体。

（5）设计视听材料。

二十、培训教师的选聘

培训教师选聘的标准具体如图 2-3-6 所示。

1 具备经济管理类和培训内容方面的专业理论知识	5 具有良好的交流与沟通能力
2 对培训内容所涉及的问题应有实际工作经验	6 具有引导学员自我学习的能力
3 具有培训授课经验和技巧	7 善于在课堂上发现问题并解决问题
4 能够熟练运用培训中所需要的培训教材与工具	8 积累与培训内容相关的案例与材料
9 掌握培训内容所涉及的一些相关前沿话题	10 拥有培训热情和教学愿望

图 2-3-6　培训教师选聘的标准

第三节 管理人员培训与开发

一、管理培训体系设计的原则

（1）战略性原则；（2）有效性原则；（3）计划性原则；（4）规范性原则；（5）持续性原则；（6）实用性原则。

二、管理人员培训的项目类别

管理人员培训的项目类别具体如表 2-3-4 所示。

表 2-3-4　管理人员培训的项目类别

项目类别	主要对象	培训内容
高层管理者培训	公司总经理、副总经理、总经理助理、公司总部的核心职能部门经理	培养经营理念、服务意识、企业集团化发展、战略规划能力、资本运营与投资决策能力、人才开发与制度创新能力、统率全局的能力、控制能力等高级工商管理方面的培训和英语培训
中层管理者培训	各业务部门和职能部门的经理级经理助理	侧重于经营管理基本理论与实际运用的培训，包括在服务意识、部门目标管理、绩效考核、成本控制、市场营销、人力资源开发与培训、员工激励、沟通技巧、领导艺术等方面
基层管理者培训	各部门组长、开发、营销等基层管理人员	侧重于服务意识、绩效考核、目标考核、成本管理、质量管理与督导、投诉处理及业务流程、工作指导方法、工作改善方法、人际关系方法等

三、管理人员培训开发的一般步骤

管理人员培训开发的步骤具体如表 2-3-5 所示。

表 2-3-5　管理人员培训开发的步骤

步骤名称	详细说明
明确培训开发的目的	（1）根据企业发展需要确定管理人员培训的重点，赢得企业领导的支持，争取培训投入 （2）根据管理人员综合考评的结果，明确素质差距和培训需求，制订培训计划，以需求驱动培训
确定培训对象的差距	（1）依据企业战略与竞争环境分析，确定企业核心能力差距 （2）依据对经营管理人员的综合评估，寻找素质差距
分析差距确定优先顺序	（1）分析素质差距对管理绩效的影响 （2）根据业务发展需要确定素质弥补的顺序

续表

步骤名称	详细说明
确定并执行培训计划	（1）制订培训计划弥补管理素质差距 （2）设计培训项目与课程 （3）执行并评价效果 （4）反馈与改进培训

四、管理人员培训开发体系的结构设计

1. 管理人员培训需求分析

管理人员的培训需求分析应围绕战略与环境分析、工作与任务分析，以及人员与绩效分析三个方面开展。

2. 确定培训指数，筛选培训开发的需求

培训指数 = 素质重要性权重 × 素质差距

3. 管理人员培训开发计划的编制

（1）以"服务培训对象"为中心；（2）以需求驱动培训；（3）根据培训需求，确定培训计划、培训目标和任务；（4）在制订培训计划的基础上组织实施与评估；（5）完善培训激励约束机制，促进培训成果转化。

4. 管理人员培训开发计划的实施

管理人员培训开发计划的实施具体如图 2-3-7 所示。

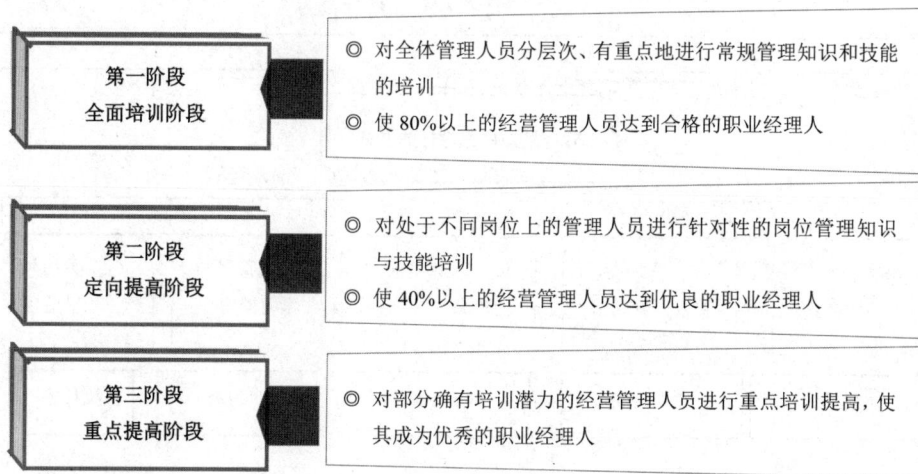

图 2-3-7　管理人员培训开发计划的实施

五、建立适应管理培训的实施体系

1. 明确管理培训的实施机构与职能

企业高层管理人员的培训一般由集团统一规划并委托有关高校和培训组织实施；中

层管理人员培训一般是由企业内部培训中心规划并组织实施；基层管理人员主要是企业培训中心和基层单位规划和实施。专业技术、技能培训是由职能部门和技术主管部门组织实施。

在企业经营管理人员培训实施职能的划分上，应根据经营管理人员培训的特点，培训工作应由集团总部和公司人事部、培训中心联合组成，共同参与培训需求分析和培训计划的制订，培训计划报公司决策层批准后，由培训中心组织实施。

2. 实施以团队为核心的管理培训模式

管理人员培训的实施模式可以建立在工作团队的构建基础之上，由受训的管理人员个体、工作团队和企业决策层三个层次构成。

六、管理培训课程的设计与开发

1. 管理培训课程设计的要素

管理培训课程设计的要素具体如图 2-3-8 所示。

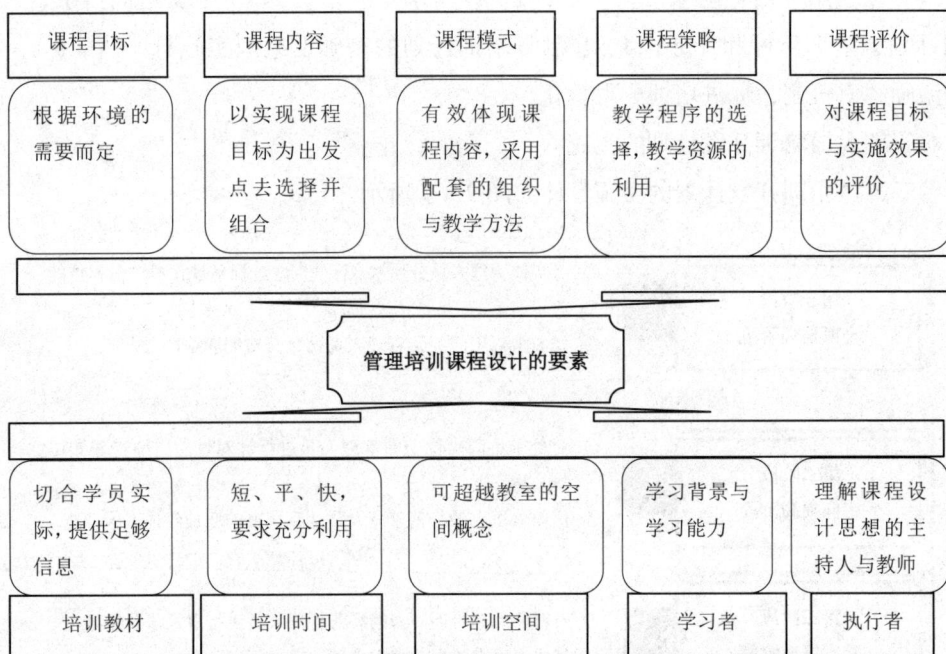

图 2-3-8 管理培训课程设计的要素

2. 设计系统化的管理培训课程体系

（1）系统性的常规管理知识和技能培训;（2）岗位管理知识培训;（3）现代管理技能培训;（4）管理人员心智能力培训。

七、管理技能培训开发的目的

（1）示范作用；（2）角色转换的需要；（3）现代经营管理方式的要求。

八、管理技能培训开发的要求及职能组合

管理者一般应具备三种最主要的技能，即业务技能、人际技能和概念技能。比较而言，基层管理者需要有较强的业务技能，高层管理者需要有较强的概念技能，而所有层次上的管理者都需要人际沟通技能。

（1）明确不同层次管理人员的能力要求；（2）界定各层管理人员的职责与行为要求。

九、管理技能培训开发的内容

（1）高层管理者培训开发。高层管理者是企业战略的制定者和企业发展方向的把握者。高层管理者的决策关系到一个企业的兴衰，对企业的意义重大，因此高层管理者在具备必要的行业技能和基本沟通技能的基础上，必须具备较强的概念技能。

（2）中层管理者培训开发。中层管理者介于高层与基层之间，起着上传下达的作用，因此必须具备一定的本行业的专业技术和对整个企业整体运作的概念，更需要对上对下的沟通技能。

（3）基层管理者培训开发。基层管理者是企业战略传达的最终执行者。企业战略通过决策层、中层再到基层。没有基层的传达实施，企业战略就变为一纸空文，所以必须重视对基层管理者的培训。

十、管理技能培训开发的方法

管理技能培训开发的方法有在职培训、一般培训和培训新方法三种类型。具体如表2-3-6所示。

表2-3-6 管理技能培训开发的方法

类型	方法名称	具体介绍
在职培训方法	职务轮换	使管理者在不同部门的不同管理岗位或非管理岗位上轮流工作
	设立副职	通过受训者与有经验的管理人员共同工作和管理人员对受训者的特别关注，从而拓展受训者的思维，增加他们的管理经验
	临时提升	就是通常所说的"代理"主管，例如主管休假、生病、出差或者由于其他原因导致职务空缺时，常采用此方法

续表

类型	方法名称	具体介绍
一般培训方法	替补训练	把一些工作较为出色的管理人员指定为替补训练者，除原有责任外，要求他们熟悉本部门的上级职责
	敏感性训练	又称为"T小组""恳谈小组"或者"领导能力培训" 在训练过程中，人们坦诚地相互交流，并从培训者和小组其他成员那里获得对自己行为的真实反馈
	案例评点法	要求注重案例的遴选、实际角色分析、案例的点评和升华
	事件过程法	有组织的、带有戏剧性的处理案例的一种方法
	理论培训	学习管理的基本原理及在某一方面的一些新的进展、新的研究成果，或就一些问题在理论上加以探讨等
	专家演讲学习班	使管理人员或潜在管理人员倾听各个相关领域专家的演讲
	大学管理学习班	如大学举办的各种实习班、报告会、讲座和正式的学习班
	阅读训练	有计划地阅读有关当代的管理文献
培训新方法	文件事务处理训练法	也称一揽子事件法。这是一种训练企业管理人员快速、有效地处理日常文件和事务的方法
	角色扮演法	把一组主管人员集合在一起，设定某种带有普遍性的、比较棘手的情况，让几个人分别饰演其中的角色，把事件的过程表演出来
	管理游戏法	游戏方式有对抗赛、模拟市场竞争等，可以按一定市场划分，也可以按一家企业或一个职能部门划分。这种方法要求学员在一定的规则、程序、目标和输赢标准下竞争，往往是全组合作达到一个共同目标
	无领导小组讨论法	将学员集中起来组成小组，就某一给定的主题展开讨论，事前并不指定讨论会的主持人，学员在讨论中可以自由发挥

十一、管理继任者培训的任务

管理继任者培训是指企业通过确定、评价关键岗位的高潜能的内部人才，对其进行系统开发和培养，以便为企业未来的组织战略和管理发展提供人力资本方面的储备和保障。企业管理继任者培训计划的主要任务是为企业储备未来的管理人员。

十二、继任者胜任力维度分析

（1）认同企业文化和发展战略；（2）具备组织领导才能和成就动机；（3）擅长人际协调和化解冲突；（4）拥有核心知识技能和优秀业绩；（5）持续的自我开发能力；（6）保持高忠诚度和归属感。

十三、接班人计划的实施流程

1. 评估关键岗位确定继任需求

（1）明确企业战略和核心能力；（2）通过岗位评估来确定关键岗位识别核心人才；（3）绘制核心人才继任需求表。

2. 确定核心人才素质特征，构筑素质模型

（1）确定企业核心能力和企业战略目标；（2）确定素质类别相应的定义和典型的行为表现。

3. 选拔继任计划候选人

（1）确定企业核心人才继任计划选拔候选人的步骤；（2）以素质模型为依据，识别人才发展潜力，为继任计划挑选候选人。

4. 培养核心人才继任者

（1）以素质模型为基础对每个候选人量身定做培训方案；（2）培训的实施与控制。

5. 接班人培训计划的实施与反馈

将继任计划的实施效果列入企业督查范围，定期检查。通过督察工作查找薄弱环节，分析原因，制定改进方法，不断优化程序，对较好的做法与经验及时总结推广。

第四节　员工培训效果评估

一、员工培训评估的定义

（1）狭义的培训评估，是指一个单位在组织培训之后，依据培训目的和要求，运用一定的评估指标和评估方法，用定性或者定量的方式对培训的效果加以检查和评定。它是培训流程中的最后一个环节，在培训结束后，对培训实施环节进行评估——评价它的价值，是对整个培训活动实施成效的评价和总结。

（2）广义的培训评估，是指运用科学的理论、方法和程序对培训主体和培训过程及实际效果的系统考察。它有一个系统的规划，是从培训需求分析、培训课程开发、培训活动的组织与实施及效果等多个环节同时进行的完整的、有效的培训评估系统，其评估结果为下一个培训活动、培训需求的确定和培训项目的调整提供重要的依据。

二、员工培训评估的基本原则

（1）客观性原则；（2）综合性原则；（3）灵活性原则。

三、培训评估体系的构成

根据企业培训的特点，培训评估体系一般由三个模块组成，即培训前期评估、培训实施过程评估及效果评估，以及培训评估结果反馈。

四、培训效果评估的作用

培训效果评估的作用具体如图 2-3-9 所示。

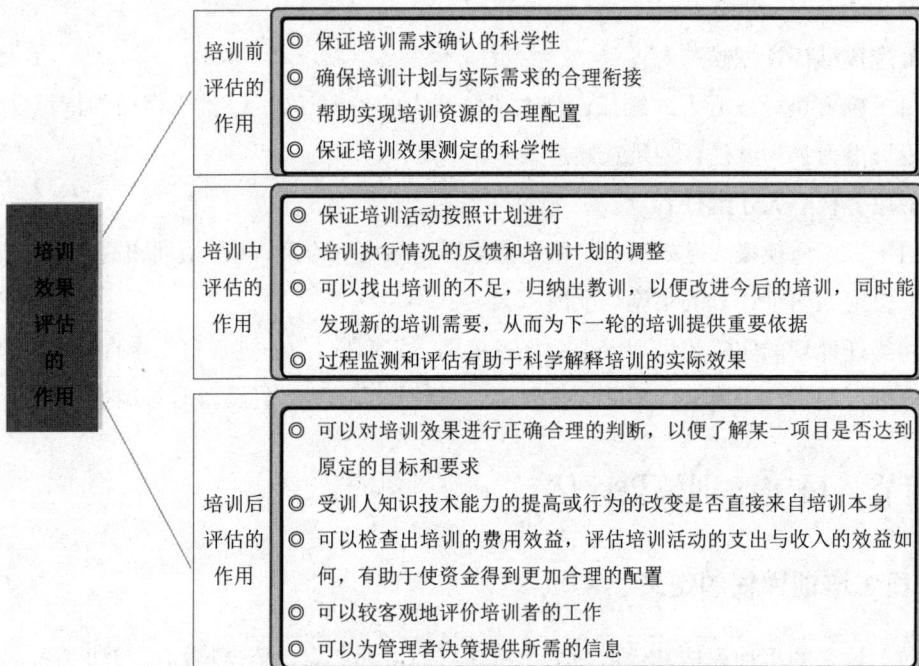

图 2-3-9　培训效果评估的作用

五、培训评估体系的总体设计

（1）对培训需求的评估。需要正确地回答"这次培训是否有必要"。

（2）确定培训评估目标。需要正确地回答"达到什么样的水平就说明本项目的培训就是成功的"。

（3）设计培训评估方案。需要正确地回答"如何评估，谁来评估，评估谁，评估什么，用何种方法评估，评估进行到哪一个层次（是反应评估、学习评估，还是行为或结果评估）"。

（4）实施培训评估方案。

（5）根据评估的结果，针对存在的问题，及时对培训项目进行调整。

（6）培训评估结果的反馈。

六、培训评估方案的设计

1. 员工培训需求的评估

实施培训需求的评估，首先要由评估人员重新进行培训需求分析，即通过培训需求分析来决定员工的知识、技能、态度等方面的缺陷。可以从受训人员及其直接上司、公司三个角度来收集培训需求信息。

2. 做出培训评估的决定

（1）确定评估的目的；（2）评估的可行性分析；（3）明确评估的操作者和参与者。

3. 设计员工培训评估方案

（1）选择培训评估人员；（2）选定培训评估的对象；（3）确定评估层次和内容；（4）选择评估内容和指标；（5）建立培训评估数据库；（6）确定方案及测试工具。

七、培训评估方案的实施

（1）选择好进行评估的时机；（2）做好评估数据信息的整理和分析；（3）在评估中应与学员多沟通；（4）根据情况及时调整评估项目。

八、评估培训成果的标准

标准是对某一事务进行测量和评定的统一规范。评估培训成果的标准是指企业和培训管理人员用来评价培训成果的统一尺度和规范。

九、培训成果的四级评估体系

培训成果的四级评估体系具体如表 2-3-7 所示。

表 2-3-7　培训成果的四级评估体系

层次	评估内容	评估方法	评估时间	评估单位
反应评估	衡量学员对具体培训课程、培训师与培训组织的满意度	问卷调查、电话调查、访谈法、观察法、综合座谈法	课程结束时	培训单位
学习评估	衡量学员对于培训内容、技巧、概念的吸收与掌握程度	提问法、角色扮演、笔试法、口试法、演讲、模拟练习与演示、心得报告与文章发表	课程进行时课程结束时	培训单位
行为评估	衡量学员在培训后的行为改变是否因培训所导致	问卷调查、行为观察、访谈法、绩效评估、管理能力评鉴、任务项目法、360度评估	3 个月或半年以后	学员的直接主管上级

续表

层次	评估内容	评估方法	评估时间	评估单位
结果评估	衡量培训给公司的业绩带来的影响	个人与组织绩效指标、生产率、缺勤率、离职率、成本效益分析、组织气候等资料分析、客户与市场调查、360度满意度调查	半年或一两年后员工及公司的绩效评估	学员的单位主管

十、制定培训评估标准的要求

（1）相关度，是指衡量培训成果的标准与培训计划预定训练或学习目标之间的相关性。

（2）信度，是指对培训项目所取得的成效进行测试时，其测量结果的长期稳定程度。

（3）区分度，是指受训者取得的成果能真正反映其绩效的差别。

（4）可行性，是指在对培训成果进行评估时，采集其测量结果的难易程度。

十一、培训成果评估的五项重要指标

培训成果评估的五项重要指标具体如图2-3-10所示。

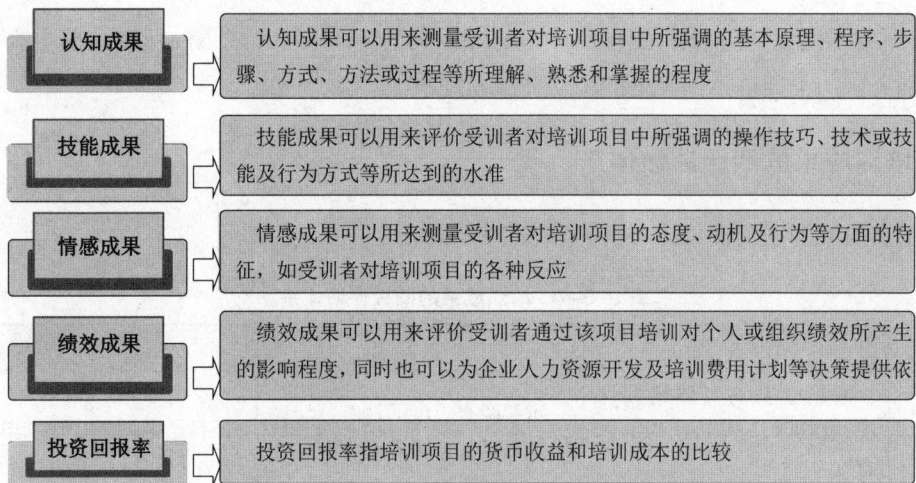

图2-3-10 培训成果评估的五项重要指标

十二、培训评估方式方法的分类

1. 非正式评估与正式评估

非正式评估是指评估者依据自己的主观性判断，而不是用事实和数字来加以证明。

而在一些正式的场合，尤其当评估结论要被高级管理者用来作为决策的依据，或者为了向特定群体说明培训的效果时，就需要进行正式评估。

2. 建设性评估和总结性评估

建设性评估就是在培训过程中以改进而不是以是否保留培训项目为目的的评估。总结性评估是指在培训结束时，为对受训者的学习效果和培训项目本身的有效性做出评价而进行的评估。这种评估经常是正式和客观的。

3. 定性评估与定量评估

定性评估是指评估者在调查研究、了解实际情况的基础之上，根据自己的经验和相关标准，对培训效果做出评价的方法。定量评估法是通过对培训作业的大小、受训人员行为方式改变的程度，以及企业收益多少给出数据解释，在调查研究和统计分析的基础上，揭示并阐述员工劳动行为改变、技能形成、素质提高等方面的规律性，从培训评估的定量分析中得到启发，然后以描述形式来说明结论。

十三、培训评估的定性定量方法

培训评估的定性定量方法具体如图 2-3-11 所示。

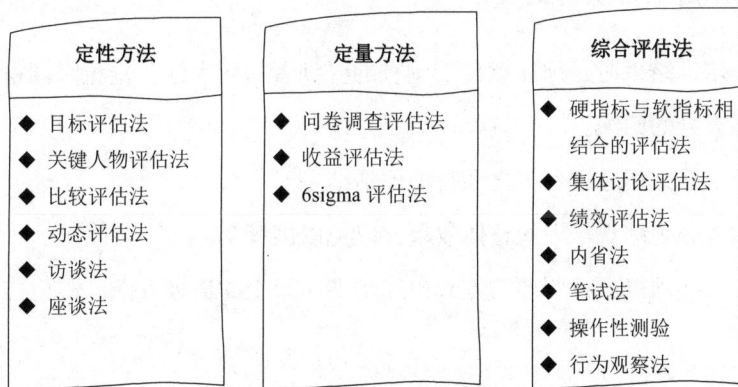

定性方法	定量方法	综合评估法
◆ 目标评估法	◆ 问卷调查评估法	◆ 硬指标与软指标相结合的评估法
◆ 关键人物评估法	◆ 收益评估法	◆ 集体讨论评估法
◆ 比较评估法	◆ 6sigma 评估法	◆ 绩效评估法
◆ 动态评估法		◆ 内省法
◆ 访谈法		◆ 笔试法
◆ 座谈法		◆ 操作性测验
		◆ 行为观察法

图 2-3-11　培训评估的定性定量方法

十四、受训者培训成果的评估

（1）受训者情感结果的评估，主要是考评受训者在心理上对培训项目所灌输的内容的认可程度，多用于关于企业文化、职业心态等精神层面的培训。主要采用上级领导与受训者进行讨论确定后由领导进行填写。

（2）受训者技能结果的评估，主要是针对受训者将培训内容运用于实际工作中的情况进行评估。可将所罗门小组测试法和时间序列评估法相结合。

（3）受训者行为改善度的评估，主要对培训后的受训人员行为改善度进行动态评估，由上级、下级、同事、培训主管、人力资源管理部门及受训人员自我等多方面进行综合评价，即实施所谓的"360度培训评价"。

（4）受训者绩效增长度的评估，由上级主管部门及有关的生产部门、财务部门、人力资源部门和专业培训机构等各方面抽调专门力量，以月、季或年为评估时限，对部门的工作绩效和整体工作水平在人员受训后的增长度进行科学评估。

十五、培训主管业绩的评估

可从知识管理的过程、组织结构、实施培训管理的经济效益，以及培训效率是否提高等方面进行考虑。

十六、培训教师的综合评估

从课程满意度和培训师能力两方面进行评估。

十七、培训评估报告撰写的要求

（1）调查培训结果时必须注意接受调查的受训者的代表性，避免因调查样本缺少代表性而做出不充分的归纳。

（2）实事求是，切忌过分美化和粉饰评估结果。

（3）评估者必须综观培训的整体效果，以免以偏概全。

（4）评估者必须以一种圆熟的方式论述培训结果中的消极方面，避免打击有关培训人员的积极性。

（5）当评估方案持续一年以上时间时，评估者需要做中期评估报告。

（6）要注意报告的文字表述与修饰。

十八、培训评估报告撰写的步骤

（1）导言；（2）概述评估实施的过程；（3）阐明评估结果；（4）解释、评论评估结果和提供参考意见；（5）附录；（6）报告提要。

第四章　绩效管理

第一节　绩效考评指标与标准设计

一、绩效考评指标体系的内容

（1）适用不同对象范围的考评体系，包括组织绩效考评指标体系和个人绩效考评指标体系。

（2）不同性质的绩效考评指标体系，包括品质特征型、行为过程型及工作结果型的绩效考评指标体系。

二、绩效考评指标的作用

（1）有助于战略的落实和达成;（2）有助于改善组织的内部管理;（3）有助于指引员工的行为朝向组织正确的方向上来。

三、绩效考评指标的来源

（1）组织战略与经营规划;（2）部门职能与岗位职责;（3）绩效短板与不足。

四、绩效考评指标体系的设计原则

绩效考评指标体系的设计原则具体如图 2-4-1 所示。

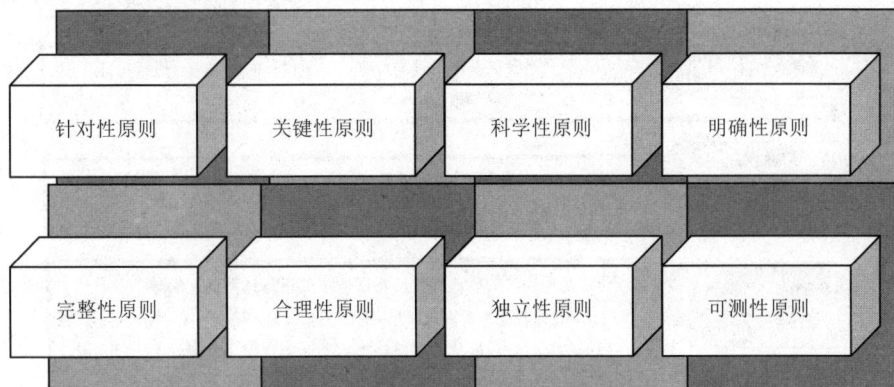

| 针对性原则 | 关键性原则 | 科学性原则 | 明确性原则 |
| 完整性原则 | 合理性原则 | 独立性原则 | 可测性原则 |

图 2-4-1　绩效考评指标体系的设计原则

五、绩效考评指标体系的设计方法

（1）要素图示法，就是将某类人员的绩效特征，用图表描绘出来，然后加以分析研究，确定需考评的绩效要素。这种方法一般将某类人员的绩效要素按需要考评程度分档，然后根据少而精的原则进行选取。

（2）问卷调查法，就是采用专门的调查表，在调查表中将所有与本岗位工作有关的要素和指标——列出，并用简单明确的文字对每个指标做出科学的界定，再将该调查表分发给有关人员填写，收集、征求不同人员的意见，最后确定绩效考评指标体系的构成。

（3）个案研究法，就是通过选取若干具有代表性的典型人物、事件或岗位的绩效特征进行分析研究，来确定绩效考评指标和考评要素体系。

（4）面谈法，就是通过与各类人员，如被考评者的上级、人力资源管理人员、被考评者，以及与被考评者有较多联系的有关人员的访问和谈话收集有关资料，以此作为确定考评要素的依据。分为个别面谈法和座谈讨论法。

（5）经验总结法，根据特定时期的用人政策、本单位的具体情况，以及考评单位所积累的经验来确定考评的要素，或者参照总结一些较为权威的绩效考评要素体系及同行业单位人员绩效考评的经验，再结合本单位的情况以及考评目的来确定。

（6）头脑风暴法，是由亚力克·奥斯本提出的。这种方法的目的是寻求新的和异想天开的解决自己所面临难题的途径与方法。其实施的四个基本原则：任何时候都不批评别人的想法；思想愈激进愈开放愈好；强调产生想法的数量；鼓励别人改进想法。

六、绩效考评指标体系的设计程序

确定绩效考评指标体系，一般按照以下四个步骤进行，具体如图2-4-2所示。

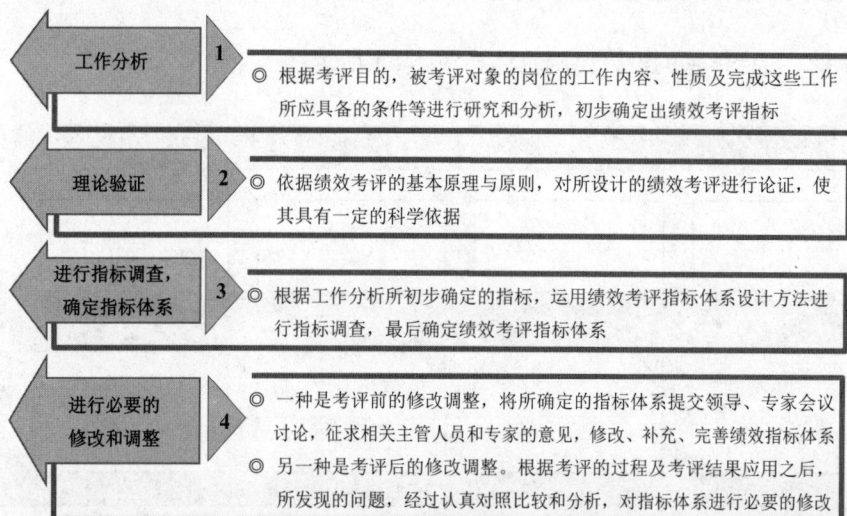

工作分析	1	◎ 根据考评目的，被考评对象的岗位的工作内容、性质及完成这些工作所应具备的条件等进行研究和分析，初步确定出绩效考评指标
理论验证	2	◎ 依据绩效考评的基本原理与原则，对所设计的绩效考评进行论证，使其具有一定的科学依据
进行指标调查，确定指标体系	3	◎ 根据工作分析所初步确定的指标，运用绩效考评指标体系设计方法进行指标调查，最后确定绩效考评指标体系
进行必要的修改和调整	4	◎ 一种是考评前的修改调整，将所确定的指标体系提交领导、专家会议讨论，征求相关主管人员和专家的意见，修改、补充、完善绩效指标体系 ◎ 另一种是考评后的修改调整。根据考评的过程及考评结果应用之后，所发现的问题，经过认真对照比较和分析，对指标体系进行必要的修改

图2-4-2　绩效考评指标体系的设计程序

七、绩效考评标准的类型

（1）量词式的考评标准；（2）等级式的考评标准；（3）数量式的考评标准；（4）定义式的考评标准。

八、绩效考评标准的设计原则

（1）定量准确；（2）先进合理；（3）突出特点；（4）简明扼要。

九、绩效考评标准量表的设计

（1）名称量表；（2）等级量表；（3）等距量表；（4）比率量表。

十、考评指标标准的评分方法

（1）自然数法。自然数法计分可以是每个等级只设定一个自然数，也可以是每个等级有多个自然数可供选择。多个自然数的选择可以是百分制，也可以采用非百分制。

（2）系数法。分为函数法和常数法两种计分方法。函数法是借用模糊数学中隶属度函数的概念，按考评标准进行计分。常数法是在考评要素分值之前设定常数，将其乘积作为评定结果。

十一、关键绩效指标的定义

关键绩效指标（Key Performance Indicator，KPI）是检测并促进宏观战略决策执行效果的一种绩效考评方法，它首先是企业根据宏观的战略目标，经过层层分解之后，提出的具有可操作性的战术目标，并将其转化为若干个考评指标；其次借用这些指标，从事前、事中和事后多个维度，对组织或员工个人的绩效进行全面跟踪、监测和反馈。

十二、选择关键绩效指标的原则

（1）整体性；（2）增值性；（3）可测性；（4）可控性；（5）关联性。

十三、提取关键绩效指标的方法

1. 目标分解法

目标分解法采用的是平衡计分卡设定目标的方法，即通过建立包括财务指标与非财务指标的综合指标体系对企业的绩效水平进行监控。其操作步骤是确定战略的总目标和分目标、进行业务价值树的决策分析、各项业务关键驱动因素分析。

2. 关键分析法

关键分析法就是通过多方面信息的采集和处理，寻求一个企业成功的关键点，弄清到底是什么原因导致企业克敌制胜的，并对企业成功的关键点进行跟踪和监控。

3. 标杆基准法

标杆基准法是企业将自身的关键绩效行为，与那些在行业中领先的、最具影响的或最具竞争力企业的关键绩效行为作为基准，进行深入全面的比较研究，探究这些基准企业的绩效形成原因，在此基础上建立企业可持续发展的关键绩效标准，并提出改进员工绩效的具体程序、步骤和方法。

十四、提取关键绩效指标的程序和步骤

提取关键绩效指标的程序和步骤具体如图 2-4-3 所示。

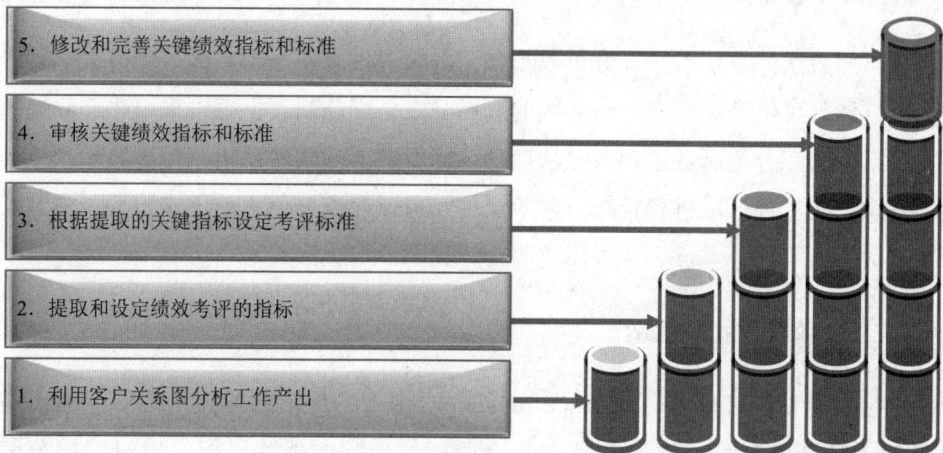

图 2-4-3　提取关键绩效指标的程序和步骤

第二节　绩效监控与沟通

一、绩效监控的内涵

绩效监控是管理者始终关注下属的各项活动，以保证他们按计划进行，并纠正各种重要偏差的过程。管理者进行绩效监控主要承担两项任务：一是通过持续不断地沟通对员工的工作给予支持，并修正工作任务实际完成情况与目标之间的偏差；二是记录员工工作过程中的关键事件或绩效数据，为绩效考评提供信息。

二、绩效监控的目的和内容

绩效监控始终关注员工工作绩效，旨在通过提高个体绩效水平来改进部门和组织的

绩效。绩效监控的内容和目的具有高度的一致性。绩效监控的内容一般是在确定的绩效周期内员工对绩效计划的实施和完成情况，以及这一过程中的态度和行为。

三、绩效辅导的作用

绩效辅导就是在绩效监控过程中，管理者根据绩效计划，采取恰当的领导风格，对下属进行持续的指导，确保员工工作不偏离组织战略目标，并提高其绩效周期内的绩效水平及长期胜任素质的过程。

（1）与员工建立一对一的密切联系，向他们提供反馈，帮助员工制定能"拓展"他们目标的任务，并在他们遇到困难时提供支持。

（2）营造一种鼓励员工承担风险、勇于创新的氛围，使他们能够从过去的经验中学习。

（3）为员工提供学习机会，使他们有机会与不同的人一起工作。

四、绩效监控的关键点

（1）管理者领导风格的选择和绩效辅导水平；（2）管理者与下属之间绩效沟通的有效性；（3）绩效考评信息的有效性。

五、绩效辅导的时机

（1）当员工需要征求你的意见时；（2）当员工希望你解决某个问题时；（3）当你发现了一个可以改进绩效的机会时；（4）当员工通过培训掌握了新技能时。

六、绩效辅导的方式

绩效辅导的方式具体如图 2-4-4 所示。

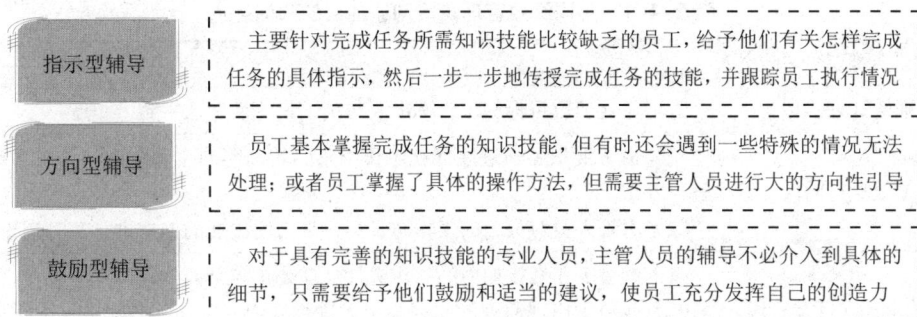

指示型辅导	主要针对完成任务所需知识技能比较缺乏的员工，给予他们有关怎样完成任务的具体指示，然后一步一步地传授完成任务的技能，并跟踪员工执行情况
方向型辅导	员工基本掌握完成任务的知识技能，但有时还会遇到一些特殊的情况无法处理；或者员工掌握了具体的操作方法，但需要主管人员进行大的方向性引导
鼓励型辅导	对于具有完善的知识技能的专业人员，主管人员的辅导不必介入到具体的细节，只需要给予他们鼓励和适当的建议，使员工充分发挥自己的创造力

图 2-4-4　绩效辅导的方式

七、绩效沟通的内涵

绩效沟通是绩效管理的核心，是指考核者与被考核者就绩效考评反映出的问题，以及考核机制本身存在的问题展开实质性的面谈，并着力于寻求应对之策，服务于后一阶段企业与员工绩效改善和提高的一种管理方法。

八、绩效沟通的内容

（1）绩效计划沟通，包括目标制定的沟通和目标实施的沟通；（2）绩效辅导沟通；（3）绩效反馈沟通；（4）绩效改进沟通。

九、绩效沟通的重要性

（1）设定共同认可的绩效目标；（2）在履行目标职责过程中不断勘误，提高效率；（3）使绩效目标考核思想深入人心，考核结果令人信服。

十、绩效沟通的方式

绩效沟通可以分为正式的绩效沟通和非正式的绩效沟通两大类。正式的绩效沟通是企业管理制度规定的各种定期进行的沟通；非正式的绩效沟通则是员工与管理者在工作过程中的信息交流过程。正式的绩效沟通分为正式的书面报告和管理者与员工之间的定期会面。其中，管理者与员工之间的定期会面又包括管理者与员工之间一对一的会面和有管理者参加的员工团队会谈。

十一、不同绩效管理阶段沟通的目的和侧重点

不同绩效管理阶段沟通的目的和侧重点具体如表 2-4-1 所示。

表 2-4-1　不同绩效管理阶段沟通的目的和侧重点

绩效管理阶段	目的和侧重点
绩效计划阶段	管理者就绩效目标和工作标准要与员工讨论后达成一致
绩效执行阶段	（1）员工汇报工作进展或就工作中遇到的障碍向主管求助，寻求帮助和解决办法 （2）主管人员对员工的工作与目标计划之间出现的偏差进行及时纠正
绩效考评和反馈阶段	（1）对员工在考核期内的工作进行合理公正和全面的评价 （2）就员工出现问题的原因与员工进行沟通分析，并共同确定下一阶段改进的重点

绩效管理阶段	目的和侧重点
绩效改进和在职辅导 阶段	（1）要经常性地关注员工的绩效发展，对绩效进行前后对比，发现偏差，及时纠正 （2）要将整改的落实情况，纳入到下一轮绩效考核的依据信息中，做到闭环管理

十二、绩效沟通的技巧

绩效沟通的技巧具体如图 2-4-5 所示。

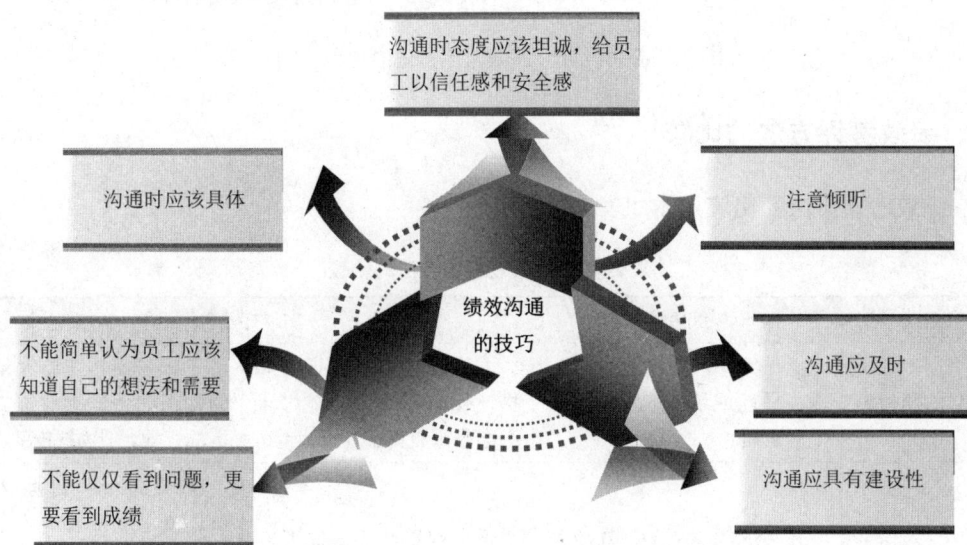

图 2-4-5　绩效沟通的技巧

第三节　绩效考评方法应用

一、绩效考评的效标

（1）特征性效标，即考量员工是怎样的一个人，侧重点是员工的个人特质。

（2）行为性效标，其侧重点是考量"员工如何执行上级指令，如何工作的"，这类效标对人际接触和交往频繁的工作岗位尤其重要。

（3）结果性效标，其侧重点是考量"员工完成哪些工作任务或生产了哪些产品，其工作成效如何？"结果性效标最常见的问题是若干质化指标较难以量化。

二、绩效考评方法的种类

绩效考评方法的种类具体如图 2-4-6 所示。

行为导向型的主观考评方法
主要有排列法、选择排列法、成对比较法、强制分配法和结构式叙述法

行为导向型的客观考评方法
主要有关键事件法、强迫选择法、行为定位法、行为观察法和加权选择量表法

绩效考评方法的种类

综合型的绩效考评方法
主要有图解式评价量表法、合成考评法

结果导向型的绩效考评方法
主要有目标管理法、绩效标准法、短文法、直接指标法、成绩记录法和劳动定额法

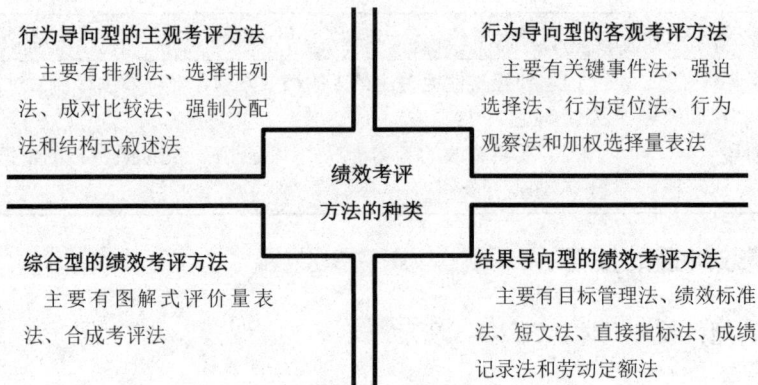

图 2-4-6　绩效考评方法的种类

三、绩效考评方法的比较

绩效考评方法的比较具体如表 2-4-2 所示。

表 2-4-2　绩效考评方法的比较

方法类型	优点	缺点	适用的行业或职业
品质主导型	操作简单，能够激励员工提高技能或培养职业需要的个人素质	主观性强，标准设定和描述比较困难，技能好未必会带来良好的工作业绩	变化强烈、需要大量的知识能力作为业绩支持的行业，比如 IT 行业
行为主导型	开发成本小，反馈功能好，具有较强的连贯性	受主观影响大，需要经常关注员工的行为	管理人员、行政人员、流水线工人等单个个体，难以量化衡量或者在团队中完成工作的个人
结果主导型	实施成本低廉	短期效应比较强	销售人员等容易单独量化计算的职位

四、绩效考评误差的识别

1. 分布误差

常见的有宽厚误差、苛严误差及集中趋势和中间倾向。

宽厚误差又称宽松误差，即评定结果是负偏态分布，也就是大多数员工被评为优良。苛严误差又称严格、偏紧误差，即评定结果是正偏态分布，也就是大多数员工被评为不合格或勉强合格。集中趋势和中间倾向又称居中趋势，即评定结果相近，都集中在某一分数段或所有的员工被评为"一般"，使被考评者全部集中于中间水平，或者说是平均水平。

2. 晕轮误差

晕轮误差又称"晕轮效应"、晕圈错误、光环效应。指在考评中，因某一个人格上的特征掩蔽了其他人格上的特征。

3. 个人偏见

个人偏见又称个人偏差、个人偏误，即基于被考评者个人的特性，如年龄、性别、宗教、种族、出身、地域等方面的差异，因考评者个人的偏见或者偏好的不同所带来的评价偏差。

4. 优先和近期效应

优先效应是指考评者根据下属最初的绩效信息，对其考评期内的全部表现做出的总评价，以前期的部分信息替代全期的全部信息，从而出现了"以偏概全"的考评误差。近期效应是指考评者根据下属最近的绩效信息，对其考评期内的全部表现做出的总评价，以近期的部分信息替代全期的全部信息，从而出现了"以近代远"的考评误差。

5. 自我中心效应

这种误差表现为考评者按照自己对标准的理解进行评价，或按照自己认为恰当的标准进行评价，因而偏离了评价标准。具体表现为对比偏差和相似偏差。对比偏差即考评者按照自己的标准寻找被考评者与其不同的方面进行评定。相似偏差即考评者按照自己的标准寻找被考评者与其相同的方面进行评价。

6. 后继效应

后继效应又称记录效应，即被考评者在上一个考评期内评价结果的记录，对考评者在本考评期内的评价所产生的作用和影响。

7. 评价标准对考评结果的影响

评价标准的不明确是影响考评结果的客观原因，而上述所介绍的其他六类绩效考评中常见的误差和偏误，基本上属于主观性的。

五、避免考评者误差的方法

（1）以工作岗位分析和岗位实际调查为基础，以客观准确的数据资料和各种原始记录为前提。

（2）从企业单位的客观环境和生产经营条件出发，根据企业的生产类型和特点，充分考虑本企业员工的人员素质状况与结构特征，选择恰当的考评工具和方法。

（3）绩效考评的侧重点应当放在绩效行为和产出结果上，尽可能建立以行为和成果为导向的考评体系。

（4）为了避免个人偏见等错误，可以采用360度的考评方式，由多个考评者参与。

（5）重视对考评者的培养训练，定期总结考评的经验并进行专门的系统性培训。

（6）重视绩效考评过程中各个环节的管理。

六、考评者培训的主要内容

考评者培训的主要内容具体如图 2-4-7 所示。

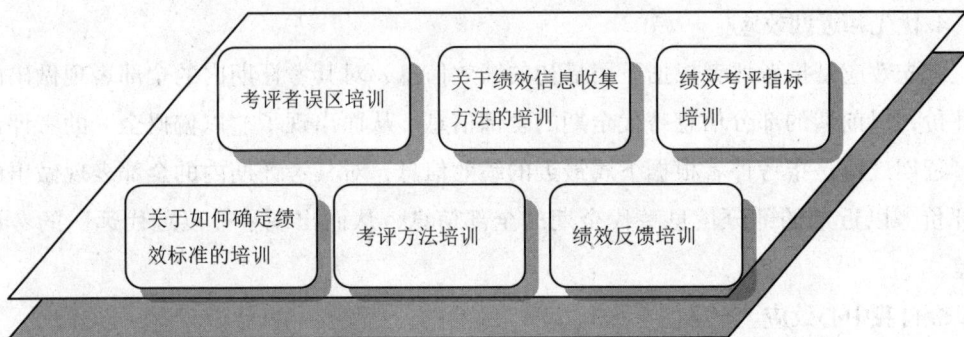

图 2-4-7　考评者培训的主要内容

七、考评者培训的时间

（1）管理者刚到任的时候；（2）进行绩效考评之前；（3）修改绩效考评办法之后；（4）在进行日常管理技能培训的同时进行考评者培训。

八、考评者培训的具体形式

（1）与日常的管理技能培训同时进行；（2）以独立课程的形式举办。

九、360度考评方法的定义

360度考评方法又称为全视角考评方法，它是指由被考评者的上级、同事、下级和（或）客户（包括内部客户、外部客户）及被考评者本人担任考评者，从多个角度对被考评者进行360度的全方位评价，再通过反馈程序，达到改变行为、提高绩效等目的的考评方法。

十、360度考评方法的优点

（1）具有全方位、多角度的特点；（2）考虑的不仅仅是工作产出，还考虑深层次的胜任特征;（3）有助于强化企业核心价值观，增强企业的竞争优势，建立更为和谐的工作关系;（4）采用匿名方式;（5）充分尊重组织成员的意见;（6）加强了管理者与组织员工的双向交流;（7）促进员工个人发展。

十一、360 度考评方法的缺点

（1）侧重于综合评价，定性比重较大;（2）信息来源渠道广，但并非一致，对员工的整体评价变得困难;（3）收集到的信息多，增加了成本;（4）实施过程中如果处理不当，容易造成组织内的紧张气氛，影响组织成员的工作积极性。

十二、360 度考评的实施程序

360 度考评的实施程序具体如表 2-4-3 所示。

表 2-4-3　360 度考评的实施程序

序号	程序名称	程序说明
1	考评项目设计	（1）进行需求分析和可行性分析，决定是否采用 360 度考评方法 （2）编制基于岗位胜任特征模型的考评问卷
2	培训考评者	（1）组建 360 度考评者队伍 （2）对选拔出的考评者进行包括沟通技巧、考评实施技巧、总结考评结果的方法、反馈考评结果的方法等内容的培训
3	实施 360 度考评	（1）实施考评，对具体实施过程进行监控和质量管理 （2）统计考评信息并报告结果 （3）对被考评人员进行如何接受他人的考评信息的培训 （4）企业管理部门制订改善绩效或促进职业生涯发展的行动计划
4	反馈面谈	（1）确定进行面谈的成员和对象 （2）及时反馈考评的结果，帮助被考评人员改进自己的工作，完善职业生涯
5	效果评价	（1）确认执行过程的安全性 （2）评价应用效果 （3）总结考评过程中的经验和不足，找出存在的问题，不断完善考评系统

十三、实施 360 度考评需要注意的问题

（1）确定并培训公司内部专门从事 360 度考评的管理人员;（2）选择最佳的时机;（3）上级主管应与每位考评者进行沟通;（4）使用客观的统计程序;（5）防止出现作弊、合谋等违规行为;（6）准确识别和估计偏见、偏好等的影响;（7）对考评者的个别意见

实施保密;（8）不同的考评目的注意不同的事项。

十四、基于信息化绩效考评的优势

（1）克服地域性差异;（2）简化考评管理工作，降低考评过程的复杂性;（3）保持了整个考评过程的适时性和动态性;（4）大大降低了考评成本;（5）增加了绩效考评的保密性。

十五、基于信息化绩效考评的不足

（1）受公司信息化程度影响大;（2）存在信息安全隐患。

十六、基于信息化绩效考评系统的搭建

（1）绩效考评后台系统;（2）绩效考评实施系统;（3）绩效结果分析系统。

十七、基于信息化绩效考评的实施流程

（1）绩效考评体系的构建;（2）实施绩效考评;（3）考评结果分析。

十八、绩效面谈的类型

（1）单向劝导式面谈;（2）双向倾听式面谈;（3）解决问题式面谈;（4）综合式绩效面谈。

十九、绩效考评结果的应用范围

（1）用于招募与甄选;（2）用于人员调配;（3）用于人员培训与开发决策;（4）用于确定和调整员工薪酬。

二十、绩效考评结果的效标作用

（1）用于计算人员选拔的预测效度;（2）用于进行培训评估。

二十一、绩效反馈面谈的程序

绩效反馈面谈的程序具体如图2-4-8所示。

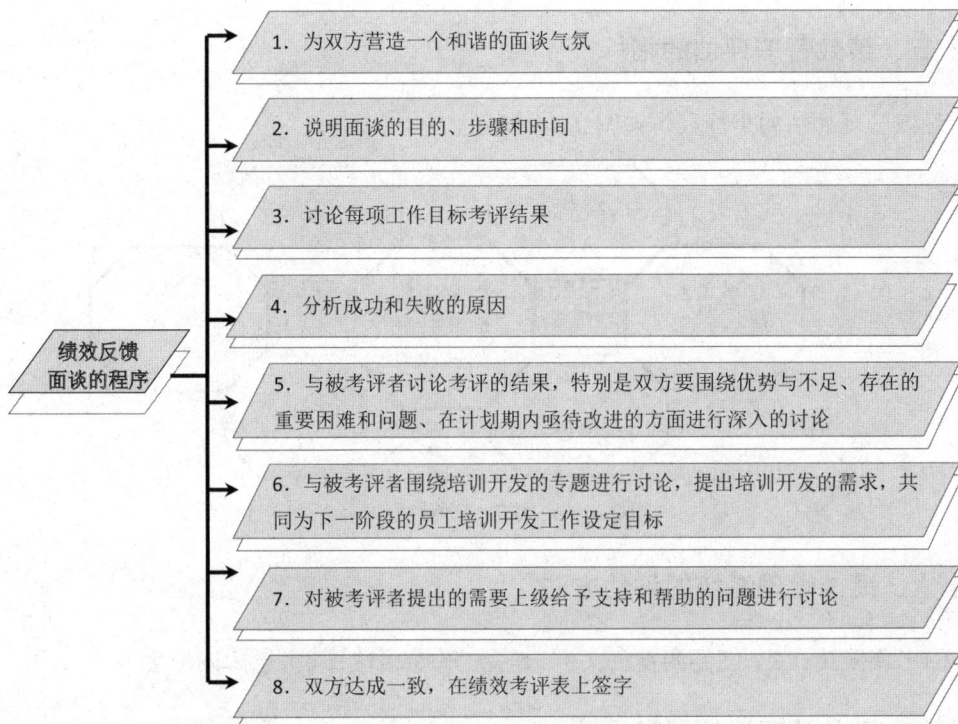

图 2-4-8　绩效反馈面谈的程序

二十二、绩效反馈面谈的技巧

（1）双方是完全平等的交流者。

（2）通过正面鼓励或者反馈，关注和肯定被考评者的长处。

（3）要提前向被考评者提供考评结果，强调客观事实。

（4）应当鼓励被考评者参与讨论，发表自己的意见和看法，以核对考评结果是否合适。

（5）针对考评结果，与被考评者协商，提出未来计划期内的工作目标与发展计划。

二十三、绩效考评结果的具体应用

（1）基于绩效考评的培训开发；（2）基于绩效考评的薪酬调整。

二十四、绩效管理系统总体评估的内容

（1）对管理制度的评估；（2）对绩效管理体系的评估；（3）对绩效考评指标体系的评估；（4）对考评全面全过程的评估；（5）对绩效管理系统与人力资源管理其他系统的衔接的评估。

二十五、绩效管理评估的指标

绩效管理评估的指标具体如图 2-4-9 所示。

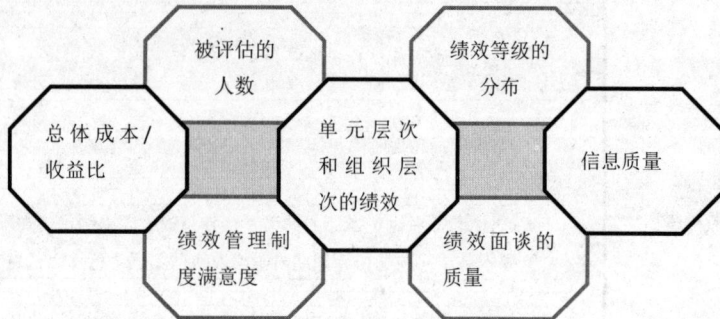

图 2-4-9　绩效管理评估的指标

二十六、绩效管理系统的评估方法

（1）座谈法；（2）问卷调查法；（3）查看工作记录法；（4）总体评价法。

二十七、绩效管理评估问卷设计

绩效管理评估问卷的内容包括基本信息、问卷说明、主体部分及意见征询。

（1）基本信息，包括填写问卷者的姓名、岗位、部门及年龄、学历、工龄等个人信息。

（2）问卷说明，包括本问卷的目的、填写方法和填写原则等内容。

（3）主体部分，是问卷的问题部分，即根据绩效管理系统的组成部分提问问题。

（4）意见征询，在问卷末尾，要求填写问卷者对本次问卷调查的意见和建议，以便为下次问卷调查提供经验。

第五章　薪酬管理

第一节　薪酬调查

一、薪酬的定义和表现形式

薪酬是员工为企业提供劳动而得到的各种货币与实物报酬的总和，包括工资、福利和社会保险、企业补充保险等各种直接或间接的报酬。薪酬有不同的表现形式：精神的与物质的、有形的与无形的、货币的与非货币的、内在的与外在的等。

二、薪酬的功能

1. 薪酬对企业的功能

（1）增值功能；（2）控制企业成本；（3）改善经营绩效；（4）塑造企业文化；（5）支持企业变革；（6）配置功能；（7）导向功能。

2. 薪酬对员工的功能

（1）保障功能；（2）激励功能；（3）社会信号功能。

3. 薪酬对社会的功能体现在对劳动力资源的再配置

三、薪酬管理的内容

（1）企业员工工资总额管理。

工资总额＝计时工资＋计件工资＋奖金＋津贴和补贴＋加班加点工资＋特殊情况支付的工资。

（2）员工薪酬水平的控制。

（3）企业薪酬制度设计与完善。

（4）日常薪酬管理工作。日常薪酬管理工作的内容具体如图 2-5-1 所示。

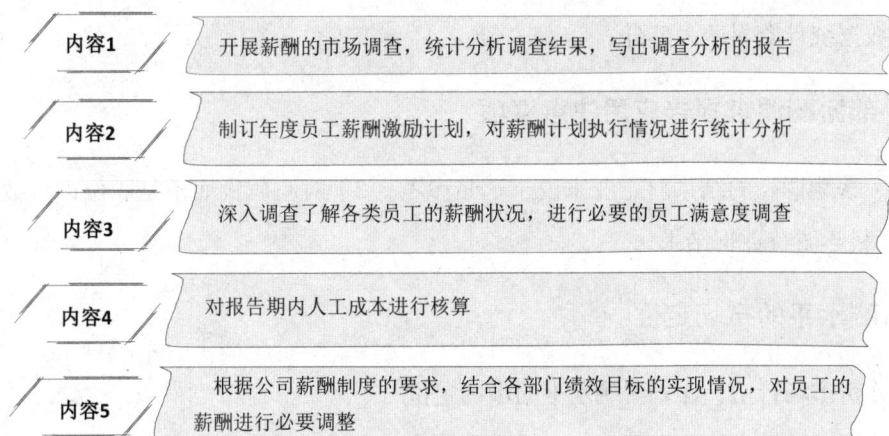

内容1	开展薪酬的市场调查，统计分析调查结果，写出调查分析的报告
内容2	制订年度员工薪酬激励计划，对薪酬计划执行情况进行统计分析
内容3	深入调查了解各类员工的薪酬状况，进行必要的员工满意度调查
内容4	对报告期内人工成本进行核算
内容5	根据公司薪酬制度的要求，结合各部门绩效目标的实现情况，对员工的薪酬进行必要调整

图 2-5-1　日常薪酬管理工作的内容

四、薪酬调查的定义

薪酬调查是指企业采用科学的方法，通过各种途径，采集有关企业各类人员的工资福利待遇及支付状况的信息，并进行必要处理分析的过程。

五、薪酬调查的种类

薪酬调查的种类具体如表 2-5-1 所示。

表 2-5-1　薪酬调查的种类

划分依据	类型
从调查方式上看	薪酬调查可以分为正式薪酬调查和非正式薪酬调查两种类型
从主持薪酬调查的主体来看	薪酬调查又可以分为政府的调查、行业的调查、专业协会或企业家联合会的调查、咨询公司的调查，以及公司企业自己组织的等多种形式的薪酬调查
从调查的组织者来看	正式调查可分商业性薪酬调查、专业性薪酬调查、政府薪酬调查

六、市场薪酬调查的作用

（1）为企业调整员工的薪酬水平提供依据；（2）为企业调整员工的薪酬制度奠定基础；（3）有助于掌握薪酬管理的新变化与新趋势；（4）有利于控制劳动力成本，增强企业竞争力。

七、薪酬市场调查报告

薪酬市场调查报告是通过薪酬调查得到的数据进行汇总、整理、核对，并采用一定的方法对这些数据进行处理和分析，总结而成的报告。具体内容可以分为薪酬调查概述和薪酬数据统计资料两大部分。

八、外部薪酬调查报告应用注意事项

（1）薪酬调查的结果对企业来说永远是参考；（2）对应职责而不是职位进行数据比较；（3）科学看待数据结果。

九、薪酬水平的市场定位

1. 分析市场行情，谋划薪酬水平的市场定位

企业可以选择市场领先策略、市场跟随策略、市场滞后策略及混合策略。

2. 分析企业特征，进行薪酬水平的市场定位

（1）依据企业所处的行业进行薪酬水平的市场定位。

（2）依据企业在行业中的地位进行薪酬水平的市场定位。

（3）依据企业不同的发展阶段进行薪酬水平的市场定位。

十、薪酬调查的程序

薪酬调查的程序如图 2-5-2 所示。

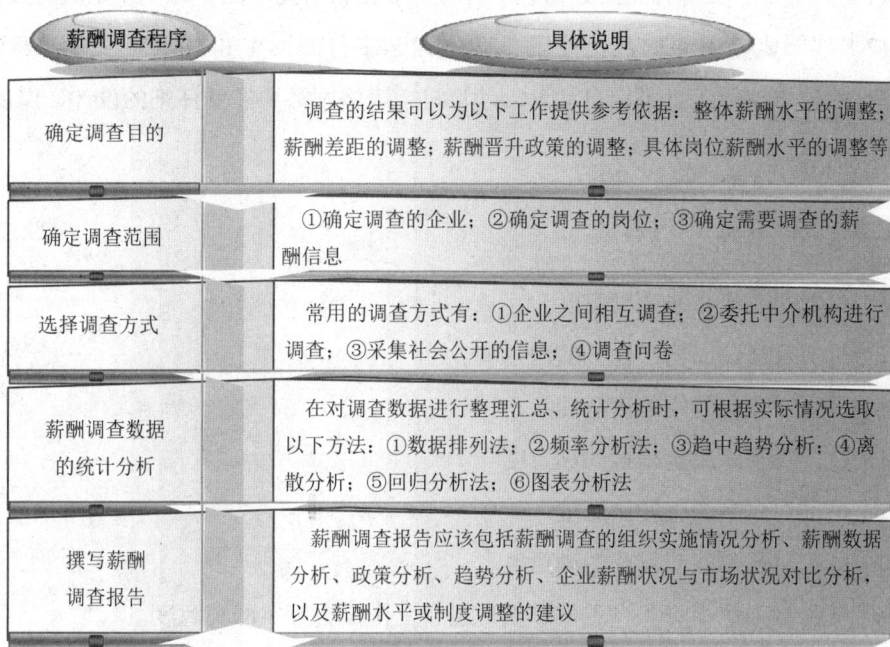

薪酬调查程序	具体说明
确定调查目的	调查的结果可以为以下工作提供参考依据：整体薪酬水平的调整；薪酬差距的调整；薪酬晋升政策的调整；具体岗位薪酬水平的调整等
确定调查范围	①确定调查的企业；②确定调查的岗位；③确定需要调查的薪酬信息
选择调查方式	常用的调查方式有：①企业之间相互调查；②委托中介机构进行调查；③采集社会公开的信息；④调查问卷
薪酬调查数据的统计分析	在对调查数据进行整理汇总、统计分析时，可根据实际情况选取以下方法：①数据排列法；②频率分析法；③趋中趋势分析；④离散分析；⑤回归分析法；⑥图表分析法
撰写薪酬调查报告	薪酬调查报告应该包括薪酬调查的组织实施情况分析、薪酬数据分析、政策分析、趋势分析、企业薪酬状况与市场状况对比分析，以及薪酬水平或制度调整的建议

图 2-5-2　薪酬调查的程序

十一、薪酬市场调查的主要方法

（1）问卷调查法；（2）面谈调查法；（3）文献收集法；（4）电话调查法。

十二、薪酬市场调查问卷表格的设计要求

（1）明确薪酬调查问卷的内容，再设计表格。

（2）确保表格中的每个调查项目都是必要的，经过必要的审核剔除不必要的调查项目，以提高调查问卷的有效性和实用性。

（3）请一位同事来填写表格样本，倾听反馈意见，了解表格设计是否合理。

（4）要求语言标准，问题简单明确。

（5）把相关的问题放在一起。

（6）尽量采用选择判断式提问，尽可能减少表中的文字书写量。

（7）保证留有足够的填写空间。

（8）使用简单的打印样式以易于阅读，当然也可以采用电子问卷，便于统计分析软

件处理。

（9）如果觉得有帮助，可注明填表须知。

（10）充分考虑信息处理的简便性和正确性。

（11）如果在多种场合需要该信息，可考虑表格带有复写纸，以免多次填写表格。

（12）如果表格收集的数据使用OCR（光学字符阅读）和OMC（光学符号阅读）处理，这两种方法使信息可以自动读入计算机，表格则需要非常仔细的设计，保证准确完成数据处理。

十三、薪酬满意度的内容

（1）员工对薪酬水平的满意度。

（2）员工对薪酬结构、比例的满意度。

（3）员工对薪酬差距的满意度。

（4）员工对薪酬决定因素的满意度。

（5）员工对薪酬调整的满意度。

（6）员工对薪酬发放方式的满意度。

（7）员工对工作本身（自主权、成就感、工作机会等）的满意度。

（8）员工对工作环境（如管理制度、工作时间、办公设施等）的满意度。

十四、影响员工薪酬满意度的因素

（1）薪酬管理政策;（2）员工对薪酬的期望值;（3）薪酬制度的公平性;（4）边际效应规律;（5）员工职业生涯的阶段。

十五、薪酬满意度调查的程序

（1）确定调查对象：薪酬满意度调查的对象是企业内部所有员工。

（2）确定调查方式：由于调查人数较多，比较常用的方式是发放调查表。

（3）确定调查内容：调查的内容包括员工对薪酬福利水平、薪酬福利结构比例、薪酬福利差距（与市场比较、与企业内部其他员工比较）、薪酬福利的决定因素、薪酬福利的调整、薪酬福利的发放方式等的满意度。

十六、岗位分类与分级的定义

岗位分类是在岗位调查、分析、设计和岗位评价的基础上，采用科学的方法，根据岗位自身的性质和特点，对企事业单位中全部岗位，在横向与纵向两个维度上所进行的划分。从而区别出不同岗位的类别和等级，作为企事业单位人力资源管理的重要基础和依据。

岗位分级的最终结果，是将企事业单位的所有岗位纳入由职组、职系、岗级和岗等构成的体系之中。

十七、岗位分类的几个基本概念

岗位分类的几个基本概念如图 2-5-3 所示。

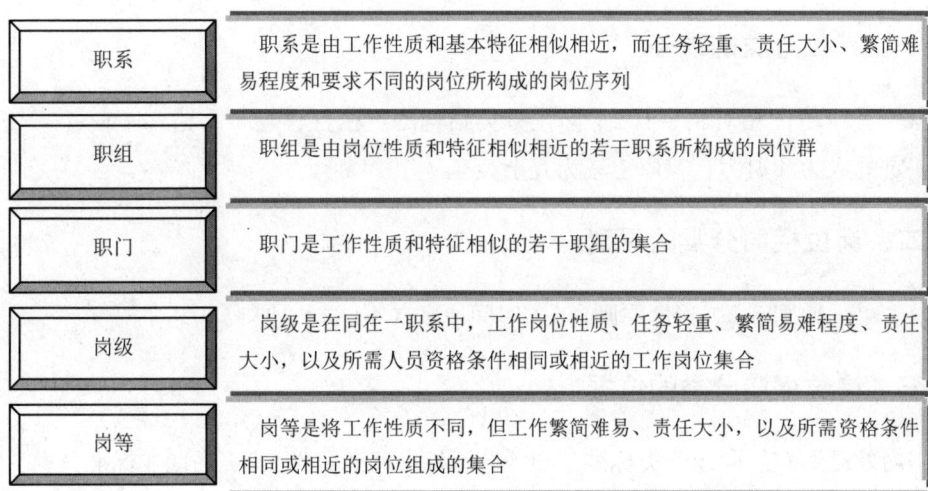

职系	职系是由工作性质和基本特征相似相近，而任务轻重、责任大小、繁简难易程度和要求不同的岗位所构成的岗位序列
职组	职组是由岗位性质和特征相似相近的若干职系所构成的岗位群
职门	职门是工作性质和特征相似的若干职组的集合
岗级	岗级是在同在一职系中，工作岗位性质、任务轻重、繁简易难程度、责任大小，以及所需人员资格条件相同或相近的工作岗位集合
岗等	岗等是将工作性质不同，但工作繁简难易、责任大小，以及所需资格条件相同或相近的岗位组成的集合

图 2-5-3　岗位分类的几个基本概念

十八、岗位分类的相关概念

（1）岗位分级与职业分类标准的关系；（2）岗位分级与岗位分类；（3）岗位分级与品位分类。

十九、岗位分类的基本功能

（1）岗位分类为员工提供了明确的晋升路线选择和个人在组织中职业发展的阶梯。

（2）实行岗位分类，为企业合理的定编定岗定员工作提供了依据。

二十、岗位分类的基本要求

岗位分类的基本要求具体如图 2-5-4 所示。

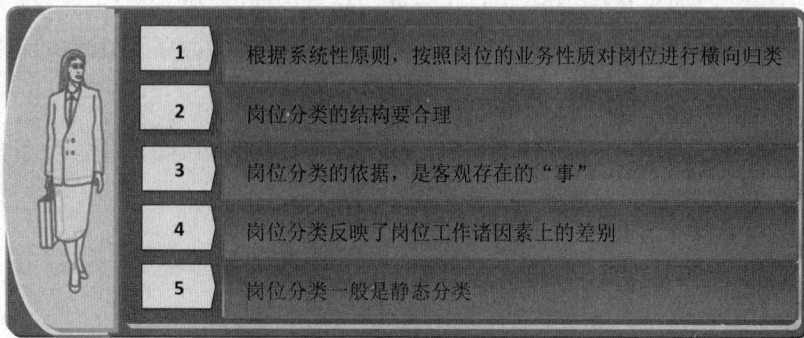

图 2-5-4　岗位分类的基本要求

二十一、岗位分类的缺陷

（1）适用范围相对狭窄；（2）岗位分类结构的严密性，会带来诸多不便；（3）需要投入一定的人力和财力，程序也较为复杂。

二十二、岗位横向分类的原则

（1）单一原则；（2）程度原则；（3）时间原则；（4）选择原则。

二十三、岗位横向分类的依据

国内外已颁布的职业分类标准，如《国际标准职业分类》《美国职业标准分类》《加拿大职业分类词典》《中华人民共和国国家标准：职业分类与代码》《中华人民共和国职业分类大典》。

二十四、岗位横向分类的要求

（1）岗位分类的层次宜少不宜多。一般单位应控制在两个层次以下，比较复杂的大型企业单位最多也不宜超过三个层次。

（2）直接生产人员岗位的分类应根据企业的劳动分工与协作的性质与特点来确定，而管理人员岗位的分类则应以它们具体的职能来划分。

（3）大类、小类的数目多少与划分的粗细程度有关，企事业单位在分类粗细方面，应以实用为第一原则，不宜将类别划分得过细。

二十五、岗位分类的主要步骤

岗位分类的主要步骤具体如图 2-5-5 所示。

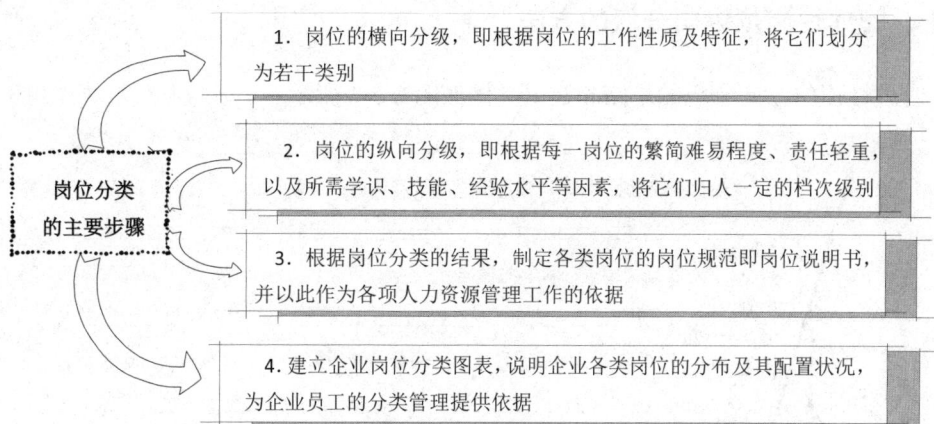

图 2-5-5　岗位分类的主要步骤

二十六、岗位横向分类的步骤

（1）将企事业单位内全部岗位，按照工作性质划分为若干大类。

（2）将各职门内的岗位，根据工作性质的异同继续进行细分，把业务相同的工作岗位归入相同的职组。

（3）将同一职组内的岗位再一次按照工作的性质进行划分。

二十七、岗位横向分类的方法

（1）按照岗位承担者的性质和特点，对岗位进行横向的区分。

（2）按照岗位在企业生产过程中的地位和作用划分。

二十八、岗位纵向分类的步骤

（1）按照预定标准进行岗位排序，并划分出岗级；（2）统一岗等。

二十九、岗位纵向分类的方法

从我国多数企业分类的实际情况来看，大多采用点数法对生产性岗位进行纵向分级。其具体步骤和方法如下。

（1）选择岗位评价要素。

（2）建立岗位要素指标评价标准表。

（3）按照要素评价标准对各岗位打分，并根据结果划分岗级。

（4）根据各个岗位的岗级统一归入相应的岗等。对生产性岗位中的这两类岗级统一列等，可以采取以下方法。①经验判断法；②基本点数换算法；③交叉岗位换算法。

三十、管理性岗位纵向分级的方法

管理性岗位纵向分级的思路和建议具体如图 2-5-6 所示。

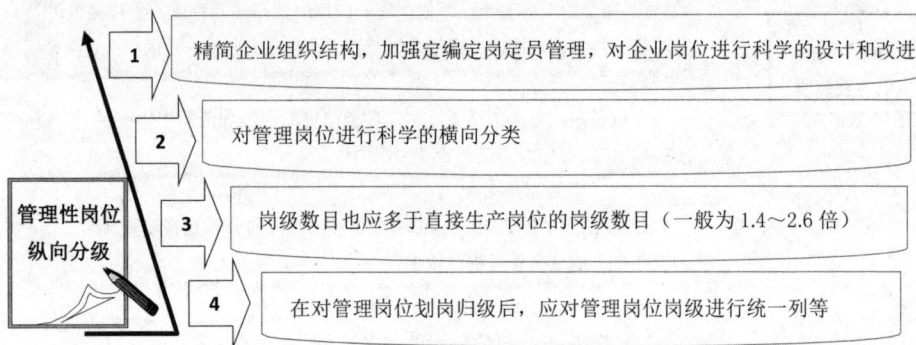

图 2-5-6　管理性岗位纵向分级

三十一、生产与管理岗位统一岗等的基本要求

从某种意义上讲，管理人员岗位中的一般办事员的劳动相当于普通熟练性生产人员的劳动，这两类岗位在量的方面和质的方面具有可比性。技术密集型企业技术工人最高岗位的要求超出社会一般水平，一般办事员要求则不会超出社会一般水平。总之，应根据企业自身的实际情况来确定。

第二节　薪酬制度设计

一、薪酬制度

薪酬管理制度的实质是薪酬体系的制度化产物，它是让员工和雇主都满意的有关薪酬体系的设计理念、设计方法、薪酬水平、薪酬支付方式、支付方法等内容的规定性说明，其内容不仅包括薪酬的组成要素和结构，还包括薪酬理念、薪酬结构、薪酬等级等。

二、薪酬制度类型

（1）岗位薪酬制。

（2）技能薪酬制。

（3）绩效薪酬制。

（4）其他薪酬制度：①管理人员的薪酬制度；②经营者年薪制；③团队薪酬制。

三、岗位薪酬制的特点

岗位薪酬制是根据所在岗位的工作内容进行薪酬支付的制度，具有以下特点。

（1）根据岗位支付薪酬；（2）以岗位分析为基础；（3）客观性强。

四、岗位薪酬制的主要类型

（1）一岗一薪制；（2）一岗多薪制；（3）岗位薪点薪酬制。

五、技能薪酬制的前提

技能薪酬制是一种以员工的技术和能力为基础的薪酬制度，企业实行技能薪酬制还需要做好如下工作。

（1）明确对员工的技能要求。

（2）制定实施与技能薪酬制度配套的技能评估体系。

（3）将薪酬计划与培训计划相结合。

六、技能薪酬制的主要类型

1. 技术薪酬

基本思想是根据员工的通过证书或培训所证明的技术水平支付其薪酬，而不管这种技术是否在实际工作中被应用。

2. 能力薪酬

（1）以基础能力为基础的薪酬；（2）以策略能力为基础的薪酬。

3. 绩效薪酬制

（1）计件薪酬制（计件工资制）；（2）佣金制（提成制）。

七、管理人员的薪酬制度的构成

（1）基本工资；（2）奖金和红利；（3）福利与津贴。

八、经营者年薪制的组成形式

（1）基本薪酬加风险收入；（2）年薪加年终奖金。

九、团队薪酬制度的主要组成要素

（1）基本薪酬；（2）激励性薪酬；（3）绩效认可奖励。

十、薪酬水平及其影响因素

薪酬水平是指企业一定时期内所有员工的平均薪酬。它是由企业的薪酬总额与员工的总人数决定的。其计算公式是：

薪酬水平 = 薪酬总额 / 企业平均人数。

薪酬水平的影响因素如图 2-5-7 所示。

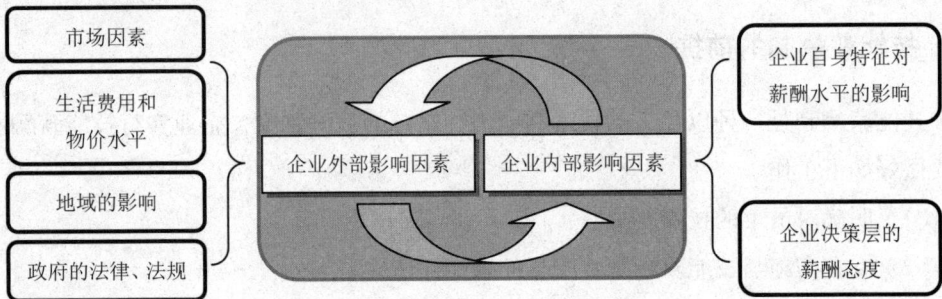

图 2-5-7 薪酬水平的影响因素

十一、薪酬结构及其类型

薪酬结构有广义和狭义之分。广义的薪酬结构是指薪酬各组成部分的构成项目及各自所占的比例，比如货币薪酬与非货币薪酬的构成、直接薪酬与间接薪酬的构成比例等；狭义的薪酬结构指员工薪酬体系的各构成项目及各自所占的比例。

薪酬结构大致可以分为以下几个类型：

（1）以绩效为导向的薪酬结构（绩效薪酬制）。

（2）以工作为导向的薪酬结构（岗位薪酬制）。

（3）以技能为导向的薪酬结构（技能薪酬制）。

（4）组合薪酬结构（组合薪酬制）。

十二、薪酬等级

（1）薪酬等级；（2）薪酬档次；（3）薪酬级差；（4）浮动幅度；（5）等级重叠。

十三、薪酬制度设计的原则

（1）公平性原则；（2）激励性原则；（3）竞争性原则；（4）经济性原则；（5）合法性原则。

十四、制定薪酬制度的基本程序

（1）确定薪酬策略；（2）岗位评价与分类；（3）薪酬市场调查；（4）薪酬水平的确定；（5）薪酬结构的确定；（6）薪酬等级的确定；（7）企业薪酬制度的实施与修正。

十五、宽带薪酬的定义

宽带薪酬实际上是一种新型的薪酬结构设计方式，它是对传统上那种带有大量等级层次的薪酬结构的一种改进或替代。

十六、宽带薪酬的特征

（1）支持扁平型组织结构；（2）能引起员工重视个人技能的增长和能力的提高；（3）有利于岗位的轮换；（4）能密切配合劳动力市场上的供求变化；（5）有利于管理人员及人力资源专业人员的角色转变；（6）有利于改善良好的工作绩效。

十七、宽带薪酬的设计原则

（1）战略匹配原则；（2）文化适应原则；（3）全面激励原则。

十八、宽带薪酬体系设计流程

（1）理解企业战略；（2）整合岗位评价；（3）完善薪酬调查；（4）构建薪酬结构；（5）加强控制调整。

十九、设计宽带薪酬的关键决策

（1）宽带数量的确定；（2）薪酬宽带的定价；（3）员工薪酬的定位与调整。

二十、实施宽带薪酬的几个要点

（1）密切关注公司的文化、价值观和战略。

（2）注重加强非人力资源部门的人力资源管理能力。

（3）鼓励员工的参与，加强沟通。

（4）要有配套的员工培训和开发计划。

二十一、薪酬制度的常见问题

薪酬制度的常见问题具体如图2-5-8所示。

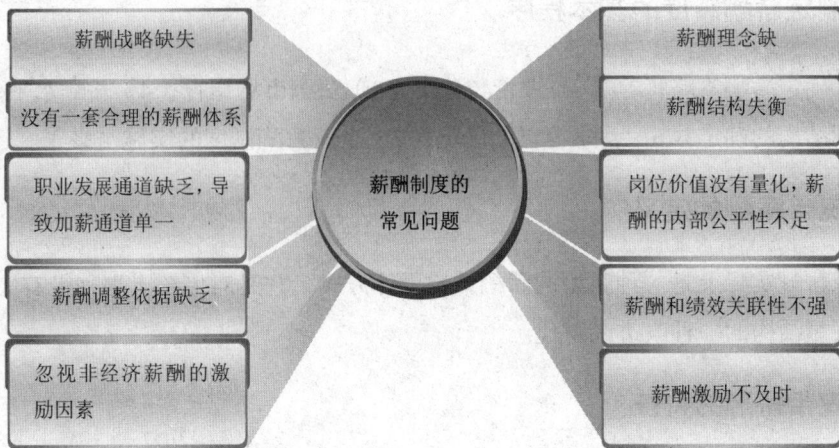

图 2-5-8 薪酬制度的常见问题

二十二、薪酬制度诊断的方法

通过薪酬制度诊断表，从管理性、明确性、能力性、激励性和安定性五个方面进行薪酬体系自我诊断。

二十三、薪酬制度调整

薪酬制度调整，主要是指薪酬标准的调整。从具体内容来看，薪酬调整大致又可分以下类别。

（1）薪酬定级性调整；（2）物价性调整；（3）工龄性调整；（4）奖励性调整；（5）效益性调整；（6）考核性调整。

二十四、员工定级时应考虑的因素

（1）员工的生活费用。

（2）同地区同行业相同或相似岗位的劳动力市场薪酬水平。

（3）新员工的实际工作能力。

二十五、员工个体薪酬标准的调整

（1）薪酬等级调整。

（2）薪酬标准档次的调整，包括"技变"晋档、"学变"晋档、"龄变"晋档及"考核"变档。

二十六、员工薪酬标准的整体调整

（1）定期普遍调整薪酬标准；（2）根据业绩决定加薪幅度。

二十七、员工薪酬结构的调整

企业员工薪酬结构的调整亦即薪酬构成的调整。伴随着每一次薪酬改革，都要进行一次薪酬结构的调整。薪酬结构的调整，涉及所有员工，但它不是全员式普遍性调整，如果没有薪酬增量，则一般是薪酬存量的再分配。

第三节　薪酬计划的制订

一、薪酬战略的定义和特征

薪酬战略是企业根据外部环境存在的机会与威胁及自身的条件所作出的具有总体性、长期性、关键性的薪酬决策。其特征主要体现在以下三个方面。

（1）薪酬战略是与企业总体发展战略相匹配的薪酬决策。

（2）薪酬战略是一种具有总体性、长期性的薪酬决策与薪酬管理。

（3）薪酬战略对企业绩效与企业变革具有关键性作用。

二、薪酬战略的内容

薪酬战略的内容包含两个方面，一是薪酬战略要素。最核心的薪酬战略要素有五个方面：薪酬基础、薪酬水平、薪酬结构、薪酬文化及薪酬管理。二是薪酬政策，它是薪酬决策中所要遵守的基本规则与原则。

三、薪酬计划

薪酬计划报告通常包括以下内容：本年度企业薪酬总额和各主要部门薪酬总额；人力资源规划情况，如预计的招聘、晋升、辞退（职）、岗位轮换等情况；预测的下一年度企业薪酬总额和薪酬增长率，以及各主要部门薪酬增长率等。

四、制定薪酬战略的流程

（1）评估薪酬的意义和目的。

（2）开发薪酬战略，使之同企业经营战略和环境相匹配。

（3）实施薪酬战略。

（4）对薪酬战略和经营战略匹配进行再评价。

五、薪酬计划的制订

1. 制订薪酬计划所需资料

制订薪酬计划所需资料包括员工薪酬的基本资料、企业人力资源规划资料、物价、市场薪酬水平，国家薪酬、税收政策的变动资料，企业薪酬支付能力资料等。

2. 薪酬计划的制订方法

（1）从下而上法：顾名思义，"下"指员工，"上"指各级部门，以至企业整体。从下而上法比较实际、灵活，且可行性较高。但不易控制总体的人工成本。

（2）从上而下法：从上而下法虽然可以控制总体的薪酬成本，但缺乏灵活性，而且确定薪酬总额时主观因素过多，降低了计划的准确性，不利于调动员工的积极性。

3. 制订薪酬计划的工作程序

制订薪酬计划的工作程序具体如图 2-5-9 所示。

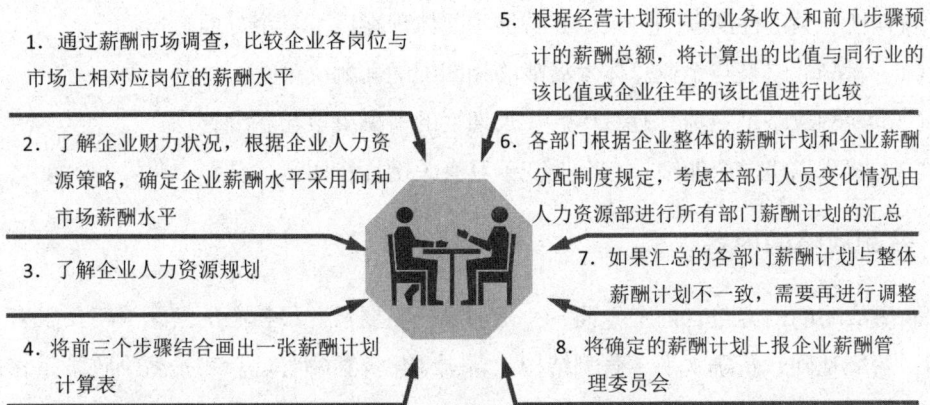

1. 通过薪酬市场调查，比较企业各岗位与市场上相对应岗位的薪酬水平

2. 了解企业财力状况，根据企业人力资源策略，确定企业薪酬水平采用何种市场薪酬水平

3. 了解企业人力资源规划

4. 将前三个步骤结合画出一张薪酬计划计算表

5. 根据经营计划预计的业务收入和前几步骤预计的薪酬总额，将计算出的比值与同行业的该比值或企业往年的该比值进行比较

6. 各部门根据企业整体的薪酬计划和企业薪酬分配制度规定，考虑本部门人员变化情况由人力资源部进行所有部门薪酬计划的汇总

7. 如果汇总的各部门薪酬计划与整体薪酬计划不一致，需要再进行调整

8. 将确定的薪酬计划上报企业薪酬管理委员会

图 2-5-9　制订薪酬计划的工作程序

第四节　企业补充保险管理

一、企业年金的定义和条件

企业年金，是指企业及其员工在依法参加基本养老保险的基础上，自愿建立的补充养老保险制度。企业建立企业年金应具备 3 个条件：一是依法参加基本养老保险并按时足额缴费；二是生产经营比较稳定，经济效益较好；三是企业内部管理制度健全。

二、企业年金的适用范围

符合下列条件的企业，可以建立企业年金：（1）依法参加基本养老保险并履行缴费义务;(2)具有相应的经济负担能力;(3)已建立集体协商机制。

三、企业年金方案的内容

企业年金方案的主要内容包括：参加人员范围、资金筹集方式、员工企业年金个人账户管理方式、基金管理方式、计发办法和支付方式、支付企业年金待遇的条件、组织管理和监督方式、终止缴费的条件、双方约定的其他事项。

四、企业年金计划的申报和备案

企业在完成年金计划设计方案后，应该向所在地区县级以上地方政府的劳动保障行政部门上报自己的年金计划，中央所属大型企业的企业年金方案，应当报送人力资源和社会保障部。社会保险行政部门收到企业年金方案文本之日起 15 日内未提出异议的，企业年金方案生效。

五、企业年金基金的管理

1. 资金筹集方式

企业年金所需要费用由企业和员工个人共同缴纳。企业缴费的列支渠道按国家有关规定执行；员工个人缴费可以由企业从员工个人工资中代扣。企业缴费每年不超过本企业上年度员工工资总额的 1/12。

2. 企业年金基金的组成

企业年金基金由下列各项组成：企业缴费、员工个人缴费、企业年金基金投资运营收益。

3. 员工企业年金个人账户管理方式

（1）企业年金可以按照国家规定投资运营，收益并入企业年金基金。

（2）企业年金基金投资运营收益，按净收益率计入企业年金个人账户。

六、企业年金的支付方式

（1）企业年金的领取;（2）个人账户转移。

七、企业补充医疗保险的定义

从广义上讲，是指医疗保障体系中除基本医疗保险以外的其他所有医疗保险形式；从狭义上讲，是指企业在参加基本医疗保险的基础上，自愿建立的满足在职职工和退休人员较高医疗需求的医疗保险补充形式。

八、企业补充医疗保险的基本模式

（1）保障型企业补充医疗保险；（2）第三方管理型企业补充医疗保险；（3）自主管理型企业补充医疗保险。

九、企业年金制度的设计程序

1. 确定补充养老金的来源

可行的来源方式有两种：（1）完全由企业负担；（2）由企业和员工共同负担。

2. 确定每个员工和企业的缴费比例

3. 确定养老金支付的额度

（1）确定养老金的计算基础额；（2）确定养老金的支付率。

4. 确定养老金的支付形式

可以有三种形式：（1）一次性支付；（2）定期支付；（3）一次性支付与定期支付结合。

5. 确定实行补充养老保险的时间

6. 确定养老金基金管理办法

十、企业补充医疗保险制度的设计程序

（1）确定补充医疗保险基金的来源与额度；（2）确定补充医疗保险金支付的范围；（3）确定支付医疗费用的标准；（4）确定补充医疗保险基金的管理办法。

第六章　劳动关系管理

第一节　劳务派遣用工管理

一、劳动关系的定义

一般而言，所谓劳动关系通常是指用人单位（雇主）与劳动者（雇员）之间在运用劳动者的劳动能力，实现劳动过程中所发生的关系。

二、劳动关系的特征

（1）劳动关系的内容是劳动。（2）劳动关系具有人身关系属性和财产关系属性相结

合的特点。（3）劳动关系具有平等性和隶属性的特点。

三、劳动法律关系的定义

劳动法律关系是指劳动法律规范在调整劳动关系过程中所形成的雇员与雇主之间的权利义务关系，以及雇员与雇主在实现现实的劳动过程中所发生的权利义务关系。

四、劳动法律关系的特征

（1）劳动法律关系是劳动关系的现实形态。（2）劳动法律关系的内容是权利和义务。（3）劳动法律关系的双务关系。（4）劳动法律关系具有国家强制性。

五、事实劳动关系的定义

事实劳动关系是指用人单位除了非全日制用工形式外无书面劳动合同或无有效书面劳动合同形成的劳动法律关系。

六、事实劳动关系形成的原因

（1）不订立书面劳动合同而形成事实劳动关系。（2）无效劳动合同而形成劳动关系。（3）双重劳动关系而形成实施劳动关系。（4）以其他劳动形式替代劳动合同而形成事实劳动关系。

七、关于实施劳动关系的法律规定

（1）《劳动法》第九十八条规定，"用人单位违反本法规定的条件解除劳动合同或者故意拖延不订立劳动合同的，由劳动行政部门责令改正；对劳动者造成伤害的，应当承担赔偿责任"。

（2）《劳动合同法》明确规定，"建立劳动关系，应当订立书面劳动合同"。

（3）《劳动合同法实施条例》第五条规定，"自用工之日起一个月内，经用人单位书面通知后，劳动者不与用人单位订立书面劳动合同的，用人单位应当书面通知劳动者终止劳动关系，无需向劳动者支付经济补偿，但是应当依法向劳动者支付其实际工作时间的劳动报酬"。

八、劳务关系的含义

所谓劳务关系是指劳动服务供给者与劳动服务的需求者根据或书面约定，由劳动服务供给者向劳动服务的需求者提供一次性的或者是特定的劳动服务，劳动服务的需求者依照约定向劳动服务供给者支付劳务报酬的民事法律关系。

九、劳务关系的构成要素

劳务关系作为一种民事权利义务关系，与其他法律关系的构成要素一样，包括主体、内容和客体。

十、劳动关系与劳务关系的区别

（1）两者产生的原因不同。（2）适用的法律不同。（3）主体资格不同。（4）主体性质及其关系不同。（5）当事人之间权利义务方面有着系统性的区别。（6）劳动条件的提供方式不同。（7）违反合同产生的法律责任不同。（8）纠纷的处理方式不同。（9）履行合同中的伤亡事故处理不同。

此外还有一些其他不同，如劳动报酬与劳务报酬的决定方式、支付方式、支付时间方面，权利保护时效方面等都存在差异。

十一、劳务派遣的含义

劳务派遣是指劳务派遣单位与接收单位签订劳动者派遣协议，由劳务派遣单位招用雇员并派遣该劳动者到接受单位工作，劳动者和劳务派遣机构从中获得收入的经济活动。

十二、劳务派遣的性质

劳务派遣是一种典型的非正规就业方式。通过描述劳务派遣现象，可以将劳务派遣定性为一种组合劳动关系。

十三、劳务派遣的特点

（1）劳务派遣机构是形式劳动关系的主体之一，是以劳务派遣形式用工的用人单位。（2）被派遣劳动者的用工单位是实际劳动关系的主体之一，是获得被派遣劳动者实际劳动给付的用工单位。（3）在劳务派遣所形成的组合劳动关系的运行中，不可避免地会出现劳动争议。

十四、劳务派遣机构的管理

2008年实施的《劳动合同法》对劳务派遣做了全面的规范。针对劳务派遣最近几年存在的问题，2012年12月28日全国人大常委会决定对《劳动合同法》的相关内容作出修改，并从2013年7月1日起生效。其主要规定的内容有：（1）资格条件；（2）设立程序；（3）合同体系。

十五、被派遣劳动者的管理

（1）派遣雇员与正式雇员享有平等的法定劳动权利。

（2）劳务派遣用工是企业用工的补充形式。用工单位应当严格控制劳务派遣用工数量，不得超过其用工总量的一定比例。

（3）用工单位应当履行下列义务，具体如图 2-6-1 所示。

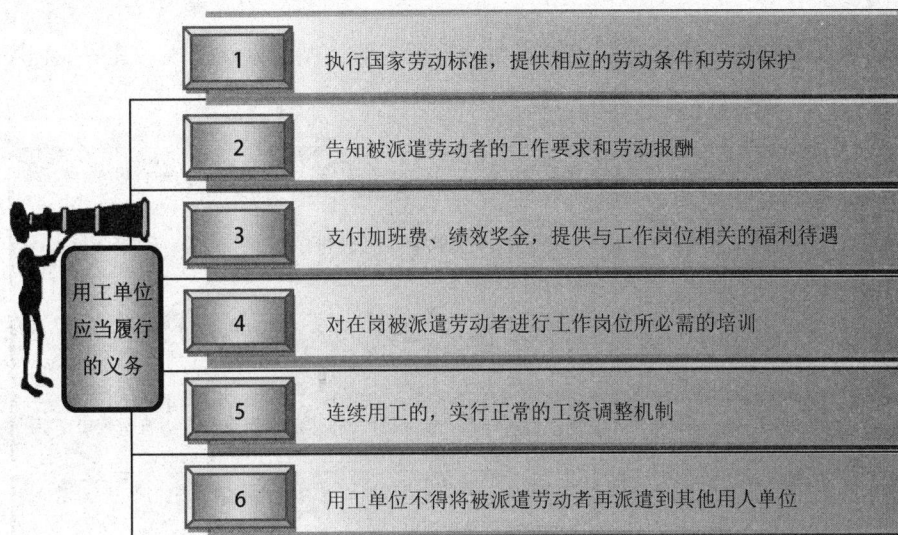

	1	执行国家劳动标准，提供相应的劳动条件和劳动保护
用工单位应当履行的义务	2	告知被派遣劳动者的工作要求和劳动报酬
	3	支付加班费、绩效奖金，提供与工作岗位相关的福利待遇
	4	对在岗被派遣劳动者进行工作岗位所必需的培训
	5	连续用工的，实行正常的工资调整机制
	6	用工单位不得将被派遣劳动者再派遣到其他用人单位

图 2-6-1　用工单位应当履行的义务

（4）被派遣劳动者的派遣期限到期，应提前告知，并应协同劳务派遣单位办理劳动合同的终止手续和工作交接。

十六、法律责任

劳务派遣单位违反《劳动合同法》规定，未经许可，擅自经营劳务派遣业务的，由劳动行政部门责令停止违法行为，没收违法所得，并处违法所得 1 倍以上 5 倍以下的罚款；没有违法所得的，可以处五万元以下的罚款。

劳务派遣单位、用工单位违反本法有关劳务派遣规定的，由劳动行政部门责令限期改正；逾期不改正的，以每人五千元以上一万元以下的标准处以罚款，对劳务派遣单位，吊销其劳务派遣业务经营许可证。用工单位给被派遣劳动者造成损害的，劳务派遣单位与用工单位承担连带赔偿责任。

十七、外国企业常驻代表机构

外国企业常驻代表机构是指外国企业依照我国法律法规的规定，在中国境内设立的从事与该外国企业业务有关的非营利性活动的办事机构。

十八、外国企业常驻代表机构聘用中国雇员管理规定的适用范围

（1）外国企业常驻代表机构。（2）涉外就业服务单位。（3）到外国企业常驻代表机构工作的中国雇员。

十九、外国企业常驻代表机构聘用中国雇员的程序

外国企业常驻代表机构聘用中国雇员的管理主要遵循地方性法规，其一般程序如图2-6-2所示。

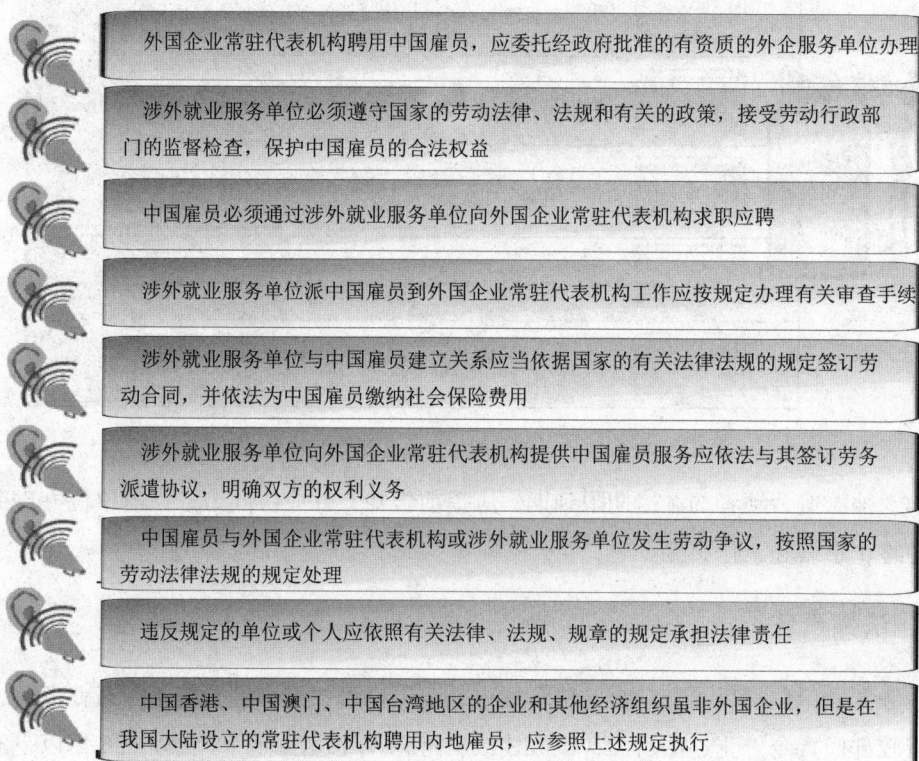

外国企业常驻代表机构聘用中国雇员，应委托经政府批准的有资质的外企服务单位办理

涉外就业服务单位必须遵守国家的劳动法律、法规和有关的政策，接受劳动行政部门的监督检查，保护中国雇员的合法权益

中国雇员必须通过涉外就业服务单位向外国企业常驻代表机构求职应聘

涉外就业服务单位派中国雇员到外国企业常驻代表机构工作应按规定办理有关审查手续

涉外就业服务单位与中国雇员建立关系应当依据国家的有关法律法规的规定签订劳动合同，并依法为中国雇员缴纳社会保险费用

涉外就业服务单位向外国企业常驻代表机构提供中国雇员服务应依法与其签订劳务派遣协议，明确双方的权利义务

中国雇员与外国企业常驻代表机构或涉外就业服务单位发生劳动争议，按照国家的劳动法律法规的规定处理

违反规定的单位或个人应依照有关法律、法规、规章的规定承担法律责任

中国香港、中国澳门、中国台湾地区的企业和其他经济组织虽非外国企业，但是在我国大陆设立的常驻代表机构聘用内地雇员，应参照上述规定执行

图2-6-2 外国企业常驻代表机构聘用中国雇员的程序

第二节 工资集体协商

一、工资集体协商与工资协议的含义

工资集体协商是指企业工会（雇员）代表与企业（雇主）代表依法就企业内部工资分配制度、工资分配形式、工资收入水平等事项进行平等协商，在协商一致的基础上签

订工资协议的行为。

工资协议是指专门就工资事项签订的专项集体合同。工资集体协商制度是我国集体合同制度的重要组成部分，是调整劳动关系运行的重要机制。

二、工资集体协商的内容

工资集体协商的内容具体如图 2-6-3 所示。

工资协议 的期限	工资分配制度、 工资标准和 工资分配形式	职工年度平均 工资水平及其 调整幅度
奖金、津贴、 补贴等分配办法	工资支付 办法	变更、解除工 资协议的程序
工资协议的 终止条件	工资协议的 违约责任	双方认为应当 协商约定的其 他事项

图 2-6-3　工资集体协商的内容

三、工资集体协商咨询指导员

（1）由省一级劳动关系三方协调会议明确工资集体协商咨询指导员的任职条件。

（2）明确工资集体协商咨询指导员的工作职责。

（3）确定工资集体协商咨询指导员的义务。

四、社会协商

在一些行业及地区，小微企业众多，雇员比较分散，工会的组建率也比较低，为了更好地协调劳动关系，维护劳动关系双方的合法权益，工资集体协商可以超出企业范围，在同一地区相关企业内开展工资集体协商。此类工资集体协商被称为社会协商。

五、工资指导线制度的含义

工资指导线制度是在市场经济体制下，政府宏观调控工资总量和水平，调节工资分配关系，指导工资增长，指导企业工资分配的办法、规定的总称。其主要目的是调整、规范工资分配关系，逐步提高工资水平，保证所有的劳动者分享经济社会发展的成果，实现社会公平。

六、工资指导线制度的作用

（1）为企业集体协商确定年度工资增长水平提供依据，有利于企业形成正常的工资增长机制。

（2）引导企业自觉控制人工成本水平。

（3）完善国家的工资宏观调控体系，体现了市场经济条件下的"政企分开"。

七、工资指导线制度的原则

（1）工资指导线的制定应符合国家宏观经济政策和对工资增长的总体要求。

（2）由于我国幅员辽阔，地区之间经济文化发展并不均衡，经济发展水平及发展速度、生活费水平与其他价格水平亦存在着比较大的差异，因而国家不实行全国统一的工资指导线标准，允许各地根据其具体情况确定当地工资指导线水平。

（3）制定工资指导线实行协商原则，由省、自治区、直辖市人民政府劳动保障行政主管部门会同同级工会、企业家协会研究制定，并将当年工资指导线方案报劳动保障部审核后，经地方政府审批，由地方政府（或其委托劳动保障行政部门）颁布。

八、工资指导线制度的主要内容

（1）经济形势分析。国家宏观经济形势和宏观政策分析；本地区上一年度经济增长、企业工资增长分析；本年度经济增长预测及周边地区的比较分析。

（2）工资指导线意见。工资指导线有三条线：上线（预警线），基准线，下线。

九、劳动力市场工资指导价位制度的内容

劳动力市场工资指导价位分为年工资收入和月工资收入两种形式，按高位数、中位数、低位数三种标准反映平均水平。

十、劳动力市场工资指导价位制度的意义

（1）建立并完善劳动力市场工资指导价位制度，能够为劳动力市场机制在实现劳动力资源优化配置方面发挥基础性的调节作用提供条件。

（2）劳动力市场工资指导价位制度有利于政府劳动管理部门转变职能，由直接的行政管理，即对企业内部劳动管理事务直接进行干预，转为充分利用劳动力市场价格信号，指导企业根据劳动力供求状况和市场价格，合理确定工资水平和各类人员工资关系，形成企业内部科学合理的工资分配体系。

（3）劳动力市场工资指导价位制度有利于引导劳动力合理、有序流动，调节地区、

行业之间的就业结构，使劳动力价格机制与劳动力供求机制紧密结合，构建完整的劳动力市场体系。

（4）劳动力市场工资指导价位制度可以为新办企业在确定雇员初始工资水平时提供参考，也为企业工资集体协商确定工资水平提供参考依据。企业参考工资指导价位时，应该把工资指导价位与"两低于"原则有机地结合起来。

十一、工资集体协商的程序

1. 工资集体协商代表的确定

工资集体协商代表应依照法定程序产生。

2. 工资集体协商的实施步骤

劳动关系双方的任何一方均可向对方提出工资集体协商的要求，其步骤如下。

（1）提出方应事先向另一方提出书面的协商意向书，明确协商的时间、地点、内容等；另一方接到协商意向书后，应于20日内予以书面答复，并与提出方共同进行工资集体协商。

（2）在不违反有关法律、法规的前提下，协商双方有义务按照对方的要求，在协商开始前5日内，提供与工资集体协商有关的真实情况和资料。

（3）协商形成的工资协议草案，应提交职工代表大会或职工大会讨论审议。

（4）协商双方达成一致意见后，由企业行政方制作正式工资协议文本，经双方首席代表签字盖章后成立。

3. 工资协议的审查

工资协议审查的程序具体如图2-6-4所示。

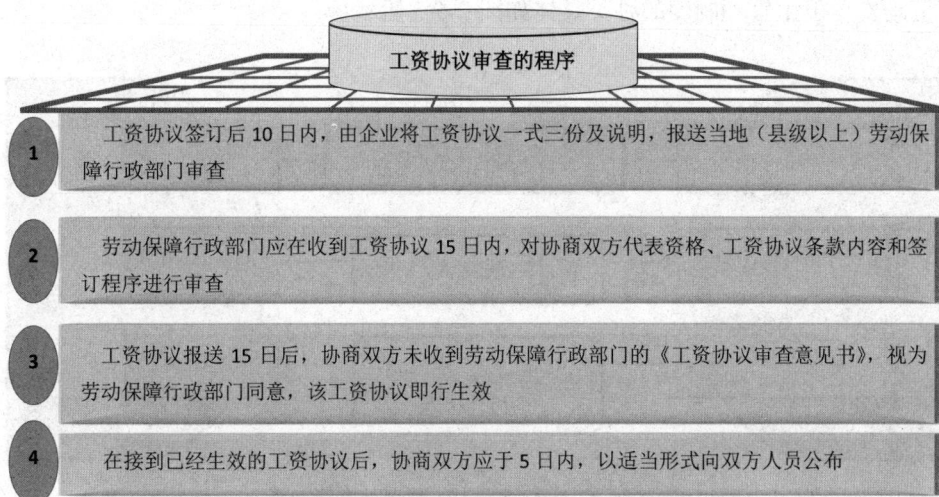

工资协议审查的程序

1. 工资协议签订后10日内，由企业将工资协议一式三份及说明，报送当地（县级以上）劳动保障行政部门审查

2. 劳动保障行政部门应在收到工资协议15日内，对协商双方代表资格、工资协议条款内容和签订程序进行审查

3. 工资协议报送15日后，协商双方未收到劳动保障行政部门的《工资协议审查意见书》，视为劳动保障行政部门同意，该工资协议即行生效

4. 在接到已经生效的工资协议后，协商双方应于5日内，以适当形式向双方人员公布

图2-6-4　工资协议审查的程序

4. 明确工资协议期限

工资集体协商，一般情况下一年进行一次。雇员和雇主双方均可在原工资协议期满前 60 日内，向对方书面提出协商意向书，进行下一轮的工资集体协商，做好新旧工资协议的相互衔接。

十二、劳动力市场工资指导价位的制定程序

（1）信息采集。

信息采集主要通过抽样调查方法取得调查内容为上一年度企业中有关职业（工种）在岗职工全年工资收入及有关情况。调查时间为每年一次。

（2）价位制定。

工资指导价位的制定是将同一职业（工种）调查全部的职工工资收入从高到低进行排列，对有关数据进行检查、分析及做必要调整后，分别确定本职业（工种）工资指导价位的高位数、中位数和低位数。

劳动力市场工资指导价位的制定应注意以下几点：①坚持市场取向原则；②坚持实事求是原则。

（3）公开发布。

工资指导价位在每年 6~7 月发布，每年发布一次。

第三节　劳动安全卫生管理

一、劳动安全卫生管理制度的种类

劳动安全卫生管理制度的种类具体如图 2-6-5 所示。

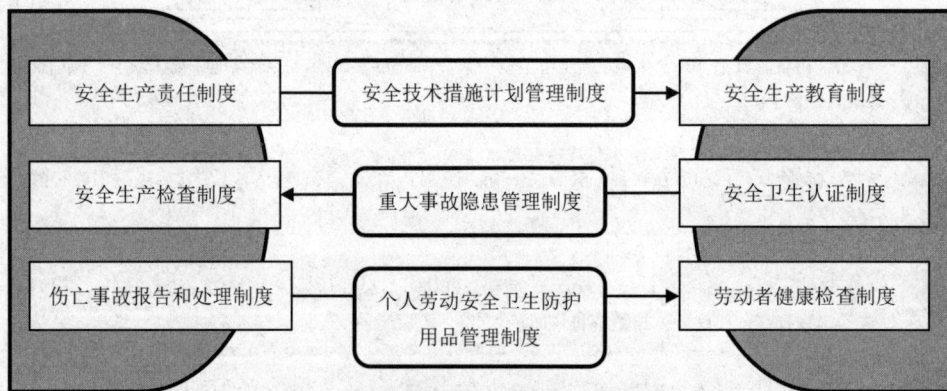

图 2-6-5　劳动安全卫生管理制度的种类

二、安全生产责任制度

企业法定代表人对本单位安全卫生负全面责任，分管安全卫生的负责人和专职人员对安全卫生负直接责任，总工程师负安全卫生技术领导责任，各职能部门、各级生产组织负责人在各自分管的工作范围内对安全卫生负责，工人在各自的岗位上承担严格遵守劳动安全技术规程的义务。

三、安全生产教育制度

此项制度是企业对劳动者进行安全技术知识、安全技术法制观念的教育、培训和考核制度，是防止发生工伤事故的重要措施。

四、重大事故隐患管理制度要点

（1）重大事故隐患分类；（2）重大事故隐患报告；（3）重大事故隐患预防与整改措施；（4）劳动行政部门、企业主管部门对重大事故隐患整改的完成情况检查验收。

五、安全卫生认证制度要点

（1）有关人员资格认证，如特种作业人员资格认证；（2）有关单位、机构的劳动安全卫生资格认证；（3）与劳动安全卫生联系特别密切的物质技术产品的质量认证。

六、伤亡事故报告和处理制度要点

（1）企业职工伤亡事故分类；（2）伤亡事故报告；（3）伤亡事故调查；（4）伤亡事故处理。

七、劳动者健康检查制度要点

（1）员工招聘健康检查；（2）企业员工的定期体检。

八、职业安全卫生保护费用分类

（1）劳动安全卫生保护设施建设费用；（2）劳动安全卫生保护设施更新改造费用；（3）个人劳动安全卫生防护用品费用；（4）劳动安全卫生教育培训经费；（5）健康检查和职业病防治费用；（6）有毒有害作业场所定期检测费用；（7）工伤保险费；（8）工伤认定、评残费用等。

九、职业安全卫生预算编制审核程序

（1）企业最高决策部门决定企业劳动安全卫生管理的总体目标和任务，并应提前下达到中层和基层单位;（2）劳动安全卫生管理职能部门根据企业总体目标的要求制定具体目标，提出本单位的自编预算;（3）自编预算在部门内部协调平衡，上报企业预算委员会;（4）企业预算委员会经过审核、协调平衡，汇总成为企业全面预算，并应在预算期前下达相关部门执行;（5）编制费用预算;（6）编制直接人工预算;（7）根据企业管理费用预算表、制造费用预算表及产品制造成本预算表的相关预算项目对职业安全卫生预算进行审核。

十、营造劳动安全卫生观念环境

（1）企业树立安全第一、预防为主的劳动安全卫生观念，使其成为企业劳动安全卫生保护工作的主导观念;（2）建立以人为本的企业劳动安全卫生的价值理念;（3）安全第一、预防为主、以人为本成为企业所有员工在劳动安全卫生保护工作中的职业道德行为准则。

十一、营造劳动安全卫生制度环境

（1）建立健全的劳动安全卫生管理制度;（2）严格执行各项劳动安全卫生规程;（3）奖惩分明。

十二、营造劳动安全卫生技术环境

1. 直接使用安全技术和无害装置、无害工艺，从基础上避免劳动安全卫生事故
2. 完善劳动场所设计，实现工作场所优化
劳动工作场所优化应做到:（1）科学装备、布置工作地;（2）保持工作场所的正常秩序和良好的工作环境;（3）正确组织工作场所的供应和服务;（4）劳动环境优化等。
3. 劳动组织优化
主要包括:（1）不同工种、工艺阶段合理组织;（2）准备性工作和执行性工作合理组织;（3）作业班组合理组织;（4）工作时间合理组织等。

第四节　企业劳动争议处理

一、劳动争议的定义和特征

劳动争议亦称劳动纠纷，是指劳动关系双方当事人之间因劳动权利和劳动义务的认定与实现所发生的纠纷。劳动争议实质上是劳动关系当事人之间利益矛盾、利益冲突的表现。劳动争议与其他社会关系纠纷相比，具有下述特征:（1）劳动争议的当事人是特定的;（2）劳动争议的内容是特定的;（3）劳动争议有特定的表现形式。

二、劳动争议的分类

按照不同的标准，可将劳动争议做如下的分类，具体如表2-6-1所示。

表2-6-1 劳动争议的分类

划分依据	说明
劳动争议的主体	个别争议：职工一方当事人人数为10人以下，有共同争议理由的
	集体争议：职工一方当事人人数为10人以上，有共同争议理由的
	团体争议：工会与用人单位因签订或履行集体合同发生的争议
劳动争议的性质	权利争议：又称既定权利争议，劳动关系当事人基于劳动法律、法规的规定，或集体合同、劳动合同约定的权利与义务所发生的争议
	利益争议：当事人因主张有待确定的权利和义务所发生的争议
劳动争议的标的	劳动合同争议，解除、终止劳动合同而发生的争议
	关于劳动安全卫生、工作时间、休息休假、保险福利而发生的争议
	关于劳动报酬、培训、奖惩等因适用条件的不同理解与实施而发生的争议等

三、劳动争议处理制度

劳动争议的解决机制包括四种方式：（1）自力救济；（2）社会救济；（3）公力救济；（4）社会救济与公力救济相结合。

四、劳动争议产生的原因

（1）劳动争议的内容只能是以劳动权利义务为标的。

（2）市场经济的物质利益原则的作用，使得劳动关系当事人之间，既有共同的利益和合作的基础，又有利益的差别和冲突。

五、劳动争议处理的原则

（1）在查清事实的基础上依法处理；（2）当事人在适用法律上一律平等；（3）及时处理，着重调解。

六、企业调解委员会对劳动争议的调解

1.调解的特点

（1）群众性；（2）自治性；（3）非强制性。

2.调解委员会调解与劳动争议仲裁委员会、人民法院处理劳动争议时的调解的区别

（1）在劳动争议处理中的地位不同；（2）主持调解的主体不同；（3）调解案件的范

围不同；（4）调解的效力不同。

七、调解委员会的构成和职责

1. 调解委员会的设立

大中型企业应当依法设立调解委员会，并配备专职或者兼职工作人员。小微型企业可以设立调解委员会，也可以由劳动者和企业共同推举人员，开展调解工作。

调解委员会由劳动者代表和企业代表组成，人数由双方协商确定，双方人数应当对等。劳动者代表由工会委员会成员担任或者由全体劳动者推举产生，企业代表由企业负责人指定。

2. 调解委员会的职责

（1）宣传劳动保障法律、法规和政策；（2）对本企业发生的劳动争议进行调解；（3）监督和解协议、调解协议的履行；（4）聘任、解聘和管理调解员；（5）参与协调履行劳动合同、集体合同、执行企业劳动规则制度等方面出现的问题；（6）参与研究涉及劳动者切身利益的重大方案；（7）协助企业建立劳动争议预防预警机制。

3. 调解员及其职责

（1）关注本企业劳动关系状况，及时向调解委员会报告；（2）接受调解委员会指派，调解劳动争议案件；（3）监督和解协议、调解协议的履行；（4）完成调解委员会交办的其他工作。

八、调解委员会调解调解劳动争议的原则

1. 申请自愿

（1）申请调解自愿；（2）调解过程自愿；（3）履行协议自愿。

2. 尊重当事人申请仲裁和诉讼权利的原则

此项原则包括的具体含义是：

（1）劳动争议发生后，解决劳动争议的方式由当事人自由选择调解或仲裁，调解委员会不得阻止。

（2）调解过程中，当事人都可提出申请仲裁的请求，调解委员会不得干涉。

（3）劳动争议经调解委员会调解达成协议，当事人反悔，不愿履行该协议的，仍享有提请仲裁的权利，对此，调解委员会不得阻拦和干预。

九、劳动争议仲裁的定义和特征

劳动争议仲裁是劳动争议仲裁机构根据劳动争议当事人一方或双方的申请，依法就劳动争议的事实和当事人应承担的责任做出判断和裁决的活动。其特征为：

（1）仲裁主体具有特定性；（2）仲裁对象具有特定性；（3）仲裁施行强制原则；

（4）劳动争议仲裁施行仲裁前置、裁审衔接制。

十、劳动争议仲裁组织机构

1.劳动争议仲裁委员会的构成
（1）劳动行政部门代表;（2）同级工会代表;（3）用人单位方面的代表。

2.仲裁委员会的办事机构
劳动行政主管部门的劳动争议处理机构是劳动争议仲裁委员会的办事机构。

十一、劳动争议仲裁的基本制度

（1）仲裁庭制度;（2）一次裁决制度;（3）合议制度;（4）回避制度;（5）管辖制度;（6）区分举证责任制度。

十二、仲裁的时效制度的含义

劳动争议仲裁时效是指当事人因劳动争议要求保护其合法权利，必须在法定的期限内向劳动争议仲裁委员会提出仲裁申请，在法定期限内不行使权利，即丧失胜诉权的制度。其内涵是:（1）仲裁时效以权力人不行使权利的事实状态的存在为前提条件;（2）仲裁时效的法定期间是权利人向劳动争议仲裁委员会提出仲裁申请的法定有效期限;（3）权利人在法定的期间内不行使权利，即丧失胜诉权。

十三、仲裁的时效制度的特征

（1）仲裁时效具有消灭时效的性质;（2）仲裁时效只发生消灭胜诉权的后果，并不发生消灭实体权利的后果;（3）仲裁时效具有强行性;（4）仲裁时效具有特殊性。

十四、仲裁的时效制度的意义

（1）维护劳动关系的稳定;（2）督促权利人及时行使权利;（3）有利于正确处理劳动争议案件。

十五、仲裁的时效制度的内容

1.仲裁时效期间为一年
2.仲裁时效期间从当事人知道或者应当知道其权利被侵害之日起计算
3.仲裁时效的中断
是指在仲裁时效进行期间，因发生法定事由致使已经经过的仲裁时效期间统归无效，待时效中断事由消除后，重新开始计算仲裁时效期间。

仲裁时效中断的法定事由有三种情形:(1)向对方当事人主张权利;(2)向有关部门请求权利救济;(3)对方当事人同意履行义务。

4.仲裁时效的中止

是指在仲裁时效进行中的某一阶段,因发生法定事由致使权利人不能行使请求权,暂停计算仲裁时效,待阻碍时效进行的事由消除后,继续进行仲裁时效期间的计算。

仲裁时效中止的事由为:(1)不可抗力;(2)其他正当理由。

5.劳动关系存续期间因拖欠劳动报酬发生争议的,劳动者申请仲裁不受一年仲裁时效期限的限制

十六、劳动争议当事人的权利义务

劳动争议中的当事人,是指因劳动权利义务发生争议,以自己的名义提请仲裁,请求劳动争议仲裁委员会行使仲裁权的人。劳动争议当事人的权利和义务具体如表2-6-2所示。

表2-6-2　劳动争议当事人的权利和义务

劳动争议当事人的权利	(1)当事人有提起仲裁申请、答辩、变更申诉请求、撤诉、要求劳动争议仲裁委员会公正调解和裁决的权利 (2)当事人有委托代理人参加仲裁活动的权利 (3)当事人有申请回避的权利 (4)当事人有提出主张、提供证据的权利 (5)当事人有自行和解的权利 (6)当事人有不服仲裁裁决向人民法院起诉的权利 (7)当事人有申请执行的权利
劳动争议当事人的义务	(1)当事人有正当行使权利的义务 (2)当事人有遵守仲裁庭纪律和程序的义务 (3)当事人有如实陈述案情、提供证据、回答仲裁员提问的义务 (4)当事人有尊重对方当事人和其他仲裁参加人的义务 (5)当事人有自觉履行发生效力的仲裁调解书和仲裁书的义务 (6)当事人有按规定交纳仲裁费的义务

十七、团体劳动争议的特点

团体劳动争议是指集体合同双方当事人因签订集体合同和履行集体合同所发生的争议。与一般的劳动争议相比,具有以下特点:(1)争议主体的团体性;(2)争议内容的特定性;(3)影响的广泛性。

十八、劳动争议处理的基本程序

(1)根据我国劳动立法的有关规定,当发生劳动争议时,争议双方应协商解决。

（2）不愿协商或协商不成，当事人可以申请企业劳动争议调解委员会调解。

（3）调解不成或不愿调解，当事人申请劳动争议仲裁机构仲裁。

（4）当事人一方或双方不服仲裁裁定，则申诉到人民法院，由人民法院依法审理并做出最终判决。

十九、企业劳动争议的协商解决

（1）发生劳动争议，一方当事人可以通过与另一方当事人约见、面谈等方式协商解决。

（2）劳动者可以要求所在企业工会参与或者协助其与企业进行协商。工会也可以主动参与劳动争议的协商处理，维护劳动者合法权益。劳动者可以委托其他组织或者个人作为其代表进行协商。

（3）一方当事人提出协商要求后，另一方当事人应当积极做出口头或者书面回应。5 日内不做出回应的，视为不愿协商。

（4）协商达成一致，应当签订书面和解协议。和解协议对双方当事人具有约束力，当事人应当履行。

（5）发生劳动争议，当事人不愿协商、协商不成或者达成和解协议后，一方当事人在约定的期限内不履行和解协议的，可以依法向调解委员会或者乡镇、街道劳动就业社会保障服务所（中心）等其他依法设立的调解组织申请调解，也可以依法向劳动人事争议仲裁委员会申请仲裁。

二十、调解委员会调解的程序

（1）申请和受理;（2）调查和调解;（3）调解协议书;（4）与协商、调解相关的时效规定;（5）人民法院的支付令。

二十一、支付令申请书

支付令申请书，是债权人即劳动者依照督促程序，向人民法院提出判令债务人即拖欠劳动报酬的用人单位支付拖欠劳动报酬的请求时所制作的文书。支付令申请书包括：（1）标题;（2）申请人的基本情况;（3）被申请人的基本情况;（4）请求事项;（5）事实和理由;（6）尾部;（7）附件。

二十二、劳动争议仲裁的程序

（1）申请和受理;（2）开庭和裁决;（3）集体劳动争议处理的程序;（4）因签订集体合同发生的团体争议的处理方法。

二十三、劳动争议案例分析的方法

1. 按照劳动争议自身的规定性进行分析

此种分析方法的要点分别是：（1）确定劳动争议的标的。（2）分析确定意思表示的意志内容。任何行为须有一定的要件方能成立，行为人做出意思表示是行为成立的一般要件。（3）分析确定意思表示所反映的意志内容是否符合劳动法律法规、集体合同、劳动合同、企业内部劳动管理规则的规定。

2. 按照承担法律责任要件进行分析

此种分析方法的思维结构是：（1）分析确定劳动争议当事人所实施的行为；（2）分析确定当事人的行为是否造成或足以造成一定的危害；（3）分析确定当事人行为与危害结果之间是否存在直接的因果关系；（4）分析确定行为人的行为是否有主观上的过错。

第七章　基础知识

第一节　劳动经济学

一、劳动力供给

劳动力供给是指在一定的市场工资率的条件下，劳动力供给的决策主体（家庭或个人）愿意并且能够提供的劳动时间。

二、劳动力供给的工资弹性

劳动力供给的工资弹性简称为劳动力供给弹性，是指劳动力供给量变动对工资率变动的反应程度。

三、劳动力供给弹性分类

根据劳动力供给弹性的不同取值，一般将劳动力供给弹性分为以下五大类。

（1）供给无弹性，即 $ES=0$；（2）供给有无限弹性，即 $ES \to \infty$；（3）单位供给弹性，即 $ES=1$；（4）供给富有弹性，即 $ES > 1$；（5）供给缺乏弹性，即 $ES < 1$。

四、劳动力需求

劳动力需求是指企业在某一特定时期内，在某种工资率下愿意并能雇用的劳动量。

五、劳动力需求的工资弹性分类

根据劳动力需求的工资弹性的不同取值，可将工资弹性分为五类。

（1）需求无弹性，即 $Ed=0$；（2）需求有无限弹性，即 $Ed \rightarrow \infty$；（3）单位需求弹性，即 $Ed=1$；（4）需求富有弹性，即 $Ed > 1$；（5）需求缺乏弹性，即 $Ed < 1$。

六、劳动力市场均衡的意义

（1）劳动力资源的最优分配。在完全竞争的市场结构中，劳动力市场实现均衡，劳动力资源就能达到最有效率的分配。（2）同质的劳动力获得同样的工资。不存在任何职业的、行业的和地区的工资差别。（3）充分就业。

七、工资形式

生产要素分为土地、劳动、资本、企业家才能四类，分别对应地租、工资、利息、利润。

八、货币工资

货币工资是指工人单位时间的货币所得。它受到三个主要因素的影响：货币工资率、工作时间长度、相关的工资制度安排。实际工资 = 货币工资 / 价格指数。

九、福利

福利是工资的转化形式和劳动力价格的重要构成部分。福利的支付方式分为两类：其一为实物支付，包括各种免费或折价的工作餐、折价或优惠的商品和服务。其二为延期支付，包括各类保险支付，如退休金、失业保险等。

十、失业类型

失业的类型主要四种，具体内容如表 2-7-1 所示。

表 2-7-1　失业的四种类型

类型	内容
摩擦性失业	这是一种正常性失业，即使劳动力市场处于劳动力供求均衡状态时也会存在这种类型的失业

续表

类型	内容
技术性失业	解决技术性失业最有效的办法是推行积极的劳动力市场政策，强化职业培训，普遍地实施职业技能开发
结构性失业	缓解结构性失业最有效的对策是推行积极的劳动力市场政策，包括超前的职业指导和职业预测、广泛的职业技术培训，以及低费用的人力资本投资计划
季节性失业	由于气候状况有规律的变化对生产、消费产生影响所引致的失业称为季节性失业

十一、失业的影响

（1）失业造成家庭生活困难；（2）失业是劳动力资源浪费的典型形式；（3）失业直接影响劳动者精神需要的满足程度。

十二、宏观调控政策

对就业总量影响最大的宏观调控政策，是财政政策、货币政策、收入政策。

十三、财政政策的分类

因其目标的不同，分为两种类型：扩张性的财政政策（积极的）是通过采取扩大政府购买、增加政府转移支付；紧缩性的财政政策（稳健的）是通过采取减少政府购买和转移支付。

十四、货币政策

货币政策是指政府以控制货币供应量为手段，通过调节利率来调节总需求水平，以促进充分就业、稳定物价和经济增长的一种宏观经济管理对策。

十五、货币政策的分类

货币政策的分类包括扩张性的货币政策和紧缩性的货币政策。

十六、收入政策的作用

（1）有利于宏观经济的稳定；（2）有利于资源的合理配置；（3）有利于缩小不合理的收入差距。

十七、基尼系数

基尼系数是意大利经济学家基尼，依据洛伦茨曲线创制的，用来判断某种收入分配平等程度的一种尺度。

十八、收入差距区间

从世界各国情况看，基尼系数小于 0.2 时，表示收入差距非常小；基尼系数在 0.4 以上，则表示收入差距比较大，通常的基尼系数在 0.2~0.4 之间。

十九、收入政策措施

1. 调控收入与物价关系的措施

调控收入与物价的关系，控制工资收入过度增长诱发通货膨胀的措施有：（1）制定工资—物价指导线，作为微观经济单位——企业增长工资的参照标准；（2）在物价和工资增长过快、影响宏观经济稳定的情况下，对物价和工资进行管制以至于冻结；（3）实施以税收为基础的收入控制政策，约束企业工资发放过度的行为。

2. 收入平等化措施

收入平等化的主要政策措施具体如图 2-7-1 所示。

1	实行个人收入所得税制度，并且在实施中采取累进税率制
2	对遗产、赠与、财产（即土地、房产等不动产）、高消费征税
3	发展社会保障事业，解决失业保险、医疗保险、养老保险、未成年子女的家庭补贴、低于贫困线的家庭与个人的救济等方面的支出
4	对失业者，特别是其中的贫困者，提供就业机会与就业培训
5	发展教育事业，这有利于从根本上消除贫困，扩大社会平等
6	改善居民住房条件，向低收入阶层提供廉价住房或住房补贴

图 2-7-1 收入平等化的主要措施

第二节 劳动法

一、劳动法的定义

狭义的劳动法指劳动法律部门的核心法律，即《中华人民共和国劳动法》这一规范性文件。广义的劳动法指调整劳动关系及与劳动关系密切的其他一些社会关系的法律规范的综合。劳动法是法律学科中的一个亚学科，是以劳动法作为研究对象的理论体系，即所谓的劳动法学。

二、劳动法的基本原则

劳动法基本原则的内容有多种理解和阐释。根据《宪法》和《劳动法》的有关规定，可以将劳动法的基本原则归纳为以下内容：（1）保障劳动者劳动权的原则；（2）劳动关系民主化原则；（3）物质帮助权原则。

三、劳动法的体系

劳动法的体系是指劳动法的各项具体劳动法律制度的构成和相互关系。

四、劳动法的体系的劳动法律制度构成

（1）促进就业法律制度；（2）劳动合同和集体合同制度；（3）劳动标准制度；（4）职业培训制度；（5）社会保险和福利制度；（6）劳动争议处理制度；（7）工会和职工民主管理制度；（8）劳动法的监督检查制度。

五、劳动法律关系

1. 劳动法律关系的含义

任何一种社会关系经相应的法律规范调整后即转变为法律关系，即当事人之间以权利以为内容的法律关系。

2. 劳动法律关系的种类

劳动法律关系的种类具体如图 2-7-2 所示。

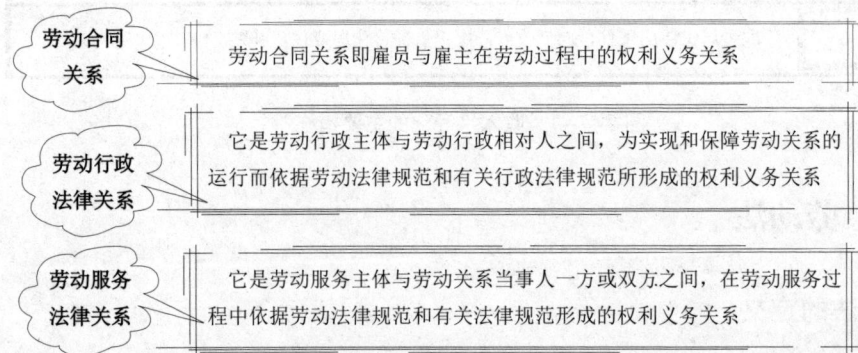

图 2-7-2　劳动法律关系的种类

3.劳动法律关系的特征

（1）劳动法律关系是劳动关系的现实形态；（2）劳动法律关系的内容是权利和义务；（3）劳动法律关系的双务关系；（4）劳动法律关系具有国家强制性。

六、劳动法律关系的构成要素

1.劳动法律关系的主体

劳动法律关系的主体是指依据劳动法律的规定，享有权利、承担义务的劳动法律关系的参与者，包括企业、个体经济组织、国家机关、事业组织、社会团体等用人单位和与之建立劳动关系的劳动者，即雇主与雇员。

2.劳动法律关系的内容

劳动法律关系的内容是指劳动法律关系主体依法享有的权利和承担的义务。

3.劳动法律关系的客体

劳动法律关系的客体是主体权利义务指向的事物，即劳动法律关系达到的目的和结果。

七、劳动法律事实

依法能够引起劳动法律关系产生、变更和消灭的客观现象为劳动法律事实。法律事实可以分为两类。

（1）劳动法律行为。劳动法律行为是指以当事人的意志为转移，能够引起劳动法律关系产生、变更和消灭，具有一定法律后果的活动。

（2）劳动法律事件。劳动法律事件是指不以当事人的主观意志为转移，能够引起一定的劳动法律后果的客观现象。

第三节　现代企业管理

一、企业战略环境分析

1.企业战略的定义与特征

企业战略是指企业为了适应未来环境的变化，寻求长期生存和稳定发展而制定的总体性和长远性的谋划与方略。企业战略具有全局性、系统性、长远性、风险性、抗争性的特征，离开这些特征就称不上经营战略。

2.企业环境的结构及特点

企业的外部经营环境，按照对企业经营活动影响的密切程度可以分为微观环境和宏观环境。微观环境指市场和产业环境，企业的生产经营活动直接处于微观环境的影响下。宏观环境指间接地影响企业活动的环境因素。

3. 经营环境分析的方法

现代企业经营外部环境分析的方法，主要包括外部环境的调研和外部环境的预测两个方面。

（1）外部环境的调研。现代企业外部环境的调研主要是为了了解外部环境的过去和现实状况。环境因素调研的三种主要方法具体如图 2-7-3 所示。

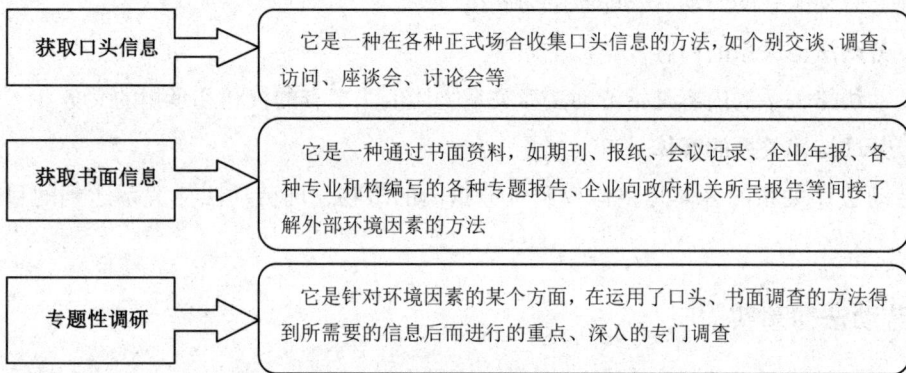

获取口头信息 →	它是一种在各种正式场合收集口头信息的方法,如个别交谈、调查、访问、座谈会、讨论会等
获取书面信息 →	它是一种通过书面资料,如期刊、报纸、会议记录、企业年报、各种专业机构编写的各种专题报告、企业向政府机关所呈报告等间接了解外部环境因素的方法
专题性调研 →	它是针对环境因素的某个方面,在运用了口头、书面调查的方法得到所需要的信息后而进行的重点、深入的专门调查

图 2-7-3　环境因素调研的方法

（2）外部环境的预测。所谓预测，是指人们对未来某种不确定的东西或未知事件调查研究后做出的符合事物发展规律的设想或结论，这种设想或结论可以指导人们的实际行动。企业外部环境的预测，是指根据调查的信息，对外部环境中某些因素的今后发展及对本企业经营的影响用科学的方法进行预测，为企业进行经营决策提供依据。

4. 经营环境的微观分析

经营环境的微观分析包括现有竞争对手的分析、潜在竞争对手分析、替代产品或服务威胁的分析、顾客力量的分析、供应商力量的分析。

5. 经营环境的宏观分析

经营环境的宏观分析包括政治法律环境、经济环境、技术环境、社会文化环境。

二、SWOT 分析方法

企业内部条件和外部环境的综合分析，主要采用 SWOT 分析方法。所谓 S 是指企业内部优势（Strength）；W 是指企业内部劣势（Weaknesses）；O 是指企业外部环境的机会（Opportunities）；T 是指外部环境的威胁（Treats）。

三、企业的战略选择

（1）总体战略。企业的总体战略有进入战略、发展战略、稳定战略和撤退战略。

（2）一般竞争战略。一般竞争战略有低成本战略、差异化战略和重点战略。

四、风险型决策方法

风险型决策的方法包括收益矩阵、决策树、敏感性分析等。

五、影响消费者购买行为的主要因素

影响消费者购买行为的主要因素有文化因素、社会因素、个人因素、心理因素。

六、市场营销管理

市场营销管理过程是指企业为实现目标、完成任务而发现、分析、选择和利用市场机会的管理过程。具体包括以下步骤:(1)分析市场机会;(2)选择目标市场;(3)设计市场营销组合;(4)执行和控制市场营销计划。

七、市场营销策略

市场营销策略具体如图 2-7-4 所示。

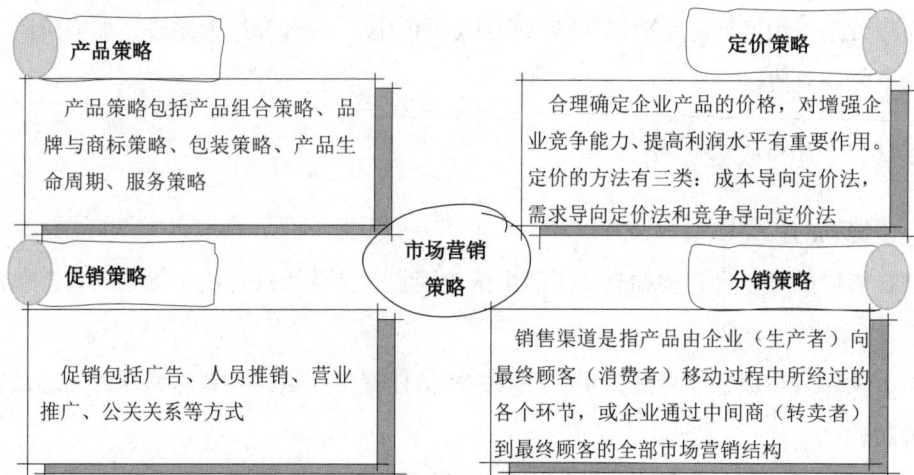

产品策略
产品策略包括产品组合策略、品牌与商标策略、包装策略、产品生命周期、服务策略

定价策略
合理确定企业产品的价格，对增强企业竞争能力、提高利润水平有重要作用。定价的方法有三类：成本导向定价法，需求导向定价法和竞争导向定价法

市场营销策略

促销策略
促销包括广告、人员推销、营业推广、公关关系等方式

分销策略
销售渠道是指产品由企业（生产者）向最终顾客（消费者）移动过程中所经过的各个环节，或企业通过中间商（转卖者）到最终顾客的全部市场营销结构

图 2-7-4 市场营销策略

第四节　管理心理与组织行为

一、工作满意度

工作满意度指员工对自己的工作所抱有的一般性的满足与否的态度。

二、组织承诺

作为一种态度，员工的组织承诺通常表现为保持一个特定组织的成员身份的一种强烈期望，愿意做出较多的努力来代表组织，对于组织的价值观和目标的明确信任和接受。组织承诺的形式包括感情承诺、继续承诺和规范承诺三种。

三、社会知觉

社会知觉是指个体对其他个体的知觉，即我们如何认识他人。

四、归因

归因就是利用有关的信息资料对人的行为进行分析，从而推论其原因的过程。行为的原因可以分为内因和外因，也可以分为稳因和非稳因。

五、人际关系与沟通

人际关系与沟通的五个阶段包括选择或定向阶段、试验和探索阶段、加强阶段、融合阶段、盟约阶段。

六、领导行为的权变理论

1. 费德勒的权变模型

领导情境的确定。费德勒分离了三个情境因素，他认为这是决定领导行为有效性的关键。

（1）领导者与被领导者的关系——双方的信任程度，被领导者对领导者的忠诚、尊重和追随程度。

（2）任务结构——工作任务的程序化（结构化）程度。

（3）领导者的职权——领导者是否拥有权力，对下属是否能直接控制，被上级和组织的支持程度。

2. 领导情境理论

领导情境理论同其他领导行为理论一样，也把领导的行为方式按"关心人"和"关心工作"两个维度划分成四种类型的领导方式：高关系—低工作的参与式，低关系—高工作的命令式，高关系—高工作的推销式，低关系—低工作的授权式。

七、心理测验的类型

心理测验的类型具体如图 2-7-5 所示。

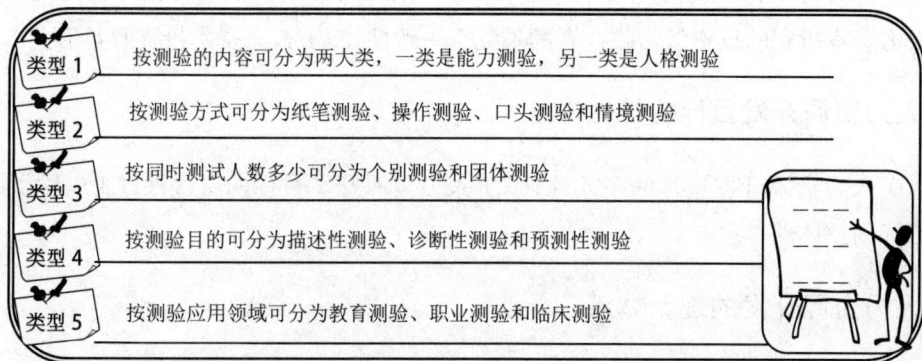

图 2-7-5 心理测验的类型

类型 1　按测验的内容可分为两大类，一类是能力测验，另一类是人格测验
类型 2　按测验方式可分为纸笔测验、操作测验、口头测验和情境测验
类型 3　按同时测试人数多少可分为个别测验和团体测验
类型 4　按测验目的可分为描述性测验、诊断性测验和预测性测验
类型 5　按测验应用领域可分为教育测验、职业测验和临床测验

第五节　人力资源开发与管理

一、人性假设及其相应的管理

在西方的管理理论中，存在四种人性假设，即经济人、社会人、自我实现人和复杂人。

二、人本管理的原则

企业进行以人为本的管理，必须遵循一定的标准、要求或原则。人本管理的原则包括人的管理第一、满足人的需要，实施积累，优化教育；以人为本，以人为中心构建企业的组织形态和机构、和谐的人际关系、员工个人与组织共同发展。

三、人力资本的含义

人力资本是指通过费用支出（投资）于人力资源，而形成和凝结于人力资源体中，并能带来价值增值的智力、知识、技能及体能的总和。

四、人力资本投资的含义

人力资本投资是指投资者通过对人进行一定的资本投入（货币资本或实物），增加或提高人的智能和体能，这种劳动能力的提高最终反映在劳动产出增加上的一种投资行为。

五、人力资本投资的特征

（1）人力资本投资的连续性、动态性;（2）人力资本投资主体与客体具有同一性;（3）人力资本投资的投资者与收益者的不完全一致性;（4）人力资本投资收益形式多样。

六、人力资源开发目标的特性

（1）人力资源开发目标的多元性;（2）人力资源开发目标的层次性;（3）人力资源开发目标的整体性。

七、人力资源开发的理论体系

人力资源开发以提高效率为核心，以挖掘潜力为宗旨，以立体开发为特征，形成一个相对独立的理论体系。这一理论体系包括了人力资源的心理开发、生理开发、伦理开发、智力开发、技能开发和环境开发。

八、人力资源管理的定义

人力资源管理是为了实现既定的目标，采用计划、组织、领导、监督、激励、协调、控制等有效措施和手段，充分开发和利用组织系统中的人力资源所进行的一系列活动的总称。

九、人力资源管理在现代企业中的作用

人力资源管理是现代企业管理的核心。人力资源管理在现代企业中有以下作用。

（1）科学化的人力资源管理是推动企业发展的内在动力;（2）现代化的人力资源管理能够使企业赢得人才的制高点。

十、现代人力资源管理的三大基石

现代人力资源管理的三大基石包括定编定岗定员定额、员工的绩效管理、员工技能开发。

第八章　职业道德

第一节　考核重点汇编

一、职业道德概述

1. 职业道德

职业道德是从事一定职业的人们在职业活动中应该遵循的，依靠社会舆论、传统习惯和内心信念来维持的行为规范的总和。

2. 职业道德的具体功能

职业道德的具体功能包括导向功能、规范功能、整合功能和激励功能。

3. 职业道德的社会作用

（1）有利于调整职业利益关系，维护社会生产和生活秩序。

（2）有助于提高人们的社会道德水平，促进良好社会风尚的形成。

（3）有利于完善人格，促进人的全面发展。

4. 社会主义职业道德性质和基本要求

社会主义职业道德确立了以为人民服务为核心，以集体主义为原则，以爱祖国、爱人民、爱劳动、爱科学、爱社会主义为基本要求，以爱岗敬业、诚实守信、办事公道、服务群众、奉献社会为主要规范和主要内容，以社会荣辱观为基本行为准则。

二、职业道德建设的基本原则

1. 职业道德的"五个要求"

在《公民道德建设实施纲要》中，党中央提出了所有从业人员都应该遵循的职业道德，包括"五个要求"，即爱岗敬业、诚实守信、办事公道、服务群众、奉献社会。

2. 社会公德与职业道德

下列几个方面，既是职业道德的要求，又是社会公德的要求。

（1）文明礼貌;（2）勤俭节约;（3）爱国为民;（4）崇尚科学。

三、职业化与职业道德

1. 职业化的特点

职业化也称为"专业化"，是一种自律性的工作态度。简单地讲，职业化就是一种按照职业道德要求的工作状态的标准化、规范化、制度化。

职业化包含着 3 个层次的内容。其核心层是"职业化素养"，包括职业道德和责任意识等。职业道德、职业荣誉感和职业责任感等是职业化素养中最根本的内容。

2. 职业化管理

自我职业化和职业化管理是实现职业化的两个方面，职业化管理包括职业道德标准、企业文化与规章制度、流程管理、质量管理、技能标准和行为标准等的规范与制度体系。职业化管理在文化上的体现是重视标准化和规范化。

四、职业技能与职业道德

1. 职业技能的内涵

职业技能是指从业人员从事职业劳动和完成岗位工作应具有的业务素质，包括职业知识、职业技术和职业能力。职业能力包括一般能力和特殊能力，它不仅指某种与职业相关的技能，还指从业人员需要具备的综合能力，包括学习能力、组织能力、交往与合作能力、专业能力、自主性和承受能力等。

2. 职业技能的作用

（1）保障和促进企业的发展；（2）是人们谋生和发展的必要条件和重要保障。

五、职业道德修养

职业道德修养的重要性和方法具体如图 2-8-1 所示。

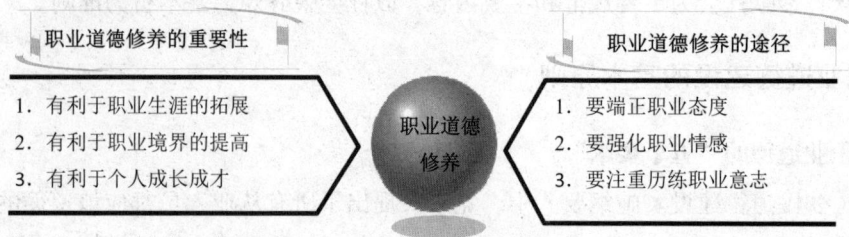

图 2-8-1　职业道德修养

六、敬业

1. 敬业的重要性

（1）敬业是从业人员在职场立足的基础；（2）敬业是从业人员事业成功的保证；

（3）敬业是企业发展壮大的根本。

2. 敬业的内涵

敬业是一切职业道德基本规范的基础，也是做好本职工作的重要前提和可靠保障。敬业精神是个体以明确的目标选择、忘我投入的支取、认证负责的态度，从事职业活动时表现出的个人品质。

七、诚信

1. 诚信的重要性

（1）诚信关系着企业的兴衰；（2）诚信是个人职业生涯的生存力和发展力。

2. 诚信的内涵

诚信的本质内涵是真实、守诺、信任，即尊重实情、有约必履、有诺必践、言行一致、赢得信任。

3. 诚信的特征

诚信的特征包括通识性、智慧性、止损性、资质性。

八、公道

1. 公道的重要性

（1）公道是企业发展的重要保证。

（2）公道是员工和谐相处，实现团队目标的保证。

（3）公道是确定员工薪酬的一项指标。

（4）公道与否影响到员工职业发展的前景。

2. 公道的特征

公道的特征包括公道标准的时代性、公道观念的多元性、公道意识的社会性。

九、纪律

1. 纪律的重要性

（1）职业纪律影响到企业的形象；（2）职业纪律关系到企业的成败；（3）遵守职业纪律是企业选择员工的重要标准；（4）遵守职业纪律关系到员工个人事业成功与发展。

2. 纪律的内涵

纪律的内涵具体如图 2-8-2 所示。

| 从类别上看 | 职业纪律包括政府令、条例、制度、制定、公约、守则、管理办法、规程等 |

| 从层面上看 | 宏观上包括国家制定并以国家意志表现出来的法律、法规；中观上包括行业的规定、规范；微观上包括某一企业根据自身实际所制定的企业制度、规定、守则、要求、操作规程等 |

| 从领域上看 | 职业纪律包括劳动纪律、财经纪律、保密纪律等 |

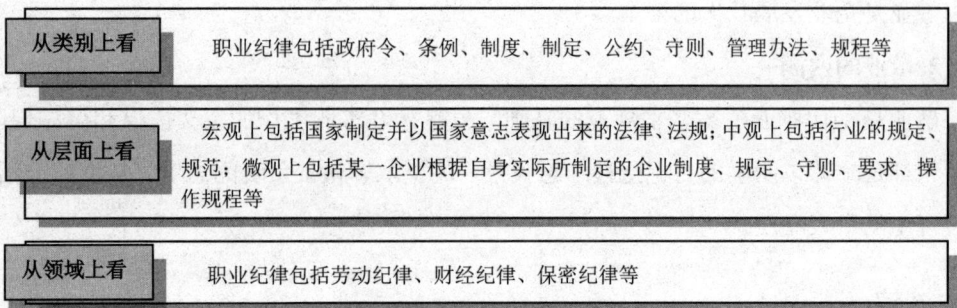

图 2-8-2　纪律的内涵

3. 纪律的特征

纪律的特征包括社会性、强制性、普遍使用性和变动性。

十、节约

1. 节约的重要性

（1）节约是企业兴盛的重要保证；（2）节约是从业人员立足企业的品质；（3）节约是从业人员事业成功的法宝。

2. 节约的特征

节约的特征包括时代表征性、社会规定性和价值差异性。

十一、合作

1. 合作的重要性

（1）合作是企业生产经营顺利实施的内在要求；（2）合作是从业人员汲取智慧和力量的重要手段；（3）合作是打造优秀团队的有效途径。

2. 合作的内涵

非正式合作往往发生在初级群体或社区之中，是人类最古老、最自然和最普遍的合作形式。作为个人与企业的合作，正式合作包括与企业签订的劳动协议、职业岗位职责、职业考评考核办法等。根据合作参与对象的不同，职业合作又分为群体间、群体与个人、个人与个人 3 种合作形式。

3. 合作的特性

合作的特性包括社会性、互利性和平等性。

十二、奉献

1. 奉献的重要性

（1）奉献是企业健康发展的保障；（2）奉献是从业人员履行职业责任的必由之路；

（3）奉献有助于创造良好的工作环境；（4）奉献是从业人员实现职业理想的途径。

2. 奉献的内涵

奉献可以是本职工作之内的，也可以是职责以外的，如见义勇为，它往往与无私联系在一起，人们称为"无私奉献"。奉献是一种最高层次的职业道德，从业人员具有这种精神，不但能成为一个称职的员工，而且能成为一个优秀的员工。

3. 奉献的特征

奉献的特征包括非功利性、普遍性和可为性。

第二节　相关内容补充

一、十六大报告中关于切实加强思想道德建设的内容

1. 依法制治国和以德制治国的关系

依法治国和以德治国相辅相成，相互促进（不是手段与目的的关系）。

2. 建立社会主义思想道德体系的特点

（1）建立与社会主义市场经济相适应；（2）建立与社会主义法律规范相协调；（3）建立与中华民族传统美德相承接的社会主义思想道德体系。

二、公民道德实施纲要的内容

1. 公民道德建设的指导思想和方针原则

以马克思列宁主义、毛泽东思想、邓小平理论为指导，全面贯彻江泽民同志"三个代表"重要思想，坚持党的基本路线、基本纲领，重在建设、以人为本，在全民族牢固树立建设有中国特色社会主义的共同理想和正确的世界观、人生观、价值观，在全社会大力倡导"爱国守法、明礼诚信、团结友善、勤俭自强、敬业奉献"的基本道德规范，努力提高公民道德素质，促进人的全面发展。

2. 社会主义市场经济机制的积极作用

有利于增强人民的5个意识、精神：自立意识、竞争意识、效率意识、民主法制意识、开拓创新精神。

3. 公民道德建设的主要内容

坚持以为人民服务为核心，以集体主义为原则，以爱祖国、爱人民、爱劳动、爱科学、爱社会主义为基本要求，以社会公德、职业道德、家庭美德为着力点。

4. 集体主义的含义

正确认识和处理国家、集体、个人的利益关系，提倡个人利益服从集体利益、局部

利益服从整体利益、当前利益服从长远利益，反对小团体主义、本位主义和损公肥私、损人利己，把个人的理想与奋斗融入广大人民的共同理想和奋斗之中。

5. 社会主义思想道德体系建设的三大领域

（1）社会公德规范：文明礼貌、助人为乐、爱护公物、保护环境、遵纪守法。

（2）职业道德规范：爱岗敬业、诚实守信、办事公正、服务群众、奉献社会。

（3）家庭美德规范：尊老爱幼、男女平等、夫妻和睦、勤俭持家、邻里团结。

第三篇

通关计划三：一对一辅导训练

考前复习要注重理解，加强记忆。对专业知识和技能来说，只有真正地了解，才能更深刻地认识。对考生来说，所有理论知识不能不背诵，但是完全依靠死记硬背也不可行。因此考生应在全面掌握教程的理论和操作知识的基础上，按照本书提供的一对一辅导训练，进行一定的练习，对各章节加以巩固学习，强化对知识点的记忆。

考生在第二阶段一般应花费 1 个月的时间，进行重点复习，巩固已学习的内容，通过辅导训练对鉴定范围内的各个鉴定点有深入的理解和认识，以便从容地应对鉴定点各种形式的考查。

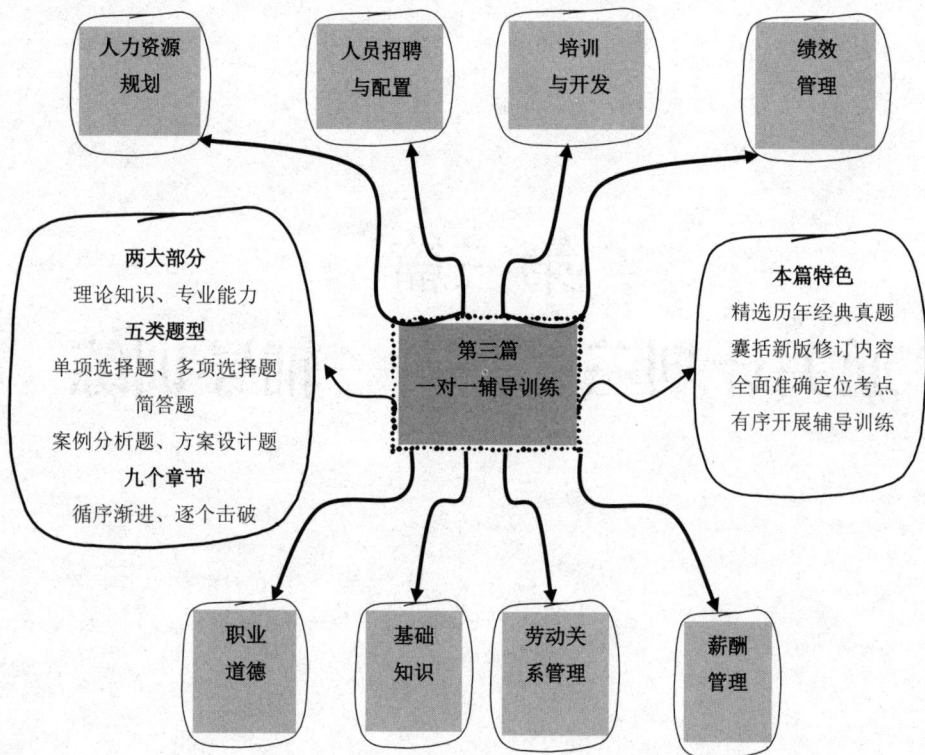

第一章　人力资源规划辅导训练

第一节　单项选择题及解析

一　单项选择题

1.（　）以行为科学理论为依据，强调人的因素，从组织行为的角度来研究组织结构。

（A）古典组织理论　　　　　　　　（B）近代组织理论

（C）现代组织理论　　　　　　　　（D）当代组织理论

2. 以下不属于静态的组织设计理论的是（　）。

（A）组织的规章　　　　　　　　　（B）组织的体制

（C）组织的机制　　　　　　　　　（D）组织的协调

3. 在动态组织设计理论中,（　）所研究的内容占有主导地位。

（A）静态组织设计理论　　　　　　（B）动态组织设计理论

（C）古典组织设计理论　　　　　　（D）近代组织设计理论

4. 以下关于组织设计理论的说法不正确的是（　）。

（A）动态组织设计理论是组织设计的核心内容

（B）现代组织设计理论属于动态组织设计理论

（C）动态组织设计理论包含静态组织设计理论的内容

（D）动态组织设计理论是静态组织设计理论的进一步发展

5.（　）表明，一个领导者能够有效领导的直属下级人数是有一定限度的。

（A）任务与目标原则　　　　　　　（B）集权与分权相结合原则

（C）有效管理幅度原则　　　　　　（D）稳定性与适应性相结合原则、

6. 合理分权的作用不包括（　）。

（A）有利于企业统一指挥和领导　　（B）有利于调动下级的积极主动性

（C）有利于基层迅速正确地做出决策　（D）有利于领导集中力量抓重大问题

7.（　）将矩阵组织结构形式与事业部组织结构形式有机结合起来。

（A）模拟分权组织　　　　　　　　（B）分公司与总公司

（C）多维立体组织 （D）子公司与母公司

8. 以下关于新型组织结构模式的说法错误的是（　）。

（A）网络型组织结构的企业成员的专业领域广泛，技术问题是企业合作的主要问题

（B）多维立体组织是矩阵组织的进一步发展

（C）超事业部制主要适用于规模巨大、产品（服务）种类较多的企业

（D）流程型组织结构是以系统、整合理论为指导

9. 组织职能设计的核心内容是（　）。

（A）职能分析 （B）职能调整 （C）职能分解 （D）职能评估

10. 以（　）为中心设计的部门结构包括事业部制和模拟分权制等模式。

（A）成果 （B）工作 （C）关系 （D）人员

11. 以下不属于部门结构设计方式的是（　）。

（A）以关系为中心 （B）以成果为中心

（C）以工作和任务为中心 （D）以层次为中心

12. 在行业增长阶段后期，为减少竞争压力，企业会采取（　）。

（A）增大数量战略 （B）扩大地区战略

（C）纵向整合战略 （D）多种经营战略

13.（　）在很大程度上决定着组织结构的不同形式。

（A）企业的行业特征 （B）企业文化

（C）企业的发展战略 （D）企业人力资源管理系统

14. 在进行组织结构调查时，需要掌握的资料不包含（　）。

（A）组织体系图 （B）组织战略图

（C）工作说明书 （D）业务流程图

15. 管理业务流程图中不包括的信息是（　）。

（A）业务程序 （B）业务岗位 （C）业务数量 （D）信息传递

16. 以下不属于组织结构分析的内容的是（　）。

（A）各种职能的性质及类别

（B）员工与岗位之间是否匹配

（C）哪些是决定企业经营的关键性职能

（D）内外环境变化引起的企业经营战略和目标的改变

17. 不属于企业组织结构变革的前兆是（　）。

（A）新任领导上任 （B）企业经营业绩下降

（C）员工士气低落 （D）组织结构本身弊病显露

18.（　　）是企业最常用的组织结构变革方式。

（A）改良式变革　　　　　　　　　（B）爆破式变革

（C）组织结构整合　　　　　　　　（D）突发式变革

19. 从职能制结构改为事业部制结构属于（　　）组织结构的变革方式。

（A）改良式　　　（B）爆破式　　　（C）计划式　　　（D）渐进式

20. 企业实施组织结构变革时，为保证改革的顺利进行，事先采取的措施不包括（　　）。

（A）给员工增加福利津贴

（B）让员工参与组织变革的调查、诊断和计划

（C）大力推行与组织变革相适应的人员培训计划

（D）大胆起用年富力强和具有开拓创新精神的人才

21. 企业组织结构整合的程序包括：①控制阶段；②互动阶段；③拟定目标阶段；④规划阶段。排序正确的是（　　）。

（A）③②①④　　　（B）④③②①　　　（C）③②④①　　　（D）③④②①

22. 下列不属于设置岗位的基本原则的是（　　）。

（A）明确任务目标　　　　　　　　（B）合理分工协作

（C）按领导意愿设岗　　　　　　　（D）责权利相对应

23. 岗位设计工作的入手点不包括（　　）。

（A）扩大工作内容　　　　　　　　（B）员工工作满负荷

（C）劳动环境优化　　　　　　　　（D）劳动关系的改善

24.（　　）能使员工完成任务的内容、形式和手段发生变化。

（A）建工作小组　　　（B）工作丰富化　　　（C）工作扩大化　　　（D）岗位轮换

25. 以下关于工作丰富化的说法错误的是（　　）。

（A）促进员工综合素质的提高

（B）有利于提高岗位的工作敷率

（C）增强员工在生理、心理上的满足感

（D）使员工完成任务的内容和手段发生变更

26. 以下不属于影响劳动环境的物质因素的是（　　）。

（A）工作地的组织　　　　　　　　（B）厂区绿化

（C）照明与色彩　　　　　　　　　（D）设备、仪表和操纵器的配置

27. 以下关于方法研究具体应用技术的说法错误的是（　　）。

（A）流程图是分析生产程序的工具

（B）操作人程序图是以宏观的物料流程为对象

（C）人—机程序图是显示机手并动的操作程序图

（D）多作业程序图主要用于分析研究多个岗位分工与协作关系

28.（　　）是将同一或相似相近的岗位，由横向分工改为纵向分工，提高岗位技术和技能含量。

（A）岗位工作纵向调整　　　　　　　　（B）延长加工周期

（C）充实岗位工作内容　　　　　　　　（D）包干负责

29. 从内容上讲，狭义人力资源规划主要包括人员晋升计划、人员补充计划和（　　）。

（A）职业生涯规划　　　　　　　　　　（B）人员培训计划

（C）薪酬福利计划　　　　　　　　　　（D）人员配备计划

30. 人员晋升计划的内容不包括（　　）。

（A）晋升意向　　　（B）晋升比率　　　（C）晋升条件　　　（D）晋升时间

31. 人员培训开发规划的具体内容不包括（　　）。

（A）受训人员的数量　　　　　　　　　（B）培训的方式方法

（C）培训费用的预算　　　　　　　　　（D）培训的奖励措施

32. 以下不属于员工薪酬激励计划作用的是（　　）。

（A）充分发挥薪酬的激励功能

（B）对未来的薪酬总额进行预测

（C）提高企业在市场上的竞争力

（D）保证人工成本与企业经营状况之间恰当的比例关系

33.（　　）在很大程度上决定着企业的管理模式。

（A）企业的行业特征　　　　　　　　　（B）企业的发展战略

（C）企业文化　　　　　　　　　　　　（D）企业的人力资源管理系统

34.（　　）是人员规划中应解决的核心问题。

（A）人力资源预测　　　　　　　　　　（B）人力资源需求预测

（C）人力资源的供给保障问题　　　　　（D）人力资源开发

35.（　　）是人员规划活动的落脚点和归宿。

（A）人力资源供求协调平衡　　　　　　（B）人力资源的需求预测问题

（C）人力资源的供给预测问题　　　　　（D）人力资源的系统设计问题

36. 以下不属于企业人员配置计划的内容的是（　　）。

（A）企业每个岗位的人员素质　　　　　（B）人员的职务变动情况

（C）企业每个岗位的人员数量　　　　　（D）职务空缺的数量及填补方法

37.（　　）的任务是明确计划期内人力资源政策的方向、范围、步骤以及方式等。

（A）人员配置计划　　　　　　　　　　（B）人力资源费用计划

（C）对风险进行评估并提出对策　　　　（D）人力资源政策调整计划

38. 编制人力资源规划的核心与前提是（ ）。

（A）人力资源的需求预测 （B）人力资源管理系统的设计

（C）人力资源的供给预测 （D）人力资源供求平衡和协调

39. 人力资源预测的作用不包括（ ）。

（A）提高组织的竞争力 （B）有助于调动员工的积极性

（C）有助于开拓市场空间 （D）是实施人力资源管理的重要依据

40. 以下说法不正确的是（ ）。

（A）人力资源预测能引导员工进行职业生涯设计

（B）动态的组织条件下，人力资源预测非常必要

（C）静态的组织条件下，人力资源预测并非必要

（D）现实生活中的组织既有静态的，也有动态的

41.（ ）是人力资源部门与其他直线部门进行良好沟通的基础。

（A）人力资源预测 （B）绩效面谈

（C）人力资源规划 （D）工作分析

42. 以下关于人力资源预测的说法不正确的是（ ）。

（A）不会受预测者知识水平的限制 （B）要求预测者具有高度的想象力

（C）有利于提高组织环境适应能力 （D）能够引导员工的职业生涯规划

43. 编制人员需求计划时，计划期内员工的补充需求量等于（ ）。

（A）计划期内人员总需求量减去报告期期末人员总数，加上计划期内自然减员人数

（B）计划期内人员总需求量加上报告期期末人员总数，减去计划期内自然减员人数

（C）计划期内自然减员人数加上计划期内人员总需要量，减去报告期期初人员总数

（D）计划期内自然减员人数减去计划期内人员总需要量，加上报告期期末人员总数

44. 下列不属于预测学中应用的原理的是（ ）。

（A）惯性原理 （B）相关性原理 （C）相似性原理 （D）发展性原理

45. 以下属于人力资源需求预测的定性方法的是（ ）。

（A）马尔科夫分析法 （B）综合分析法

（C）灰色预测模型法 （D）经验预测法

46. 以下人员需求预测方法中，不属于量化分析方法的是（ ）。

（A）德尔菲法 （B）趋势外推法

（C）马尔可夫分析法 （D）人员比率法

47. 人力资源需求预测的方法中，依据事情发展变化的因果关系来预测事情未来发展趋势的方法是（ ）。

（A）趋势外推法 （B）人员比率法 （C）回归分析法 （D）转换比率法

48. 以下关于人力资源预测方法的说法不正确的是（　　）。

（A）趋势外推法最为简单，其自变量只有一个

（B）经济计量模型法不需考虑不同自变量之间影响

（C）马尔可夫法可以预测企业人力资源供给的情况

（D）马尔可夫法可以预测企业人力资源需求的情况

49. 人力资源需求预测的方法中，（　　）的主要思路是通过观察历年企业内部人数的变化，找出组织过去人事变动的规律，来推断未来的人事变动趋势和状态。

（A）计量经济模型　　　　　　　　　（B）马尔可夫模型

（C）计算机模型法　　　　　　　　　（D）定员定额分析法

50. 定员定额分析法不包括（　　）。

（A）劳动定额分析法　　　　　　　　（B）比例定员法

（C）劳动效率定员法　　　　　　　　（D）人员比率法

51. 某企业计划期任务总工时为6060，定额工时为60，计划期劳动生产率变动系数为0.01，运用劳动定额分析法测定的企业人力资源需求为（　　）。

（A）60　　　　　　（B）100　　　　　　（C）160　　　　　　（D）200

52. 关于人力资源预测的说法不正确的是（　　）。

（A）企业职位空缺不可能完全通过内部供给解决

（B）严格的户籍制度制约着企业外部人员的供给

（C）人员供给预测包括内部供给预测和外部供给预测

（D）企业人力资源需求的满足应优先考虑外部人力资源供给

53. 企业内部人力资源供给量的考虑因素不包括（　　）。

（A）内部人员自然流失　　　　　　　（B）内部流动

（C）解聘　　　　　　　　　　　　　（D）择业偏好

54. 企业在进行外部人力资源供给预测时，下列最难预测的人员是（　　）。

（A）技职校毕业生　　　　　　　　　（B）复员转业人员

（C）城镇失业人员　　　　　　　　　（D）大中院校应届毕业生

55. 人力资源内部供给预测的方法不包括（　　）。

（A）人力资源信息库　　　　　　　　（B）马尔可夫模型

（C）管理人员接替模型　　　　　　　（D）回归分析模型

56. （　　）具体表现为机构臃肿、人浮于事、生产效率下降。

（A）人力资源供求平衡　　　　　　　（B）人力资源供大于求

（C）人力资源供不应求　　　　　　　（D）人力资源供求失衡

57. 制度化管理的优点不包括（　　）。

（A）个人与权力相分离　　　　　　　　（B）适合现代小型企业组织的需要

（C）以理性分析为基础　　　　　　　　（D）适合现代大型企业组织的需要

58.（　　）被称为企业的"宪法"。

（A）企业管理制度　　　　　　　　　　（B）企业基本制度

（C）企业薪酬制度　　　　　　　　　　（D）企业培训制度

59.（　　）是对企业管理各基本方面规定的活动框架，用于调节集体协作行为。

（A）管理制度　　　（B）业务规范　　　（C）技术规范　　　　（D）行为规范

60.（　　）不属于行为规范。

（A）品德规范　　　　　　　　　　　　（B）仪态仪表规范

（C）劳动纪律　　　　　　　　　　　　（D）员工业务规范

二、解析

1. 解析：B　近代组织理论则是以行为科学为理论依据。甚至作为行为科学的一部分而存在，它着重强调人的因素，从组织行为的角度来研究组织结构。

2. 解析：D　静态的组织设计理论主要研究组织的体制（权、责结构）、机构（部门划分的形式和结构）和规章（管理行为规范）。

3. 解析：A　在动态组织设计理论中，静态设计理论所研究的内容仍然占有主导的地位，依然是组织设计的核心内容。

4. 解析：A　静态设计理论所研究的内容让然占有主导的地位，依然是组织设计的核心内容。

5. 解析：C　有效管理幅度原则：由于受个人精力、知识、经验条件的限制，一名领导人能够有效领导的直属下级人数是有一定限度的。

6. 解析：A　分权是调动下级积极性、主动性的必要组织条件。合理分权有利于基层根据实际情况迅速而正确地做出决策，也有利于上层领导摆脱日常事务，集中精力抓重大问题。

7. 解析：C　多维立体组织又称多维组织、立体组织、多维立体矩阵制等，它是矩阵组织的进一步发展，它把矩阵组织结构形式与事业部制组织结构形式有机地结合在一起，形成了一种全新的管理组织结构模式。

8. 解析：A　网络型组织结构的企业成员的专业领域狭窄，相互依存性增强，信用问题成为企业合作的主要问题。

9. 解析：A　组织职能设计过程包括职能分析、职能调整和职能分解三个具体的步骤，其中职能分析是其核心内容。

10. 解析：A 以成果为中心设计的部门组合方式，包括事业部制、超事业部制和模拟分权制等模式。

11. 解析：D 常见的部门组合方式包括以工作和任务为中心、以成果为中心及以关系为中心。

12. 解析：C 在行业增长阶段后期，竞争更加激烈，为了减少竞争的压力，企业会采取纵向整合战略。

13. 解析：C 企业发展战略决定了组织结构的不同形式。

14. 解析：B 系统地反映组织结构的主要资料有工作岗位说明书、组织体系图及管理业务流程图。

15. 解析：C 管理业务流程图主要包括业务程序、业务岗位、信息传递及岗位责任制。

16. 解析：B 组织结构分析主要有三个方面，即内外环境变化引起的企业经营战略和目标的改变、哪些是决定企业经营的关键性职能及各种职能的性质及类别。

17. 解析：A 企业组织结构变革的征兆包括企业经营业绩下降、组织结构本身病症的暴露及员工士气低落。

18. 解析：A 改良式变革即日常的小改小革，修修补补。如局部改变某个科室的职能，新设一个职位等。这是企业中常用的方式。

19. 解析：B 爆破式变革是短期内完成组织结构的重大的以至根本性变革。如两家企业合并，从职能制结构改为事业部制结构等。

20. 解析：A 为保证变革顺利进行，应事先研究并采取如下相应措施：让员工参与组织变革的调查、诊断和计划；大力推行与组织变革相适应的人员培训计划；大胆起用年富力强和具有开拓创新精神的人才。

21. 解析：D 企业结构整合的过程包括拟定目标阶段、规划阶段、互动阶段及控制阶段。

22. 解析：C 工作岗位设计的基本原则包括明确任务目标、合理分工协作及责权利相对应的原则。

23. 解析：D 岗位设计可以从以下四个方面入手进行改进，包括岗位工作扩大化与丰富化、岗位工作的满负荷、岗位的工时工作制及劳动环境的优化。

24. 解析：C 工作扩大化是通过增加任务、扩大岗位任务结构，使员工完成任务的内容、形式和手段发生变更。

25. 解析：D 工作扩大化使员工完成任务的内容、形式和手段发生变更。

26. 解析：B 影响劳动环境的物质因素包括工作地的组织、照明与色彩、设备、仪表和操纵器的配置。影响劳动环境的自然因素包括空气、温度、湿度、噪声及厂区绿化等。

27. 解析：B 作业程序图、流程图及线图是以宏观的物料流程为对象。而人—机程序图和操作人程序图是以工作地上的一个岗位或几个岗位、一台或多台设备、一名或若干名员工为对象。

28. 解析：A 岗位工作纵向调整是将同一或相似相近的岗位，由横向分工改为纵向分工，提高岗位技术和技能含量。

29. 解析：D 狭义的人力资源规划，按照年度编制的计划主要有人员配备计划、人员补充计划及人员晋升计划。

30. 解析：A 晋升计划的内容一般由晋升条件、晋升比率、晋升时间等指标组成。

31. 解析：D 人员培训计划的具体内容包括受训人员的数量、培训的目标、培训的方式方法、培训的内容、培训费用的预算等。

32. 解析：C 薪酬激励计划一方面是为了保证企业人工成本与企业经营状况之间恰当的比例关系，另一方面是为了充分发挥薪酬的激励功能。企业通过薪酬激励计划，可以在预测企业发展的基础上，对未来的薪酬总额进行预测。

33. 解析：A 企业的行业特征在很大程度上决定着企业的管理模式。

34. 解析：C 人力资源的供给保障问题是人员规划中应解决的核心问题。

35. 解析：A 人力资源供求达到协调平衡是人力资源规划活动的落脚点和归宿，人力资源供需预测则是为这一活动服务的。

36. 解析：A 人员配置计划的主要内容包括企业每个岗位的人员数量、人员的职务变动情况、职务空的数量及相应的填补方法等。

37. 解析：D 人力资源政策调整计划的任务是明确计划期内人力资源政策的方向、范围、步骤及方式等。

38. 解析：A 人员需求预测就是估算组织未来需要的员工数量和能力组合，它是公司编制人力资源规划的核心和前提，其直接依据是公司发展规划和年度预算。

39. 解析：C 人力资源预测的作用：满足组织在生存发展过程中对人力资源的需求；提高组织的竞争力；实施人力资源管理的重要依据；有助于调动员工的积极性。

40. 解析：D 现实生活中的组织都是动态组织，而非静态组织。

41. 解析：A 人力资源预测是人力资源部门与其他直线部门进行良好沟通的基础。

42. 解析：A 人力资源预测的局限性体现为环境可能与预期的情况不同、企业内部的抵制、预测的代价高昂及知识水平的限制。

43. 解析：A 计划期内员工补充需求量＝计划期内员工总需求量－报告期期末员工总数＋计划期内自然减员员工总数。

44. 解析：D 在预测学中，一般应用的原理包括惯性原理、相关性原理及相似性原理。

45. 解析：D 人力资源需求预测的定性方法包括经验预测法、描述法和德尔菲法。

46. 解析：A 人力资源需求预测的定量方法包括转换比率法、人员比率法、趋势外推法、回归分析法、经济计量模型法、灰色预测模型法、生产模型法、马尔可夫分析法、定员定额分析法及计算机模拟法。

47. 解析：A 回归分析法就是依据事物发展变化的因果关系来预测事物未来的发展趋势，它是研究变量间相互关系的一种定量预测方法。

48. 解析：B 经济计量模型法需要综合考虑多种因素，且要考虑各因素间的交互作用。

49. 解析：B 马尔可夫分析法的主要思路是通过观察历年企业内部人数的变化，找出组织过去人事变动的规律，由此推断未来的人事变动趋势和状态。

50. 解析：D 定员定额分析法包括劳动定额分析法、设备看管定额定员法、效率定员法及比例定员法。

51. 解析：B 劳动定额分析法的公式为：

$$N = \frac{W}{Q(1+R)}$$

式中，N 为生产岗位人员的需求量；W 为企业计划期内任务总量；Q 为企业的劳动定额标准；R 为计划期劳动生产率变动系数。

因此，题目所求结果 $N = \frac{6060}{60(1+0.01)} = 100$

52. 解析：D 企业人力资源需求的满足，应优先考虑内部人力资源供给。

53. 解析：D 企业内部人力资源供给量必须考虑的因素包括：企业内部人员的自然流失(伤残、退休、死亡等)，内部流动(晋升、降职、平调等)，跳槽(辞职、解聘)等。

54. 解析：C 城镇失业人员和流动人员的预测比较困难。

55. 解析：D 内部供给预测的方法包括人力资源信息库、管理人员接替模型及马尔可夫模型。

56. 解析：B 人力资源供大于求，结果是导致组织内部人浮于事，内耗严重，生产或工作效率低下。

57. 解析：B 制度化管理的优点包括个人与权力相分离、是理性精神合理化的体现、适合现代大型企业组织的需要。

58. 解析：B 企业基本制度是企业的"宪法"。

59. 解析：A 管理制度是对企业管理各基本方面规定的活动框架，调节集体协作行为的制度。

60. 解析：D 一些规范是专门针对个人行为制定的，如个人行为品德规范、劳动纪律、仪态仪表规范等。

第二节 多项选择题及解析

一、多项选择题

1. 关于组织理论与组织设计理论，说法正确的是（ ）。

（A）组织理论包括组织设计理论 （B）组织理论被称为广义组织理论

（C）组织设计理论被称为大组织理论 （D）组织理论与组织设计理论外延不同

（E）组织理论与组织设计理论外延相同

2. 有效管理幅度不是一个固定值，它受（ ）等条件的影响。

（A）职务性质 （B）人员素质

（C）管理风格 （D）管理层次

（E）职能机构健全程度

3. 企业在确定内部上下级管理权力分工时，主要考虑的因素有（ ）。

（A）企业规模的大小 （B）企业生产技术特点

（C）各项专业工作的性质 （D）各单位的管理水平

（E）人员素质的要求

4.（ ）是新型组织结构模式。

（A）多维立体组织结构 （B）流程型组织

（C）模拟分权组织结构 （D）网络型组织

（E）超事业部制

5. 采用超事业部制应满足以下条件（ ）。

（A）企业规模特别巨大

（B）产品品种较多，且都能形成大批量生产

（C）所涉及的业务领域及市场分布很广

（D）所设立的事业部很多

（E）最高领导者深感有适当集权的需要

6. 流程型组织结构具有的优点包括（ ）。

（A）以顾客或市场为导向 （B）提高了组织的运行效率

（C）组织结构的扁平化 （D）流程团队是流程型组织的基本构成单位

（E）使企业组织结构的灵活性和适应性不断增强

7. 从企业总体结构来看，部门结构的横向设计方法可以分为（　　）。

（A）自上而下法　　　（B）自下而上法　　　（C）业务流程法

（D）按人数划分法　　（E）按时序划分法

8. 以工作和任务为中心的部门内部结构包括（　　）。

（A）矩阵结构　　　　（B）直线制　　　　　（C）事业部制

（D）分权制　　　　　（E）直线职能制

9. 企业组织发展的战略主要有（　　）。

（A）多种经营战略　　（B）扩大地区战略　　（C）增大数量战略

（D）人才培养战略　　（E）纵向整合战略

10. 在进行组织结构诊断时要分析组织关系，应能清楚（　　）。

（A）某个单位应同哪些单位和个人发生关系

（B）某个单位要求别人给予何种配合和服务

（C）某个单位考虑如何才能称为行业的领头

（D）某个单位应当为别的单位提供哪些服务

（E）内外环境变化引起企业那些经营战略改变

11. 以下属于企业组织结构变革的征兆是（　　）。

（A）成本增加　　　　（B）合理化建议减少　　（C）指挥不灵

（D）市场占有率缩小　（E）信息不畅

12. 以下组织结构变革的方式中，属于改良式变革的是（　　）。

（A）新设一个职位　　　　　　（B）两家企业合并

（C）企业组织结构的整合　　　（D）局部改革某个科室的职能

（E）从职能制结构改为事业部制结构

13. 组织结构变革常招致各方面的抵制和反对，人们反对变革的根本原因在于（　　）。

（A）改革方式太过于激烈　　　　（B）生产经营情况更加恶化

（C）改革使他们失去了工作的安全感　（D）部分员工与领导有因循守旧的思想

（E）改革冲击他们已习惯的工作方法

14. 岗位深度扩大法包括（　　）。

（A）岗位工作纵向调整　　　　（B）充实岗位工作内容

（C）岗位工作连贯设计　　　　（D）岗位工作轮换设计

（E）岗位工作矩阵设计

15. 人员晋升计划是企业根据（　　）制定的员工职务提升方案。

（A）企业目标　　　　（B）人员需要　　　　（C）工作调动

（D）战略需要　　　　　　　（E）内部人员分配情况

16. 企业人力资源规划的作用包括（　　）。

（A）满足企业总体战略发展的要求　　（B）提高企业人力资源的利用效率

（C）促进企业人力资源管理的开展　　（D）协调人力资源管理的各项计划

（E）政府有关的劳动就业制度

17. 影响企业人力资源规划的人口环境因素有（　　）。

（A）人口的性别比例　　　　　　　（B）劳动力的队伍结构

（C）劳动力队伍的数量　　　　　　（D）劳动力队伍的质量

（E）社会或本地区的人口规模

18. 影响企业人力资源活动的法律因素有（　　）。

（A）户籍制度　　　（B）劳动力市场价位　　　（C）最低工资标准

（D）劳动力市场制度　　（E）政府有关的劳动就业制度

19. （　　）属于人力资源规划的内部环境。

（A）企业的行业特征　　（B）企业结构　　　　　（C）企业的发展战略

（D）企业文化　　　　（E）企业的人力资源管理系统

20. 制订企业人员规划的基本原则包括（　　）。

（A）确保人力资源需求的原则　　　（B）保持稳定性的原则

（C）与战略目标相适应的原则　　　（D）保持适度流动性的原则

（E）与内外环境相适应的原则

21. 人力资源规划的核心内容有（　　）。

（A）人力资源费用的控制　　　　　（B）人力资源需求预测

（C）人力资源信息的收集　　　　　（D）人力资源供给预测

（E）人力资源供需综合平衡

22. 以下关于企业人力资源预测的说法正确的有（　　）。

（A）预测的结果不是绝对的，可进行调整

（B）预测的基本原理是根据过去推测未来

（C）人力资源需求预测要注意需求与净需求的区别

（D）人力资源供给预测是人力资源规划的核心和前提

（E）人力资源供给预测须考虑组织内外部供给的因素

23. 人力资源预测的内容包括（　　）。

（A）企业人力资源需求预测　　　　（B）企业人力资源供给预测

（C）企业人力资源结构预测　　　　（D）企业特种人力资源预测

（E）企业人力资源存量与增量预测

24. 人力资源预测的局限性包括（　　）。

（A）预测方法不精密　　　　（B）企业内部的抵制　　　　（C）预测的代价高昂

（D）知识水平的局限　　　　（E）环境的不确定性

25.（　　）是影响人力资源需求预测的一般因素。

（A）顾客需求的变化　　　　（B）生产需求变化　　　　（C）劳动力成本趋势

（D）追加培训需求　　　　（E）生产率变化趋势

26.（　　）构成了人力资源的需求预测系统。

（A）企业总体战略发展预测系统

（B）企业总体经济发展预测系统

（C）企业人力资源总量与结构预测系统

（D）企业人力资源预测模型与评估系统

（D）企业员工职业生涯管理系统

27. 人力资源需求预测时要进行环境与影响因素分析，以下属于竞争五要素分析法要分析的内容是（　　）。

（A）对顾客群的分析　　　　　　（B）对新加入竞争者的分析

（C）对市场环境的分析　　　　　　（D）对企业优、劣势的分析

（E）对竞争策略的分析

28. 人力资源需求预测的定性方法包括（　　）。

（A）转换比率法　　　　（B）描述法　　　　（C）回归分析法

（D）德尔菲法　　　　（E）经验预测法

29. 经验预测法的方式包括（　　）。

（A）自上而下　　　　（B）自下而上　　　　（C）描述假设

（D）分析综合　　　　（E）调查问卷

30. 德尔菲法所请的专家的来源有（　　）。

（A）组织内部　　　　（B）组织外部　　　　（C）管理人员

（D）普通员工　　　　（E）高层管理

31. 适用于生产率不变的定量预测法包括（　　）。

（A）转换比率法　　　　（B）回归模型预测法　　　　（C）人员比率法

（D）灰色预测法　　　　（E）定员定额分析法

32. 影响企业经营管理人员需求的参数有（　　）。

（A）出勤率　　　　（B）总成本　　　　（C）生产技术水平

（D）总资产　　　　（E）企业管理制度

33. 影响企业外部劳动力供给的因素有（　　）。

（A）择业心理偏好 　　　　　　　　（B）企业人员的自然流失

（C）社会就业意识 　　　　　　　　（D）劳动力市场发育程度

（E）地域性因素

34.（　　）是内部供给预测的方法。

（A）马尔可夫模型 　　　　　　　　（B）人力资源信息库

（C）管理人员接替模型 　　　　　　（D）灰色预测模型法

（E）回归分析法

35. 人力资源信息库中属于管理才能清单的有（　　）。

（A）技术能力 　　　　（B）管理的总预算 　　　（C）下属的职责

（D）工作经验 　　　　（E）管理的幅度范围

36. 对通过管理人员接替模型分析出的提升受阻的人，应做到（　　）。

（A）进行"一对一"面谈 　　　　　　（B）提供更加宽松的发展空间

（C）适当扩大工作范围 　　　　　　（D）可能的情况下提高薪资等级

（E）不让他们承担更多的责任

37. 若企业人力资源供不应求，可以采取的解决方法一般有（　　）。

（A）减少员工的工作时间

（B）合并或关闭某些臃肿机构

（C）提高企业的资本有机构成

（D）将符合条件的富余人员调往空缺岗位

（E）制订聘用非全日制临时用工计划

38. 属于劳动人事基础管理方面的制度有（　　）。

（A）组织机构和设置调整的规定 　　（B）岗位设置和人员费用预算的规定

（C）人员培训与开发的规定 　　　　（D）考勤规定

（E）员工奖惩规定

39.（　　）环境属于人力资源规划的外部环境。

（A）组织 　　　　（B）科技 　　　　（C）人口

（D）经济 　　　　（E）法律

40. 制定人力资源管理制度的基本要求包括（　　）。

（A）从企业具体情况出发 　　　　　（B）满足企业的实际需要

（C）符合法律和道德规范 　　　　　（D）注重系统性和配套性

（E）保持合理性和先进性

二、解析

1. 解析：ABD　组织理论又被称作为广义的组织理论或大组织理论。组织理论与组织设计理论在外延上是不等的，从逻辑上说，组织理论应包括组织设计理论。组织设计理论则被称作为狭义的组织理论或小组织理论。

2. 解析：ABE　企业有效管理幅度不是一个固定值，它受职务的性质、人员的素质、职能机构健全与否等条件的影响。

3. 解析：ABCDE　企业在确定内部上下级管理权力分工时，主要考虑的因素有企业规模的大小、企业生产技术特点、各项专业工作的性质、各单位的管理水平和人员素质的要求等。

4. 解析：ABCDE　新型组织结构模式包括超事业部制、矩阵制、多维立体组织、模拟分权组织、流程型组织及网络型组织。

5. 解析：ABCDE　采用超事业部制这种极为复杂的管理体制时，一般应满足的条件包括企业规模特别巨大；产品品种较多，且都能形成大批量；所涉及的业务领域及市场分布很广；所设立的事业部很多；最高领导者深感有适当集权的需要，否则无法有效协调、控制这众多的事业部。

6. 解析：ABCDE　流程型组织结构的优点包括以顾客或市场为导向；业务流程是以产出（或服务）和顾客为中心，从而提高了组织的运行效率；组织结构的扁平化；流程团队是流程型组织的基本构成单位；为了适应不断变化的市场环境，从集权层级制到分权层级制再到扁平化的流程组织，使企业组织结构的灵活性和适应性不断增强。

7. 解析：ABC　从企业总体结构来看，部门结构的横向设计方法可以分为自上而下法、自下而上法及业务流程法。

8. 解析：ABE　以工作和任务为中心的部门组合方式包括直线制、直线职能制、矩阵制（任务小组）等模式，也就是广义的职能制组织结构模式。

9. 解析：ABCE　企业采用适合的组织发展战略，对组织结构做出相应的调整，包括增大数量战略、扩大地区战略、纵向整合战略及多种经营战略。

10. 解析：ABD　在进行组织关系分析时，要分析某个单位应同哪些单位和个人发生联系？要求别人给予何种配合和服务？它应对别的单位提供什么协作和服务？通过详尽的分析，就会发现问题，为制定和改进组织结构设计方案提供可靠的依据。

11. 解析：ABCDE　企业组织结构变革的征兆有三点：一是企业经营业绩下降，例如市场占有率缩小、产品质量下降、成本增加、顾客意见增多，缺少新产品、新战略等；二是组织结构本身病症的暴露，如决策迟缓、指挥不灵、信息不畅、机构臃肿、管理跨度过大、"扯皮"增多、人事纠纷增加等；三是员工士气低落，不满情绪增加，合理化建议减少，员工的旷工率、病假率、离职率增高等。

12. 解析：AD　改良式变革即日常的小改小革，修修补补。如局部改变某个科室的职能，新设一个职位等。两家企业合并、从职能制结构改为事业部制结构属于爆破式变革。企业组织结构的整合属于计划式变革。

13. 解析：CDE　人们反对变革的根本原因：由于改革冲击他们已习惯了的工作方法和已有的业务知识和技能，使他们失去工作安全感；一部分领导与员工有因循守旧思想，不了解组织变革是企业发展的必然趋势。

14. 解析：ABCDE　岗位深度扩大法主要包括五种具体形式，即岗位工作纵向调整、充实岗位工作内容、岗位工作连贯设计、岗位工作轮换设计及岗位工作矩阵设计。

15. 解析：ABE　人员晋升计划是企业根据企业目标、人员需要和内部人员分布状况，制定的员工职务提升方案。

16. 解析：ABCD　企业人力资源规划的作用包括满足企业总体战略发展的要求、促进企业人力资源管理的开展、协调人力资源管理的各项计划、提高企业人力资源的利用效率、使组织和个人发展目标相一致。

17. 解析：BCDE　人口环境因素主要包括社会或本地区的人口规模、劳动力队伍的数量、结构和质量等特征。

18. 解析：ACE　影响人力资源活动的法律因素包括政府有关的劳动就业制度、工时制度、最低工资标准、职业卫生、劳动保护、安全生产等规定，以及户籍制度、住房制度、社会保障制度等。

19. 解析：ACDE　人力资源规划的内部环境包括企业的行业特征、企业的发展战略、企业文化及企业自身的人力资源，以及人力资源管理系统。

20. 解析：ACDE　制订企业人员规划的基本原则包括确保人力资源需求的原则、与内外环境相适应的原则、与战略目标相适应的原则及保持适度流动性的原则。

21. 解析：BDE　狭义的人力资源规划即企业的各类人员规划，作为人力资源管理的一项基础性活动，它的核心部分包括人力资源需求预测、人力资源供给预测及供需综合平衡三项工作。

22. 解析：ABCE　人员需求预测是公司编制人力资源规划的核心和前提。预测的基本原理是根据过去（经验或经验模型）推测未来。预测结果不是绝对的，可根据需要进行调整。在人员需求预测中还需要注意需求与净需求的区别。

23. 解析：ACDE　人力资源预测的内容包括企业人力资源需求预测、企业人力资源存量与增量预测、企业人力资源结构预测、企业特种人力资源预测。

24. 解析：BCDE　人力资源预测的局限性包括环境可能与预期的情况不同、企业内部的抵制、预测的代价高昂及知识水平的限制。

25. 解析：ABCDE　影响人力资源需求预测的一般因素包括顾客的需求变化、生产需求、劳动力成本趋势、劳动生产率的变化趋势、追加培训的需求、每个工种员工的移动情况、员工的出勤率、政府方针政策的影响、工作小时的变化、退休年龄的变化及社会安全福利保障。

26. 解析：BCD　人力资源需求预测系统由企业总体经济发展预测系统、企业人力资源总量与结构预测系统和企业人力资源预测模型与评估系统。

27. 解析：ABE　在竞争五要素分析模型中，企业要进行以下五项分析：对新加入竞争者的分析、对竞争策略的分析、对自己产品替代品的分析、对顾客群的分析、对供应商的分析。

28. 解析：BDE　人力资源需求预测的定性方法包括经验预测法、描述法和德尔菲法。

29. 解析：AB　经验预测法可以采用"自下而上"和"自上而下"两种方式。

30. 解析：ABCDE　德尔菲法所聘请的专家可以来自组织内部，也可以来自组织外部；可以是管理人员，也可以是普通员工；可以是基层的管理人员，也可以是高层经理。

31. 解析：AC　转换比率法假定组织的劳动生产率是不变的。人员比率法假设过去的人员数量与配置是完全合理的，而且生产率不变，其应用范围有较大的局限性。

32. 解析：ABD　影响经营管理人员需求的参数有企业战略、组织结构、销售收入（利润）、产值产量、总资产（净资产）、总成本、追加投资、人工成本、劳动生产率、出勤率、能源消耗情况、企业管理幅度、企业信息化程度、信息传送速度、决策速度，以及企业其他各类人员的数量等。

33. 解析：ACDE　影响企业外部劳动力供给的因素包括地域性因素、人口政策及人口现状、劳动力市场发育程度、社会就业意识和择业心理偏好。

34. 解析：ABC　内部供给预测的方法包括人力资源信息库、管理人员接替模型及马尔可夫模型。

35. 解析：BCE　管理才能清单的内容包括管理幅度范围、管理的总预算、下属的职责、管理对象的类型、受到的管理培训、当前的管理业绩等。

36. 解析：ABCD　对提升受阻人员应做好以下工作：进行一次"一对一"的面谈，就有关升迁问题深入交换意见，鼓励他们继续努力工作和学习，全面提高自身素质；为他们提供更加宽松的发展空间，为他们提供更多的培训或深造的机会；给他们压"重担"，适当扩大他们的工作范围，让其承担更多重要的责任，在可能的情况下，即使不升职也可以提高他们薪资等级等。

37. 解析：CDE　减少员工的工作时间、合并或关闭某些臃肿机构属于解决企业人力资源供大于求的措施。

38.解析：ABC 属于劳动人事基础管理方面的制度包括组织机构和设置调整的规定、工作岗位分析与评价工作的规定、岗位设置和人员费用预算的规定、对内对外人员招聘的规定、员工绩效管理的规定、人员培训与开发的规定、薪酬福利规定、劳动防护用品与安全事故处理的规定、其他方面的规定如职业病防治与检查的规定等。考勤规定和员工奖惩规定属于对员工管理的制度。

39.解析：BCDE 人力资源规划的外部环境包括经济、人口、科技、文化法律等。

40.解析：ABCDE 制定人力资源管理制度的基本要求包括从企业具体情况出发、满足企业的实际需要、符合法律和道德规范、注重系统性和配套性、保持合理性和先进性。

第三节 简答题及解析

一、简答题

1. 简述企业组织结构变革的程序。
2. 岗位设计的基本方法有哪些。
3. 如何制订企业人力资源规划？
4. 如何预测企业人员供给？
5. 企业制定具体的人力资源管理制度时应按照什么程序进行？

二、解析

1.解析：

（1）组织结构诊断。组织结构诊断的基本内容与程序包括组织结构调查、组织结构分析、组织决策分析及组织关系分析。

（2）实施结构变革。实施结构变革应了解的内容包括企业组织结构变革的征兆、方式及排除组织结构变革的阻力。

（3）企业组织结构评价。对变革后的组织结构进行分析，考察组织变革的效果和存在的问题，将相关信息反馈给变革实施者，修正变革方案，并为以后的调整和变革做好准备。

2.解析：

岗位设计的方法分为三类，包括传统的方法研究技术、现代工效学的方法及其他可以借鉴的方法。

（1）传统的方法研究技术。

①程序分析，包括作业程序图、流程图、线图、人—机程序图、多作业程序图及操作人程序图。

②动作研究是运用目视观察或者影片、摄像机等技术设备，将岗位员工的作业分解成若干作业要素，根据动作经济原理，发现其中不合理的多余、重复部分加以改进，设计出以新的合理的作业结构为基础的操作程序。所谓的动作经济原理，是指实现动作经济与减轻疲劳的一些法则，用以改善工作方法。动作经济原理可以分为人体利用、工作地布置和工作条件改善、工具和设备的设计三个方面。

（2）现代工效学的方法。工效学是研究人们在生产劳动中的工作规律、工作方法、工作程序、细微动作、作业环境、疲劳规律、人机匹配，以及在工程技术总体设计中人机关系的一门科学。

（3）其他可以借鉴的方法。最具借鉴意义的是工业工程所阐明的基本理论和基本方法。具体来讲，就是通过研究、分析和评估，对人—机系统的每个组成部分都进行设计，乃至再设计、再改善，将各个组成部分恰当地综合起来，构造成一个整体系统，以实现生产要素合理配置优化运行，保证以低成本、低消耗、安全、优质、准时、高效地完成生产任务，最终达到预定的发展目标。

3. 解析：

（1）调查、收集和整理涉及企业战略决策和经营环境的各种信息。

（2）根据企业或部门实际情况确定其人员规划期限，了解企业现有人力资源状况，为预测工作准备精确而翔实的资料。

（3）在分析人力资源需求和供给的影响因素的基础上，采用定性和定量相结合，以定量为主的各种科学预测方法对企业未来人力资源供求进行预测。

（4）制订人力资源供求协调平衡的总计划和各项业务计划，并分别提出各种具体的调整供大于求或供小于求的政策措施。

（5）人员规划的评价与修正。

4. 解析：

（1）对企业现有的人力资源进行盘点，了解企业员工队伍的现状。

（2）分析企业的职务调整政策和历年员工调整数据，统计出员工调整的比例。

（3）向各部门的主管人员了解将来可能出现的人事调整状况。

（4）将上述的所有数据进行汇总，得出对企业内部人力资源供给量的预测。

（5）分析影响外部人力资源供给的各种因素（主要是地域性因素和全国性因素），并依据分析结果得出企业外部人力资源供给预测。

（6）将企业内外部人力资源供给预测进行汇总，得出企业人力资源供给预测。

5. 解析：

（1）概括说明建立本项人力资源管理制度的原因，在人力资源管理中的地位和作用。

（2）对负责本项人力资源管理的机构设置、职责范围、义务分工，以及各项参与本项人力资源管理活动的人员的责任、权限、义务和要求做出具体规定。

（3）明确规定本项人力资源管理的目标、程序和步骤，以及具体实施过程中应当遵守的基本原则和具体的要求。

（4）说明本项人力资源管理制度设计的依据和基本原理，对数据采集、汇总整理、信息传递的形式和方法，以及具体的指标和标准等做出简要确切的解释和说明。

（5）详细规定本项人力资源管理活动的类别、层次和期限（如何时提出计划，何时确定计划、何时开始实施，何时具体检查，何时反馈汇总，何时总结上报等）。

（6）对本项人力资源管理制度中所使用的报表格式、量表、统计口径、填写方法、文字撰写和上报期限等提出具体的要求。

（7）对本项人力资源管理活动的结果应用原则和要求，以及与之配套的规章制度的贯彻实施和相关政策的兑现办法做出明确规定。

（8）对各个职能和业务部门本项人力资源管理活动的年度总结、表彰活动和要求做出原则规定。

（9）对本项人力资源管理活动中员工的权利与义务、具体程序和管理办法做出明确详细的规定。

（10）对本项人力资源管理制度的解释、实施和修改等其他有关问题做出必要的说明。

第四节　案例分析题及解析

一、案例分析题

1. 某大型国有机械制造企业集团（公司）下设 5 个分公司，8 个加工厂，以及研究所、实验基地等 20 个附属单位，现有员工 16000 多人。随着企业生产经营规模的不断扩大，技术装备水平的迅速提高，该企业对人力资源的需求不但在总量上发生了变化，而且在结果上企业出现了根本性的转变。但人事部主任一直对计划主管的工作不甚满意，认为企业的人员计划明显滞后，缺乏前瞻性和完整性，对人员招聘、配置、培训等工作起不到积极地指导作用。

如果让您来编制企业的人员计划，您认为：

（1）应当编制哪些人员计划才能满足企业人力资源管理的需求？

（2）这些人员计划之间存在着何种关系？

（3）如何确保上述计划的实施？

2. 某公司是一家实力雄厚的汽车制造企业，根据公司未来五年总体发展规划，企业将达到年产200万辆汽车生产规模。人力资源部正在讨论2010~2014年度企业人力资源总体规划问题，负责起草该规划的是人力资源部副经理王平，她对规划起草小组成员小章交代，在进行企业人力资源外部供给预测之前，先组织一次全面深入的调查，尽可能多地采集相关的数据资料，为人力资源内部供给预测做好准备。

请根据本案例，回答以下问题：

（1）该公司在进行人力资源内部供给预测时，可以采取哪些方法？

（2）当预测到企业人力资源在未来的几年内可能发生短缺时，可以采取哪些措施解决人力资源供不应求的问题？

3. 某公司的组织结构如下图所示，总经理直接负责财务部和办公室的工作，并直接管理家电、机械控制产品等部门的生产部门。下设副总经理两名，一名负责企业的行政部、人力资源部的工作；另一名负责研发部、销售部的工作。随着企业的发展壮大，高层管理者感到现行的组织结构严重制约企业的发展，许多新的问题开始暴露。如产品品种的质量无法满足客户的需要，产品销售量明显下滑；管理人员人浮于事、工作效率低下；各部门之间，尤其生产部门与职能部门之间的矛盾与冲突时有发生。

在管理咨询专家的建议下，企业领导决定采取事业部制，对组织结构进行必须调整和改革，以提高管理效率，增强企业竞争力。

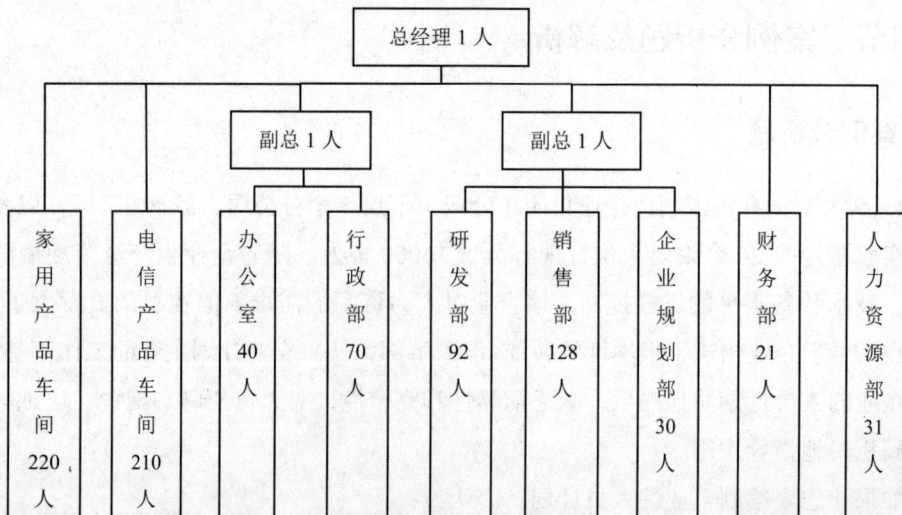

请根据案例回答以下问题：

（1）该公司的组织结构存在哪些问题？

（2）为了顺利推进组织变革，公司应采取哪些具体措施？

二、解析

1. 解析：

（1）为了满足企业人力资源管理的需求，应当编制以下人员计划：

①人员配置计划；②人员需求计划；③人员供给计划；④人员培训计划；⑤人力资源费用计划；⑥人力资源政策调整计划。

（2）上述计划的关系是：

①企业的人员配置计划要根据企业的发展战略，结合企业的工作岗位分析所制作的工作岗位说明书和企业人力资源盘点的情况来编制。

②人员需求预测计划的形成必须参考人员配置计划。

③人员供给计划是人员需求计划的对策性计划。

④人员供给计划的实现需要人员培训计划的支持。

⑤人力资源费用计划的编写要以其他人员计划为基础。

（3）为了确保上述计划的有效实施，应当：

①编制人力资源政策调整计划；②对执行上述计划的风险进行评估并提出对策。

2. 解析：

（1）企业人力资源内部供给预测的基本方法：①人力资源信息库。人力资源信息库针对企业不同人员，又可以分为：技能清单和管理才能清单两类；②管理人员接替模型；③马尔可夫模型。

（2）应对企业人力资源短缺的措施：①将符合条件，而又处于相对富余状态的人调往空缺职位；②如果高科技人员出现短缺，应拟定培训和晋升计划，在企业内部无法满足要求时，应拟定外部招聘计划；③如果短缺现象不严重，且本企业的员工又愿延长工作时间，则可以根据《劳动法》等有关法规，制订延长工时适当增加报酬的计划，这只是一种短期应急措施；④提高企业资本技术有机构成，提高工人的劳动生产率，形成机器替代人力资源的格局；⑤制订聘用非全日制临时用工计划，如返聘已退休者，或聘用小时工等；⑥制订聘用全日制临时用工计划。

3. 解析：

（1）组织结构设计。

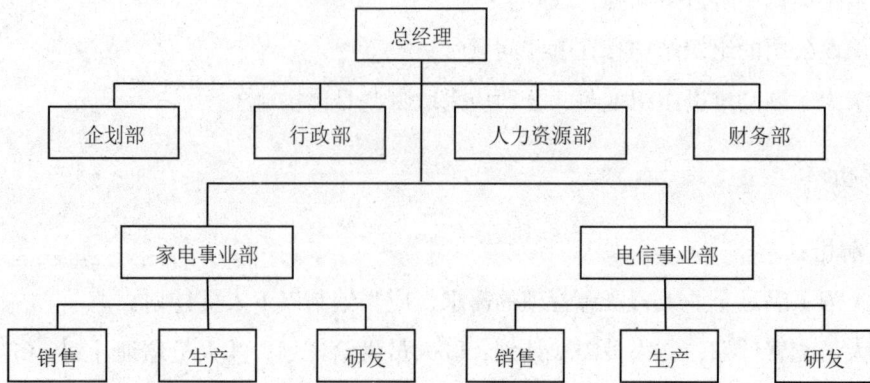

（2）促进变革顺利实施的措施有：①让员工参加组织变革的调查、诊断和计划，使他们充分认识变革的必要性和变革的责任感；②大力推行与组织变革相适应的人员培训计划，使员工掌握新的业务知识和技能，适应变革后的工作岗位；③大胆起用年富力强和具有开脱创新精神的人才，从组织方面减少变革的阻力。

第五节　方案设计题及解析

一、方案设计题

表 3-1-1 是某家销售公司在 2009~2012 年间的人员变动情况，是用比例的形式表示的。从表中可以看出，公司的区域经理，到 2012 年年初，有 75% 还在本职岗位上，有 25% 离职（即离开本公司，以下相同）；公司的分公司经理，到 2012 年初，有 75% 留在本职岗位上，有 15% 离职，各有 5% 晋升为区域经理或降级为经营部经理；而在公司的业务员，到 2012 年年初，还有 81% 从事原来职务，有 2.8% 晋升为业务主管，有 16.2% 离职。

表 3-1-1　某公司 2009~2012 年间的人员变动情况

职位名称	2009 年 1 月 ~ 2012 年 1 月					
	区域经理	分公司经理	经营部经理	业务主管	业务员	离开公司
区域经理	0.75					0.25
分公司经理	0.05	0.75	0.05			0.15
经营部经理		0.042	0.9			0.058
业务主管			0.027	0.73		0.243
业务员				0.028	0.81	0.162

假如本公司 2013 年与 2012 年相比，公司的市场规模、经营策略等方面没有太大的变化，且用上表所示历史数据来代表每一种人员变动率，根据表 3-1-2 所示的 2012 年年初人员的数量，确定公司 2013 年人员内外部补充需要量计划。

表 3-1-2 2012 年年初人员的数量

职位名称	2012 年期初人数	2013 年 1 月（人）					
		区域经理	分公司经理	经营部经理	业务主管	业务员	离开公司
区域经理	4						
分公司经理	20						
经营部经理	96						
业务主管	264						
业务员	1258						
预计人员内部供给							
外部供给（外部招聘）							

二、解析

根据马尔可夫模型，将计划初期每一种人员数量与每一种人员变动率相乘，然后纵向相加，就可以得到公司内未来人员的净供给量，从而确定公司的内外部补充需要量计划。

根据表 1 中所示的公司人员的变动率与表 3-1-2 中所示的 2012 年年初人员的数量，就可以预测到 2013 年年初，将有 15 个从事原来工作，有 1 个晋升为区域经理，有 1 个降职为经营部经理，剩余的 3 个离职；同理可以预测中看出公司的其他职位的人员变动情况。具体如表 3-1-3 所示。

表 3-1-3 2013 年人员内外部补充需要量计划

职位名称	2012 年期初人数	2013 年 1 月（人）					
		区域经理	分公司经理	经营部经理	业务主管	业务员	离开公司
区域经理	4	3	—	—		—	1
分公司经理	20	1	15	1	—	—	3
经营部经理	96	—	4	86	—	—	6
业务主管	264	—	—	7	193	—	64
业务员	1258	—	—	—	35	1019	204
预计人员内部供给		4	19	94	228	1019	—
外部供给（外部招聘）		0	1	2	36	239	—

第二章　人员招聘与配置辅导训练

第一节　单项选择题及解析

一、单项选择题

1. 在外汇市场上面对同样的信息，不同的操盘手会做出不同的决策，有的决定买入，有的决定卖出。这体现了（　　）。

（A）个人差异原理　　　　　　　　　（B）工作差异原理

（C）性格差异原理　　　　　　　　　（D）人岗匹配原理

2. 人岗匹配不包括（　　）。

（A）工作要求与员工素质相匹配　　　（B）工作报酬与员工贡献相匹配

（C）各类员工与员工之间相匹配　　　（D）组织要求与员工能力相匹配

3. 选拔性测评的主要特点为（　　）。

（A）强调测评的区分功能　　　　　　（B）测评标准刚性强

（C）测评结果不公开　　　　　　　　（D）测评指标具有灵活性

4. 员工素质测评的类型不包括（　　）。

（A）选拔性测评　　　　　　　　　　（B）开发性测评

（C）诊断性测评　　　　　　　　　　（D）总结性测评

5. 结果不公开的测评是（　　）。

（A）选拔性测评　　　　　　　　　　（B）开发性测评

（C）诊断性测评　　　　　　　　　　（D）考核性测评

6. 具有概况性特点的测评是（　　）。

（A）选拔性测评　　（B）开发性测评　　（C）诊断性测评　　（D）考核性测评

7. 员工素质测评的主要原则不包括（　　）。

（A）客观测评与主观测评相结合　　　（B）素质测评与能力测评相结合

（C）定性测评与定量测评相结合　　　（D）静态测评与动态测评相结合

8. 对素质测评的对象进行直接的定量刻画的量化形式是（　　）。

（A）一次量化　　（B）二次量化　　（C）类别量化　　（D）模糊量化

9.（　　）一般是先依据某一素质特征或标准，将所有的素质测评对象两两比较排成序列，然后给每个测评对象一一赋予相应的顺序数值。

（A）顺序量化　　　　（B）等距量化　　　　（C）比例量化　　　　（D）当量量化

10.（　　）先选择某一中介变量，把各种不同类别或并不同质的素质测评对象进行统一性的转化，对它们进行近似同类同质的量化。

（A）顺序量化　　　　（B）等距量化　　　　（C）比例量化　　　　（D）当量量化

11.（　　）是指加权者依据自己的经验权衡每个测评指标的轻重直接加权。

（A）德尔菲法　　　　　　　　　（B）主观经验法

（C）客观经验法　　　　　　　　（D）层次分析法

12. 把专家的经验认识和理性分析结合起来，并且两两分析，直接比较，使比较过程中的不确定因素得到很大程度的降低的确定权重的方法是（　　）。

（A）德尔菲法　　　　　　　　　（B）主观经验法

（C）客观分析法　　　　　　　　（D）层次分析法

13. 下列不属于企业员工素质测评实施过程中准备阶段的内容的是（　　）。

（A）收集必要的资料　　　　　　（B）组织强有力的测评小组

（C）测评时间和环境的选择　　　（D）测评方案的制定

14. 下列属于企业员工素质测评实施过程中测评结果调整阶段的内容的是（　　）。

（A）测评结果的描述　　　　　　（B）测评结果分析方法

（C）测评操作程序　　　　　　　（D）测评数据处理

15. 岗位知识测验的内容不包括（　　）。

（A）基础知识测验　　　　　　　（B）语言表达能力测验

（C）专业知识测验　　　　　　　（D）外语考试

16. 笔试存在的问题不包括（　　）。

（A）重知识而轻能力　　　　　　（B）重结果而轻过程

（C）重识记而轻应用　　　　　　（D）重数量而轻质量

17. 通过面试，不能了解应聘者的（　　）。

（A）经历　　　　（B）知识　　　　（C）素质　　　　（D）技能

18. 下列关于面试的说法不正确的是（　　）。

（A）以谈话和观察为主要工具

（B）面试是一个双向沟通的过程

（C）面试具有明确的目的性

（D）面试考官与应聘者在面试过程中的地位是平等的

19. 根据面试的标准化程度，面试不可分为（　　）。

（A）结构化面试　　　　　　　　　（B）非结构化面试

（C）半结构化面试　　　　　　　　（D）综合性面试

20. 根据面试题目的内容，面试可分为情境性面试和（　　）。

（A）经验型面试　　　　　　　　　（B）结构化面试

（C）开放型面试　　　　　　　　　（D）分阶段面试

21. 以下哪种面试类型是根据面试的进程来划分的（　　）。

（A）结构化面试和经验性面试　　　（B）小组面试和无领导面试讨论

（C）经验性面试和情境性面试　　　（D）一次性面试和经验性面试

22. 下列关于面试的发展趋势说法错误的是（　　）。

（A）面试形式丰富多样　　　　　　（B）非结构化面试成为面试的主流

（C）提问的弹性化　　　　　　　　（D）面试测评的内容不断扩展

23. 面试的基本程序不包括（　　）。

（A）准备阶段　　　（B）实施阶段　　　（C）总结阶段　　　（D）分析阶段

24. 以下面试的实施阶段的正确顺序（　　）。

①导入阶段　　　②关系建立阶段　　　③核心阶段　　　④结束阶段　　　⑤确认阶段

（A）①②③④⑤　　　　　　　　　（B）③④①②⑤

（C）②①③⑤④　　　　　　　　　（D）①③⑤②④

25. 面试官常把注意力集中在应试者如何成功的问题上，这种面试常见的问题指的是（　　）。

（A）面试目的不明确　　　　　　　（B）面试标准不具体

（C）面试缺乏系统性　　　　　　　（D）面试问题设计不合理

26. 在面试实施过程中，面试考官应做一定的记录，从应聘者的话中提取与工作相关的信息是面试中的（　　）技巧。

（A）灵活提问　　　　　　　　　　（B）察言观色

（C）善于提取要点　　　　　　　　（D）排除各种干扰

27. "刚才你讲到你的主要工作职责有三项：1、2、3……"是面试中的（　　）技巧。

（A）灵活提问　　　　　　　　　　（B）察言观色

（C）善于提取要点　　　　　　　　（D）进行阶段性总结

28. 下列关于员工招聘时应注意的问题说法错误的是（　　）。

（A）简历并不能代表本人　　　　　（B）学历比工作经历更重要

（C）不要忽视求职者的个性特征　　（D）给应聘者更多的表现机会

29. 下列不属于员工招聘时应注意的问题的是（　　）。

（A）简历并不能代表本人

（B）不要忽视求职者的个性特征

（C）在应聘者面试时尽量不给予更多的表现机会

（D）关注特殊员工

30. 结构化面试试题的类型不包括（　　）。

（A）背景性问题　　　　　　　　　（B）知识性问题

（C）思维性问题　　　　　　　　　（D）技能性问题

31. 面试时考官问："你可能不太适合我们这里的工作，你觉得呢？"此问题属于结构化面试类型中的哪种问题？（　　）。

（A）背景性问题　　　　　　　　　（B）压力性问题

（C）经验性问题　　　　　　　　　（D）行为性问题

32. 下列不属于行为描述面试的实质的是（　　）。

（A）用过去的行为预测未来的行为　　（B）识别客观性的工作需要

（C）识别关键性的工作要求　　　　　（D）探测行为样本

33. 在进行行为描述面试时，面试考官应把握的行为面试的要素是（　　）。

（A）情境、目标、行动、结果　　　　（B）情景、目标、行动、结果

（C）计划、目标、行动、结果　　　　（D）目标、行动、结果、规划

34. 群体决策法的特点不包括（　　）。

（A）决策人员的来源广泛　　　　　　（B）决策人员不唯一

（C）运用了运筹学群体决策法的原理　（D）决策结果真实有效

35. 群体决策法的招聘团队人员不包括（　　）。

（A）企业高层管理人员　　　　　　　（B）外聘人力资源专家

（C）用人部门经理　　　　　　　　　（D）用人部门直接主管

36. 从多角度对个体行为进行标准化评估的各种方法综合是（　　）。

（A）评价中心方法　　　　　　　　　（B）无领导小组讨论法

（C）品德测试法　　　　　　　　　　（D）能力测试法

37. 不属于评价中心方法的作用的是（　　）。

（A）用于选拔员工　　　　　　　　　（B）用于培训诊断

（C）用于员工技能发展　　　　　　　（D）用于绩效考核

38. 无领导小组讨论中,（　　）是不需要特别指定的。

（A）评价者　　　　（B）被评价者　　　（C）主持人　　　　（D）录像

39. 下列不属于无领导小组讨论的优点的是（　　）。

（A）具有生动的人际互动效应　　　　　（B）能在被评价者之间产生互动

（C）测评成本低　　　　　　　　　　　（D）被评价人难以掩饰自己的特点

40. 下列哪项不是无领导小组讨论的缺点（　　）。

（A）题目的质量影响测评的质量

（B）对测评者和测评标准的要求较高

（C）应聘者表现不易受同组企业成员影响

（D）被评价者的行为仍然有伪装的可能性

41. 无领导小组讨论操作流程前期准备的内容不包括（　　）。

（A）编制讨论题目　　　　　　　　　　（B）设计评分表

（C）编制计时表　　　　　　　　　　　（D）评估测评效果

42. 无领导小组评分指标不包括（　　）。

（A）决策能力　　　（B）计划能力　　　（C）语言表达能力　　　（D）灵活性

43. 在无领导小组讨论过程中，考官着重评估被测评者的表现不包括（　　）。

（A）参与程度　　　　　　　　　　　　（B）影响力

（C）决策程序　　　　　　　　　　　　（D）语言表达能力

44. 无领导小组讨论题目为"在企业中，管理者应重视制度，还是更重视效率？"这是一道（　　）。

（A）两难式问题　　　　　　　　　　　（B）资源争夺型问题

（C）开放式问题　　　　　　　　　　　（D）排序选择型问题

45.（　　）是指一个问题有若干个备选答案，让被测评者对其进行排序，或者从中选择符合某种条件的选项。

（A）两难式问题　　　　　　　　　　　（B）资源争夺型问题

（C）开放式问题　　　　　　　　　　　（D）排序选择型问题

46. 主要考察被测评者的主动性、合作能力的是（　　）。

（A）两难式问题　　　　　　　　　　　（B）排序选择型问题

（C）资源争夺型题目　　　　　　　　　（D）实际操作型题目

47. 设计无领导小组题目的原则不包括（　　）。

（A）联系工作内容　　　　　　　　　　（B）难度适中

（C）具有一定的冲突性　　　　　　　　（D）具有时效性

48. 企业人力资源配置可以区分为数量配置和质量配置是根据（　　）划分的。

（A）配置的方式　　　　　　　　　　　（B）配置的性质

（C）配置的成分　　　　　　　　　　　（D）配置的范围

49. 员工个体素质的构成不包括（　　）。

（A）年龄　　　　　　（B）性别　　　　　　（C）体质　　　　　　（D）素养

50. 人力资源个体与整体配置的方法不包括（　　）。

（A）劳动定额配置法　　　　　　　　（B）企业定员配置法

（C）岗位需求配置法　　　　　　　　（D）岗位分析配置法

二、解析

1. 解析：A　个人差异原理，人的素质是不一样的，对于同样的工作，不同的人会有不同的效率。

2. 解析：D　人岗匹配包括：工作要求与员工素质相匹配；工作报酬与员工贡献相匹配；各类员工与员工之间相匹配；各类岗位与岗位之间相匹配。

3. 解析：C　选拔性测评是指以选拔优秀员工为目的的测评。主要特点包括：（1）强调测评的区分功能；（2）测评标准刚性强；（3）测评过程强调客观性；（4）测评指标具有灵活性；（5）结果体现为分数或等级。

4. 解析：D　员工素质测评的类型包括选拔性测评、开发性测评、诊断性测评和考核性测评。

5. 解析：C　诊断性测评的特点包括测试内容十分精细；结果不公开；有较强的系统性。

6. 解析：D　考核性测评的特点包括概括性、结果要求有较高的信度与效度。

7. 解析：B　员工素质测评的主要原则包括客观测评与主观测评相结合、定性测评与定量测评相结合、静态测评与动态测评相结合、素质测评与绩效测评相结合、分享测评与综合测评相结合。

8. 解析：A　一次量化是指对素质测评的对象进行直接的定量刻画。

9. 解析：A　顺序量化一般是先依据某一素质特征或标准，将所有的素质测评对象两两比较排成序列，然后给每个测评对象一一赋予相应的顺序数值。

10. 解析：D　当量量化就是先选择某一中介变量，把各种不同类别或并不同质的素质测评对象进行统一性的转化，对它们进行近似同类同质的量化。

11. 解析：B　主管经验法是指加权者依据及的经验权衡每个测评指标的轻重直接加权。

12. 解析：D　层次分析法是把专家的经验认识和理性分析结合起来，并且两两分析，直接比较，使比较过程中的不确定因素得到很大程度降低的确定权重的方法。

13. 解析：C　企业员工素质测评实施过程中准备阶段的内容包括：（1）收集必要的资料；（2）组织强有力的测评小组；（3）测评方案的制定。

14. 解析：D 企业员工素质测评实施过程中测评结果调整阶段的内容包括：（1）引起测评结果误差的原因；（2）测评结果处理的常用分析方法；（3）测评数据处理。

15. 解析：B 岗位知识的测验一般包括：（1）基础知识测验；（2）专业知识测验；（3）外语考试。

16. 解析：D 笔试存在的问题包括重知识而轻能力、重结果而轻过程、重识记而轻应用；等等。

17. 解析：C 通过面试，可以了解应聘者的经历、知识、技能和能力。

18. 解析：D 面试的特点主要包括：（1）以谈话和观察为主要工具；（2）面试是一个双向沟通的过程；（3）面试具有明确的目的性；（4）面试是按照预先设计的程序进行的；（5）面试考官与应聘者在面试过程中的地位是不平等的。

19. 解析：D 根据面试的标准化程度，面试可分为结构化面试、非结构化面试和半结构化面试。

20. 解析：A 根据面试题目的内容，面试可分为情境性面试和经验性面试。

21. 解析：D 根据面试题目的进程，面试可分为一次性面试与分阶段面试。

22. 解析：B 面试的发展趋势包括：（1）面试形式丰富多样；（2）结构化面试成为面试的主流；（3）提问的弹性化；（4）面试测评的内容不断扩展；（5）面试考官的专业化；（6）面试的理论和方法不断发展。

23. 解析：D 面试的基本程序为准备阶段、实施阶段、总结阶段。

24. 解析：C 面试的实施过程一般包括五个阶段：关系建立阶段、导入阶段、核心阶段、确认阶段和结束阶段。

25. 解析：B 面试标准不具体，许多主持面试的人把重点放在问一些能使他们洞悉应试者是否能够成功的问题。可是在很多情况下，对于究竟是什么原因能使他们获得成功并不明确。

26. 解析：C 善于提取要点，在面试实施过程中，面试考官应做一定的记录，从应聘者的话中提取与工作相关的信息。

27. 解析：D 面试本质上是一种口头交流的过程，存在一定的随意性，应聘者常常不能一次性地提供一个问题的全部答案，或者经常从一个问题调到另一个问题，因此面试考官要想得到对一个问题的完整信息，就必须善于对应聘者的回答进行总结和确认。通常，面试考官可以用重复或总结的方式确认应聘者的回答。

28. 解析：B 员工招聘时应注意的问题包括：（1）简历并不能代表本人；（2）工作经历比学历更重要；（3）不要忽视求职者的个性特征；（4）让应聘者更多地了解组织；（5）给应聘者更多的表现机会；（6）注意不忠诚和欠缺诚意的应聘者；（7）关注特殊员工；（8）慎重做决定；（9）面试考官要注意自身的形象。

29. 解析：C 招聘人员不能只根据面试中标准的问答来确定对应聘者的认识，应该尽可能为应聘者提供更多的表现机会。

30. 解析：D 结构化面试试题的类型包括：（1）背景性问题；（2）知识性问题；（3）思维性问题；（4）经验性问题；（5）情境性问题；（6）压力性问题；（7）行为性问题。

31. 解析：B 压力性问题将应聘者置于一个充满压力的情境中，观察其反应，以对其情绪稳定性、应变能力等进行考察。

32. 解析：B 行为描述面试的实质包括：（1）用过去的行为预测未来的行为；（2）识别关键性的工作要求；（3）探测行为样本。

33. 解析：A 在进行行为描述面试时，面试考官应把握的关键要素为情境、目标、行动、结果。

34. 解析：D 群体决策法的特点包括：（1）决策人员的来源广泛；（2）决策人员不唯一；（3）群体决策运用了运筹学群体决策法的原理。

35. 解析：B 招聘团队的组成应包括企业高层管理人员、人力资源管理人员、用人部门经理、用人部门的直接主管。

36. 解析：A 评价中心方法是从多角度对个体行为进行的标准化评估。

37. 解析：D 评价中心方法的作用在于：（1）用于选拔员工；（2）用于培训诊断；（3）用于员工技能发展。

38. 解析：C 无领导小组讨论并不指定小组的领导者或主持人。

39. 解析：C 无领导小组讨论的优点包括：（1）具有生动的人际互动效应；（2）能在被评价者之间产生互动；（3）讨论过程真实，易于客观评价；（4）被评价人难以掩饰自己的特点；（5）测评效率高。

40. 解析：C 无领导小组讨论的优点包括：（1）题目的质量影响测评的质量；（2）对评价者和测评标准的要求较高；（3）应聘者表现易受同组其他成员影响；（4）被评价者的行为仍然有伪装的可能性。

41. 解析：D 无领导小组讨论操作流程前期准备的内容包括：（1）编制讨论题目；（2）设计评分表；（3）编制计时表；（4）对考官的培训；（5）选定场地；（6）确定讨论小组。

42. 解析：C 无领导小组讨论评分表的测评指标包括决策能力、计划能力、组织协调能力、人际影响力、团队合作能力、语言表达能力、灵活性、推理能力、创新能力。

43. 解析：D 在无领导小组讨论过程中，考官着重评估被测评者的表现包括参与程度、影响力、决策程序、任务完成情况、团队氛围和成员共鸣感。

44. 解析：A 两难式问题是指让被测评者在两种互有利弊的选项中选择其中的一种，并说明理由。

45. 解析：D 排序选择性问题是指一个问题有若干个备选答案，让被测评者对其进行排序，或者从中选择符合某种条件的选项。

46. 解析：D 实际操作型题目主要考察被测评者的主动性、合作能力。

47. 解析：D 设计题目的原则包括：（1）联系工作内容；（2）难度适中；（3）具有一定的冲突性。

48. 解析：B 从配置的性质上看，企业人力资源配置可以分为数量配置与质量配置。

49. 解析：D 员工个体素质主要包括年龄、性别、体质、性格、智力、品德。

50. 解析：C 人力资源个体与整体配置的方法包括：（1）劳动定额配置法；（2）企业定员配置法；（3）岗位分析配置法。

第二节 多项选择题及解析

一、多项选择题

1. 员工素质测评的基本原理包括（   ）。

（A）个体差异原理　　　　（B）知识差异原理　　　　（C）能力差异原理

（D）工作差异原理　　　　（E）人岗匹配原理

2. 人岗匹配的原理包括（   ）。

（A）工作要求与员工素质相匹配　　　　（B）工作报酬与员工贡献相匹配

（C）各类员工与员工之间相匹配　　　　（D）各类岗位与岗位之间相匹配

（E）岗位需要与员工能力相匹配

3. 员工素质测评的类型包括（   ）。

（A）选拔性测评　　　（B）开发性测评　　　（C）诊断性测评

（D）总结性测评　　　（E）考核性测评

4. 对于选拔性测评，理解正确的有（   ）。

（A）强调测评的区分功能　　　　（B）测评标准刚性强

（C）测评过程强调客观性　　　　（D）测评指标具有灵活性

（E）结果体现为分数或等级

5. 考核性测评的主要特点是（   ）。

（A）结果不公开　　　（B）系统性强　　　（C）测评标准刚性强

（D）概括性较强　　　（E）有较高的信度与效度

6. 员工素质测评的主要原则包括（   ）。

（A）客观测评与主观测评相结合　　　　（B）定性测评与定量测评相结合

（C）静态测评与动态测评相结合　　　　（D）素质测评与绩效测评相结合

（E）分享测评与综合测评相结合

7. 对下面（　　）的量化属于一次量化。

（A）违纪次数　　　　（B）出勤频率　　　　　　（C）身高

（D）体重　　　　　　（E）产品数量

8. 属于员工素质测评二次量化的有（　　）。

（A）类别量化　　　　（B）模糊量化　　　　　　（C）当量量化

（D）顺序量化　　　　（E）等距量化

9. 确定测评指标权重的方法包括（　　）。

（A）德尔菲法　　　　（B）主观经验法　　　　　（C）客观经验法

（D）岗位分析法　　　（E）层次分析法

10. 下列不属于企业员工素质测评实施阶段的内容的是（　　）。

（A）组织强有力的测评小组　　　　（B）测评方案的制定

（C）测评前的动员　　　　　　　　（D）测评时间和环境的选择

（E）测评操作程序

11. 岗位知识测验的内容包括（　　）。

（A）基础知识测验　　（B）专业知识测验　　　　（C）职业道德测验

（D）工作能力测验　　（E）外语考试

12. 下列关于笔试存在问题的主要对策说法正确的是（　　）。

（A）建立笔试命题的研究团队

（B）针对招聘岗位的级别及选拔对象进行岗位的匹配能力分析

（C）根据岗位的级别与分类，实施针对性命题

（D）实施专家试卷整合与审题制度

（E）选择合适的试题难度

13. 下列关于面试的特点说法不正确的是（　　）。

（A）以谈话和观察为主要工具　　　　（B）面试是一个双向沟通的过程

（C）面试具有明确的目的性　　　　　（D）面试不需按照预先设计的程序进行

（E）面试考官与应聘者在面试过程中的地位是平等的

14. 根据面试实施的方式，面试可以分为（　　）。

（A）结构化面试　　　（B）单独面试　　　　　　（C）小组面试

（D）行为性面试　　　（E）经验性面试

15. 根据面试题目的内容，面试可分为（　　）。

（A）一次性面试　　　（B）分阶段面试　　　　　（C）情境性面试

（D）经验性面试　　　（E）知识性面试

16. 下列关于面试的发展趋势说法正确的是（　　）。

（A）面试形式单一　　　　　　　　　（B）非结构化面试成为面试的主流

（C）提问的弹性化　　　　　　　　　（D）面试测评的内容不断扩展

（E）面试考官的专业化

17. 面试的基本程序包括（　　）。

（A）准备阶段　　　　　（B）实施阶段　　　　　（C）分析阶段

（D）总结阶段　　　　　（E）评价阶段

18. 面试的实施阶段包括（　　）。

（A）关系建立阶段　　　（B）导入阶段　　　　　（C）核心阶段

（D）确认阶段　　　　　（E）结束阶段

19. 面试中的常见问题有（　　）。

（A）面试目的不明确　　（B）面试标准不具体　　（C）面试缺乏系统性

（D）面试问题设计不合理　（E）面试考官的偏见

20. 面试中的实施技巧包括（　　）。

（A）灵活提问　　　　　（B）多听少说　　　　　（C）善于提取要点

（D）进行阶段性总结　　（E）排除各种干扰

21. 员工招聘时应注意的问题不包括（　　）。

（A）简历并不能代表本人　　　　　　（B）学历比工作经历更重要

（C）不要忽视求职者的个性特征　　　　（D）不要给应聘者太多的表现机会

（E）注意不忠诚和欠缺诚意的应聘者

22. 结构化面试试题的类型包括（　　）。

（A）背景性问题　　　　（B）知识性问题　　　　（C）思维性问题

（D）经验性问题　　　　（E）情景性问题

23. 关于行为描述面试说法正确的是（　　）。

（A）其实质是识别关键性工作

（B）简称 BD 面试

（C）用过去的行为预测未来的行为探测行为样本

（D）其实质是探测行为样本

（E）用个人的行为预测集体行为

24. 行为描述面试的假设前提有（　　）。

（A）一个人过去的行为最能预示其未来的行为

（B）说和做是截然不同的两码事

（C）识别关键性的工作要求

（D）探测行为样本

（E）基于关键胜任特征

25. 行为描述面试的要素包括（   ）。

（A）情境　　　　　　　（B）目标　　　　　　　（C）行动

（D）步骤　　　　　　　（E）结果

26. 群体决策法的招聘团队应由（   ）组成。

（A）企业高层管理人员　　　　　　（B）人力资源管理人员

（C）用人部门经理　　　　　　　　（D）用人部门的直接主管

（E）外聘专家

27. 评价中心的主要作用有（   ）。

（A）用于选拔员工　　　　　　　　（B）用于评价企业竞争力

（C）用于员工培训诊断　　　　　　（D）用于员工技能发展

（E）用于人力资源预测

28. 无领导小组讨论的优点包括（   ）。

（A）具有生动的人际互动效应　　　（B）题目的质量影响测评的质量

（C）讨论过程真实，易于客观评价　（D）被评价人难以掩饰自己的特点

（E）对评价者和测评标准的要求较高

29. 无领导小组讨论的缺点包括（   ）。

（A）题目的质量影响测评的质量　　（B）对评价者和测评标准的要求较高

（C）应聘者表现易受同组其他成员影响　（D）被评价者行为没有伪装的可能

（E）被评价者的行为仍然有伪装的可能性

30. 无领导小组讨论评分表的测评指标包括（   ）。

（A）决策能力　　　　　（B）计划能力　　　　　（C）组织协调能力

（D）人际影响力　　　　（E）团队合作能力

31. 无领导小组讨论的题目类型包括（   ）。

（A）开放式问题　　　　（B）两难式问题　　　　（C）排序选择型问题

（D）资源争夺型题目　　（E）实际操作型题目

32. 设计题目的原则不包括（   ）。

（A）联系工作内容　　　（B）难度适中　　　　　（C）数量适中

（D）具有一定的冲突性　（E）题目新颖

33. 企业人力资源配置从配置的性质方面可以分为（   ）。

（A）数量配置　　　　　（B）质量配置　　　　　（C）结构配置

（D）个体配置　　　　　（E）整体配置

34. 企业员工个体素质的构成包括（　　）。

（A）年龄　　　　　　　（B）性别　　　　　　　（C）体质

（D）性格　　　　　　　（E）智力

35. 下列属于人力资源个体与整体配置的方法的是（　　）。

（A）劳动定额配置法　　（B）岗位需求配置法　　（C）个人能力配置法

（D）企业定员配置法　　（E）岗位分析配置法

二、解析

1. 解析：ACD 员工素质测评的基本原理包括个体、工作差异原理、人岗匹配原理。

2. 解析：ABCD 人岗匹配原理包括：①工作要求与员工素质相匹配；②工作报酬与员工贡献相匹配；③各类员工与员工之间相匹配；④各类岗位与岗位之间相匹配。

3. 解析：ABCE 员工素质测评的类型包括选拔性测评、开发性测评、诊断性测评、考核性测评。

4. 解析：ABCDE 选拔性测评是指以选拔优秀员工为目的的测评。主要特点包括：（1）强调测评的区分功能；（2）测评标准刚性强；（3）测评过程强调客观性；（4）测评指标具有灵活性；（5）结果体现为分数或等级。

5. 解析：DE 考核性测评又称鉴定性测评，是指以鉴定或验证某种素质是否具备以及具备的程度为目的的测评，它经常穿插在选拔性测评中，主要特点包括：（1）概括性；（2）结果要求有较高的信度与效度。

6. 解析：ABCDE 员工素质测评的主要原则包括：（1）客观测评与主观测评相结合；（2）定性测评与定量测评相结合；（3）静态测评与动态测评相结合；（4）素质测评与绩效测评相结合；（5）分项测评与综合测评相结合。

7. 解析：ABCDE 一次量化是指对素质测评的对象进行直接的定量刻画，例如，违纪次数、出勤频数、身高、体重、产品数量；等等。

8. 解析：ABDE 类别量化与模糊量化都可以看作二次量化。在同一类别中常常需要对其中的各个素质测评对象进行深层次的量化，这就是顺序量化、等距量化与比例量化，它们也都可以看作二次量化。

9. 解析：ABE 确定测评指标权重的方法包括德尔菲法、主观经验法和层次分析法。

10. 解析：AB 企业员工素质测评的实施阶段内容包括：（1）测评前的动员；（2）测评时间和环境的选择；（3）测评操作程序。

11. 解析：ABE 岗位知识测验的内容包括：（1）基础知识测验；（2）专业知识测验；（3）外语考试。

12. 解析：ABCD 笔试存在问题的主要对策包括：（1）建立笔试命题的研究团队；

（2）针对招聘岗位的级别及选拔对象进行岗位的匹配能力分析；（3）根据岗位的级别与分类，实施针对性命题；（4）实施专家试卷整合与审题制度。

13. 解析：DE 面试的特点包括：（1）以谈话和观察为主要工具；（2）面试是一个双向沟通的过程；（3）面试具有明确的目的性；（4）面试是按照预先设计的程序进行的；（5）面试考官与应聘者在面试过程中的地位是不平等的。

14. 解析：BC 根据面试实施的方式，面试可分为单独面试与小组面试。

15. 解析：CD 根据面试题目的内容，面试可分为情境性面试和经验性面试。

16. 解析：CDE 面试发展的趋势为：（1）面试形式丰富多样；（2）结构化面试成为面试的主流；（3）提问的弹性化；（4）面试测评的内容不断扩展；（5）面试考官的专业化；（6）面试的理论和方法不断发展。

17. 解析：ABDE 面试的基本程序为准备阶段、实施阶段、总结阶段、评价阶段。

18. 解析：ABCDE 面试的实施过程一般包括五个阶段：关系建立阶段、导入阶段、核心阶段、确认阶段和结束阶段。

19. 解析：ABCDE 面试中的常见问题包括：（1）面试目的不明确；（2）面试标准不具体；（3）面试缺乏系统性；（4）面试问题设计不合理；（5）面试考官的偏见。

20. 解析：ABCDE 面试的实施技巧为：（1）准备充分；（2）灵活提问；（3）多听少说；（4）善于提取要点；（5）进行阶段性总结；（6）排除各种干扰；（7）不要带有个人偏见；（8）在倾听时注意思考；（9）注意肢体语言沟通。

21. 解析：BD 员工招聘时应注意的问题包括：（1）简历并不能代表本人；（2）工作经历比学历更重要；（3）不要忽视求职者的个性特征；（4）让应聘者更多地了解组织；（5）给应聘者更多的表现机会；（6）注意不忠诚和欠缺诚意的应聘者；（7）关注特殊员工；（8）慎重做决定；（9）面试考官要注意自身的形象。

22. 解析：ABCD 结构化面试试题的类型包括：（1）背景性问题；（2）知识性问题；（3）思维性问题；（4）经验性问题；（5）情境性问题；（6）压力性问题；（7）行为性问题。

23. 解析：ABCD 行为描述面试简称 BD（Behavior Description）面试，是一种特殊的结构化面试，与一般的结构化面试的区别在于，它采用的面试问题都是基于关键胜任特征（或称胜任力）的行为性问题。实质为：（1）用过去的行为预测未来的行为；（2）识别关键性的工作要求；（3）探测行为样本。

24. 解析：AB 行为描述面试的假设前提是：（1）一个人过去的行为最能预示其未来的行为；（2）说和做是截然不同的两码事。

25. 解析：ABCE 行为描述面试的要素为情境、目标、行动、结果。

26. 解析：ABCD 建立招聘团队，包括企业高层管理人员、人力资源管理人员、用人部门经理、用人部门的直接主管。

27. 解析：ACD 评价中心方法的作用包括：（1）用于选拔员工；（2）用于培训诊断；（3）用于员工技能发展。

28. 解析：ACD 无领导小组讨论的优点包括：（1）具有生动的人际互动效应；（2）能在被评价者之间产生互动；（3）讨论过程真实，易于客观评价；（4）被评价人难以掩饰自己的特点；（5）测评效率高。

29. 解析：ABCE 无领导小组讨论的缺点包括：（1）题目的质量影响测评的质量；（2）对评价者和测评标准的要求较高；（3）应聘者表现易受同组其他成员影响；（4）被评价者的行为仍然有伪装的可能性。

30. 解析：ABCDE 无领导小组讨论评分表的测评指标包括决策能力、计划能力、组织协调能力、人际影响力、团队合作能力、语言表达能力、灵活性、推理能力、创新能力。

31. 解析：ABCDE 无领导小组讨论的题目类型包括开放式问题、两难式问题、排序选择型问题、资源争夺型题目、实际操作型题目。

32. 解析：CE 设计题目的原则包括：（1）联系工作内容；（2）难度适中；（3）具有一定的冲突性。

33. 解析：AB 从配置的性质上看，可以分为数量配置与质量配置。

34. 解析：ABCDE 企业员工个体素质的构成包括年龄、性别、体质、性格、智力、品德。

35. 解析：ACD 人力资源个体与整体配置的方法包括：（1）劳动定额配置法；（2）企业定员配置法；（3）岗位分析配置法。

第三节　简答题及解析

一、简答题

1. 员工素质测评的基本原理是什么？

2. 请简要说明笔试存在的问题与主要对策。

3. 应聘笔试的概念和种类是什么？

4. 面试的类型有哪些？

5. 员工招聘时应注意的问题是什么？

6. 群体决策法的概念和特点是什么？

7. 无领导小组讨论的优缺点是什么？

8. 请简要谈谈企业人力资源配置的概念和类型。

二、解析

1. 解析：

（1）个体差异原理。员工测评的对象是人的素质。

（2）工作差异原理。

（3）人岗匹配原理，包括：①工作要求与员工素质相匹配；②工作报酬与员工贡献相匹配；③各类员工与员工之间相匹配；④各类岗位与岗位之间相匹配。

2. 解析：

（1）笔试测验虽有着不可替代的优势，但其存在的不足也是十分明显的，例如，重知识而轻能力，重结果而轻过程，重识记而轻应用；等等。

（2）从笔试命题机制的流程与程序上讲，必须加强以下几个方面的建设，才能保证笔试试题的针对性与科学性。

①建立笔试命题的研究团队。

②针对招聘岗位的级别以及选拔对象进行岗位的匹配能力分析。

③根据岗位的级别与分类，实施针对性命题。

④实施专家试卷整合与审题制度。

3. 解析：

应聘笔试是采用笔试测验方法对应聘人员进行初次选拔的活动过程。

从表现形式上看，笔试可以采用多种选择题、是非题、匹配题、填空题、简答题、综合分析题、案例分析题，以及撰写论文等多种试题形式。

从试题的内容上看，笔试试题主要包括技术性笔试和非技术性笔试两大类。

4. 解析：

（1）根据面试的标准化程度，面试可分为结构化面试、非结构化面试和半结构化面试。

（2）根据面试实施的方式，面试可分为单独面试与小组面试。

（3）根据面试的进程，面试可分为一次性面试与分阶段面试。

（4）根据面试题目的内容，面试可分为情境性面试和经验性面试。

5. 解析：

（1）简历并不能代表本人;（2）工作经历比学历更重要;（3）不要忽视求职者的个性特征;（4）让应聘者更多地了解组织;（5）给应聘者更多的表现机会;（6）注意不忠诚和欠缺诚意的应聘者;（7）关注特殊员工;（8）慎重做决定;（9）面试考官要注意自身的形象。

6. 解析：

群体决策法是指在招聘的最后阶段，组建决策团队，由具有不同背景的多个决策人员对应聘者进行评价和打分，最后综合各决策人员的评价意见，得出应聘者的最终评价结果的招聘决策方法。其特点包括：（1）决策人员的来源广泛；（2）决策人员不唯一；（3）运用了运筹学群体决策法的原理，提高了招聘决策的科学性与有效性。

7. 解析：

（1）优点。

①具有生动的人际互动效应；②能在被评价者之间产生互动；③讨论过程真实，易于客观评价；④被评价人难以掩饰自己的特点；⑤测评效率高。

（2）缺点。

①题目的质量影响测评的质量；②对评价者和测评标准的要求较高；③应聘者表现易受同组其他成员影响；④被评价者的行为仍然有伪装的可能性。

8. 解析：

从企业经济学的角度看，人力资源配置是指在多种因素综合作用下，企业内各个部门实际投入和占用的劳动力总量。

企业人力资源配置可按不同标志对其做出区分，从配置的方式上看，可以将其区分为空间上和时间上的优化配置；从配置的性质上看，可以分为数量配置与质量配置；从配置的成分上看，可以分为企业人力资源的总量与结构配置；从配置的范围上看，可以分为企业人力资源的个体配置与整体配置。

第四节　案例分析题及解析

一、案例分析题

1. 某公司随着业务的拓展，规模不断壮大，需要进一步招聘新的员工。员工招聘范围定在重点高校的应届毕业生，想从优质学生中选拔合适企业岗位的人员，招聘分笔试、面试两部分进行。笔试，分专业技术、英语、道德三部分进行考核；面试先在公司分部完成，由部门主管经过培训对应聘人员进行面试，第 2 次面试在总部，面试地点放在总部附近的 4 星级酒店中，初试通过的人员由单位出钱去总部参加面试，整个面试过程费用都由单位出，在开始面试前，招聘考官都会用很轻松的话题引人来开始面试。面试时长在 50 多分钟。

在第二轮复试中考官提出了若干问题，例如：

①请问你在哪些单位实习过？

②你认为职业成功的评价标准是什么？

③如果你的上司分配给你一项任务，你必须去寻找相关的信息才能完成，你会怎么

做？

④请你举例子说明你的一项有创意的建议曾对一项计划的成功起到了重要作用。

问题：

（1）该公司人员选拔方法有哪些优点？

（2）该公司采取的是什么复试方法？复试中提出的4个问题分别属于哪种类型的问题？

2. 某计算机网络技术有限公司拟为下属分公司客户服务部招聘5名客户经理，主要负责公司网络产品的市场推广和客户服务工作。人力资源专家通过对现有客户经理绩优者的素质分析，得到了客户经理的胜任能力模型，如表3-2-1所示。

表3-2-1　客户经理的胜任能力模型

能力指标	指标解释
沟通能力	口头语言准确，能简洁地表达自己的思想；能根据表达内容和沟通对象的特点采取适当的表达方式；在人际交往中，能通过各种途径和线索准确地把握和理解对方的意图，并使别人接纳自己的建议和想法
应变能力	在有压力的情境下（如发生没有预料到的不利于目标实现的事件），能够随机应变，及时做出正确的判断和处理
影响力	能够通过引导、劝诱、说服等方式影响他人，以赢得他人的支持
成就动机	富有挑战精神，能够为自己树立新的目标，并坚持不懈地采取一定的行动去实现目标

该公司人力资源部准备采用面试方法对应聘者进行甄选。面试分两轮进行，第一轮初试，由一位HR招聘专员对求职者进行面试，每人面试时间不超过20分钟，评价的内容包括仪表、言谈举止、亲和力、语言表达、性格气质、逻辑条理性等；第二轮复试，采用结构化面试方法，考官根据求职者的应答表现，对其相关胜任素质做出相应的评价。

请结合本案例回答下列问题：

（1）在实施面试过程中面试考官应当注意掌握哪些技巧？

（2）为"应变能力"指标设计情境性面试问题和评分标准，填写在表3-2-2中。

表3-2-2　"应变能力"指标的情境性问题和评分标准表

情境性问题：			
等级	评分标准	分值	评定结果
A级（优）			
B级（良）			
C级（中）			

D级（差）			
总　分			

3. 根据面试评价表答题。

面试评价表

序号	评价指标	权重（%）	单项得分
A	衣着得体与行为举止	15	
B	语言组织与表达能力	25	
C	知识面与文化修养	15	
D	对应聘岗位的认知	20	
E	加权平均分	25	

根据上表请回答：

（1）素质测评的三要素是什么？

（2）从素质测评的量化形式来看，请指出该表属于哪一种量化形式（一次量化还是二次量化），并做出说明。

（3）该表格是否运用了当量量化？当量量化适用于什么情况？

二、解析

1. 解析：

（1）①选拔过程完整；②测试内容全面；③面试考官经过了培训；④面试环境安排合理；⑤面试过程设计科学；⑥面试题目灵活多样。

（2）采取了结构化面试的方法，其中：①请问你在哪些单位实习过？属于背景性问题；②你认为职业成功的评价标准是什么？属于思维性问题；③如果你的上司分配给你的一项任务，你必须去寻找相关的信息才能完成，你会怎么做？属于情境性问题；④请你举例子说明你的一项有创意的建议曾对一项计划成功起到了重要作用。属于行为性问题。

2. 解析：

（1）在实施面试过程中应当注意掌握以下技巧。

①准备充分；②灵活提问；③多听少说；④善于提取要点；⑤进行阶段性总结；⑥排除各种干扰；⑦不要带有个人偏见；⑧在倾听时注意思考；⑨注意肢体语言沟通。

（2）评分标准。①设计出情境性问题；②设计出具有等级性的评分标准；③设计出具有差距性特征的分值；④参考示例见表3-2-3。

表 3-2-3　"应变能力"指标的情境性问题和评分标准表

情境性问题：你有个朋友生病在家，你带着礼物前去看望，偏巧在楼道里遇见了你领导的爱人，对方以为你是来看你的领导，接下礼物并连连道谢。这时你如何向对方说明你的真正来意，又不伤害对方的面子？			
等级	评分标准	分值	评定结果
A级（优）	回答者情绪极为平稳，思维敏捷机智灵活，处理得十分圆满	10	
B级（良）	回答者情绪较为平稳，反映较为灵活，处理得较为圆满	8	
C级（中）	回答者情绪基本平稳，反映比较迟缓、紧张，处理得不够得体	6	
D级（差）	回答者回答不知所措，非常窘迫、紧张。或言行很不得体，甚至让对方下不了台	4	
总分			

3. 解析：

（1）素质测评的三要素是：标准、标度、标记。

所谓标准，就是指测评标准体系的内在规定性，常常表现为各种素质规范化行为特征或表征的描述与规定，如题中的"衣着得体与行为举止""语言组织与表达能力""知识面与文化修养"和"对应聘岗位的认知"。

所谓标度，即对标准的外在形式划分，常常表现为对素质行为特征或表现的范围、强度和频率的规定。如题中的"15%""20%""25%"。

所谓标记，即对应于不同标度（范围、强度和频率）的符号表示，通常用字母（A、B、C等）、汉字（甲、乙、丙等）或数字（1、2、3等）来表示，它可以出现在标准体系中，也可以直接说明标准。

（2）该表属于二次量化。二次量化即指对素质测评的对象进行间接的定量刻画，即先定性描述后再定量刻画的量化形式。题中首先赋予了每个指标不同的权重，即先对每个指标的重要程度进行定性的描述，完成第一次量化，即纵向量化；其次请对被测者的各个指标进行打分，这是对每个指标进行定量的刻画，完成第二次量化，即横向量化。

（3）是运用了当量量化。当量量化是遇到不同类别的对象如何综合的问题下，即不同质的素质测评对象需要统一转换的情况下，对它们进行近似同类同质的量化。在这里，每个应试者属于不同质的对象，很难直接比较，所以需要通过各项指标的纵向加权，进行量化，就是当量量化。

第五节 方案设计题及解析

某家店销售公司计划招聘3名地区经营部销售主管。人力资源部通过发布广告、简历筛选、资格审查、笔试等一系列工作，选拔出24名候选人。人力资源部将所有候选人分成3组，拟采用无领导小组讨论的方式，考察候选人的计划能力、决策能力、组织协调能力、人际影响力、团队合作能力和语言表达能力。

假如您是该公司人力资源部招聘主管，请结合本案例，回答以下问题。

（1）请为本次招聘设计一个资源争夺型的无领导小组讨论题目。

（2）请设计一份"无领导小组讨论评分表"。

解析：

（1）资源争夺型题目的评分要点：①题目要有目标性，即候选人要解决的问题；②题目要明确实现目标的资源约束；③题目要明确候选人的任务；④题目要设定候选人为完成任务需要遵守的规则。

题目实例：假如你们是某集团公司8个分公司的销售部经理，现在集团公司决定将一笔5万元的特殊奖金授予4名工作出色的员工，其中一等奖1人，奖金2万元；二等奖3人，奖金各一万元。8个分公司各自推荐了一名候选人，你的任务是代表你所在的分公司的候选人去争取这笔奖金。

你会得到你所代表的候选人的有关资料。在讨论开始之前，有10分钟熟悉材料和准备的时间，然后有50分钟的时间用于讨论，可以先分别表明自己的建议，再集体协商。在讨论结束的时候，必须要拿出一个一致性的建议，否则任何人都无法得到这笔奖金。最后结果由一个人向考官汇报，并陈述理由，其他人可以补充。如果到规定时间，你们还是没有得到一致的建议，那么，你们每个人的成绩都会扣除一定分数。

候选人材料（略）。

（2）①评分表要包含被评分人的姓名或编号、应聘职位和时间等基本信息；②评分表要包含计划能力等6项测评指标；③评分表要设定6项测评指标的对应权重，且权重之和为100%；④评分表要设定评分标准和规则，并留有填写总分的空格。

无领导小组讨论评分表					
应聘职位			应聘者姓名		
应聘时间			评分者		
测评指标	决策能力	计划能力	组织协调能力	人际影响力	团队合作能力	语言表达能力
权重（%）	15	15	15	20	20	15
行为记录						

无领导小组讨论评分表						
评分						
加权得分						
评分标准：优—10　良—7　中—4　差—1					总分	

第三章　培训与开发辅导训练

第一节　单项选择题及解析

一、单项选择题

1. 企业制定员工培训规划的基础是（　　）。

（A）工作岗位说明　　　　　　　　（B）培训需求分析

（C）工作任务分析　　　　　　　　（D）设计培训内容

2. 部门培训规划属于（　　）。

（A）员工培训开发的战略规划　　　（B）员工培训开发的管理规划

（C）培训开发项目规划　　　　　　（D）企业员工长期培训规划

3. 以下关于培训费用的说法错误的是（　　）。

（A）是指企业在员工培训过程中所发生的一切费用之和

（B）间接培训成本是指在培训组织实施过程之外企业所支付的费用

（C）由培训之前的准备工作和培训实施过程中各项活动的费用构成

（D）直接培训成本是在培训组织实施过程中培训者与受训者的一切费用总和

4. 学员的往来交通费用、食宿费用和教室租借费用（　　）。

（A）属于直接培训成本　　　　　　（B）不计入培训成本

（C）属于间接培训成本　　　　　　（D）不能确定属于哪种培训成本

5. （　　）所要解决的是"船"或"桥"的问题。

（A）培训的目的　　　　　　　　　（B）培训的目标

（C）培训的方法　　　　　　　　　（D）培训的教师

6. 培训规划时要选择适用的方式方法，高层培训、管理培训、员工文化素质培训等宜采用（　　）的培训方式。

（A）分散

（B）边实践边学习

（C）集中

（D）安全脱产学习

7. 要求员工培训规划的制定必须体现可靠性、针对性、相关性和高效性等基本特点是制订培训规划的（　　）要求。

（A）系统性　　　　（B）标准化　　　　（C）有效性　　　　（D）普遍性

8.（　　）不属于职内培训方式。

（A）工作指导　　　（B）工作轮调　　　（C）工作见习　　　（D）自我开发

9. 下列不属于年度培训计划确定方式的是（　　）。

（A）企业的培训部门负责组织召开培训计划确定会议

（B）一般还邀请制订培训计划的部门经理、培训课程开发人员及部分培训对象参加确定

（C）参加培训计划确定会议的所有人员，对培训计划中的培训项目逐一开展讨论

（D）专家通过经验总结进行确定

10. 企业在发展期应提高（　　）管理人员的管理能力，使之适应企业的要求。

（A）高层　　　　　（B）中层　　　　　（C）直线　　　　　（D）基层

11. 在企业发展的（　　）应集中力量建设企业文化。

（A）衰退期　　　　（B）发展期　　　　（C）成熟期　　　　（D）创业初期

12.（　　）以特定的行为术语做出表述，如"掌握""了解"和"应用"。

（A）课程目标　　　（B）课程内容　　　（C）课程评价　　　（D）课程范围

13. 在调查培训课程需求度时,（　　）负责对企业层面的培训需求进行分析。

（A）培训管理委员会

（B）培训中心

（C）各职能部门的培训管理人员

（D）咨询专家

14. 培训课程的编排主要根据（　　）确定。

（A）培训教师

（B）培训时间

（C）培训费用

（D）接受培训的对象

15.（　　）教学方式的运用，给培训开辟了一条崭新的途径。

（A）多媒体　　　　（B）e-Learning　　　（C）远程视频　　　（D）案例分析

16. 培训课程项目系列是有效实施培训课程的基础，下列不属于其构成的是（　　）。

（A）企业培训计划

（B）企业培训课程大纲

（C）培训课程系列计划

（D）员工培训课程计划

17. 在课程设计文件中，以上不属于大纲部分的内容是（　　）。

（A）教学资源　　　（B）交付时间　　　（C）资料结构　　　（D）课程评估

18. （　　）是偏重于行为模式的教学设计程序，强调从学员的角度收集数据以修改教学。

（A）肯普的教学设计程序　　　　　　（B）迪克和凯里的教学设计程序

（C）加涅和布里格斯的教学设计程序　（D）现代常用的教学设计程序

19. （　　）不属于课程内容选择的基本要求。

（A）相关性　　　　（B）有效性　　　　（C）价值性　　　　（D）普遍性

20. 在培训的印刷材料中，（　　）可以使包含许多复杂步骤的任务简单化。

（A）工作任务表　　（B）岗位指南　　　（C）培训都指南　　（D）学员手册

21. 对于需要定期开发的培训项目，企业一般（　　）。

（A）聘请本专业的专家　　　　　　　（B）聘请专职培训师

（C）从内部开发教师资源　　　　　　（D）从大中专院校聘请讲师

22. 从企业内部开发培训资源的优点不包括（　　）。

（A）教师水平较高　　　　　　　　　（B）培训成本较低

（C）教师与学员易于交流　　　　　　（D）培训易于控制

23. 不同的培训内容需要利用不同的培训方法，以下最适合知识传授的方法是（　　）。

（A）课堂讲授　　　（B）测量工具　　　（C）示范模拟　　　（D）角色扮演

24. 公司总部的核心职能部门经理属于（　　）。

（A）高层管理者　　　　　　　　　　（B）中层管理者

（C）基层管理者　　　　　　　　　　（D）一线管理者

25. （　　）不属于基层管理人员培训开发的重点。

（A）专业技术能力　　　　　　　　　（B）分析与决策能力

（C）专业基础知识　　　　　　　　　（D）计划与组织实施能力

26. 使40%以上的经营管理人员达到优良的职业经理人的培训阶段是（　　）。

（A）全面培训阶段　　　　　　　　　（B）重点提高阶段

（C）定向提高阶段　　　　　　　　　（D）技能培训阶段

27. 中层管理人员培训一般由（　　）规划并组织实施。

（A）集团统一规划　　　　　　　　　（B）企业内部培训中心

（C）职能部门　　　　　　　　　　　（D）技术主管部门

28. 管理人员培训的实施模式建立在工作团队的构建基础之上，其构成层次不包括（　　）。

（A）受训的管理人员个体　　　　　　（B）工作团队

（C）企业决策层　　　　　　　　　　（D）培训中心

29. 管理培训课程设计的基本原则是（　　）。

（A）符合成人学习的知识规律　　　（B）进行人力资源开发

（C）有利于实现企业战略目标　　　（D）提高管理人员的管理水平

30. 不同层次管理人员在管理能力上的侧重点不同，对计划与组织实施能力要求最高的是（　　）。

（A）高层管理人员　　　　　　　　（B）中层管理人员

（C）基层管理人员　　　　　　　　（D）一线管理人员

31. 在管理人员所应具有的技能中，（　　）是所有层次上的管理者都应具有的技能。

（A）概念技能　　　（B）人际技能　　　（C）业务技能　　　（D）专业技能

32.（　　）应该具备服务于企业目标与战略的计划与组织实施能力。

（A）高层管理人员　　　　　　　　（B）中层管理人员

（C）基层管理人员　　　　　　　　（D）一线管理人员

33. 主管休假、生病、出差或者由于其他原因导致职务空缺时，常采用的培训方法是（　　）。

（A）职务轮换　　　（B）设立副职　　　（C）临时提升　　　（D）替补训练

34. 敏感性训练的目标不包括（　　）。

（A）使个人能更好地洞悉自己的行为，明白自己在他人心目中的"形象"

（B）更好地理解群体活动过程

（C）通过群体活动培养判断和解决问题的能力

（D）受训者可较快地适应新的工作

35.（　　）是有组织的、带有戏剧性的处理案例的一种方法。

（A）案例点评法　　　　　　　　　（B）文件事务处理训练法

（C）角色扮演法　　　　　　　　　（D）事件过程法

36.（　　）是一种训练企业管理人员快速有效的处理日常文件和事务的方法。

（A）一揽子事件法　　　　　　　　（B）角色扮演法

（C）管理游戏法　　　　　　　　　（D）无领导小组讨论法

37.（　　）不属于员工培训评估的基本原则。

（A）联系性原则　　　　　　　　　（B）客观性原则

（C）综合性原则　　　　　　　　　（D）灵活性原则

38. 下列不是培训评估体系构成模块的是（　　）。

（A）培训前期评估　　　　　　　　（B）培训实施过程评估及效果评估

（C）培训中评估　　　　　　　　　（D）培训评估结果反馈

39.（　　）是整个培训评估体系的核心部分。

（A）培训需求评估　　　　　　　　（B）培训效果评估

（C）培训方案设计评估　　　　　　（D）培训评估结果反馈

40. 以下关于培训评估对象说法错误的是（　　）。

（A）受培训成本的限制，无须对所有培训活动进行评估

（B）新开发的课程应着重于课程设计、应用效果等方面

（C）新的培训方式应着重于培训目标、受训人员等方面

（D）新教员的教程应着重于教学方法、质量等综合方面

41.（　　）不属于培训前评估的内容。

（A）培训需求的整体评估

（B）培训对象的知识、技能和工作态度评估

（C）培训计划的可行性评估

（D）培训环境的评估

42.（　　）不属于评估企业在培训中所获得成果的硬性指标。

（A）成本节约　　　　　　　（B）产量增加

（C）废品减少　　　　　　　（D）态度转变

43. 实施培训评估方案时，应选择好进行评估的时机，对于反应层评估应在（　　）时进行调查。

（A）培训中或培训刚结束时　　　　（B）培训后 1~2 个月

（C）培训后 3~6 个月　　　　　　　（D）培训后一周

44. 根据阅读报告的主体不同，应提交侧重点各不相同的报告。提交给学员及其直接上级的报告应侧重于（　　）。

（A）培训项目设计本身的评估　　　（B）对成本和收益做详细的汇报

（C）培训考核的结果与工作绩效的改进　（D）工作态度与工作行为的改进

45.（　　）是第一级评估，它易于进行，是最基本、最普遍的评估方式。

（A）反应评估　　（B）行为评估　　（C）学习评估　　（D）结果评估

46. 在培训效果评估的层级体系中，反应评估的评估内容是（　　）。

（A）学员在工作过程中行为方式的变化和改进

（B）学员在技能、态度、行为方式等方面的收获

（C）学员取得的生产经营或技术管理方面的业绩

（D）学员对培训项目的主观感觉或满意程度如何

47.（　　）是第二级评估，用于评估学员在知识、技能、态度等方面的收获。

（A）反应评估　　（B）学习评估　　（C）行为评估　　（D）结果评估

48. 对培训效果进行反应评估，培训的主持者应为（　　）。

（A）培训的单位　　　　　　　　　　（B）学员的直接主管

（C）培训教师　　　　　　　　　　　（D）学员的单位主管

49.（　　）是指对培训项目所取得的成效进行测试时，其测量结果的长期稳定程度。

（A）相关度　　　　（B）信度　　　　（C）区分度　　　　（D）效度

50. 如果将培训成果评估的五项重要指标与培训成果评估的四级评估体系进行对应，员工培训的认知成果是（　　）。

（A）学习评估的主要对象和内容　　　（B）反应评估的主要对象和内容

（C）行为评估的主要对象和内容　　　（D）结果评估的主要对象和内容

51. 在培训成果进行评估时，在调查问卷中，"您对该培训项目满意吗？"的提问属于（　　）的信息。

（A）反应成果　　　（B）技能成果　　　（C）认知成果　　　（D）绩效成果

52. 某企业开展员工培训，从而降低事故发生率，降低成本。这种培训成果属于（　　）。

（A）认知成果　　　（B）技能成果　　　（C）情感成果　　　（D）绩效成果

53.（　　）是指评估者依据自己的主观判断，而不是用事实和数字来加以证明。

（A）正式评估　　　　　　　　　　　（B）非正式评估

（C）建设性评估　　　　　　　　　　（D）总结性评估

54. 在培训过程中以改进而不是以是否保留培训项目为目的的培训效果评估是（　　）。

（A）建设性评估　　　　　　　　　　（B）正式评估

（C）总结性评估　　　　　　　　　　（D）非正式评估

55. 培训效果的建设性评估的优点不包括（　　）。

（A）有助于培训对象改进自己的学习　（B）帮助培训对象明白自己的进步

（C）在数据和事实的基础上做出判断　（D）使受训者产生满足感和成绩感

56. 属于培训评估定性方法的是（　　）。

（A）比较评估法　　　　　　　　　　（B）问卷调查评估法

（C）收益评估法　　　　　　　　　　（D）集体讨论评估法

57. 培训成果的评估方法中，以下不适于用问卷调查法了解的信息是（　　）。

（A）了解学员偏爱的学习方法

（B）让学员清楚了解到自己的观念

（C）检查培训目标与工作任务的匹配度

（D）评价学员在工作中对培训内容的应用情况

58. 采用"我+清楚/了解/明白/知道+问题提问"这种形式的培训评估问卷是( )。

（A）知识方面的调查问卷 （B）态度表现方面的调查问卷

（C）行为表现方面的调查问卷 （D）技能提升方面的调查问卷

59. 在评估培训效果时,( )不属于综合评估法。

（A）硬指标与软指标结合的评估法 （B）集体讨论评估法

（C）绩效评估法 （D）6 sigma 评估法

60. 对受训者培训成果的评估,多用于企业文化、职业心态等精神层面的培训的是（ ）。

（A）受训者情感结果的评估 （B）受训者技能结果的评估

（C）受训者行为改善度的评估 （D）受训者绩效增长度的评估

二、解析

1. 解析：B 员工培训规划是在培训需求分析的基础上，从企业总体发展战略的全局出发，根据企业各种培训资源的配置情况，对计划期内的培训目标、对象和内容，培训的规模和时间，培训评估的标准，负责培训的机构和人员、培训师的指派、培训费用的预算等一系列工作所做出的统一安排。

2. 解析：B 员工培训开发管理规划，即培训管理者为实现整体培训规划而制订的支持性规划。主要内容有企业培训目标的细化、部门培训规划、培训实施工作方案等。

3. 解析：C 培训费用包括培训之前的准备工作，培训的实施过程，以及培训结束之后的效果评估等各种与之相关活动的各种费用的总和。

4. 解析：A 直接培训成本是指在培训组织实施过程之中培训者与受训者的一切费用总和。例如，培训教师的费用，学员的往来交通、食宿费用，教师设备的租赁费用，教材印发购置的费用，以及培训实施过程中的其他各项花费等。

5. 解析：C 培训的方法是实现员工培训规划各项目标的重要保障，它所要解决的是"船"或"桥"的问题。

6. 解析：C 高层培训、管理培训、员工文化素质培训和某些基本技能培训宜采用集中的培训方式。

7. 解析：C 有效性就是要求员工培训规划的制订必须体现出可靠性、针对性、相关性和高效性四个方面的基本特点。

8. 解析：D 职内培训指工作教导、工作轮调、工作见习和工作指派等方法。

9. 解析：D 年度培训计划的确定方式包括：一是会议组织者，企业的培训部门负责组织召开培训计划确定会议；二是会议参加者，除了培训部门的相关人员外，一般还邀请制订培训计划的部门经理、培训课程开发人员及部分培训对象参加；三是会议决策方式，参加培训计划确定会议的所有人员，对培训计划中的培训项目逐一开展讨论，培训部门汇总修改意见，然后根据实际情况进行调整。

10. 解析：B 在发展期，企业应集中力量提高中层管理人员的管理能力。

11. 解析：A 在成熟期，企业应集中力量建设企业文化，将企业长期发展所必需的观念、规则和态度传播到每名员工中去，并提升员工对企业目标的认同、对企业的归属感。

12. 解析：A 课程目标是通过联系课程内容，以特定的行为术语作出表述，如采用"记住""了解""掌握"等一般认知指标；"分析""应用""评价"等较高级的认知指标；以及"价值""信念"和"态度"等情感性指标，对培训目标作出界定。

13. 解析：A 开展培训课程需求调查的主体包括培训管理委员会、培训中心及各职能部门的培训管理人员。培训管理委员会主要负责对企业层面的培训需求进行分析。

14. 解析：D 培训课程的编排主要根据接受培训的对象而定。

15. 解析：B e-Learning 教学方式的运用，给培训开辟了一条崭新的途径。

16. 解析：A 培训课程项目系列包含的三个层次是企业培训课程大纲、培训课程系列计划及员工培训课程计划。

17. 解析：D 在课程设计文件中，内部大纲部门括的内容包括教学资源、资料的结构、课程目标和绩效目标、教学顺序和活动、课程内容及交付时间。

18. 解析：B 迪克和凯里教授提出了一种偏重于行为模式的教学设计程序，该程序更加注重对学习内容的分析和鉴别，强调从学员的角度收集数据以修改教学。

19. 解析：D 课程内容选择的基本要求包括相关性、有效性及价值性。

20. 解析：B 岗位指南是对最常用最关键的任务的描述，使包含许多复杂步骤的任务简单化。

21. 解析：C 对于培训已经处于成熟期的企业或一些需要定期开展的培训项目来说，企业一般从内部开发教师资源。

22. 解析：A 内部开发途径的优点包括：对各方面比较了解，使培训更具有针对性，有利于提高培训的效果；与学员相互熟识，能保证培训中交流的顺畅；培训相对易于控制；内部开发教师资源成本低。

23. 解析：A 不同的课程内容需要利用不同的培训方法进行培训，如知识的传授多以课堂讲授或讨论等方法为主；技能学习以示范模拟、角色扮演等方法较为有效；态度培训则以情景模拟、测量工具和个人及小组成长等方法为主。

24. 解析：A 高层管理者培训的主要对象是公司总经理、副总经理、总经理助理、公司总部的核心职能部门经理。

25. 解析：B 基层管理人员应重点进行专业技术能力、计划与组织实施能力、专业基础知识和管理专业知识的培训。

26. 解析：C 定向提高阶段是对处于不同岗位上的管理人员进行针对性的岗位管理知识与技能培训，使 40% 以上的经营管理人员达到优良的职业经理人。

27. 解析：B 企业高层管理人员的培训一般由集团统一规划并委托有关高校和培训组织实施；中层管理人员培训一般由企业内部培训中心规划并组织实施；基层管理人员主要是企业培训中心和基层单位规划和实施；专业技术、技能培训是由职能部门和技术主管部门组织实施。

28. 解析：D 管理人员培训的实施模式可以建立在工作团队的构建基础之上，由受训的管理人员个体、工作团队和企业决策层三个层次构成。

29. 解析：A 管理培训课程设计的基本原则是要符合成人学习的知识规律。培训课程设计的本质目标是为了进行人力资源开发。

30. 解析：B 对计划与组织实施能力要求最高的是中层管理人员。

31. 解析：B 管理者一般应具备三种最主要的技能，即业务技能、人际技能和概念技能。比较而言，基层管理者需要有较强的业务技能，高层管理者需要有较强的概念技能，而所有层次上的管理者都需要人际沟通技能。

32. 解析：B 中层管理人员最重要的是应该具备服务于企业目标与战略的计划与组织实施能力。

33. 解析：C 临时提升就是人们常说的"代理"主管，例如主管休假、生病、出差或者由于其他原因导致职务空缺时，常采用这种方法。

34. 解析：D 敏感性训练的目标一般包括：使个人能更好地洞悉自己的行为，明白自己在他人心目中的"形象"；更好地理解群体活动过程；通过群体活动培养判断和解决问题的能力。

35. 解析：D 事件过程法是有组织的、带有戏剧性的处理案例的一种方法。

36. 解析：A 文件事务处理训练法也称一揽子事件法。这是一种训练企业管理人员快速且有效的处理日常文件和事务的方法。

37. 解析：A 员工培训评估的基本原则指客观性原则、综合性原则及灵活性原则。

38. 解析：C 根据企业培训的特点，培训评估体系一般由三个模块组成，即培训前期评估、培训实施过程评估及效果评估、培训评估结果反馈。

39. 解析：B 培训效果评估是在培训结束后通过问卷调查对培训效果的综合评估，这个环节也是整个培训评估体系的核心部分。

40. 解析：C 由于培训的需求呈增长的趋势，因而实施培训的直接费用和间接费用也在持续攀升，因此不一定要对所有的培训进行评估。主要针对以下情况进行评估：新开发的课程应着重于培训需求、课程设计、应用效果等方面；新教员的课程应着重于教学方法、质量等综合能力方面；新的培训方式应着重于课程组织、教材、课程设计、应用效果等方面。

41. 解析：D 培训前评估的内容包括培训需求的整体评估；培训对象的知识、技能和工作态度评估；培训对象的工作成效及其行为评估；培训计划的可行性评估。

42. 解析：D 硬数据是对改进情况的主要衡量标准，以比例的形式出现，是易于收集的事实数据，可以分为四大类：产出、质量、成本和时间。常用的软数据可以归纳为工作习惯、氛围、新技能、发展、满意度和主动性。

43. 解析：A 选择好进行评估的时机是取得公正客观评估结果的前提和保证。比如对于反应层评估，就要在培训中或培训刚结束时进行调查，否则时间一长，学员可能会忘记当时的感受，从而使调查数据失真。

44. 解析：C 根据阅读培训评估的主体不同，应提交侧重点各不相同的报告。比如给公司的报告就有四类：对人力资源开发人员的报告侧重于培训项目设计本身的评估，对管理层的报告则对成本和收益等作详细的汇报，对学员及其直接上司的报告则侧重反映培训考核的结果与工作绩效的改进。

45. 解析：A 反应评估是第一级评估，即在课程刚结束时，了解学员对培训项目的主观感觉或满意程度。这个层面的评估易于进行，是最基本、最普遍的评估方式。

46. 解析：A 反应评估是第一级评估，即在课程结束时，了解学员对培训项目的主观感觉或满意程度。

47. 解析：B 学习评估是第二级评估，着眼于对学习效果的度量，即评估学员在知识、技能、态度或行为方式方面的收获。

48. 解析：A 对培训效果进行反应评估，培训的主持者应为培训的单位。

49. 解析：B 信度是指对培训项目所取得的成效进行测试时，其测量结果的长期稳定程度。

50. 解析：A 员工培训的认知成果是学习评估的主要对象和内容，即衡量受训者从培训项目中学到了哪些基本概念、基本原理和基本方法。

51. 解析：A 反应成果信息通常是在课程结束之后，运用调查问卷法采集的。调查问卷一般会提出以下问题，如"您对该培训项目满意吗？""培训符合您的个人期望吗？""您认为教室舒适吗？"等

52. 解析：D 绩效成果包括由于员工流动率或事故发生率的下降导致的成本降低，以及产品产量、质量的提高或顾客服务水平的改善。

53. 解析：B 非正式评估是指评估者依据自己的主观判断，而不是用事实和数字来加以证明。

54. 解析：A 建设性评估就是在培训过程中以改进而不是以是否保留培训项目为目的的评估。

55. 解析：C 培训过程中的建设性评估作为培训项目改进的依据，优点是它有助于培训对象学习的改进，帮助培训对象清楚自己的进步，从而使其产生某种满足感和成就感。

56. 解析：A 培训评估的定性方法包括目标评估法、关键人物评估法、比较评估法、动态评估法、访谈法及座谈法。

57. 解析：A 问卷调查评估法主要用于对培训项目中培训内容、培训课程、培训师、培训场地、培训教材等主要环节的调查评估，如检查培训目标与工作任务的匹配度，评价学员在工作中对培训内容的应用情况，了解学员偏爱的学习方法，了解学员对培训师所使用的教学方法的态度等。

58. 解析：A 采用问卷形式进行培训评估，主要有知识与态度、行为表现两种问卷。知识方面的调查问卷采用"我＋清楚／了解／明白／知道＋问题提问"的形式，态度、行为表现方面的调查问卷采用"我＋认为／觉得／经常／很少＋问题提问"的形式。

59. 解析：D 综合评估法包括硬指标与软指标结合的评估法、集体讨论评估法、绩效评估法、内省法、笔试法、操作性测验及行为观察法。

60. 解析：A 情感结果评估主要是考评受训者在心理上对培训项目所灌输的内容的认可程度，多用于关于企业文化、职业心态等精神层面的培训。

第二节　多项选择题及解析

一、多项选择题

1. 从规划的内容上看，企业员工培训规划可分为（　　）。

（A）员工培训开发的战略规划　　　　（B）员工培训开发的管理规划

（C）培训开发项目规划　　　　　　　（D）培训课程规划

（E）培训需求分析规划

2. 企业员工培训规划的内容包括（　　）。

（A）培训的目的、目标　　　　　　　（B）培训对象和内容

（C）培训的范围、规模　　　　　　　（D）培训的时间、地点

（E）培训的费用

3. 制订培训规划中的普遍性就是要求培训规划制订必须（　　）。

（A）适应不同的工作任务　　　　　　（B）适应不同的员工要求

（C）适应不同的培训对象　　　　　　（D）适应不同的培训范围

（E）适应不同的培训需要

4. 以战略为导向的培训需求分析包括（   ）。

（A）组织分析　　　　　（B）任务分析　　　　　　（C）人员分析

（D）企业战略分析　　　（E）员工职业生涯分析

5. 不同的战略对培训需求的影响是不一样的，成本领先战略对培训需求的影响包括（   ）。

（A）进行有个性、有针对性的培训

（B）主要围绕新技术、新方法、新知识开展培训

（C）培训集中在特定的某个领域或几个方面进行

（D）培训以降低成本、提高效率为核心

（E）主要开展降低成本、提高业务技能方面的培训

6. 基于战略的企业培训的作用包括（   ）。

（A）将企业培训的管理纳入正规化、标准化和系统化

（B）缓解企业培训管理者的工作压力，起到事半功倍的作用

（C）保证企业培训活动效果达到预期的设想

（D）更进一步完善企业培训体系的结构和内容

（E）促使企业培训发挥长效的、持久的作用

7. 培训组织分析的内容包括（   ）。

（A）工作分析　　　　　　　　　（B）责任分析

（C）任职条件分析　　　　　　　（D）督导与组织关系分析

（E）组织文化分析

8. 任务分析一般按照（   ）的步骤开展。

（A）根据组织的经营目标和部门职责选择有代表性的工作岗位

（B）根据该工作岗位的说明书列出初步任务及完成这些任务所需的知识、技能和能力清单

（C）工作任务和所需技能的确认

（D）为该工作岗位制定针对培训需求分析的任务分析表

（E）明确员工差距

9. 确定员工培训需求时，要进行员工的职业生涯分析，其目的包括（   ）。

（A）了解员工参与培训的动机、员工的期望值、他们对培训规划的选择

（B）职业生涯理念的变化对员工所需的知识产生何种影响

（C）为每一位员工提供一个令人满意的环境

（D）员工可以根据自己的实际情况选择职业生涯发展途径

（E）组织有可能优化人力资源管理

10. 培训的目标可分解为（　　）。

（A）挑战性的目标，即培训效果非常好的状态

（B）应该达到的目标，即培训效果非常好的状态

（C）卓越性的目标，即培训必须达到的最佳效果

（D）可以达到的目标，即培训能达到的最佳效果

（E）必须达到的目标，即培训要达到的基本要求

11. 明确的培训目标必须（　　）。

（A）与组织目标相一致，与部门目标、个人目标相结合

（B）准确定位

（C）具体明确可量化

（D）能够合理分解

（E）有相应的时间限制

12. 培训规划的目的包括（　　）。

（A）能够协调企业组织目标和职能目标，兼顾集体和个人利益

（B）注重时空上的结合，长期、中期、短期互补，岗前、在岗、脱岗协调

（C）具有超前性和预见性

（D）具有一定的量化基础

（E）有成本预算并提供必要的成本控制和费用节约方案

13. 培训规划在（　　）情形下需要进行重度调整纠偏。

（A）培训场地安排不合理　　　　　（B）原邀请的培训师不合适或不能出席

（C）分析确认其不适合企业实际需求　　（D）企业内外部环境发生改变

（E）培训资源不足以支持

14. 企业员工培训规划的设计，应当充分体现（　　）等基本要素的统一性和综合性。

（A）信念　　　　　　　（B）远景　　　　　　　（C）任务

（D）目标　　　　　　　（E）策略

15. 培训规划方案的总报告应当包括（　　）。

（A）规划背景及概括说明　　　　　（B）制订规划的工作过程说明

（C）规划信息的陈述和分析　　　　（D）规划目的与预期成效

（E）培训规划实施工作安排与建议

16. 培训总体目标制定的主要依据是（　　）。

（A）企业文化及愿景　　　　　　　（B）企业的总体战略目标

（C）企业人力资源的总体规划　　　（D）员工职业生涯规划目标

（E）企业培训需求分析

17. 起草培训规划时，应进行综合平衡，包括（　　）。

（A）在培训投资与人力资源规划之间进行平衡

（B）在培训项目与培训完成期限之间进行平衡

（C）在企业正常生产与培训项目之间进行平衡

（D）在员工培训需求与师资来源之间进行平衡

（E）在员工培训与个人职业生涯规划之间进行平衡

18. 年度培训计划由（　　）构成。

（A）封面模块　　　　（B）目录模块　　　　（C）计划概要模块

（D）主体计划模块　　（E）附录模块

19. 职前培训的内容包括（　　）。

（A）管理能力提升　　　　　　（B）企业文化

（C）生产、制造等专业知识　　（D）企业发展状况

（E）相关规章制度

20. 根据员工工作态度和工作技能这两项要求，可以把员工划分为（　　）。

（A）工作态度好，岗位知识和技能符合要求

（B）工作态度不好，岗位知识和技能符合要求

（C）工作态度好，岗位知识和技能不符合要求

（D）工作态度不好，岗位知识和技能不符合要求

（E）工作态度、岗位知识和技能均适中

21.（　　）属于职内培训的方法。

（A）自我开发　　　　（B）工作教导　　　　（C）工作轮调

（D）工作见习　　　　（E）工作指派

22. 实施培训计划的基本思路是（　　）。

（A）进行培训需求分析

（B）明确"到哪里去"

（C）明确"我现在何处"

（D）选择"哪条道路是通往目的地的最佳选择"

（E）进行培训评估

23. 培训文化对培训活动的支持作用表现为（　　）。

（A）衡量组织培训工作完整抑或残缺的工具

（B）体现培训工作在组织中的重要地位

（C）提高员工积极参与培训的意识

（D）明确培训的管理目标、战略、组织和职责

（E）明确组织的文化及文化的发展需求，并加以传播和建设

24.（　）属于培训师选配的标准。

（A）具备培训内容方面的专业知识

（B）对培训内容所涉及的方面应有实际工作经验

（C）具备培训授课技巧

（D）能够熟练运用培训中所需要的培训教材和工具

（E）具有良好的交流与沟通能力

25. 培训课程设计的基本原则包括（　）。

（A）培训课程设计的根本任务是满足企业与学习者的需求

（B）培训课程的设计应考虑在不同的企业发展阶段展开有针对性的培训

（C）培训课程设计的主要依据是现代系统理论的基本原理

（D）培训课程的设计应当与企业发展战略目标相一致

（E）培训课程设计的基本要求是应体现成年人的认知规律

26. 课程教学计划的内容包括（　）。

（A）教学目标　　　　（B）课程设置　　　　（C）教学形式

（D）教学环节　　　　（E）教学时间安排

27. 开展培训课程需求度调查的主体包括（　）。

（A）企业决策层　　　（B）培训管理委员会　　（C）培训中心

（D）培训教师　　　　（E）各职能部门的培训管理人员

28. 外部培训具体应包括（　）。

（A）因国家、省、市等部分政策的修订或新政策的出台，而必须参加的政策法规学习

（B）因工作需要，对各部门的业务骨干参加与岗位工作内容有关的专业技术知识的培训

（C）岗位特殊要求，员工必须持有上岗证的培训及上岗证的复审培训

（D）人才储备需要，业务骨干参加其他专业技能的外部培训

（E）为提高学历层次，员工参加与工作内容有关的技术或管理知识的学习

29. 培训课程模块设计的内容包括（　）。

（A）课程内容及教材设计　　　　（B）教学模式设计

（C）培训活动设计　　　　　　　（D）课程实施设计

（E）课程评估设计

30. 培训中使用的印刷材料包括（　）。

（A）工作任务表　　　（B）岗位指南　　　　（C）学员手册

（D）培训者指南　　　　（E）测验试卷

31.（　　）属于外部培训资源的开发途径。

（A）从大中专院校聘请教师　　　　（B）聘请专职的培训师

（C）从顾问公司聘请培训顾问　　　　（D）聘请本专业的专家、学者

（E）在网络上寻找并联系培训教师

32. 管理培训体系设计应遵循（　　）原则。

（A）战略性原则　　　　（B）有效性原则　　　　（C）计划性原则

（D）规范性原则　　　　（E）持续性原则

33. 管理人员培训开发计划的编制应坚持（　　）。

（A）以"服务培训对象"为中心

（B）以需求驱动培训

（C）根据培训需求，确定培训计划，确定培训目标和任务

（D）在制订培训计划的基础上组织实施与评估

（E）完善培训激励约束机制，促进培训成果转化

34. 系统化的管理培训课程体系由（　　）构成。

（A）常规管理知识培训　　（B）常规管理技能培训　　　　（C）岗位管理知识培训

（D）现代管理技能培训　　（E）管理人员心智能力培训

35. 培训前评估的作用包括（　　）。

（A）保证培训需求确认的科学性

（B）确保培训计划与实际需求的合理衔接

（C）帮助实现培训资源的合理配置

（D）保证培训效果测定的科学性

（E）保证培训活动按照计划进行

36. 设计培训评估方案，需要（　　）。

（A）正确回答"这次培训是否有必要"　　（B）明确评估的主体

（C）弄清评估的对象　　　　（D）规定评估的层次

（E）选择评估的工具

37. 培训前的评估内容包括（　　）。

（A）培训需求的整体评估

（B）培训对象的知识、技能和工作态度评估

（C）培训对象的工作成效及其行为评估

（D）培训活动参与状况的评估

（E）培训计划的可行性评估

38. 问卷调查评估法中问卷提问的设计原则包括（　　）。

（A）从简单问题到复杂问题　　　　　（B）从一般问题到具体问题

（C）从不熟悉的问题到不太熟悉的问题　（D）将同类问题放到一起

（E）按事件发生的顺序安排问题的顺序

39. 行为观察法的基本步骤包括（　　）。

（A）描述和解释培训项目计划开发的特定技能，也就是观察的对象

（B）将上一步所说的技能分解为若干行为，对这些行为进行分析和分类，并明确某一类行为与培训目标的关系

（C）练习上一步所说的行为分类

（D）被观察者开始工作，观察人员记录其真实行为

（E）将观察结果汇总，反馈给被观察人员及其主管

40.（　　）对受训者情感结果的评价维度和指标。

（A）创造性　　　　　（B）责任意识　　　　　（C）学习成长

（D）行为改善度　　　（E）沟通协调能力

二、解析

1. 解析：ABCDE　从规划的内容上看，企业员工培训规划可分为员工培训开发的战略规划、员工培训开发的管理规划，以及其他类型的规划。其他培训规划，如企业业务职能部门的培训规划、培训开发项目规划、培训课程规划、教学资源规划、培训需求分析规划、培训开发的评估规划、培训开发的资金投入规划等。

2. 解析：ABCDE　一份完整的企业培训规划包括的内容有培训的目的、培训的目标、培训的对象和内容、培训的范围、培训的规模、培训的时间、培训的地点、培训的费用、培训的方法、培训的教师及规划的实施。

3. 解析：ACE　企业员工培训规划制定的要求包括系统性、标准化、有效性及普遍性。普遍性就是要求培训规划制定必须适应不同的工作任务、不同的培训对象和不同的培训需要。

4. 解析：ABCDE　传统的培训需求分析包括组织分析、任务分析和人员分析，而以战略为导向的培训需求分析，还包括企业战略分析和员工职业生涯分析。

5. 解析：DE　培训以降低成本、提高效率为核心，主要开展降低成本、提高业务技能方面的培训。

6. 解析：ABCDE　基于战略的企业培训不仅可以将企业培训的管理纳入正规化、标准化和系统化，还可以大大缓解企业培训管理者的工作压力，起到事半功倍的作用。

构建以企业战略导向的培训模式，可以搭建起有效的培训基础管理平台，进一步保

证企业培训活动效果达到预期的设想，在此基础上更进一步完善企业培训体系的结构和内容，企业培训才会取得长期的、稳定的成果。通过构建战略导向培训体系的模式，企业培训才能发挥长效的、持久的作用。

7. 解析：ABCDE 培训的组织分析具体包括工作分析、责任分析、任职条件分析、督导与组织关系分析及组织文化分析。

8. 解析：ABCD 任务分析一般分为四个步骤：根据组织的经营目标和部门职责选择有代表性的工作岗位；根据该工作岗位的说明书列出初步任务及完成这些任务所需的知识、技能和能力清单；工作任务和所需技能的确认；为该工作岗位制定针对培训需求分析的任务分析表。

9. 解析：ABCDE 确定员工培训需求时，要重视员工的职业生涯设计。其目的有三：一是了解员工参与培训的动机、员工的期望值、他们对培训规划的选择，职业生涯理念的变化对员工所需的知识产生何种影响；二是为每一位员工提供一个令人满意的环境，员工可以根据自己的实际情况选择职业生涯发展途径；三是组织有可能优化人力资源管理。

10. 解析：BDE 培训的目标可分解为三种不同层次的目标：可以达到的目标，即培训能达到的最佳效果；应该达到的目标，即培训效果非常好的状态；必须达到的目标，即培训要达到的基本要求。

11. 解析：ABCDE 明确的培训目标必须是与组织目标相一致，与部门目标、个人目标相结合的目标。明确可行的目标必须符合四个基本条件：准确定位、具体明确可量化、能够合理分解、有相应的时间限制。

12. 解析：ABCDE 企业培训规划必须以服从和服务于企业发展战略需要为基点，包括能够协调企业组织目标和职能目标，兼顾集体和个人利益；注重时空上的结合，长期、中期、短期互补，岗前、在岗、脱岗协调；具有超前性和预见性；具有一定的量化基础；有成本预算并提供必要的成本控制和费用节约方案。

13. 解析：CDE 在培训规划制定过程中遇到重大问题，如分析确认其不适合企业实际需求，或企业内外部环境发生改变，或培训资源不足以支持等，需对规划进行修改。

14. 解析：ABCDE 企业员工培训规划的设计，应当充分体现"信念、远景、任务、目标、策略"等基本要素的统一性和综合性。

15. 解析：ABCDE 培训规划方案的总报告应当包括规划背景说明、规划概括说明、制订规划的工作过程说明、规划信息的陈述和分析、规划目的与预期成效、培训规划实施工作安排与建议等。

16. 解析：BCE 培训总体目标制定的主要依据是企业的总体战略目标、企业人力资源的总体规划及企业培训需求分析。

17. 解析：ACDE　起草培训规划时，主要从四个方面进行综合平衡：在培训投资与人力资源规划之间进行平衡；在企业正常生产与培训项目之间进行平衡；在员工培训需求与师资来源之间进行平衡；在员工培训与个人职业生涯规划之间进行平衡。

18. 解析：ABCDE　年度培训计划构成的五大模块包括封面模块、目录模块、计划概要模块、主体计划模块、附录模块。

19. 解析：BDE　职前培训的内容包括企业文化、企业发展状况、相关规章制度。

20. 解析：ABCD　根据员工工作态度和工作技能两项要求，可以把员工划分在四个区域内：第一区，工作态度好，岗位知识和技能符合要求；第二区，工作态度不好，岗位知识和技能符合要求；第三区，工作态度好，岗位知识和技能不符合要求；第四区；工作态度不好，岗位知识和技能不符合要求。

21. 解析：BCDE　职内培训指工作教导、工作轮调、工作见习及工作指派。

22. 解析：BCD　作为培训实施计划的控制者首要的是要思路清晰，掌握管理控制的基本思路。就像开车出行一样，第一步要明确"到哪里去"，其次是明确"我现在何处"，最后是选择"哪条道路是通往目的地的最佳选择"。

23. 解析：ABCDE　培训文化对培训活动的支持作用主要体现在以下方面：(1)衡量组织培训工作完整抑或残缺的工具；(2)体现培训工作在组织中的重要地位；(3)检验培训的发展水平；(4)提高员工积极参与培训的意识；(5)审查培训与组织目标和员工具体需求的相关性；(6)明确培训的管理目标、战略、组织和职责；(7)体现培训信息的交流、培训内容的资源共享；(8)明确组织的文化及文化的发展需求，并加以传播和建设；(9)明确培训工作存在的问题及解决问题的方法。

24. 解析：ABCDE　培训师选配的标准一般包括：具备培训内容方面的专业知识；对培训内容所涉及的方面应有实际工作经验；具备培训授课技巧；能够熟练运用培训中所需要的培训教材和工具；具有良好的交流与沟通能力；具有引导学员自我学习的能力；能够在课堂上发现问题并解决问题；积累与培训内容有关的案例与资料；掌握培训内容所涉及的一些相关前沿问题；拥有培训热情与教学愿望。

25. 解析：ACE　培训课程设计的基本原则包括培训课程设计的根本任务是满足企业与学习者的需求、培训课程设计的基本要求是应体现成年人的认知规律、培训课程设计的主要依据是现代系统理论的基本原理。

26. 解析：ABCDE　课程教学计划的基本内容包括教学目标、课程设置、教学形式、教学环节及教学时间安排。

27. 解析：BCE　开展培训课程需求度调查的主体包括培训管理委员会、培训中心及各职能部门的培训管理人员。

28. 解析：ABCDE　外部培训具体内容包括五部分。

29. 解析：ABCDE 培训课程模块设计包括课程内容设计、课程教材设计、教学模式设计、培训活动设计、课程实施设计及课程评估设计。

30. 解析：ABCDE 培训中使用的印刷材料有工作任务表、岗位指南、学员手册、培训者指南及测验试卷。

31. 解析：ABCDE 外部培训资源的开发途径包括从大中专院校聘请教师；聘请专职的培训师；从顾问公司聘请培训顾问；聘请本专业的专家、学者；在网络上寻找并联系培训教师。

32. 解析：ABCDE 管理培训体系设计的原则包括战略性原则、有效性原则、计划性原则、规范性原则、持续性原则及实用性原则。

33. 解析：ABCDE 管理人员培训开发计划的编制应坚持以"服务培训对象"为中心；以需求驱动培训；根据培训需求，确定培训计划、培训目标和任务；在制订培训计划的基础上组织实施与评估；完善培训激励约束机制，促进培训成果转化。

34. 解析：ABCDE 系统化的管理培训课程体系包括系统性的常规管理知识和技能培训、岗位管理知识培训、现代管理技能培训及管理人员心智能力培训。

35. 解析：ABCD 培训前评估的作用包括保证培训需求确认的科学性、确保培训计划与实际需求的合理衔接、帮助实现培训资源的合理配置、保证培训效果测定的科学性。

36. 解析：BCDE 设计培训评估方案需要正确地回答"如何评估，谁来评估，评估谁，评估什么，用何种方法评估，评估进行到哪一个层次（是反应评估或学习评估，还是行为或结果评估）"，即需要明确评估的主体、弄清评估的对象、规定评估的层次、选择评估的工具。

37. 解析：ABCE 培训前的评估内容主要包括培训需求的整体评估；培训对象的知识、技能和工作态度评估；培训对象的工作成效及其行为评估；培训计划的可行性评估。

38. 解析：BCDE 问卷提问设计应遵循以下原则：从一般问题到具体问题；从不熟悉的问题到不太熟悉的问题；将同类问题放到一起；按事件发生的顺序安排问题的顺序。

39. 解析：ABCDE 行为观察法的基本步骤包括描述和解释培训项目计划开发的特定技能，也就是观察的对象；将上一步所说的技能分解为若干行为，对这些行为进行分析和分类，并明确某一类行为与培训目标的关系；练习上一步所说的行为分类；被观察者开始工作，观察人员记录其真实行为；将观察结果汇总，反馈给被观察人员及其主管。

40. 解析：ABCE 对受训者情感结果的评价主要涉及创造性、责任意识、学习成长及沟通协调能力等维度和指标。

第三节　简答题及解析

一、简答题

1. 人力资源部门的培训管理职责是什么？

2. 培训计划的监督检查指标有哪些？

3. 如何营造培训文化促进培训活动的措施？

4. 培训课程的构成要素有哪些？

5. 如何理解培训课程的性质与任务层次？

6. 课程设计文件应遵循哪些格式？

7. 选聘培训教师应遵循哪些标准？

8. 继任者的胜任力包括哪些维度？

9. 培训效果评估的作用体现在哪些方面？

10. 如何评估培训主管的业绩？

二、解析

1. 解析：

人力资源部门的培训管理职责主要有以下四个方面。

（1）培训的组织管理。培训的组织管理就是负责组织、协调企业整体培训工作。它是一个以管理为主要职能的部门或岗位，其中心任务就是组织协调组成培训体系的其他部门或岗位，共同完成企业的在岗培训工作，满足人力资源的配置需要。

（2）培训的需求管理。培训的需求管理包括培训需求分析和培训需求确认两部分。

（3）培训的行政管理。培训的行政管理包括培训的后勤保障和与各相关部门的行政协调。培训的后勤保障部门就是企业培训的支持部门。它所要做的工作包括场所的确定和布置，培训设备和器材的准备，培训资料的购买、印刷和装订，交通保障，食宿安排，休息场所的保障等。

（4）培训的资源管理。培训的资源管理包括对培训师的管理和培训教材的选用、编写。

2. 解析：

培训计划监督检查的项目和指标包括：（1）时间安排合理性；（2）培训进度安排合理性；（3）培训内容前后一致性；（4）培训顾问邀请可行性；（5）培训资金投入状况；（6）培训场所距离适合度；（7）人员分工明确性与合理性；（8）培训评估的合理量化标

准;（9）培训所需工具资料准备全面性;（10）培训形式说明具体程度;（11）对培训对象的接待安排妥善程度;（12）培训实施安排与培训计划进度的一致性;（13）对培训实施过程突发问题的防范措施;（14）对培训纪律要求的适当性;（15）培训管理者支援程度。

3. 解析:

培训文化对于培训工作的有效开展非常重要，为此，可采用以下措施来营造组织的培训文化。

（1）培训工作要与培训的组织目标和组织战略相结合;培训工作不再只是培训工作者的职责，也成为部门经理的重要职责;培训战略得以体现并能够不断调整。

（2）培训被视为组织发展与个人发展的有效途径;培训计划更加强调系统性和成长性;培训结果成为组织评估个人发展的重要部分。

（3）参加培训者在选择培训内容、形式、时间、地点方面有着很高的自由度;员工可以得到培训交流信息;允许失败并将其视为学习的过程。

（4）培训资源社会化;完备的培训信息系统得以建立并良性运作;更进一步强调对培训需求的满足和对培训效果的跟踪评估。

（5）通过培训使组织文化得以更好地发展。

4. 解析:

培训课程的构成要素包括:（1）课程目标;（2）课程内容;（3）课程教材;（4）教学模式;（5）教学策略;（6）课程评价;（7）教学组织;（8）课程时间;（9）课程空间;（10）培训教师;（11）学员。

5. 解析:

现代培训按其性质分为五个层次，即知识培训、技能培训、思维培训、观念培训、心理培训。

（1）知识培训——知识更新。其主要任务是对参训者所拥有的知识进行更新。课程设计的主要任务是知识的传授和学习，要解决的是"知"的问题。

（2）技能培训——能力补充。其主要任务是对参训者所具有的能力加以补充。课程设计的主要目标是要解决"会"的问题。

（3）思维培训——思维变革。其主要任务是使参训者固有的思维定式得以创新，课程设计的主要目的是要解决"创"的问题。

（4）观念培训——观念转变。其主要任务是使参训者持有的与外界环境不适应的观念得到改变。课程设计的主要目标是要解决"适"的问题。

（5）心理培训——潜能开发。其主要任务是开发参训者的潜能，课程设计的主要目标是要解决"悟"的问题。

6. 解析：

课程设计文件的格式包括封面、导言、内容大纲、开发要求、交付要求及产出要求。

7. 解析：

选聘培训教师的标准包括：（1）具备经济管理类和培训内容方面的专业理论知识；（2）对培训内容所涉及的问题应有实际工作经验；（3）具有培训授课经验和技巧；（4）能够熟练运用培训中所需要的培训教材与工具；（5）具有良好的交流与沟通能力；（6）具有引导学员自我学习的能力；（7）善于在课堂上发现问题并解决问题；（8）积累与培训内容相关的案例与材料；（9）掌握培训内容所涉及的一些相关前沿话题；（10）拥有培训热情和教学愿望。

8. 解析：

继任者的胜任力包括六个方面。

（1）认同企业文化和发展战略；（2）具备组织领导才能和成就动机；（3）擅长人际协调和化解冲突；（4）拥有核心知识技能和优秀业绩；（5）持续的自我开发能力；（6）保持高忠诚度和归属感。

9. 解析：

培训效果评估分为三个阶段，即培训前的评估、培训中的评估和培训后的评估，其作用主要包括：

（1）培训前评估的作用。

①保证培训需求确认的科学性；②确保培训计划与实际需求的合理衔接；③帮助实现培训资源的合理配置；④保证培训效果测定的科学性。

（2）培训中评估的作用。

①保证培训活动按照计划进行；②培训执行情况的反馈和培训计划的调整；③可以找出培训的不足，归纳出教训，以便改进今后的培训，同时能发现新的培训需要，从而为下一轮的培训提供重要依据；④过程监测和评估有助于科学解释培训的实际效果。

（3）培训后评估的作用。

①可以对培训效果进行正确合理的判断，以便了解某一项目是否达到原定的目标和要求；②受训人知识技术能力的提高或行为的改变是否直接来自培训本身；③可以检查出培训的费用效益，评估培训活动的支出与收入的效益如何，有助于使资金得到更加合理的配置；④可以较客观地评价培训者的工作；⑤可以为管理者决策提供所需的信息。

10. 解析：

对培训主管绩效的评估是培训管理评估体系的必备环节，在培训管理中起着举足轻重的作用。培训管理绩效是指培训管理者实施企业培训管理的业绩和成果。由于培训管理涉及多方面，所以对其绩效进行评价也应有多方面的考虑。

为了综合、全面地评价培训主管业绩，可从知识管理的过程、组织结构、实施培训管理的经济效益，以及培训效率是否提高等几个方面进行考虑，构建测评标准。

具体地说，在培训管理过程方面主要测评员工对知识的获取能力是否改变，培训是否转移及员工培训后的创新能力是否得到提高；在个人能力和组织环境方面主要测评整个组织能力和组织支持环境的改善，以及管理层的领导能力和员工的心智模式变化等；在培训管理的财务收益方面则主要测评利润水平，员工平均收入水平及社会价值表现等；在培训的外部效应方面，则主要从整个企业运营的供应链出发，测评客户与供应商的满意度是否提高等。

第四节　案例分析题及解析

一、案例分析题

1. M公司是一个中等规模的软件研发企业，2000年市场占有率为27.5%，随着IT行业的竞争的加剧，2005年该公司的市场占有率为19.5%，以后每年的市场占有率均在下降（见下表）。

产品市场占有率（%）

年份	百分比	年份	百分比
2005	19.5%	2010	10.5%
2006	17.5%	2011	9.8%
2007	17%	2012	8.7%
2008	17.2%	2013	8.5%
2009	14.6%	2014上半年	3.9%

因此，年利润有缩小的趋势，要实现公司的战略目标难度越来越大，尤其是员工素质明显不如竞争对手。产品升级换代速度慢、效率低，产品质量严重受到影响。员工文化程度比较具体如下表所示，从中可见M公司员工素质相对较低，因此竞争力很薄弱。

员工文化程度比较表

文化程度	M公司	国内标杆企业	外资企业
博士	10.2	15.4	25.3
硕士	20.4	27.3	30.4
本科	28.3	35.1	40.2
大专	41.1	22.2	4.1

2013 年年底，公司提出"重视人才，两条腿走路"的新思路。所谓两条腿走路，就是指招聘人才和培训人才。培训部做好以下几方面工作。

（1）在各种会议上，鼓励员工自学成才。只要在业余时间学习获得文凭后，学费公司报销。

（2）花了 30000 元，办了一期管理人员讲习班，请局职工大学企业管理专业的教师讲了 20 次课。

（3）公司还办了两次短期的培训班。但是效果不是特别理想，有关领导经过分析，认为主要原因是研发人员研发能力不足，缺乏创新意识和责任意识，且测试人员与研发人员之间缺乏密切的配合和协调，导致工作效率低下。

请回答下列问题：

（1）为什么培训效果不是特别理想？

（2）应该从内部还是外部请教师？

2. W 制造公司是一家位于华东某省的电气设备制造公司，拥有近 400 名工人。大约在一年前，公司因产品有过多的缺陷而失去了两个较大的客户。W 公司领导研究了这个问题之后，一致认为：公司的基本工程技术方面还是很可靠的，问题出在生产线上的工人，质量检查员及管理部门的疏忽大意、缺乏质量管理意识。于是公司决定通过开设一套质量管理课程来解决这个问题。

质量管理课程的授课时间被安排在工作时间之后，每周五晚上 7：00~9：00，历时 10 周，公司不付给来听课的员工额外的薪水，员工可以自愿听课，但是公司的主管表示，如果一名员工积极地参加培训，那么这个事实将被记录到他的个人档案里，以后在涉及加薪或提职时，公司将予以考虑。

课程由质量监控部门的李工程师主讲。主要包括各种讲座，有时还会放映有关质量管理的录像片，并进行一些专题讲座，内容包括质量管理的必要性，影响质量的客观条件，质量检验标准，检查的程序和方法，抽样检查，以及程序控制等。公司所有对此感兴趣的员工，包括监管人员，都可以去听课。

课程刚开始时，听课人数平均 60 人左右。在课程快要结束时，听课人数已经下降到 30 人左右。而且，因为课程是安排在周五的晚上，所以听课的人员都显得心不在焉，有一部分离家远的人员课听到一半就提前回家了。

在总结这一课程培训的时候，人力资源部经理评论说："李工程师的课讲得不错，内容充实，知识系统，而且他很幽默，使得培训引人入胜。听课人数的减少并不是他的过错。"

请回答下列问题：

（1）您认为这次培训在组织和管理上有哪些不合理的地方？

（2）如果您是 W 公司的人力资源部经理，您会怎样安排这个培训项目呢？

3. KV 公司过去几年对员工培训的投入很大，开展的培训项目也是品种繁多，但是大家都感觉到收效甚微，总经理也认为是这样，于是就安排 HR 部门的培训主管小王对培训效果进行评估。小王很积极地对公司进行的各个培训项目制订十分详尽的评估计划。但是一年下来，公司在培训评估方面的费用远远超出了总经理的想象，使得公司培训费用很高，总经理很头疼，小王也很困惑，百思不得其解。

请根据 KV 公司现状，回答如下问题：

（1）小王应从哪些层面、对哪些内容，以及何时进行培训效果评估？

（2）小王应采用哪些对应方法对培训成果进行评估？

二、解析

1. 解析：

（1）培训效果不理想的原因。

①缺乏系统性。系统性就是要求培训规划从目标设立到实施的程序和步骤，从培训对象的确定到培训的内容、培训方式方法的选择、培训师的指派，乃至评估标准的制定都应当保持统一性和一致性。

②缺乏针对性。培训规划的制定必须从工作岗位应具备的知识、技能和心理素质出发，根据各类岗位人员的实际需要确定培训范围和对象、培训内容和方式方法。

③缺乏相关性。培训规划的制定必须充分关注培训需求分析中存在的各类问题、信息间的相互联系，以及采取相应的培训措施。

（2）企业培训管理人员应根据实际情况，确定适当的内部和外部教师的比例，尽量做到内外搭配、相互学习、取长补短。

2. 解析：

（1）W 公司的培训不合理之处在于以下几点。

①没有对员工进行培训需求调查与分析，使得培训工作的目标不明确，也不了解员工对培训项目的认知情况。

②培训时间安排不合理，在周五晚上进行培训，学员"心不在焉"，影响培训效果。

③没有对培训进行过程的监控，不能及时发现问题，解决问题。

④对培训工作的总结程度不够，没有对培训的效果进行评估。

⑤没有详细的培训计划，具体表现在对受训员工的对待问题上，没有"制度性"的规定，不利于提高受训员工的学习积极性。

（2）作为 W 公司的人力资源部经理，在此次培训工作中应该做到以下方面。

①先进行培训需求分析，了解员工对质量监管培训的认识，了解员工的要求。

②对培训做总体的规划，包括合理的培训时间、地点，培训经费预算，培训讲师的安排甚至对讲师的培训等。

③选派合适的人选对培训的全过程进行监控，及时发现问题、解决问题。

④培训结束时，对受训人员进行培训考核，以了解培训工作的效果。

⑤对培训的总过程及结果进行总结，保留优点，剔除问题和缺点，为下一次培训积累经验。

3. 解析：

（1）在评估培训项目所取得的成果时，可从反应评估、学习评估、行为评估及结果评估四个层级进行。

①反应评估。其评估内容主要是衡量学员对具体培训课程、培训师与培训组织的满意度。评估时间是课程结束时。

②学习评估。其评估内容主要是衡量学员对于培训内容、技巧、概念的吸收与掌握程度。评估时间是课程进行时和课程结束时。

③行为评估。其评估内容主要是衡量学员在培训后的行为改变是否因培训所导致。评估时间是 3 个月或半年以后。

④结果评估。其评估内容主要是衡量培训给公司的业绩带来的影响。评估时间是半年或一两年后员工及公司的绩效评估。

（2）培训成果评估的五项重要指标是认知成果、技能成果、情感成果、绩效成果及投资回报率。

①认知成果。可以用来衡量受训者对培训项目中所强调的基本原理、程序、步骤、方式、方法或过程等所理解、熟悉和掌握的程度。员工培训的认知成果一般可以采用笔试或口试的方法来评判。

②技能成果。可以用来评价受训者对培训项目中所强调的操作技巧、技术或技能及行为方式等所达到的水准。员工培训的技能成果可采用现场观察、工作抽样等方法进行评判。

③情感成果。可以用来测量受训者对培训项目的态度、动机及行为等方面的特征。例如受训者对培训项目的感性认识。反应成果是情感成果的一种具体类型。反应成果信息通常是在课程结束之后，运用调查问卷法采集的。

④绩效成果。可以用来评价受训者通过该项目培训对个人或组织绩效所产生的影响程度，同时也可以为企业人力资源开发及培训费用计划等决策提供依据。绩效成果的评估可以采用绩效考核的方法进行评判。

⑤投资回报率。培训项目的货币收益和培训成本的比较。进行培训项目成本收益分析，计算出培训的投资回报率是培训效果评估的一种最常见的定量分析方法。

第五节　方案设计题及解析

一、方案设计题

1. HG 公司是国内一家知名的通信技术公司，该公司充分结合公司强大的本地竞争力和丰富的全球资源，提供领先的电信基础设施和量身定做的端到端通信解决方案，业务覆盖固定和移动通信网络、宽带接入、网络应用、网络集成业务和多媒体解决方案。

同时，公司也面临着人力资源管理的挑战。目前来讲，管理人员的行业内流动，业务发展所造成的对新的经理人的需求，以及科技事务和管理日趋紧密结合的趋势，都是造成管理人员紧缺的原因。为了保证工作的连续性，应尽快提升各级管理人员的接班意识和接班能力。

请根据上述情况，为该企业设计接班人计划。

2. 围绕 DH 公司"共同进步"的文化范畴和 2013 年公司上市这一背景。公司决策层决定通过对员工的培训与开发，提高员工的工作技能、知识层次，从整体上优化公司人才结构，培养具有国际化的人才，增强企业的综合竞争力。

请根据上述情况，为该公司设计一份 2014 年度员工培训计划书。

二、解析

1. 解析：

HG 公司接班人计划

一、目的

为建立和完善公司管理人才培养机制，通过制定与实施有效的接班人（关键岗位继任者和后备人才）甄选计划，以及岗位轮换计划、内部兼职计划、导师计划（在职辅导）、在职培训等人才培养与开发计划，合理地挖掘、开发、培养后备管理人才队伍，以建立公司强有力的人才梯队，为公司持续发展提供源源不断的管理人才支撑。

二、原则

1. 坚持"系统管理"的实施原则，将接班人培养和人才培训与开发、职业发展等有机结合，并推动人力资源管理的提升。

2. 坚持"内部培养为主，外部引进为辅"的培养原则，并采取"滚动进出"的方式进行循环培养，持续保持接班人队伍的生机和活力。

3. 坚持"核心能力标准"的培养原则，努力培养满足公司战略发展要求，具备各岗位胜任能力素质的人才。

三、接班人培养体系

1. 公司建立"统分结合"的接班人培养体系。

2. 公司各职能部门的负责人全权负责本单位接班人计划与培养体系的实施。

（1）负责根据本部门未来发展战略，盘点未来重要岗位需求，确定接班人岗位。

（2）负责组织对接班岗位进行工作分析。

（3）负责组织盘点现有潜力人才情况，作为接班人推选的依据。

（4）负责组织接班人能力与开发需求评价。

（5）负责组织制订接班人培养计划。

（6）负责组织设计接班人能力开发行动。

（7）负责组织接班人计划的实施与定期回顾。

3. 人力资源部作为人才培养的组织协调部门，负责公司人才甄选标准制定、关键岗位人才培养对象的初步甄选、后备人才培养对象的确定和人才培养计划的具体实施。

四、接班人培养流程

1. 评估关键岗位确定继任需求

（1）明确企业战略和核心能力。

（2）通过岗位评估来确定关键岗位识别核心人才。

（3）绘制核心人才继任需求表。

2. 确定核心人才素质特征，构筑素质模型

（1）确定企业核心能力和企业战略目标。

（2）确定素质类别相应的定义和典型的行为表现。

3. 选拔继任计划候选人

（1）确定企业核心人才继任计划选拔候选人的步骤。

（2）以素质模型为依据，识别人才发展潜力，为继任计划挑选候选人。

4. 培养核心人才继任者

（1）以素质模型为基础对每个候选人量身定做培训方案。

（2）培训的实施与控制。

5. 接班人培训计划实施与反馈。

2. 解析：

DH 公司 2014 年度员工培训计划书

一、封面（略）

本部分包括封面名称、编制部门、编制日期及审核部门等元素。

二、目录（略）

三、正文部分

1. 计划概要

本计划主要内容包括本年度培训工作具体内容、时间安排和费用预算等。编制本计划的目的在于加强对培训教育工作的管理，提高对培训工作的计划性、有效性和针对性，使得培训工作能够有效地促进公司经营目标的达成。

2. 计划依据

制订本计划的主要依据是董事会关于 2014 年度公司发展战略及具体工作安排的报告、本公司现有的职能定位，以及最新的培训需求调查结果、部门访谈结果等。

3. 培训工作的原则、方针和要求

（1）培训原则。

①按需施教、学用结合。

②各个部门各负其责、密切配合、通力协作。

③公司内部培训为主，外部培训为辅。

④加强培训效果反馈，及时调整相关内容。

⑤培训内容必须有益于促进公司发展。

（2）培训方针。以"共同进步"的企业文化为基础，以提高员工实际岗位技能和工作绩效为重点，建立"全面培训与重点培训相结合、自我培训与讲授培训相结合、岗位培训与专业培训相结合"的全员培训机制，促进员工发展和企业整体竞争力的提升。

（3）培训要求。

①满足公司未来业务发展需求。

②满足企业文化建设的需要。

③满足中层管理人员及后备人员的发展需要。

④满足企业内部培训系统发展和完善的需要。

4.培训目标

（1）培训体系目标与培训时间目标。培训体系目标：建立并不断完善公司培训组织体系与业务流程，确保培训工作高效、正常运作。培训时间目标：保证为所有管理层年内提供至少30小时的业务和技能培训。

（2）培训内容及课程目标。重点推进中层以上管理人员的管理技能培训，提高各部门的工作效率；打造"TTT培训""财务管理培训"和"两非培训（非人力资源经理的人力资源管理培训、非财务经理的财务管理培训）"等品牌课程。

（3）培训队伍建设目标。建立并有效管理内部培训队伍，确保培训师资的胜任能力和培训的实际效果。

5.培训体系建设任务

公司培训体系的建设任务具体如下表所示。

培训体系建设任务一览表

序号	任务		作用及措施	工作期限
1	培训管理制度体系建设	作用	为推动企业培训体系的建立提供制度保障	
		措施	制定培训管理办法、新员工培训管理制度、岗位技能培训管理制度、员工外派管理制度、培训考核管理制度等	
2	教材库建设	作用	开发教材，使教材成为实现培训目标的保障和基础	
		措施	各职能部门按层次、按专业组织教材的开发	
3	案例库建设	作用	使培训生动化，更好地实现培训目标	
		措施	各部门收集日常工作中的突发事件、关键事件，每个部门负责提交2~3个详细案例	
4	素材库建设	作用	通过局域网建立资料共享平台，供员工自我培训	
		措施	各员工负责上传资料，网络部负责资料审核、分类	
5	档案库建设	作用	管理企业及员工培训档案	
		措施	收录培训计划、培训通知、培训签到本、培训讲义、培训教材、培训评估记录、培训抽查记录等	

续表

序号	任务		作用及措施	工作期限
6	实施多样化培训方式	作用	提高培训的灵活性及有效性，使员工随时随地可参加培训	
		措施	开展网络培训、户外拓展、光盘培训、管理游戏等项目	
7	建立员工职业生涯发展系统	作用	挖掘员工潜能，通过对口培训提高员工的归属感	
		措施	为员工进行职业生涯规划，建立与职位升迁相关的必须参加的培训项目列表，完善职位晋升所需要的培训管理体系	
8	建立内部讲师队伍	作用	提高培训水平，降低培训成本	
		措施	年内通过各种手段开发5位内部讲师，且年授课量不低于60小时，同时建立各讲师的专业、特色课程	

6.2014年培训课程计划

（1）计划内培训课程。新员工入职培训是每个进入企业的新员工都必须参加的培训项目。新员工入职培训分为两类：一类是新员工到企业报到之日进行的简单入职事项告知；另一类是每两个月统一组织一次的新员工培训，内容为企业发展历程、规模和发展方向，企业文化，企业理念，组织架构，规章制度等。

2014年度新员工培训计划表

序号	培训项目	培训时间（季度）				培训课时	累计课时	培训讲师	培训预算
		1	2	3	4				
1	企业文化和发展史								
2	员工行为规范要求								
3	企业业务概况								
4	各岗位基本事务								
5	安全管理与保密								
6	职业道德与利益								
7	质量管理体系								
8	团队合作								
9	试用期辅导计划								
10	企业规章制度								

2014 年度在职员工培训计划表

序号	培训项目	培训时间（季度）				培训课时	累计课时	培训讲师	培训预算
		1	2	3	4				
1	高效团队法则								
2	人力资源管理案例								
3	职员发展训练课程								
4	实践管理								
5	情绪管理								
6	目标管理								
7	文书管理								
8	绩效管理								
9	高效团队建设指南								
10	平行四位工具训练								
11	培训师授课技巧								
12	市场拓展技巧								
13	出色主管								
14	核心管理技能培训								
15	内部培训训练								
16	管理者的十个错误								
17	学习型组织建设								

（2）计划外培训课程。计划外培训是指不在本年度计划内的培训项目，本公司员工参与计划外培训项目需要办理审核审批手续，具体要求如下。

①培训项目及培训内容应符合公司业务或员工专业技能提高的需要。

②一般应提前 15 天申请，且培训项目费用没有超出预算（单次及累计）。

③同一主题的培训项目一年内原则上只能申请一次。

7．重点培训项目（略）

8．培训效果评估

（1）课程培训评估。培训结束时由培训组织者及时收集现场反馈，并完成"课程培训评估表"。

（2）培训有效性评估。培训结束 3 个月后，人力资源部会同部门主管对培训有效性进行评估，并完成"培训有效性评估表"。

（3）培训有效性复评。每半年的员工教育培训总结会议上，进行半年度培训有效性的复评。培训人员汇集培训有效性评估表，作为调整下半年度培训计划及培训持续改进的依据。

9.培训费用预算

年度培训费用预算具体如下表所示。

年度培训费用预算表

项目	内容	单价	合计	备注
内部培训师				
外部培训师				
拓展项目				
培训教材				
培训资料				
辅助资料				
合计				

10.计划控制

（1）月度工作计划和费用预算控制。培训人员每月末将下月培训实施方案提交给培训领导小组审批。

（2）课程培训计划审批。培训项目开始时，培训人员将课程培训计划提交给总经理办公室，由总经理办公室通知相关人员。

（3）培训管理。人力资源部经理严格进行培训管理，促使培训人员完成公司年度最低培训任务，并对日常培训工作的效果负责。

（4）培训设施购置。人力资源部应完善硬件条件，年内购买投影仪、摄像设备和录音设备各一台。

第四章　绩效管理辅导训练

第一节　单项选择题及解析

一、单项选择题

1.（　）一般作为生产性组织的主要绩效考评指标。

（A）工作效率　　（B）成本控制　　（C）工作过程　　（D）工作成果

2. 对于管理性组织和服务性组织的考评，一般不采用的指标是（ ）。

（A）工作方式 （B）工作产出 （C）组织气氛 （D）工作效率

3.（ ）的绩效考评指标体系是以反映和体现被考评者的兴趣爱好、应变能力、人际关系等指标为主体构成的考评体系。

（A）行为过程型 （B）品质特征型 （C）工作结果型 （D）工作方式型

4.（ ）绩效指标体系应能够反映员工在劳动过程中的行为表现。

（A）品质特征型 （B）工作结果型 （C）行为过程型 （D）劳动态度型

5.“客户投诉率”属于（ ）绩效考评指标。

（A）行为过程型 （B）品质特征型 （C）工作结果型 （D）工作方式型

6. 获得专利权的项目数属于（ ）的绩效考评指标。

（A）行为过程型 （B）品质特征型 （C）工作结果型 （D）工作方式型

7. 以（ ）为基础的绩效考评指标体系，能清楚地说明组织或员工在考评期内完成的工作任务及其对组织贡献的大小。

（A）实际投入 （B）工作行为 （C）实际产出 （D）工作方式

8.（ ）的目的是寻求新的和异想天开的解决所面临难题的途径与方法。

（A）关键事件法 （B）要素图示法 （C）个案研究法 （D）头脑风暴法

9. 设计绩效考评指标体系的程序包括：①理论验证；②工作分析；③指标调查；④修改调整。正确的顺序是（ ）。

（A）②③①④ （B）③①②④ （C）②①③④ （D）①②③④

10. 编制绩效考评标准时，无需遵循（ ）。

（A）目标导向原则 （B）突出特点原则 （C）定量准确原则 （D）先进合理原则

11. 在确定绩效考评标准时，应做到“定量准确”，其衡量标准不包括（ ）。

（A）考评标准越多越好 （B）各标准间的差距要合理

（C）标准的含义要明确 （D）标准的等级数量要合理

12. 建立战略导向 KPI 体系的意义不包括（ ）。

（A）有助于员工的自我实现 （B）对战略导向起牵引作用

（C）最大限度的激发员工斗志 （D）强调对员工行为的激励

13. 以下关于战略导向 KPI 体系的说法不正确的是（ ）。

（A）KPI 体系以控制为中心 （B）财务与非财务指标相结合

（C）战略目标自上而下分解 （D）短期指标与长期指标结合

14. 关键绩效指标作为绩效考评的指标与标准的结合体，它必须具备的条件是（ ）。

（A）定型化、结果化 （B）定型化、行为化

（C）定量化、结果化 （D）定量化、行为化

15. 设定 KPI 指标和指标值时，一般不会选取（　　）作为参考标杆。

（A）国内收益最高的企业　　　　（B）居于国内领先地位的优秀企业

（C）本行业领先的企业　　　　　（D）居于世界领先地位的顶尖企业

16. 提取 KPI 的程序包括：①分析工作产出；②审核指标和标准；③修改和完善；④设定考评标准；⑤提取和设定绩效考评指标。排序正确的是（　　）。

（A）①④③⑤②　　（B）①⑤②③④　　（C）①④②⑤③　　（D）①⑤④②③

17. 关键绩效指标可以分为数量指标、质量指标、成本指标和（　　）四种类型。

（A）生产指标　　　（B）时限指标　　　（C）利润指标　　　（D）收益率指标

18. KPI 标准水平的分类不包括（　　）。

（A）先进的标准水平　　　　　　（B）预期的标准水平

（C）平均的标准水平　　　　　　（D）基本的标准水平

19. 在设计关键绩效指标时，（　　）不适合用来解决工作产出项目过多问题。

（A）设置更为全面的指标体系

（B）比较产出结果对组织的贡献率

（C）删除与工作目标不符合的产出项目

（D）合并同类项，将增值贡献率的项目归到一个更高的类别

20. "医师的诊断水平和医术"的效标属于（　　）绩效考评效标。

（A）行为性　　　（B）特征性　　　（C）结果性　　　（D）品质性

21. 考量员工个人特质的效标属于（　　）。

（A）行为性效标　　（B）特征性效标　　（C）结果性效标　　（D）素质性效标

22.（　　）对人际接触和交往频繁的工作岗位尤其重要。

（A）结果性效标　　（B）特征性效标　　（C）行为性效标　　（D）品质性效标

23. 以下不属于行为导向型考评方法的是（　　）。

（A）强制分配法　　（B）强迫选择法　　（C）成对比较法　　（D）直接指标法

24. 品质主导型的绩效考评方法适用于（　　）。

（A）管理人员　　　（B）销售人员　　　（C）IT 行业　　　（D）行政人员

25. 下列行为或意图，（　　）不会产生考评的宽厚误差。

（A）考评标准过低

（B）为了避免冲突和对抗，给下属过高的评价

（C）压缩提薪人员的比例

（D）采用了主观性很强的考评标准和方法

26. 考评过程中出现（　　），不利于个人绩效的改进，容易使业绩优秀的员工受到

伤害。

（A）苛严误差 　　（B）中间倾向 　　（C）宽厚误差 　　（D）晕轮误差

27. 绩效考评的（ ）容易增加工作压力，降低工作满意度，不利于调动业务骨干的积极性、主动性和创造性。

（A）苛严误差 　　（B）中间倾向 　　（C）宽厚误差 　　（D）晕轮误差

28.（ ）不能纠正绩效考评中的晕轮误差。

（A）建立精确的考评标准体系 　　　　（B）建立完善的数据处理系统

（C）对考核者进行适当的培训 　　　　（D）建立严谨的工作记录制度

29. 对员工进行考评时，如果前一名被考评者甲被认为是表现"差"，即使被考评者乙的表现一般，考评者仍然会给出较高的评分。这种误差被称为是考评的（ ）。

（A）相似偏差 　　（B）后继效应 　　（C）对比偏差 　　（D）晕轮效应

30.（ ）是指考评者仅凭下属最初的绩效信息，对考评期内的全部表现做出总评价。

（A）优先效应 　　（B）首因效应 　　（C）后继效应 　　（D）近期效应

31. 被考评者上一考评期内的评价结果对本期评价产生影响，这种考评误差属于（ ）。

（A）后继效应 　　（B）晕轮误差 　　（C）个人偏见 　　（D）优先效应

32. 绩效考评的（ ）不是由考评者的主观性带来的。

（A）晕轮误差 　　（B）自我中心效应 　（C）分布误差 　　（D）评价标准误差

33. 下列属于空间上的考评误差的是（ ）。

（A）分布误差 　　（B）优先效应 　　（C）后继效应 　　（D）晕轮效应

34.（ ）是指能将绩效优秀者与绩效一般者区分开来的个体潜在的深层次特征。

（A）胜任特征 　　（B）行为特征 　　（C）外貌特征 　　（D）心理特征

35.（ ）是基于胜任特征的一种考评方法，通过这种方法得出的考评结果更加全面。

（A）关键绩效指标法 　　　　　　　　（B）行为导向法

（C）目标分解法 　　　　　　　　　　（D）360度考评方法

36. 360度考评方法宜用（ ）的评价方式。

（A）记名 　　（B）公开 　　（C）匿名 　　（D）自愿

37. 360度考评方法的缺点不包括（ ）。

（A）相对而言成本较高 　　　　　　　（B）信息一致性差

（C）定性评价比重较大 　　　　　　　（D）结果有效性差

38. 关于信息化绩效考评的说法错误的是（　　）。

（A）克服地域性差异给绩效考评带来的问题

（B）简化考评管理工作，降低考评过程的复杂性

（C）大大增加了考评的成本

（D）增加了绩效考评的保密性

39.（　　）是通过对员工现时工作行为和表现剖析，说明哪些行为是正确的、有效的，哪些行为是错误的、无效的。

（A）单向劝导式面谈　　　　　　（B）双向倾听式面谈

（C）解决问题式面谈　　　　　　（D）综合式绩效面谈

40. 最基本的一项绩效管理评估的指标是（　　）。

（A）总体成本 / 收益比　　　　　（B）被评估的人数

（C）单元层次和组织层次的绩效　　（D）信息质量

二、解析

1. 解析：D　对于生产性组织，它一般有客观的物质产出，因此，对其考评一般以最终的工作成果如生产数量、生产质量等为主要考评指标。

2. 解析：B　对于管理性组织和服务性组织，其性质是比较相似的，它们一般不会有客观的物质性成果的产出，因此考评中应主要考评其整体素质、工作效率、出勤率、工作方式、组织的气氛等指标。

3. 解析：B　品质特征型的考评指标包括：性格特征、兴趣爱好、语言表达能力、应变能力和人际关系等。

4. 解析：C　行为过程型的绩效考评指标体系是以反映员工在劳动工作过程中的行为表现的各种指标为主体构成的指标体系。

5. 解析：C　产品品种、产品合格率、商品一次开机合格率、客户投诉率、产品返修率等质量指标属于工作结果型的绩效考评指标。

6. 解析：C　科研成果的水平、获得专利权的项目数、科研成果的推广率和转换率、科研成果所产生的经济效益等属于工作结果型的绩效考评指标体系。

7. 解析：C　以实际产出为基础的考评指标体系，能清楚地说明组织或员工个人在考评期内完成什么样的工作任务，其所取得的具体成果或业绩是什么，其贡献率有多大。

8. 解析：D　头脑风暴法的目的是寻求新的和异想天开的解决自己所面临难题的途径与方法。

9. 解析：C　确定绩效考评指标体系的程序包括：工作分析；理论验证；进行指标调查，

确定指标体系；进行必要的修改和调整。

10. 解析：B　绩效考评标准的设计原则包括：定量准确的原则、先进合理的原则、突出特点的原则及简明扼要的原则。

11. 解析：A　所谓"定量准确"，一是指各指标的考评标准的起止水平应是合理确定的；二是指各标准的含义、相互间的差距应当是明确合理的，评分尽可能采用等距式量表；三是指选择的等级档次数量要合理，不宜过多或过少，控制在 3~9 级为宜。

12. 解析：A　建立战略导向的 KPI 体系的意义包括:（1）使 KPI 体系不仅成为激励约束企业员工行为的一种新型的机制，同时还要发挥 KPI 体系战略导向的牵引作用;（2）将员工的个人行为与部门的目标相结合，使 KPI 体系有效地诠释与传播企业的总体发展战略;（3）彻底转变传统的以控制为中心的管理理念。

13. 解析：A　从绩效考评的目的来看，战略导向的 KPI 体系是以战略为中心，指标体系的设计与运用都是为战略目标服务的；一般绩效考评体系是以控制为中心，指标体系的设计与运用来源于控制的意图，为了更有效地控制员工个人的行为。

14. 解析：D　关键绩效指标作为绩效考评的指标与标准的结合体，它必须是定量化的，如果难以定量化，那么也必须是行为化的。

15. 解析：A　在 KPI 指标和指标值的设定上，可以选择的参考企业至少存在三种情况：一是本行业领先的最佳企业；二是居于国内领先地位的最优企业；三是居于世界领先地位的顶尖企业。

16. 解析：D　提取关键绩效指标的程序和步骤:（1）利用客户关系图分析工作产出;（2）提取和设定绩效考评的指标;（3）根据提取的关键指标设定考评标准;（4）审核关键绩效指标和标准;（5）修改和完善关键绩效指标和标准。

17. 解析：B　关键绩效指标主要可以区分为数量指标、质量指标、成本指标和时限指标四种类型。

18. 解析：B　KPI 的标准水平可以分为先进的标准水平、平均的标准水平及基本的标准水平。

19. 解析：A　设置更为全面的指标体系不适合用来解决工作产出项目过多的问题。

20. 解析：B　结果性效标侧重点是考量"员工完成哪些工作任务或生产了哪些产品，其工作成效如何"。结果性效标最常见的问题是若干质化指标较难以量化，如医师的诊断水平和医术是难以进行有效的量化和测定的。

21. 解析：B　特征性效标即考量员工是怎样的一个人，侧重点是员工的个人特质。

22. 解析：C　行为性效标的侧重点是考量"员工如何执行上级指令，如何工作的"，这类效标对人际接触和交往频繁的工作岗位尤其重要。

23. 解析：D　行为导向型的主观考评方法包括排列法、选择排列法、成对比较法、强制分配法和结构式叙述法。行为导向型的客观考评方法包括关键事件法、强迫选择法、行为定位法、行为观察法和加权选量表法。

24. 解析：C 品质主导型的绩效考评方法适用于IT行业。

25. 解析：C 宽厚误差产生的原因包括：因为评价标准过低造成的；主管为了缓和关系，避免冲突和对抗，给下属过高的评价；采用了主观性很强的考评标准和方法；在考评中曾与被考评者反复多次进行沟通；"护短"心理；对那些已经付出很大努力的员工进行鼓励，或希望提高那些薪资水平低的员工的薪酬待遇；考评过于严格和精确，不利于激励员工；尽量避免产生长久的、消极的影响；对那些一贯优秀的业务骨干，即使他们有一定的失误，也要予以保护。

26. 解析：C 宽厚误差容易使低绩效的员工滋生某种侥幸心理，持有"蒙混过关"的心态，不仅不利于组织的变革和发展，形成狭隘的内部保护主义的错误倾向，更不利于促进个人绩效的改进和提高，特别容易使那些业绩有效的员工受到伤害。

27. 解析：A 苛严误差考评结果过于苛刻，对组织来说，容易造成紧张的组织氛围；对个体来说，容易增加工作压力，涣散员工的士气和斗志，降低工作的满意度，不利于调动业务骨干的积极性、主动性和创造性。

28. 解析：B 纠正晕轮误差的方法：一是建立严谨的工作记录制度；二是评价标准要制定得详细、具体、明确；三是对考评者进行适当培训。

29. 解析：C 对比偏差即考评者按照自己的标准寻找被考评者与其不同的方面进行评定。当考评者对下属进行考评时，如果根据自己心目中的假设，对不同表现的人员进行比较时，就会产生对比偏差。如对乙员工进行考评时，如果前一个被考评者——甲员工被认为是表现"差"的人，那么，如果乙员工虽然表现一般，但考评者给出很高的评分。

30. 解析：A 所谓优先效应是指考评者根据下属最初的绩效信息，对其考评期内的全部表现做出的总评价，以前期的部分信息替代全期的全部信息，从而出现了"以偏概全"的考评偏差。

31. 解析：A 后继效应又称记录效应，即被考评者在上一个考评期内评价结果的记录，对被考评者在本考评期内的评价所产生的作用和影响。

32. 解析：D 评价标准的不明确是影响考评结果的客观原因，而分布误差、晕轮误差、个人偏见、优先和近期效应、自我中心效应及后继效应基本上属于主观性的。

33. 解析：D 晕轮效应属于空间上的考评误差。

34. 解析：A 胜任特征是指能将绩效优秀者与绩效一般者区分开来的个体潜在的深层次特征。

35. 解析：D 360度考评方法是基于胜任特征的一种考评方法，通过这种方法得出的考评结果更加全面、深刻。

36. 解析：C　360 度考评方法采用匿名考评方式，消除考评者的顾虑，使其能够客观地进行评价，保证了考评结果的有效性。

37. 解析：D　360 度考评方法的缺点包括：（1）定性评价比重较大，定量的业绩评价较少；（2）从不同渠道得来的并非总是一致；（3）信息较多地增加了收集和处理数据的成本；（4）可能会在组织内造成紧张气氛。

38. 解析：C　基于信息化绩效考评的优势：（1）克服地域性差异给绩效考评带来的问题；（2）简化考评管理工作，降低考评过程的复杂性；（3）保持了整个考评过程的适时性和动态性；（4）大大降低了考评成本；（5）增加了绩效考评的保密性。

39. 解析：A　单向劝导式面谈又称单向指导型面谈，它是通过对员工现时工作行为和表现剖析，说明哪些行为是正确的、有效的，哪些行为是错误的、无效的。

40. 解析：B　绩效管理评估最基本的一项指标是真正参与到绩效管理制度中的人数，即被评估的人数。

第二节　多项选择题及解析

一、多项选择题

1. 针对管理性组织和服务性组织，考评的重点主要集中在（　　）等几个方面。

（A）整体素质　　　　　　（B）工作效率　　　　　　（C）工作方式

（D）组织气氛　　　　　　（E）工作成果

2. 按岗位在企业生产过程中的地位和作用不同，可以将其分为（　　）。

（A）生产岗位　　　　　　（B）服务岗位　　　　　　（C）技术岗位

（D）管理岗位　　　　　　（E）基层岗位

3. 设计绩效考评指标体系时，应遵循的基本原则包括（　　）。

（A）可测性原则　　　　　（B）明确性原则　　　　　（C）针对性原则

（D）科学性原则　　　　　（E）经济性原则

4. 头脑风暴法应该遵循的基本原则包括（　　）。

（A）鼓励别人改进想法　　　　　　（B）依靠个人的冷静思考

（C）思想越激进越开放越好　　　　（D）强调产生想法的数量

（E）任何时候都不批评别人的想法

5. 从实验心理学和测量学的角度看，按照测量水平的不同，考评量表可以分为（　　）。

（A）类别量表　　　　　　（B）等距量表　　　　　　（C）位次量表

（D）等比量表　　　　　　　（E）比率量表

6. 等距量表是一种绩效考评标准量表，以下说法正确的有（　　）。

（A）有绝对零点　　　　　　　（B）数量差距相同

（C）数量差距以相同的比例变化　　（D）没有绝对零点

（E）在一个变量上对事物进行分类

7. 以下关于比率量表的说法正确的是（　　）。

（A）表中没设立绝对零点　　　　（B）可以进行四则运算

（C）测量水平最高的量表　　　　（D）可以用几何平均数

（E）采用的统一方法单一

8. 战略导向的 KPI 体系的特点包括（　　）。

（A）自下而上汇总目标　　　（B）以控制为中心　　　（C）自上而下分解目标

（D）以战略为中心　　　　　（E）考评指标以财务指标为主

9. 提取关键绩效指标的方法包括（　　）。

（A）综合指标法　　　　　　（B）关键分析法　　　　（C）目标分解法

（D）岗位分析法　　　　　　（E）标杆基准法

10. 可用客户关系分析图法提取关键绩效指标，该方法的特点包括（　　）。

（A）应用范围广　　　　　　　（B）可用于个人的工作产出分析

（C）适用于各种工作岗位　　　（D）可用于团队的工作产出评估

（E）可分析企业下属的各个部门

11. 制定 KPI 要遵循 SMART 原则。SMART 由五个英文单词的首字母组成，下列"字母—单词"的组合，相匹配的是（　　）。

（A）S-Specific　　　　　（B）M-Measurable　　　　（C）A-Attainable

（D）R-Reasonable　　　　（E）T-Technical

12. 审核关键绩效指标的要点包括（　　）。

（A）是否具有可操作性

（B）是否留有可以超越的空间

（C）工作产出是否为最终产品

（D）多个考评者参与，结果是否可靠、准确

（E）KPI 能否解释被考评者 50% 以上的工作目标

13. 绩效辅导的作用体现在（　　）。

（A）与员工建立一对一的密切联系，向他们提供反馈

（B）帮助员工制定能"拓展"他们目标的任务，并在他们遇到困难时提供支持

（C）营造一种鼓励员工承担风险、勇于创新的氛围

（D）使他们能够从过去的经验中学习

（E）为员工提供学习机会，使他们有机会与不同的人一起工作

14. 绩效监控的关键点包括（　　）。

（A）绩效考评指标体系的建立

（B）管理者领导风格的选择和绩效辅导水平

（C）管理者与下属之间绩效沟通的有效性

（D）绩效考评制度的完整性

（E）绩效考评信息的有效性

15.（　　）属于绩效沟通的内容。

（A）绩效计划沟通　　　（B）绩效辅导沟通　　　（C）绩效监控沟通

（D）绩效反馈沟通　　　（E）绩效改进沟通

16. 下列属于正式的绩效沟通的是（　　）。

（A）在公司食堂与员工的交流　　　（B）正式的书面报告

（C）定期会面　　　（D）管理者与员工之间一对一的会面

（E）有管理者参加的员工团队会谈

17. 绩效考评效标是指评价员工绩效的指标及标准，具体包括（　　）。

（A）卓越性效标　　　（B）特征性效标　　　（C）结果性效标

（D）行为性效标　　　（E）一般性效标

18. 行为导向的主观考评方法，主要有（　　）。

（A）关键事件法　　　（B）选择排列法　　　（C）成对比较法

（D）强制分配法　　　（E）行为定位法

19. 制约和影响绩效考评的正确性、可靠性和有效性的因素主要有（　　）。

（A）后继效应　　　（B）评价指标对考评的影响

（C）自我中心效应　　　（D）评价标准对考评的影响

（E）员工绩效的分布误差

20. 绩效面谈的类型包括（　　）。

（A）单向劝导式面谈　　　（B）双向倾听式面谈　　　（C）解决问题式面谈

（D）综合式绩效面谈　　　（E）绩效改进面谈

二、解析

1. 解析：ABCDE　对于管理性组织和服务性组织，其性质是比较相似的，它们一般不会有客观的物质性成果的产出，因此考评中应主要考评其整体素质、工作效率、出勤率、工作方式、组织的气氛等指标。

2. 解析：ABCD 按岗位在企业生产过程中的地位和作用不同可划分为：生产岗位、技术岗位、管理岗位和服务岗位四大类。

3. 解析：ABCDE 绩效考评指标体系的设计原则包括：针对性原则；关键性原则；科学性原则；明确性原则；完整性原则；合理性原则；独立性原则；可测性原则。

4. 解析：ACDE 头脑风暴法应遵守下四个基本原则：（1）任何时候都不批评别人的想法；（2）思想越激进越开放越好；（3）强调产生想法的数量；（4）鼓励别人改进想法。

5. 解析：ABCE 从实验心理学和测量学的角度看，按照测量水平的不同，考评量表可以分为名称量表（类别量表）、等级量表（位次量表）、等距量表及比率量表。

6. 解析：BD 等距量表除了具有类别和等级量表的性质外，它要求一定数量差距在整个量表的阶梯上都是相同的。换句话说，根据事物的性质和特点，以及分派原则，这时量表的各个部分的单位是相等的，但没有绝对的零点。

7. 解析：BCD 比率量表是在量表中测量水平最高的量表。一个比率量表除含有类别、等级、等距量表的特征外，还有一个只有实际意义的绝对零点。由于它具有绝对的零点且量表上的单位相等，因此它就可以进行加减乘除的四则运算。比率量表的统计方法，除与等距量表相同外，还可使用几何平均数和相对差异量等统计方法。

8. 解析：CD 战略导向的 KPI 体系与一般绩效考评体系的主要区别是：（1）从绩效考评的目的来看，以战略为中心；（2）从考评指标产生的过程来看，在组织内部自上而下对战略目标进行层层分解产生；（3）从考评指标的构成上看，财务与非财务指标相结合；（4）从指标的来源看，来源于组织的战略目标与竞争的需要。

9. 解析：BCE 提取关键绩效指标的方法包括目标分解法、关键分析法及标杆基准法。

10. 解析：ABCDE 客户关系分析图法的应用范围很广，不仅可以用于分析企业下属的各个职能和业务部门，也可以用于各部门内部各种各样的工作岗位；不仅可用于团队的工作产出评估，也可用于员工个人的工作产出分析。

11. 解析：ABC 提取关键绩效指标的 SMART 原则：S-Specific，M-Measurable，A-Attainable，R-Relevant，T-Time-bound。

12. 解析：ABCD 审核关键绩效指标的要点包括：（1）工作产出是否为最终产品；（2）多个考评者对同一个绩效指标和标准进行评价，其结果是否具有可靠性和准确性；（3）关键绩效考评指标的总和是否可以解释被考评者80%以上的工作目标；（4）关键绩效指标和考评标准是否具有可操作性；（5）关键绩效指标的考评标准是否预留出可超越的空间。

13. 解析：ABCDE 绩效辅导的作用包括：（1）与员工建立一对一的密切联系，向他们提供反馈，帮助员工制定能"拓展"他们目标的任务，并在他们遇到困难时提供支持；（2）营造一种鼓励员工承担风险、勇于创新的氛围，使他们能够从过去的经验中学习；（3）为员工提供学习机会，使他们有机会与不同的人一起工作。

14. 解析：BCE 绩效监控的关键点包括管理者领导风格的选择和绩效辅导水平；管理者与下属之间绩效沟通的有效性；绩效考评信息的有效性。

15. 解析：ABDE 绩效沟通的内容包括绩效计划沟通、绩效辅导沟通、绩效反馈沟通及绩效改进沟通。

16. 解析：BCDE 正式的绩效沟通方式主要有正式的书面报告和管理者与员工之间的定期会面。其中，管理者与员工之间的定期会面又包括管理者与员工之间一对一的会面和有管理者参加的员工团队会谈。

17. 解析：BCD 绩效考评效标包括特征性效标、行为性效标及结果性效标。

18. 解析：BCD 行为导向型的主观考评方法，主要有排列法、选择排列法、成对比较法、强制分配法和结构式叙述法。

19. 解析：ACDE 绩效考评的正确性、可靠性和有效性，主要受到分布误差、晕轮误差、个人偏见、优先和近期效应、自我中心效应、后继效应、评价标准对考评结果的影响等问题的制约和影响。

20. 解析：ABCD 绩效面谈的类型包括单向劝导式面谈、双向倾听式面谈、解决问题式面谈及综合式绩效面谈。

第三节 简答题及解析

一、简答题

1. 绩效考评指标体系的设计方法有哪些？

2. 绩效考评标准的类型有哪些？

3. 如何选择绩效辅导的时机与方式？

4. 不同绩效管理阶段沟通的目的和侧重点是什么？

5. 选择绩效考评方法时应从哪些方面进行分析比较？

6. 考评者培训的主要内容有哪些？

7. 简述绩效反馈面谈的步骤和技巧。

8. 基于信息化绩效考评的优势和不足是什么？

9. 绩效管理系统总体评估的内容有哪些？

10. 绩效管理系统评估的总体评价法都涉及哪些内容？

二、解析

1. 解析：

（1）要素图示法。将某类人员的绩效特征，用图表描绘出来，然后加以分析研究，确定需考评的绩效要素。这种方法一般将某类人员的绩效要素按需要考评程度分档，然后根据少而精的原则进行选取。

（2）问卷调查法。采用专门的调查表，在调查表中将所有与本岗位工作有关的要素和指标一一列出，并用简单明确的文字对每个指标做出科学的界定，再将该调查表分发给有关人员填写，收集、征求不同人员意见，最后确定绩效考评指标体系的构成。

（3）个案研究法。通过选取若干具有代表性的典型人物、事件或岗位的绩效特征进行分析研究，来确定绩效考评指标和考评要素体系。

（4）面谈法。通过与各类人员，如被考评者的上级、人力资源管理人员、被考评者及与被考评者有较多联系的有关人员的访问和谈话收集有关资料，以此作为确定考评要素的依据，分为个别面谈法和座谈讨论法。

（5）经验总结法。根据特定时期的用人政策、本单位的具体情况，以及考评单位所积累的经验来确定考评的要素，或者参照总结一些较为权威的绩效考评要素体系及同行业单位人员绩效考评的经验，再结合本单位的情况及考评目的来确定。

（6）头脑风暴法。由亚力克·奥斯本提出。这种方法的目的是寻求新的和异想天开的解决自己所面临难题的途径与方法。其实施的四个基本原则：任何时候都不批评别人的想法；思想越激进越开放越好；强调产生想法的数量；鼓励别人改进想法。

2. 解析：

绩效考评标准主要由标志和标度两部分构成。标志即考评指标中用于区分各个级别的特征规定，通常用字母、汉字或数字来表示。标度用于对标志所规定的各个级别包含的范围做出规定。绩效考评标准的类型有以下四种。

（1）量词式的考评标准。这种考评标准采用带有程度差异的形容词、副词、名词等词组表示不同的等级水平，例如"较好""好""一般""差""较差"。

（2）等级式的考评标准。这种考评标准使用一些能够体现等级顺序的字词、字母或数字表示不同的考评等级，例如"优""良""中""差"，"甲等""乙等""丙等""丁等"以及"1""2""3"等。

（3）数量式的考评标准。数量式的考评标准是用具有量化意义的数字表示不同的等级水平，包括离散型和连续型两种。

（4）定义式的考评尺度。当指标的考评尺度中规定了定义式的标度，我们就将这种考评指标的尺度称为定义式的考评尺度。相对于前面三种考评尺度而言，定义式的考评尺度则较为复杂。

3. 解析：

（1）辅导时机：①当员工需要征求你的意见时；②当员工希望你解决某个问题时；③当你发现了一个可以改进绩效的机会时；④当员工通过培训掌握了新技能时。

（2）辅导方式：①指示型辅导；②方向型辅导；③鼓励型辅导。

4. 解析：

（1）绩效计划阶段。沟通的目的和侧重点是指管理者就绩效目标和工作标准要与员工讨论后达成一致。

（2）绩效执行阶段。沟通的目的有两个：一个是员工汇报工作进展或就工作中遇到的障碍向主管求助，寻求帮助和解决办法；另一个是主管人员对员工的工作与目标计划之间出现的偏差进行及时纠正。

（3）绩效考评和反馈阶段。目的是对员工在考核期内的工作进行合理、公正和全面的评价，同时就员工出现问题的原因与员工进行沟通分析，并共同确定下一阶段改进的重点。

（4）绩效改进与在职辅导阶段。其目的：一是要经常性地关注员工的绩效发展，对绩效进行前后对比，发现偏差，及时纠正；二是要将整改的落实情况，纳入到下一轮绩效考核的依据信息中，做到闭环管理。

5. 解析：

（1）经济性：在制定实施本方法过程中所耗费的各种成本。

（2）可行性：在执行本方法的过程中是否容易贯彻实施。

（3）准确性：采用本方法所得到的考评结果误差偏向的程度。

（4）功能性：本方法在一般性评比、薪酬奖励和人事决策等诸方面的作用。

（5）开发性：对于员工职业技能开发和行为激励方面可发挥的作用。

（6）有效性：大多数人认为本方法是可靠、实用、有效的方法。

6. 解析：

（1）考评者误区培训;（2）关于绩效信息收集方法的培训;（3）绩效考评指标培训;（4）关于如何确定绩效标准的培训;（5）考评方法培训;（6）绩效反馈培训。

7. 解析：

（1）绩效反馈面谈的步骤。

①为双方营造一个和谐的面谈气氛；②说明面谈的目的、步骤和时间；③讨论每项工作目标考评结果；④分析成功和失败的原因；⑤与被考评者讨论考评的结果；⑥与被考评者围绕培训开发的专题进行讨论，提出培训开发的需求，共同为下一阶段的员工培训开发工作设定目标；⑦对被考评者提出的需要、上级给予支持和帮助的问题进行讨论，

提出具体的建议；⑧双方达成一致，在绩效考评表上签字。

（2）绩效反馈面谈的技巧。

①考评者与被考评者是完全平等的交流者；②通过正面鼓励或者反馈，关注和肯定被考评者的长处；③要提前向被考评者提供考评结果，强调客观事实；④鼓励被考评者参与讨论，发表自己的意见和看法，以核对考评结果是否合适；⑤提出未来计划期内的工作目标与发展计划。

8. 解析：

优势：（1）克服地域性差异给绩效考评带来的问题；（2）信息化系统可简化考评管理工作，降低考评过程的复杂性；（3）保持了整个考评过程的适时性和动态性；（4）大大降低了考评成本；（5）增加了绩效考评的保密性。

不足：（1）受公司信息化程度影响大；（2）存在信息安全隐患。

9. 解析：

（1）对管理制度的评估；（2）对绩效管理体系的评估；（3）对绩效考评指标体系的评估；（4）对考评全面全过程的评估；（5）对绩效管理系统与人力资源管理其他系统的衔接的评估。

10. 解析：

（1）总体的功能分析，检查本系统在人事决策和员工开发两个方面实际发挥作用的情况，是否保障了员工绩效目标的实现？是否有利于组织与员工的开发，促进了员工职业生涯的发展？绩效管理的结果都在哪些方面得到应用？

（2）总体的结构分析，检查本系统从准备阶段到实施、考评、总结、应用开发等各个阶段的实际运行情况，在实际运行的过程中各个阶段是否环环相扣且没有疏漏或缺口，每个阶段所存在的问题是什么？其产生的根本原因是什么？

（3）总体的方法分析，检查本系统中所采用的各种考评方法的准确性、有效性、适应性和可行性，各种考评方法的误差和偏误主要表现在哪些方面？这些偏误是如何产生的？其主要根源是什么？

（4）总体的信息分析，检查本系统在运行中各种信息的传递手段、方法和渠道是否存在问题？考评者是如何采集存储处理反馈信息的？被考评者又是通过何种方式获得信息的，其真实、准确、及时程度如何？上级又是如何利用这些信息的？

（5）总体的结果分析，检查本系统所涉及的所有活动和结果的有效性，如组织与员工绩效目标的确定是否合理有效？绩效面谈活动是否积极有效？上下级的考评过程是否公正公平有效？绩效改进计划的制订与实施是否有效？与绩效管理配套的活动如培训等是否科学有效？

第四节　案例分析题及解析

一、案例分析题

1. 某公司由于出现效率低下、管理混乱、人浮于事、产品成本上升等一系列问题，总经理决定以绩效考核为突破口，对公司的管理体系进行梳理，并将"末位淘汰法"作为绩效考核制度的一项重要改革。新的绩效考核制度规定，每年年底由部门负责人对下属员工进行百分制考核，各部门得分排名最后的两名员工将被淘汰。

实行末位淘汰制之初，效果很明显，员工积极性有了很大的提高，公司在市场上的表现也大有起色。但随着时间推移，一系列问题开始显现。首先，干活越多的人，出错率越大；越坚持原则的人，得罪的人越多。结果是这两类人的绩效得分都很低，按照公司的规定，他们将被淘汰。企业很多中层主管对此意见很大，认为如果这样的员工都会流失，将没有人干活和敢说真话了。其次，公司产品项目部在激烈的市场竞争中取得了非常好的业绩，很难从中选出最差的两个人。由于淘汰最后两名员工是绩效考核的核心内容，这让很多部门领导处于左右为难的境地。

请结合本案例，回答以下问题：

（1）该公司的"末位淘汰制"主要存在哪些问题？

（2）请对该公司"末位淘汰制"进行综合评析，并提出改进的建议。

2. 在A公司总部会议室里，王总经理正在听取本年度公司绩效考评执行情况的汇报，其中有两项决策让他左右为难。一是年度考评结果排在最后的几名员工确实是平时干活最多的人，这些人是否按照原有的考评方案降职或降薪？另一个是下个阶段考评方案如何调整才能更加有效？

A公司成立仅4年，为了更好地激励和评价各级员工，在引入市场化用人机制的同时，建立了一套新的绩效管理制度。它不但明确了考评的程序和方法，还细化了"德、能、勤、绩"等项指标，并分别做了定性的描述，考评时只需对照被考评人的实际行动，即可得出考评的最终结果。但考评中出现了以下问题：工作比较出色和积极的员工，考评成绩却被排在后面，而一些工作业绩平平或者很少出错的员工却都被排在前面。特别是一些管理人员对考评结果大排队的方式不理解，存在抵触心理。

为了弄清这套新制度存在的问题，王总经理深入调查，亲自了解到以下情况。

车辆设备部李经理快人快语："我认为本考评方案需要尽快调整，考评指标虽然十几个，却不能真实反映我们工作的实际。我部总共只有20人，却负责公司60台大型设备的维护工作，为了确保它们安全无故障地运行，检修工需要按计划分散到基础各个站点上进行设备检查和维护。在工作中，不能有一点违规和失误，任何一次失误，都会带来不可估量的生命和财产损失。"

财务部韩经理更是急不可待："财务部门的工作基本上都是按照会计准则和业务规范来完成的，凭证、单据、统计、核算、记账、报表等项工作要求万无一失，但这些工作无法与'创新能力'这一指标及其评定标准对应。如果我们的工作没有某项指标规定的内容，在考评时，是按照最高还是按照最低成绩打分？此外，在考评中沿用了传统的民主评议方式，我对部门内部人员参加考评没有意见，但让部门外的其他人打分是否恰当？财务工作经常得罪人，让被得罪过的人考评我们，能保证公平公正吗？"

听了大家的各种意见反馈，王总经理陷入了深深的思考之中。

请根据本案例，回答一下问题：

（1）该公司在绩效管理中主要存在着哪些亟待改进的问题？

（2）请针对该公司绩效管理存在的诸多问题，提出具体对策。

3. MBS是一家美国知名的电脑公司，去年在人员的绩效管理上，MBS公司取消了以往绩效七级考核的评等方式，而改采用新的四级（1、2、3、4）评等方式，并实行钟形的绩效考评原则，即除非有例外状况，绝大多数的员工都能得到2等。

MBS公司将这种新的绩效管理方案定名为：个人业务承诺（Personal Business Commitments，PBC）制度，除了由各级主管做年终绩效考评外，员工也可自己另外寻找6位同事，以匿名方式通过电子信箱进行考评，也称为"360度反馈"。员工个人表现被除数评为第3等时，代表本人未达成业务承诺，你必须更努力工作，以达更佳的业绩。

如果得到特别差的4等时，你可能被给予"6个月留公司查看"的处罚（当然，被除数评为4等的人在公司占极小的比例）。评等2代表你达成目标，是个符合要求的好员工，得到1等的人称为"水上飞"（Water Walkers），代表你是高成就者，超越自己的目标，也没做错过什么事情。

按照PBC绩效考评体系的要求，年初该公司的每个员工都要在充分理解公司的业绩目标和具体的KPI指标的基础上，在部门经理的指导下制定自己的PBC，并列举出下一年中为了实现这些业绩目标、执行方案和团队合作这三个方面所需要采取的具体行动，这相当于员工与公司签订了一个一年期的业绩合同。

员工在制订绩效计划时，自己应按下列三个领域设定的年度目标。第一个承诺：承诺必胜（Win）。这里表达的是成员要抓住任何可成功的机会，以坚强的意志来励志，并且竭力完成。市场占有率是最重要的绩效评等考量。第二个承诺：承诺执行

（Execute）。这里强调六个字，即行动、行动、行动，不光看你"怎么说"，更重要的是看你"怎么做"，以及取得的成果。第三个承诺：承诺团队精神（Team），即各个不同单位和岗位之间默契配合，不能出现无谓的矛盾与冲突，绝不能在顾客面前让顾客产生疑惑。

这种绩效考核对一般MBS公司成员具有重要意义，而对负有管人责任的各级主管，则需要根据员工意见调查（Employee Opinion Survey），高阶主管面谈（Executive Interview），门户开放政策（Open Door Policy）的反馈，另加一个评等系数，并且占有整体评等50%的权重。

请您结合本案例，回答以下问题。

（1）根据该公司个人业务承诺（PBC）即三个承诺的考评体系要求，采用定性表述，给出PBC的四级评等标准，并填入下表的第二栏中。

MBS公司个人业务承诺（PBC）考评等效标准表

考评等级	评等标准
PBC—1	
PBC—2	
PBC—3	
PBC—4	

（2）对该公司所推行PBC考评法进行剖析，说明其优点和不足。

二、解析

1. 解析

（1）该公司的"末位淘汰制"主要存在以下问题。

①没有对不同的部门进行区别对待，搞"一刀切"，产品项目部就是一个典型事例。

②没有建立一套科学合理的绩效考评体系，考核的人为因素影响过大。

③没有建立相关的配套制度，如培训制度、晋升制度、薪酬制度等。

④没有根据企业不同发展阶段的变化及时进行调整。

（2）对"末位淘汰制"的评析。

①末位淘汰制在实施之初，针对人浮于事等问题的改善较为有效，当公司管理步入正轨，并不一定会取得较好的效果。

②末位淘汰制的基础是客观公正的绩效考核，否则考核缺乏激励机制。

③末位淘汰制的实施前提是假设员工绩效符合正态分布，具有一定的局限性。

④末位淘汰制的持续和不当使用，有可能使员工产生不公平感和危机感，容易产生抵触情绪，影响绩效水平的提高。

（3）建议从以下几个方面加以改进。

①健全完善各项基础工作（如定编定岗定员定额，工作分析等工作），建立一套科学合理的考核评价体系。

②采用多种管理模式，如 KPI 法、360 度考评方式、鼓励员工积极参与，进行全员性的绩效考评，尽量减少绩效考评中各种人为因素的干扰。

③建立完善的内部员工流动制度，强化培训，提高后进员工的岗位技能水平。

2. 解析

（1）该公司在绩效管理中存在的主要问题是以下方面。

首先，员工绩效考评指标体系过于强调行为而忽视了工作成果，没有针对不同性质的岗位提出不同的考评指标，使考评指标和标准缺乏适用性和针对性。

其次，绩效考评指标体系重点不突出，没有从岗位工作的特点出发，提出反映各类岗位工作绩效的关键绩效指标，使考评指标和标准缺乏可操作性。

再次，考评指标缺乏量化和可测性，违背了 SMART 原则。

绩效考评的方式方法存在着一定问题，采取传统的民主评议的方式，使考评工作过于程式化、过于烦琐，无形中增加了考评人员的工作量。

最后，参与考评的人员过多过杂，使考评结果的信度和效度明显降低，致使业务骨干的考评成绩反而欠佳。

（2）该公司可以采取以下措施。

①采取以下措施解决该公司目前所面临的问题。

A. 为了摆脱公司面临的困境，召开不同层级主管的情况说明会，通过深入沟通，交换意见，求得员工的谅解，并提出以上种种修补措施，在取得共识的情况下，再予试行。

B. 被错评的业务骨干，应当秉持公开公平公正的原则，重新对其做出评定。如果经再次考评，仍不合格者应按照公司的规定予以处罚。

②重新制订公司年度绩效考评计划。在明确考评目的的前提下，对绩效考评的对象、内容、方式、方法、时间和步骤等做出明确规定。

③在工作岗位分析的基础上，按照岗位类别，提取各类岗位关键绩效考评指标，并运用 SMART 原则，采用定性与定量相结合的方法，确定出各类考评指标的分级标准。

④坚持以上级考评为主，自评、下级、同级和外部人员考评为辅的原则，参加考评的人员必须是与被考评人员存在密切工作关系的人员。

⑤对考评者进行必要的培训，使他们掌握绩效考评的基本技术和技巧。

3. 解析

（1）PBC 的四级评等标准。

MBS 公司个人业务承诺（PBC）考评等效标准表

考评等级	评等标准
PBC—1	超出所有的要求：出色完成任务，员工所取得的成果远远超出所设目标的要求，并对公司目标的达成做出重大贡献
PBC—2	达到所有要求：员工完成或部分超过了承诺的要求
PBC—3	没有达到所有的要求：员工达到了多数目标要求，但仍然需要增加相应的经验并改善其原有的结果
PBC—4	结果不满意：员工离既定目标相去甚远，须通过相应的努力来提高，如在既定的期限内没有改善将导致离职

（2）PBC 考评法的优点和不足。

主要优点：

①简化了评定等级，更突出了对大多数员工的激励。

②员工自始至终参与绩效计划的制订过程，增强了员工的自主性，提高了年度绩效计划的科学性和可行性。

③使员工进一步明确了公司、部门，以及自己在本年度内所应当达成的目标要求及努力的方向。

④突出了"行动"的重要性，积极倡导注重团队建设的个人承诺的企业文化。

⑤根据管理人员的特殊性，采取了具有针对性的绩效管理新模式，通过有效的绩效管理，最大限度地调动各级主管的积极性和主动性。

⑥新的绩效管理模式更有利于促进各级员工的成长和发展。

主要不足：

① PBC 考评法实质上是目标管理法的进一步发展，由于计划目标是根据具体情况确定的，各个部门乃至各个岗位员工的绩效水平，难以横向进行比较。

②容易造成分配上的不公平，由于该公司推行的是钟形的绩效分配原则，即除非有例外情况，绝大多数员工都能得到 2 等，这对绩效优异的部门会认为不公，因为部门主管会认为本单位得 2 等的人要多一些；而对绩效差的单位，也拿到同样比例的 2 等，也造成分配上不公平。

③从考评者的角度看，以各级主管考评为主是科学合理的，由员工自己另外寻找 6 位同事，进行所谓的"360 度反馈"，具有片面性和盲目性，直接影响考评结果的信度和绩效。

第五节　方案设计题及解析

一、方案设计题

DS 公司是一家新成立的公司，公司包括管理人员和员工共有 100 多人。为了促进公司业绩不断提升，在市场上占有一席之地，并在社会上树立良好的形象，实现公司战略发展目标，公司决定建立一套完善的绩效管理制度，并加强对员工升职的考核。到年底，公司管理层决定对公司绩效管理情况进行评估。

请根据上述案例，为该公司设计绩效管理评估调查问卷。

二、解析

公司绩效管理评估调查问卷

姓名		岗位名称		岗位等级		任职年限	
学历		所属部门		所属班组		主管姓名	

本调查问卷目的在于了解与分析各部门和岗位的绩效管理现状。

问卷的结果不会对您有任何不良影响。请您根据题目的要求进行作答。

谢谢您的合作！

【答卷说明】

（1）对于下面的问题描述，请根据您所在单位目前的实际情况认真作答。

（2）请为每个题目选择一个合适的答案，并将答案选项填写在问卷后面的答题表格内。

（3）对于要求您书面作答的题目，请直接写在问卷指定的答题处。

1. 您对企业的中长期规划：

（A）非常清楚　　　　　　（B）清楚　　　　　　　　（C）有所了解

（D）不了解　　　　　　　（E）从未听说过

2. 您对企业的年度计划：

（A）非常清楚　　　　　　（B）清楚　　　　　　　　（C）有所了解

（D）不了解　　　　　　　（E）从未听说过

3. 您对本部门的职责：

（A）非常清楚　　　　　　（B）清楚　　　　　　　　（C）有所了解

（D）不了解　　　　　　　（E）从未听说过

4. 您对所在部门的年度工作任务：

（A）非常清楚　　　　　　（B）清楚　　　　　　　　（C）有所了解

（D）不了解　　　　　　　（E）从未听说过

5. 您所在部门的员工能否紧密合作完成工作：

（A）总是　　　　　　　　（B）大多数情况　　　　　（C）有时候　　　　（D）从不

6. 您的直接上级每年都与您分析您的工作目标：

（A）总是　　　　　　（B）大多数情况　　　　（C）有时候　　　　（D）从不

7. 每年您完成上级交给您的任务：

（A）非常轻松　　　　　　　　　　　　　　（B）如期完成，但有难度

（C）很吃力，但能如期完成　　　　　　　　（D）无法完成

8. 企业的岗位说明书：

（A）非常完备　　　　　　　　　　　　　　（B）有，但很简单

（C）有，但只是摆设　　　　　　　　　　　（D）没有

9. 您对自己的工作职责：

（A）非常清楚　　　　　　　　　　　　　　（B）基本清楚

（C）不太清楚　　　　　　　　　　　　　　（D）不清楚，领导吩咐什么干什么

10. 您实际的工作与您的岗位说明书：

（A）非常一致　　　　　　　　　　　　　　（B）基本一致

（C）不太一致　　　　　　　　　　　　　　（D）不知道一致不一致

11. 作为企业的成员之一，您：

（A）非常自豪　　　　　　　　　　　　　　（B）有点儿自豪

（C）没有感觉　　　　　　　　　　　　　　（D）生怕别人知道

12. 企业员工能够交流分享新的想法和知识：

（A）总是　　　　　　（B）大多数情况　　　　（C）有时候　　　　（D）从不

13. 你认为企业目前业绩良好的原因有（可多选）：

（A）人员素质　　　　　　　　　　　　　　（B）先进的管理

（C）客户资源　　　　　　　　　　　　　　（D）产品服务质量

（E）母公司的支持及企业规模　　其他（请注明）：＿＿＿＿＿＿＿＿＿＿＿＿＿

14. 你认为企业目前最主要的优势在于（可多选）：

（A）人员素质　　　　　　　　　　　　　　（B）先进的管理

（C）客户资源　　　　　　　　　　　　　　（D）产品服务质量

（E）母公司的支持及企业规模　　其他（请注明）：＿＿＿＿＿＿＿＿＿＿＿＿＿

15. 违反企业制度和与同事搞好关系，后者有时候：

（A）非常重要　　　　　　（B）重要　　　　　　（C）不能确定

（D）不很重要　　　　　　（E）不重要

16. 您向上级或企业领导反映的事情，能够妥善解决并及时反馈：

（A）总是　　　　　　（B）大多数情况　　　　（C）有时候　　　　（D）从不

17. 企业的规章制度：

（A）非常完备　　　　（B）有，但很简单　　　（C）有，但只是摆设　（D）没有

18. 企业规章制度执行：

（A）非常严格　　　　　　（B）不是很严格　　　　（C）不按照制度执行

19. 企业所有员工目标一致，共同取胜的愿望很强：

（A）非常同意　　　　　　（B）同意　　　　　　（C）不能确定

（D）不同意　　　　　　　（E）很不同意

20. 您的上级主管有时很官僚，并不真正了解您工作的具体情况：

（A）非常同意　　　　　　（B）同意　　　　　　（C）不能确定

（D）不同意　　　　　　　　（E）很不同意

21. 企业在未来三年里，能在销售额和利润增长方面有一个大的飞跃：
（A）非常同意　　　　　　　（B）同意　　　　　　　　（C）不能确定
（D）不同意　　　　　　　　（E）很不同意

22. 企业组织架构的设置：
（A）非常合理　　　　　　　（B）合理　　　　　　　　（C）不能确定
（D）不合理　　　　　　　　（E）很不合理

23. 企业主要业务流程：
（A）非常合理　　　　　　　（B）合理　　　　　　　　（C）不能确定
（D）不合理　　　　　　　　（E）很不合理

24. 您能及时了解企业的动态与新的政策：
（A）总是　　　　　　　　　（B）大多数情况　　　　　（C）有时候　　　（D）从来都不能

25. 企业很有必要对员工的工作进行考评：
（A）非常同意　　　　　　　（B）同意　　　　　　　　（C）不能确定
（D）不同意　　　　　　　　（E）很不同意

26. 绩效考评对企业和员工来说：
（A）非常重要　　　　　　　（B）重要　　　　　　　　（C）不能确定
（D）不很重要　　　　　　　（E）不重要

27. 您对自己的绩效指标：
（A）非常清楚　　　　　　　（B）清楚　　　　　　　　（C）有所了解　　　（D）不清楚
（请详细列出您的考评指标）

_____

28. 您的绩效指标与企业的发展目标有很大关系：
（A）非常同意　　　　　　　（B）同意　　　　　　　　（C）不能确定
（D）不同意　　　　　　　　（E）很不同意

29. 您参与了自己的绩效指标的制定：
（A）总是　　　　　　　　　（B）大多数情况　　　　　（C）有时候　　　（D）从来不

30. 您认为您的绩效指标：
（A）非常合理　　　　　　　（B）合理　　　　　　　　（C）不能确定
（D）不合理　　　　　　　　（E）很不合理
（如不合理请给出您的修改建议）

_____

31. 您认为现在的考评方式：
（A）非常合理　　　　　　　（B）合理　　　　　　　　（C）不能确定是否合理
（D）不合理　　　　　　　　（E）很不合理

32. 您认为您的考评结果：
（A）非常合理　　　　　　　（B）合理　　　　　　　　（C）不能确定是否合理
（D）不合理　　　　　　　　（E）很不合理

33. 企业的薪酬和考评结果的联系：
（A）紧密　　　　　　　　　（B）有联系但不紧密　　　（C）有很小联系
（D）没有联系　　　　　　　（E）不能确定

34. 企业的晋升和考评结果的联系：

（A）紧密	（B）有联系但不紧密	（C）有很小联系
（D）没有联系	（E）不能确定	

35. 企业的培训和考评结果的联系：

（A）紧密	（B）有联系但不紧密	（C）有很小联系
（D）没有联系	（E）不能确定	

36. 您能够通过绩效考评发现自己工作中的不足：

（A）总是	（B）大多数情况	（C）有时候	（D）从不

37. 您对在企业内部实行末位淘汰制：

（A）非常赞成	（B）赞成	（C）无所谓
（D）不赞成	（E）很不赞成	

38. 绩效考评结束后，您能很快地得到反馈：

（A）总是	（B）大多数情况	（C）有时候	（D）从不

39. 每次考评结束，您的上级主管会就考评结果与您进行交流：

（A）总是	（B）大多数情况	（C）有时候	（D）从不

40. 总体而言，您对企业的绩效管理工作：

（A）非常满意	（B）满意	（C）无所谓
（D）不满意	（E）很不满意	

41. 您认为企业的绩效管理还有需要修改的地方，比如：

_____

_____

42. 您对本次问卷调查有什么意见或建议：

_____

_____

第五章　薪酬管理辅导训练

第一节　单项选择题及解析

一、单项选择题

1.（　　）是员工为企业提供劳动而得到的各种货币与实物报酬的总和。

（A）薪酬　　　　　（B）报酬　　　　　（C）收入　　　　　（D）分配

2. 薪酬对社会的功能体现在（　　）。

（A）增值功能　　　　　　　　　　（B）保障功能

（C）社会信号功能　　　　　　　　（D）对劳动力资源的再配置

3. 在劳动力市场的竞争中,（ ）表现为用人单位与劳动者之间的博弈。

（A）薪酬的确定　　（B）薪酬调查　　（C）薪酬水平的高低　　（D）薪酬分析

4. 通过（ ），能够获得劳动力市场各类企业员工薪酬水平及其结构等方面的真实信息。

（A）薪酬决策　　　　　　　　（B）薪酬的市场调查

（C）薪酬采集　　　　　　　　（D）薪酬的分析

5. 薪酬报告包括调查对象的基本信息和相关（ ）。

（A）背景材料　　（B）组织结构框架　　（C）薪酬分析　　（D）薪酬数据

6.（ ）市场定位是企业确定薪酬政策的第一步。

（A）薪酬决策　　（B）薪酬结构　　（C）薪酬差距　　（D）薪酬水平

7. 在选择薪酬调查的具体对象时,一定要坚持（ ）原则。

（A）相关性　　（B）地区性　　（C）可比性　　（D）对比性

8. 在选定被调查岗位时,调查者必须掌握最新的（ ）。

（A）工作岗位说明书　　　　　（B）组织结构图

（C）竞争对手资料　　　　　　（D）企业人力资源发展战略

9. 如果被调查单位没有给出某类岗位完整的工资数据,只能采集到某类岗位的平均工资数据,进行数据分析时,可以采取（ ）方法。

（A）数据排列法　　（B）频率分析法　　（C）趋中趋势分析　　（D）离散分析

10. 先将调查的同一类数据由高到低排列,再计算出数据排列中的中间数据,即25%、50%、75% 点的统计分析方法是（ ）。

（A）数据排列法　　（B）频率分析法　　（C）趋中趋势分析　　（D）离散分析

11. 在众多的调查方法中,（ ）是使用频率最高的调查方法。

（A）面谈调查法　　（B）文献收集法　　（C）问卷调查法　　（D）电话调查法

12. 一般而言,填写问卷时间不应超过（ ）。

（A）十分钟　　（B）二十分钟　　（C）半小时　　（D）一小时

13.（ ）是员工对自己所获薪酬进行评价产生的主观心理感受。

（A）薪酬比较　　（B）薪酬满意度　　（C）薪酬期望值　　（D）薪酬公平感

14. 在职业生涯中、晚期,员工较关注（ ）。

（A）薪酬的高低　　（B）福利的多样性　　（C）工作的趣味性　　（D）职业的稳定性

15. 薪酬满意度调查的对象是企业（ ）。

（A）基层员工　　（B）关键岗位员工　　（C）某类岗位员工　　（D）内部所有员工

16.（ ）是岗位分类中的细类。

（A）职系　　（B）职组　　（C）职门　　（D）岗级

17. 由工作性质和基本特征相似相近，而任务轻重、责任大小、繁简难易程度和要求不同的岗位所构成的岗位序列称为（　　）。

（A）职系　　　　（B）职组　　　　（C）职门　　　　（D）岗级

18. 我们常常提到的"一级教师"是指工作岗位分类中的（　　）。

（A）职系　　　　（B）职组　　　　（C）职门　　　　（D）岗级

19.（　　）就是指一个组织当中，不同级别、不同任职要求相互之间有着密切联系的岗位群。

（A）岗位分类　　　（B）职组　　　　（C）岗位阶梯　　　（D）职系

20. 岗位分类的层次最多不宜超过（　　）层次。

（A）两个　　　　（B）三个　　　　（C）四个　　　　（D）五个

21. 岗位的（　　），即根据岗位的工作性质及特征，将它们划分为若干类别。

（A）横向分类　　　（B）纵向分类　　　（C）层次分类　　　（D）性质分类

22.（　　）是以应用知识为基础的薪酬，主要应用于"蓝领员工"。

（A）技术薪酬　　　（B）能力薪酬　　　（C）岗位薪酬　　　（D）知识薪酬

23.（　　）是指企业一定时期内所有员工的平均薪酬。

（A）薪酬结构　　　（B）薪酬水平　　　（C）薪酬层次　　　（D）薪酬标准

24.（　　）是指员工薪酬体系的各构成项目及各自所占的比例。

（A）薪酬结构　　　（B）薪酬水平　　　（C）薪酬层次　　　（D）薪酬标准

25. 薪酬设计根据岗位、绩效或能力差别确定薪酬的差别，体现薪酬分配导向作用的原则是（　　）。

（A）公平性原则　　（B）激励性原则　　（C）竞争性原则　　（D）经济性原则

26. 薪酬调整，主要是指（　　）的调整。

（A）薪酬水平　　　（B）薪酬结构　　　（C）薪酬制度　　　（D）薪酬标准

27.（　　）指组织的薪酬战略所贯穿的思想理念，它从思想理念上对组织的薪酬战略起引导作用。

（A）薪酬文化　　　（B）薪酬政策　　　（C）薪酬理念　　　（D）薪酬战略

28. 运用（　　）制订薪酬计划，比较实际、灵活，且可行性较高，但不易控制总体的人工成本。

（A）薪酬调查法　　（B）薪酬统计法　　（C）从下而上法　　（D）从上而下法

29.（　　）是指企业及其员工在依法参加基本养老保险的基础上，自愿建立的补充养老保险制度。

（A）社会养老保险　（B）企业年金　　　（C）商业养老保险　（D）住房公积金

30. 保障型企业补充医疗保险是指（　　）。

（A）基本医疗保险　　　　　　　（B）第三方医疗保险

（C）社会医疗保险　　　　　　　（D）商业补充医疗保险

二、解析

1. 解析：A 薪酬是员工为企业提供劳动而得到的各种货币与实物报酬的总和。

2. 解析：D 薪酬对社会的功能体现在对劳动力资源的再配置。

3. 解析：C 在劳动力市场的竞争中，薪酬水平的高低表现为用人单位与劳动者之间的博弈。

4. 解析：B 通过薪酬的市场调查，能够获得劳动力市场各类企业员工薪酬水平及其结构等方面的真实信息。

5. 解析：D 薪酬报告包括调查对象的基本信息和相关薪酬数据。

6. 解析：D 薪酬水平市场定位是企业确定薪酬政策的第一步。

7. 解析：C 在选择薪酬调查的具体对象时，一定要坚持可比性原则。

8. 解析：A 在选定被调查岗位时，调查者必须掌握最新的工作岗位说明书。

9. 解析：B 如果被调查单位没有给出某类岗位完整的工资数据，只能采集到某类岗位的平均工资数据，在进行工资调查数据分析时，可以采取频率分析法。

10. 解析：A 先将调查的同一类数据由高到低排列，再计算出数据排列中的中间数据，即25%、50%、75%点的统计分析方法是数据排列法。

11. 解析：C 在众多的调查方法中，问卷调查法是使用频率最高的调查方法。

12. 解析：C 一般而言，填写问卷时间不应超过半小时。

13. 解析：B 薪酬满意度是员工对自己所获薪酬进行评价产生的主观心理感受。

14. 解析：D 在职业生涯中、晚期，员工较关注职业的稳定性。

15. 解析：D 薪酬满意度调查的对象是企业内部所有员工。

16. 解析：A 职系是岗位分类中的细类。

17. 解析：A 由工作性质和基本特征相似相近，而任务轻重、责任大小、繁简难易程度和要求不同的岗位所构成的岗位序列称为职系。

18. 解析：D 例如，中学教师是一个职系，而其中的一级、二级、三级、四级教师，是这个职系中的四个岗级。

19. 解析：C 岗位阶梯就是指一个组织当中，不同级别、不同任职要求相互之间有着密切联系的岗位群。

20. 解析：B 岗位分类的层次宜少不宜多，最多不宜超过三个层次。

21. 解析：A 岗位的横向分类，即根据岗位的工作性质及特征，将它们划分为若干类别。

22. 解析：A 技术薪酬是以应用知识为基础的薪酬，主要应用于"蓝领员工"。

23. 解析：B 薪酬水平是指企业一定时期内所有员工的平均薪酬。

24. 解析：A 薪酬结构是指员工薪酬体系的各构成项目及各自所占的比例。

25. 解析：B 激励性原则，即根据岗位、绩效或能力差别确定薪酬的差别，体现薪酬分配的导向作用。

26. 解析：D 薪酬调整，主要是指薪酬标准的调整。

27. 解析：A 薪酬文化指组织的薪酬战略所贯穿的思想理念，它从思想理念上对组织的薪酬战略起引导作用。

28. 解析：C 运用从下而上法制订薪酬计划，比较实际、灵活，且可行性较高，但不易控制总体的人工成本。

29. 解析：B 企业年金，是指企业及其员工在依法参加基本养老保险的基础上，自愿建立的补充养老保险制度。

30. 解析：D 保障型企业补充医疗保险是指商业补充医疗保险。

第二节　多项选择题及解析

一、多项选择题

1. 薪酬的表现形式包括（　　）。

（A）精神的与物质的　　（B）稳定的与非稳定的　　（C）有形的与无形的
（D）货币的与非货币的　　（E）内在的与外在的

2. 薪酬体系设计主要是指（　　）。

（A）薪酬水平设计　　（B）薪酬结构设计　　（C）薪酬构成设计
（D）薪酬制度设计　　（E）薪酬调整设计

3. 薪酬调查报告中薪酬调查概述的内容包括（　　）。

（A）薪酬调查的背景　　（B）调查对象的资料　　（C）调查方法
（D）调查样本量的描述　　（E）调查的职位描述

4. 薪酬市场调查的主要方法包括（　　）。

（A）问卷调查法　　（B）面谈调查法　　（C）文献收集法
（D）图表分析法　　（E）电话调查法

5. 岗位分级与品位分类的主要区别有（　　）。

（A）分类依据标准不同　　（B）分类的依据不同　　（C）适用范围不同

（D）适用岗位不同　　　　　　（E）适用资格不同

6. 岗位横向分类的原则包括（　　）。

（A）单一原则　　　　　　（B）程度原则　　　　　　（C）对比原则

（D）时间原则　　　　　　（E）选择原则

7. 岗位薪酬制的特点包括（　　）。

（A）对岗不对人　　　　　　（B）对人不对岗　　　　　　（C）根据岗位支付薪酬

（D）以岗位分析为基础　　（E）客观性较强

8. 团队薪酬的主要组成要素包括（　　）。

（A）基本薪酬　　　　　　（B）激励性薪酬　　　　　　（C）绩效认可奖励

（D）风险收入　　　　　　（E）年终奖金

9. 影响薪酬水平的外部因素包括（　　）。

（A）市场因素　　　　　　（B）生活费用和物价水平　（C）地域的影响

（D）企业薪酬策略　　　　（E）政府的法律法规

10. 薪酬制度设计的原则包括（　　）。

（A）公平性原则　　　　　（B）激励性原则　　　　　　（C）竞争性原则

（D）经济性原则　　　　　（E）合法性原则

11. 薪酬结构从性质上可以分为（　　）。

（A）高弹性类　　　　　　（B）高稳定类　　　　　　（C）折中类

（D）领先类　　　　　　　（E）滞后类

12. 宽带薪酬的设计原则包括（　　）。

（A）战略匹配原则　　　　（B）文化适应原则　　　　　（C）全面激励原则

（D）公平性原则　　　　　（E）竞争性原则

13. 薪酬单元可分为（　　）。

（A）静态薪酬　　　　　　（B）动态薪酬　　　　　　（C）浮动薪酬

（D）人态薪酬　　　　　　（E）宽带薪酬

14. 从具体内容来看，薪酬调整大致可分为（　　）。

（A）薪酬定级性调整　　　（B）物价性调整　　　　　　（C）工龄性调整

（D）奖励性调整　　　　　（E）考核性调整

15. 薪酬管理及政策要讨论的内容主要有（　　）。

（A）薪酬信息的公开透明程度　　　　（B）薪酬管理权限的划分

（C）员工参与薪酬决策的状况　　　　（D）薪酬制度的制定形式

（E）薪酬水平的确定

16. 薪酬计划报告通常包括（　　）。

（A）企业薪酬总额和各主要部门薪酬总额

（B）人力资源规划情况

（C）预测的下一年度各主要部门薪酬增长率

（D）预计的招聘、晋升等情况

（E）预测的下一年度企业薪酬总额和薪酬增长率

17. 以下关于"从上而下法"制订薪酬计划的说法正确的有（　　）。

（A）可以控制总体薪酬成本　　　　　（B）比较实际、灵活、可行性较高

（C）不利于调动员工的积极性　　　　（D）缺乏灵活性

（E）确定薪酬总额时主观因素过多，降低了计划的准确性

18. 企业建立企业年金应具备的条件包括（　　）。

（A）依法参加基本养老保险并履行缴费义务

（B）具有相应的经济负担能力

（C）内部管理制度健全

（D）已建立集体协商机制

（E）参加商业养老保险

19. 企业年金基金的组成包括（　　）。

（A）企业缴费　　　　　　　　　　（B）员工个人缴费

（C）企业年金基金投资运营收益　　　（D）企业定期分红

（E）员工年终奖金

20. 企业补充医疗保险的基本模式包括（　　）。

（A）保障型企业补充医疗保险　　　　（B）第三方管理型企业补充医疗保险

（C）互助型企业补充医疗保险　　　　（D）自主管理型企业补充医疗保险

（E）基本医疗保险

二、解析

1. 解析：ACDE　薪酬有不同的表现形式：精神的与物质的、有形的与无形的、货币的与非货币的、内在的与外在的；等等。

2. 解析：ABC　薪酬体系设计主要是薪酬水平设计、薪酬结构设计和薪酬构成设计。

3. 解析：ABCDE　薪酬调查概述，包括薪酬调查的背景、调查对象的资料、调查开展的具体过程、调查方法、调查样本量的描述、调查的职位（岗位）描述。

4. 解析：ABCE　薪酬市场调查的主要方法包括：（1）问卷调查法；（2）面谈调查法；（3）文献收集法；（4）电话调查法。

5. 解析：ABC 岗位分级与品位分类的主要区别有：（1）分类依据标准不同；（2）分类的依据不同；（3）适用范围不同。

6. 解析：ABDE 岗位横向分类的原则包括：（1）单一原则；（2）程度原则；（3）时间原则；（4）选择原则。

7. 解析：ACDE 岗位薪酬制的特点包括薪酬的给予"对岗不对人"；根据岗位支付薪酬；以岗位分析为基础；客观性较强。

8. 解析：ABC 团队薪酬的主要组成要素包括基本薪酬、激励性薪酬及绩效认可奖励。

9. 解析：ABCE 影响薪酬水平的外部因素包括：（1）市场因素；（2）生活费用和物价水平；（3）地域的影响；（4）政府的法律法规。

10. 解析：ABCDE 薪酬制度设计的原则包括：（1）公平性原则；（2）激励性原则；（3）竞争性原则；（4）经济性原则；（5）合法性原则。

11. 解析：ABC 薪酬结构从性质上可以分为三类，包括：（1）高弹性类；（2）高稳定类；（3）折中类。

12. 解析：ABC 宽带薪酬的设计原则包括：（1）战略匹配原则；（2）文化适应原则；（3）全面激励原则。

13. 解析：ABD 薪酬结构是由各种薪酬单元组成，这些薪酬单元可分为静态薪酬（基本薪酬等）、动态薪酬（绩效薪酬、奖金等）和人态工资（福利、津贴等）三类。

14. 解析：ABCDE 从具体内容来看，薪酬调整大致可分为：（1）薪酬定级性调整；（2）物价性调整；（3）工龄性调整；（4）奖励性调整；（5）效益性调整；（6）考核性调整。

15. 解析：ABCE 薪酬管理及政策要讨论的内容主要有：（1）薪酬信息的公开透明程度；（2）薪酬管理权限的划分；（3）员工参与薪酬决策的状况。

16. 解析：ABCDE 薪酬计划报告通常包括以下内容：本年度企业薪酬总额和各主要部门薪酬总额；人力资源规划情况，如预计的招聘、晋升、辞退（职）、岗位轮换等情况；预测的下一年度企业薪酬总额和薪酬增长率，以及各主要部门薪酬增长率等。

17. 解析：ABCD 从上而下法虽然可以控制总体的薪酬成本，但缺乏灵活性，确定薪酬总额时主观因素过多，降低了计划的准确性，不利于调动员工的积极性。

18. 解析：ABD 符合下列条件的企业，可以建立企业年金：（1）依法参加基本养老保险并履行缴费义务；（2）具有相应的经济负担能力；（3）已建立集体协商机制。

19. 解析：ABC 企业年金基金由下列各项组成：企业缴费、员工个人缴费、企业年金基金投资运营收益。

20. 解析：ABD 企业补充医疗保险的基本模式包括：（1）保障型企业补充医疗保险；（2）第三方管理型企业补充医疗保险；（3）自主管理型企业补充医疗保险。

第三节 简答题及解析

一、简答题

1. 日常薪酬管理工作具体包括哪些内容？
2. 如何进行薪酬水平的市场定位？
3. 简述制定薪酬制度的基本程序。
4. 简述薪酬计划报告的主要内容。
5. 简述企业年金制度的设计程序。

二、解析

1. 解析：

日常薪酬管理工作具体包括：

（1）开展薪酬的市场调查，统计分析调查结果，写出调查分析的报告。

（2）制订年度员工薪酬激励计划，对薪酬计划执行情况进行统计分析。

（3）深入调查了解各类员工的薪酬状况，进行必要的员工满意度调查。

（4）对报告期内人工成本进行核算。

（5）根据公司薪酬制度的要求，结合各部门绩效目标的实现情况，对员工的薪酬进行必要调整。

2. 解析：

（1）分析市场行情，谋划薪酬水平的市场定位。企业可以选择市场领先策略、市场跟随策略、市场滞后策略及混合策略。

（2）分析企业特征，进行薪酬水平的市场定位。

①依据企业所处的行业进行薪酬水平的市场定位；②依据企业在行业中的地位进行薪酬水平的市场定位；③依据企业不同的发展阶段进行薪酬水平的市场定位。

3. 解析：

（1）确定薪酬策略；（2）岗位评价与分类；（3）薪酬市场调查；（4）薪酬水平的确定；（5）薪酬结构的确定；（6）薪酬等级的确定；（7）企业薪酬制度的实施与修正。

4. 解析：

薪酬计划报告通常包括以下内容：本年度企业薪酬总额和各主要部门薪酬总额；人力资源规划情况，如预计的招聘、晋升、辞退（职）、岗位轮换等情况；预测的下一年度企业薪酬总额和薪酬增长率，以及各主要部门薪酬增长率等。

5. 解析：

（1）确定补充养老金的来源；（2）确定每个员工和企业的缴费比例；（3）确定养老金支付的额度；（4）确定养老金的支付形式；（5）确定实行补充养老保险的时间；（6）确定养老金基金管理办法。

第四节　案例分析题及解析

一、案例分析题

1. A企业是一个制药公司，销售业绩一直不好，为了提高销售量，销售人员的薪酬水平是公司里级别最高的。但是，销售人员的高工资并没有带来好的销售业绩，其他部门的员工意见很大。因此，公司决策层提出要对薪酬进行调整，使得薪酬更富有激励性。

如果您是A公司的人力资源部经理，承担了进行薪酬体系调整的重任，那么，如何操作才能够使A公司达到薪酬调整的目标并走出困境？

2. Y公司是一家大型的电子企业。2006年，该公司实行了企业工资与档案工资脱钩，与岗位、技能、贡献和效益挂钩的"一脱四挂钩"工资、奖金分配制度。

一是以实现劳动价值为依据，确定岗位等级和分配标准，岗位等级和分配标准经职代会通过形成。公司将全部岗位划分为科研、管理和生产三大类，每类又划分出10多个等级，每个等级都有相应的工资和奖金分配标准。科研人员实行职称工资，管理人员实行职务工资，工人实行岗位技术工资。科研岗位的平均工资是管理岗位的2倍，是生产岗位的4倍。

二是以岗位性质和任务完成情况为依据，确定奖金分配数额。每年对科研、管理和生产工作中有突出贡献的人员给予重奖，最高的达到8万元。总体上看，该公司加大了奖金分配的力度，进一步拉开薪酬差距。

Y公司注重公平竞争，以此作为拉开薪酬差距的前提。如对科研人员实行职称聘任制，每年一聘。这样既稳定了科研人员队伍，又鼓励优秀人员脱颖而出，为企业长远发展提供源源不断的智力支持。请根据案例回答以下问题：

（1）Y公司薪酬体系的优势主要体现在哪些方面？

（2）您对完善Y公司薪酬体系有何建议？

二、解析

1. 解析：

（1）策略。A公司新的薪酬制度应以提高公司产品市场竞争力，扩大公司产品市场份额为宗旨，要充分体现公司以人为本的企业理念和薪酬分配制度的竞争性、激励性作用。

（2）具体方案和操作程序。

1）基本原则：按劳取酬、效率优先、兼顾公平。收入与贡献挂钩，实行浮动考核、动态管理。

2）为了体现薪酬分配制度对外公平的功能，公司对一线部门员工倡导实施"市场化工资分配制度"。

3）公司对市场部、销售部各职位采取平等竞争、择优上岗。

4）公司一线部门（研发部、市场部、销售部）人员薪酬调整后由三部分构成：市场工资＋提成工资＋津贴。

①市场部和销售部人员薪酬构成如下。

市场工资：（本地区）同类人员平均工资水平的75%；

提成工资：销售人员完成公司销售计划后按公司确定的比例提成；

津贴：公司将对新老产品的销售员给予不同的津贴（津贴根据产品的推广难度确定，新老产品津贴比例确定为3∶1，基数由公司确定）。

②研发部人员薪酬构成如下。

市场工资：（本行业）同类人员平均工资水平的80%。

提成工资：以产品销售额为基础按产品投放市场的时间，采取递增方式计提，1～6月为销售额的8‰，以后每6个月递减1个点。最终控制在0.5‰。

5）以上三部门负责人不参与内部分配，公司对其采取年金分配方式。

（3）可能出现的问题及对策。1）市场工资不能准确了解，定位不准。方案不能得到广大职工的理解和认可，可采取职工代表大会协商的办法确定。

2）研发部、市场部、销售部可能就薪酬水平问题相互扯皮，处理不好将事与愿违，破坏内部的合力，这样就会给企业造成极大损失。对策是加强各部门的相互沟通，工资方案设计要灵活、可控，以便根据情况随时调整。

3）改革后，销售人员间的工资差距拉大，部分工资低的销售人员更喜欢以前"大锅饭"形式的工资，会排斥新的工资形式。首先，应对这类员工进行教育培训，改变他们的观念，使其接受新的工资形式；其次，为销售业绩高的员工与销售业绩低的员工提供交流平台，让他们交流经验，共同提高；最后，裁减培训后仍无法适应新工资形式的员工。

2. 解析：

（1）Y公司薪酬体系的优势：

①Y公司的"一脱四挂钩"工资、奖金分配制度，同时考虑了岗位特点、员工技能水平、员工贡献和企业效益四个方面，可见Y公司的薪酬体系是一种平衡的薪酬

体系。

②Y公司将企业的全部岗位划分为科研、管理和生产三大类，岗位分类较合理。

③Y公司将每类岗位细分为10多个等级，每个等级都有相应的工资和奖金分配标准，可见Y公司的薪酬体系细节明确，为新的薪酬体系奠定了坚实的基础。

④Y公司的薪酬体系重点突出，便重于科研人员，使关键技术人才的薪酬水平高于一般可替代性强的员工薪酬水平，在市场中具有竞争力。

⑤Y公司通过加大奖金分配力度的做法来拉开薪酬差距，有利于企业效益的增长。

⑥Y公司注重公平竞争，如对科研人员实施聘任制，为拉开薪酬差距提供前提。

（2）对Y公司的薪酬体系的建议：

Y公司的薪酬制度虽然有很多的优势，但要保证其有效的运行，还需要做到以下几点：

①掌握市场薪酬水平变化，及时进行薪资调整，提高薪酬制度的对外竞争力。

②不断完善绩效管理制度，为薪酬制度的运行提供依据，保证薪酬制度的公平合理。

③在贯彻薪酬制度的过程中遇到各种问题，因此需要建立并完善沟通平台，上情下达，下情上达，不断发现问题，提出对策，完善薪酬制度。

④注意长期激励与短期激励相结合，对高层管理者、核心技术人员和有突出贡献的员工推行长期激励，如年薪制，期权和股权计划等。

第五节　方案设计题及解析

一、方案设计题

A公司近年来产销两旺，公司高速发展，但公司员工仍有不少人辞职。公司人力资源部认为导致员工离职的主要原因可能是薪酬不合理，为此，人力资源部拟在员工中进行一次薪酬满意度调查。

请你为A公司人力资源部设计一份员工薪酬满意度调查表。

二、解析

解析：

薪酬满意度调查表
说明：请您选择一个最符合您看法的答案。我们将对您的答案保密，请您务必表达真实的想法。

例如：我对目前获得的收入感到满意

□非常同意	□比较同意	□说不清楚	□不同意	□强烈反对

如果您对上述的问题感到"非常同意"，请您在"非常同意"的"□"中打了"√"，其余的选项则不必填写。注意：每题只能有一个选择。

所在的部门	年龄	性别	本专业／领域工作年限
企业工龄	职务	学历	现在的年收入（元）

（1）我对目前获得的收入感到满意

□非常同意	□比较同意	□说不清楚	□不同意	□强烈反对

（2）我的收入与本地区同行业其他企业相比我感到满意

□非常同意	□比较同意	□说不清楚	□不同意	□强烈反对

（3）我认为企业的奖金分配很公平

□非常同意	□比较同意	□说不清楚	□不同意	□强烈反对

（4）我对企业提供的福利、补贴感到满意

□非常同意	□比较同意	□说不清楚	□不同意	□强烈反对

（5）我的收入充分反映了我的业绩表现

□非常同意	□比较同意	□说不清楚	□不同意	□强烈反对

（6）我的收入充分反映了我的岗位职责

□非常同意	□比较同意	□说不清楚	□不同意	□强烈反对

（7）我的收入充分反映了我的工作能力

□非常同意	□比较同意	□说不清楚	□不同意	□强烈反对

（8）我的收入各项目之间的比例是合理的

□非常同意	□比较同意	□说不清楚	□不同意	□强烈反对

（9）我认为我的年收入应该是_____元。

（10）我认为在总收入中浮动工资部分应占_____%。

回收的调查问卷要进行统计分析，可以利用统计软件进行分析，如频率分析、排序分析、相关关系分析等。

第六章　劳动关系管理辅导训练

第一节　单项选择题及解析

一、单项选择题

1. 劳动法律关系是劳动关系的（　　）。

（A）唯一形态　　　（B）具体形态　　　（C）抽象形态　　　（D）现实形态

2.（　　）是用人单位除了非全日制用工形式外无书面劳动合同形成的劳动法律关系。

（A）事实劳动关系　（B）法定劳动关系　（C）认定劳动关系　（D）派遣劳动关系

3. 通过描述劳务派遣现象，可以将劳务派遣定性为一种（　　）。

（A）行政关系　　　　　　　　　（B）民事法律关系

（C）组合劳动关系　　　　　　　（D）雇用和使用相分离

4. 劳务派遣机构与被派遣劳动者依法订立（　　），建立劳动关系。

（A）派遣合同　　　（B）劳动合同　　　（C）集体合同　　　（D）人才租赁合同

5. 劳务派遣的本质特征是（　　）。

（A）非正规就业形式　　　　　　（B）新型用工方式

（C）双重用工形式　　　　　　　（D）雇用和使用相分离

6. 劳务派遣机构与用工单位之间发生的争议涉及被派遣劳动者的利益，属于（　　）。

（A）民事纠纷　　　（B）劳动争议　　　（C）行政争议　　　（D）法人争议

7. 经营劳务派遣业务的劳务派遣单位注册资本不得少于人民币（　　）元。

（A）50万　　　　　（B）100万　　　　　（C）150万　　　　　（D）200万

8. 劳务派遣用工是企业用工的（　　）。

（A）基本形式　　　（B）主要形式　　　（C）补充形式　　　（D）附加形式

9.（　　）是指专门就工资事项签订的专项集体合同。

（A）工资协议　　　（B）协商合同　　　（C）工资合同　　　（D）集体协议

10. 关于工资集体协商的内容叙述错误的有（　　）。

（A）工资协议的期限　　　　　　（B）工资分配制度

（C）调整劳动关系运行的重要机制　　（D）工资协议的终止条件

11. 工资集体协议的当事人一方是企业，另一方是（　　）。

（A）劳动者个人　　　　　　　　（B）企业工会

（C）企业法人　　　　　　　　　（D）企业人力资源部

12. 工资指导线预警线又称为工资指导线（　　）。

（A）基准线　　　（B）下线　　　（C）上线　　　（D）均线

13. 工资指导线（　　）是年度货币工资平均增长目标。

（A）基准线　　　（B）下线　　　（C）上线　　　（D）均线

14. 劳动力市场工资指导价位分为（　　）。

（A）年工资收入和月工资收入两种形式

（B）月工资收入和日工资收入两种形式

（C）年工资收入、月工资收入和日工资收入三种形式

（D）年工资收入、月工资收入、日工资收入和小时工资收入四种形式

15. 工资集体协商代表中，雇员一方首席代表的担任人是（　　）。

（A）法定代表人　（B）工会主席　（C）工会代表　（D）员工

16. 工资集体协商双方委托专业人士作为代表，委托人数不得超过本方代表的（　　）。

（A）1/4　　　（B）1/3　　　（C）1/2　　　（D）2/3

17. 以下不属于工资集体协商中协商双方享有平等的权利是（　　）。

（A）建议权　　　（B）表决权　　　（C）否决权　　　（D）陈述权

18. 工资集体协商代表的确定程序与集体协商代表的确定程序是（　　）。

（A）一致的　　（B）不一致的　　（C）单独制定的　　（D）协商裁定的

19. 劳动关系双方中的一方接到协议意向书后，应于（　　）予以书面答复。

（A）5日内　　（B）10日内　　（C）15日内　　（D）20日内

20. 在接到已经生效的工资协议后，协商双方应于（　　）以恰当形式向双方人员公布。

（A）5日内　　（B）10日内　　（C）15日内　　（D）20日内

21. 工资集体协商，一般情况下（　　）进行一次。

（A）半年　　　（B）一年　　　（C）两年　　　（D）三年

22. 工资指导价位在每年（　　）发布，每年发布（　　）。

（A）3~4月，一次　（B）3~4月，两次　（C）5~6月，一次　（D）5~6月，两次

23. 在企业中，（　　）对本单位安全卫生负全面责任。

（A）工人　　　　　　　　　（B）各级生产负责人

（C）总工程师　　　　　　　（D）企业法定代表人

24. 在企业中,(　　)负安全卫生技术领导责任。

（A）工人　　　　　　　　　　（B）各级生产负责人

（C）总工程师　　　　　　　　（D）企业法定代表人

25. 在企业中,各职能部门、各级生产组织负责人对本单位安全卫生(　　)。

（A）负全面责任

（B）在各自分管的工作范围内对安全卫生负责

（C）负直接责任

（D）负安全卫生技术领导责任

26. 在企业安全生产责任制度中,工人对本单位安全生产(　　)。

（A）负全面责任

（B）负直接责任

（C）在各自分管的工作范围内对安全卫生负责

（D）负有在各自的岗位上严格遵守劳动安全技术规程的义务

27. 以改善劳动条件,防止和消除伤亡事故和职业病为目的的技术措施计划的管理制度是指(　　)。

（A）安全技术措施计划管理制度　　（B）安全生产责任制度

（C）安全生产检查制度　　　　　　（D）重大事故隐患管理制度

28. 下面属于伤亡事故报告和处理制度的是(　　)。

（A）重大事故隐患报告　　　　　　（B）安全生产责任制度

（C）安全生产检查制度　　　　　　（D）企业职工伤亡事故分类

29. (　　)是处理生产与安全两者之间关系的基本准则。

（A）安全第一　　（B）预防为主　　（C）以人为本　　（D）防重于治

30. (　　)是企业所有员工在劳动安全卫生保护工作中的职业道德行为准则。

（A）安全卫生价值理念　　　　　　（B）安全第一、预防为主、以人为本

（C）营造劳动安全卫生技术环境　　（D）劳动安全卫生管理制度

31. 以下不属于劳动争议特征的是(　　)。

（A）当事人特定　　　　　　　　　（B）内容特定

（C）有特定的表现形式　　　　　　（D）有特定的标的

32. 关于劳动争议的分类,按照劳动争议的主体划分,职工一方当事人人数为 10 人以上,有共同争议理由的,称为(　　)。

（A）个别争议　　（B）团体争议　　（C）集体争议　　（D）小组争议

33. 按照(　　)划分,可以把劳动争议划分为个别争议、集体争议和团体争议。

（A）劳动争议的主体　　　　　　　（B）劳动争议的性质

（C）劳动争议的客体　　　　　　　　（D）劳动争议的标的

34. 劳动关系当事人基于集体合同约定的权利和义务所发生的争议称为（　　）。

（A）集体争议　　（B）权利争议　　（C）利益争议　　（D）团体争议

35. 当事人因主张有待确定的权利和义务所发生的争议称为（　　）。

（A）集体争议　　（B）权利争议　　（C）利益争议　　（D）团体争议

36. 以下不属于依靠社会力量解决争议的特征的是（　　）。

（A）自治性　　　（B）群众性　　　（C）强制性　　　（D）程序性

37. 以下不属于劳动争议仲裁的显著特征的是（　　）。

（A）高度的自治性　　　　　　　　　（B）贯彻"三方性原则"

（C）国家的强制性　　　　　　　　　（D）严格的规范性

38. 劳动争议的内容只能是以（　　）为标的。

（A）劳动合同争议（B）劳动权利义务（C）劳动者利益　　（D）相关民事责任

39. 下列不属于劳动争议处理原则的是（　　）。

（A）在查清事实的基础上依法处理　　（B）当事人在适用法律上一律平等

（C）及时处理，着重调解　　　　　　（D）依法解决，强制处理

40. 企业调解委员会对劳动争议调解的特点不包括（　　）。

（A）群众性　　　（B）自治性　　　（C）法制性　　　（D）非强制性

41. 调解委员会调解劳动争议贯彻申请自愿原则，下列不属于申请自愿原则的是（　　）。

（A）申请调解自愿　　　　　　　　　（B）调解过程自愿

（C）调解行为自愿　　　　　　　　　（D）履行协议自愿

42. （　　）是进行诉讼的前置必经程序。

（A）调解　　　　（B）仲裁　　　　（C）协商　　　　（D）裁决

43. （　　）是国家授权、依法独立处理劳动争议案件的专门机构。

（A）劳动争议调解委员会　　　　　　（B）劳动争议仲裁委员会

（C）企业工会　　　　　　　　　　　（D）人民法院

44. 劳动争议仲裁委员会的构成不包括（　　）。

（A）企业职工　　　　　　　　　　　（B）劳动行政部门代表

（C）同级工会代表　　　　　　　　　（D）用人单位方面的代表

45. （　　）的劳动争议处理机构是劳动争议仲裁委员会的办事机构。

（A）企业工会　　　　　　　　　　　（B）用人单位

（C）行业协会　　　　　　　　　　　（D）劳动行政主管部门

46. 仲裁庭裁决劳动争议，实行少数服从多数原则属于劳动争议仲裁的（　　）。

（A）仲裁庭制度　　　　　　　　（B）合议制度

（C）管辖制度　　　　　　　　　（D）区分举证责任制度

47.（　　）是指一定的事实状态持续存在一定时间后即发生一定法律后果的法律制度。

（A）限定期限　　（B）仲裁制度　　（C）时效制度　　（D）失效制度

48. 劳动争议申请仲裁的时效期间为（　　）。

（A）3个月　　（B）6个月　　（C）一年　　（D）两年

49. 一方当事人提出协商要求后，另一方当事人（　　）内不做出回应的，视为不愿协商。

（A）5日　　（B）7日　　（C）10日　　（D）15日

50. 劳动争议仲裁委员会收到答辩书后，应当在（　　）内将答辩书副本送达申请人。

（A）3日　　（B）5日　　（C）10日　　（D）15日

二、解析

1. 解析：D 劳动法律关系是劳动关系的现实形态。

2. 解析：A 事实劳动关系是指用人单位除了非全日制用工形式外无书面劳动合同或无有效书面劳动合同形成的劳动法律关系。

3. 解析：C 通过描述劳务派遣现象，可以将劳务派遣定性为一种组合劳动关系。

4. 解析：B 劳务派遣机构与被派遣劳动者依法订立劳动合同，建立劳动关系。

5. 解析：D 劳务派遣的本质特征是雇用和使用相分离。

6. 解析：A 劳务派遣机构与用工单位之间发生的争议虽然也会涉及被派遣劳动者的利益，但不属于劳动争议，而是属于民事纠纷。

7. 解析：D 经营劳务派遣业务的劳务派遣单位应当依照公司法的有关规定设立，注册资本不得少于人民币200万元。

8. 解析：C 劳务派遣用工是企业用工的补充形式。

9. 解析：A 工资协议是指专门就工资事项签订的专项集体合同。

10. 解析：C 工资集体协商的内容包括：（1）工资协议的期限；（2）工资分配制度、工资标准和工资分配形式；（3）职工年度平均工资水平及其调整幅度；（4）奖金、津贴、补贴等分配办法；（5）工资支付办法；（6）变更、解除工资协议的程序；（7）工资协议的终止条件；（8）工资协议的违约责任；（9）双方认为应当协商约定的其他事项。

11. 解析：B 工资集体协议的当事人一方是企业，另一方是企业工会。

12. 解析：C 工资指导线预警线又称为工资指导线上线。

13. 解析：A 工资指导线基准线是年度货币工资平均增长目标。

14. 解析：A 劳动力市场工资指导价位分为年工资收入和月工资收入两种形式。

15. 解析：B 工资集体协商代表中，雇员一方首席代表的担任人是工会主席。

16. 解析：C 工资集体协商双方均可书面委托专业人士作为本方协商代表，但委托人数不得超过本方代表的1/3。

17. 解析：B 协商双方享有平等的建议权、否决权和陈述权。

18. 解析：A 工资集体协商代表的确定程序与集体协商代表的确定程序是一致的。

19. 解析：D 劳动关系双方中的一方接到协议意向书后，应于20日内予以书面答复。

20. 解析：A 在接到已经生效的工资协议后，协商双方应于5日内以恰当形式向双方人员公布。

21. 解析：B 工资集体协商，一般情况下一年进行一次。

22. 解析：C 工资指导价位在每年6~7月发布，每年发布一次。

23. 解析：D 在企业中，企业法定代表人对本单位安全卫生负全面责任。

24. 解析：C 在企业中，总工程师负安全卫生技术领导责任。

25. 解析：B 在企业安全生产责任制度中，各职能部门、各级生产组织负责人在各自分管的工作范围内对安全卫生负责。

26. 解析：D 在企业安全生产责任制度中，工人在各自的岗位上承担严格遵守劳动安全技术规程的义务。

27. 解析：A 以改善劳动条件，防止和消除伤亡事故和职业病为目的的技术措施计划的管理制度是指安全技术措施计划管理制度。

28. 解析：D 伤亡事故报告和处理制度包括：（1）企业职工伤亡事故分类；（2）伤亡事故报告；（3）伤亡事故调查；（4）伤亡事故处理。

29. 解析：A 安全第一是处理生产与安全两者之间关系的基本准则。

30. 解析：B 安全第一、预防为主、以人为本是企业所有员工在劳动安全卫生保护工作中的职业道德行为准则。

31. 解析：D 劳动争议与其他社会关系纠纷相比，具有下述特征：（1）劳动争议的当事人是特定的；（2）劳动争议的内容是特定的；（3）劳动争议有特定的表现形式。

32. 解析：A 关于劳动争议的分类，按照劳动争议的主体划分，职工一方当事人人数为10人以上，有共同争议理由的，称为集体争议。

33. 解析：B 按照劳动争议的性质划分，可以把劳动争议划分为个别争议、集体争议和团体争议。

34. 解析：B 权利争议，又称既定权利争议，即劳动关系当事人基于劳动法律、法规的规定，或集体合同、劳动合同约定的权利与义务所发生的争议。

35. 解析：C 利益争议，当事人因主张有待确定的权利和义务所发生的争议。

36. 解析：C 依靠社会力量解决争议的突出特征是争议主体的意思自治性、群众性、自愿性，比较灵活的程序性。

37. 解析：A 劳动争议仲裁与其他救济机制相比较的显著特征：（1）贯彻"三方性原则"；（2）国家的强制性；（3）严格的规范性。

38. 解析：B 劳动争议的内容只能是以劳动权利义务为标的。

39. 解析：D 劳动争议处理原则包括：（1）在查清事实的基础上依法处理；（2）当事人在适用法律上一律平等；（3）及时处理，着重调解。

40. 解析：D 企业调解委员会对劳动争议调解的特点包括：（1）群众性；（2）自治性；（3）非强制性。

41. 解析：C 调解委员会调解劳动争议贯彻申请自愿原则，具体内涵：（1）申请调解自愿；（2）调解过程自愿；（3）履行协议自愿。

42. 解析：B 仲裁是进行诉讼的前置必经程序，未经仲裁的劳动争议案件，人民法院不予受理。

43. 解析：B 劳动争议仲裁委员会是国家授权、依法独立处理劳动争议案件的专门机构。

44. 解析：A 劳动争议仲裁委员会的构成包括：（1）劳动行政部门代表；（2）同级工会代表；（3）用人单位方面的代表。

45. 解析：D 劳动行政主管部门的劳动争议处理机构是劳动争议仲裁委员会的办事机构。

46. 解析：B 劳动争议仲裁的合议制度，仲裁庭裁决劳动争议，实行少数服从多数原则，裁决应当按照多数仲裁员的意见做出，少数仲裁员的不同意见应当记入笔录。

47. 解析：C 时效制度是指一定的事实状态持续存在一定时间后即发生一定法律后果的法律制度。

48. 解析：C 劳动争议申请仲裁的时效期间为一年。

49. 解析：A 一方当事人提出协商要求后，另一方当事人5日内不做出回应的，视为不愿协商。

50. 解析：B 劳动争议仲裁委员会收到答辩书后，应当在5日内将答辩书副本送达申请人。

第二节　多项选择题及解析

一、多项选择题

1. 下列关于劳动关系的说法正确的是（　　）。

（A）劳动关系的内容是劳动

（B）具有人身关系属性和财产关系属性相结合的特点

（C）具有平等性和隶属性的特点

（D）内容是权利和义务

（E）具有国家强制性

2. 劳动关系与劳务关系的区别包括（　　）。

（A）两者产生的原因不同　　　　　（B）适用的法律不同

（C）主体资格不同　　　　　　　　（D）主体性质及其关系不同

（E）当事人之间权利义务方面有着系统性的区别

3. 处理异地劳务派遣中的劳动争议的原则是（　　）。

（A）被派遣劳动者与劳务派遣机构的劳动争议由劳务派遣机构所在地管辖

（B）被派遣劳动者与劳务派遣机构的劳动争议由用工单位所在地管辖

（C）被派遣劳动者与用工单位的劳动争议由用工单位所在地管辖

（D）被派遣劳动者与用工单位的劳动争议由劳务派遣机构所在地管辖

（E）被派遣劳动者与劳务派遣机构和用工单位的劳动争议，可由劳动合同或劳务派遣协议约定，由当事人选择劳务派遣机构所在地或用工单位所在地管辖

4. 经营劳务派遣业务的劳务派遣单位应当具备下列哪些条件（　　）。

（A）注册资本不得少于人民币 200 万元

（B）有与开展业务相适应的固定的经营场所和设施

（C）有符合法律、行政法规规定的劳务派遣管理制度

（D）有足以抵御可预见的系统风险的风险保证金

（E）法律、行政法规规定的其他条件

5. 关于劳务派遣中用工单位应当履行的义务包括（　　）。

（A）执行国家劳动标准，提供相应的劳动条件和劳动保护

（B）告知被派遣劳动者其工作要求和劳动报酬

（C）支付加班费、绩效奖金，提供与工作岗位相关的福利待遇

（D）对在岗被派遣劳动者进行工作岗位所必需的培训

（E）连续用工的，实行正常的工资调整机制

6. 外国企业常驻代表机构聘用中国雇员管理规定的适用范围包括（　　）。

（A）外国企业常驻代表机构

（B）涉外就业服务单位

（C）到外国企业常驻代表机构工作的中国雇员

（D）依照外国法律在中国境外设立的营利性组织

（E）组织境外活动的国内企业

7. 关于外国企业常驻代表机构聘用中国雇员的程序，说法正确的是（　　）。

（A）涉外就业服务单位只能在机构驻地行政区域开展业务

（B）中国雇员必须通过涉外就业服务单位向外国企业常驻代表机构求职应聘

（C）涉外就业服务单位与中国雇员建立关系应当签订劳动合同

（D）涉外就业服务单位与中国雇员建立关系应当为中国雇员缴纳社会保险费用

（E）涉外就业服务单位向外国企业常驻代表机构提供中国雇员服务应与其签订劳动合同

8. 属于工资集体协商的内容有（　　）。

（A）工资协议的期限

（B）工资分配制度、工资标准和工资分配形式

（C）工资支付办法

（D）职工年度平均工资水平及其调整幅度

（E）变更、解除工资协议的程序

9. 工资集体协商咨询指导员的职责说法正确的是（　　）。

（A）指导和帮助企业、基层工会开展工资集体协商签订工资专项集体合同

（B）指导和帮助企业（行业）或基层工会收集职工意见、提出协商要约

（C）拟定协商方案、研究协商策略、确定协商内容、起草工资专项集体合同草案

（D）收集和整理与工资集体协商相关的企业生产经营状况、资料、数据和信息

（E）维护正常的生产、工作秩序和社会稳定

10. 工资指导线的作用包括（　　）。

（A）为企业集体协商确定年度工资增长水平提供依据

（B）有利于企业形成正常的工资增长机制

（C）引导企业自觉控制人工成本水平

（D）完善国家的工资宏观调控体系

（E）体现了市场经济条件下的"政企分开"

11. 工资指导线包括（　　）。

（A）上线　　　　　　　（B）预警线　　　　　　（C）基准线

（D）下线　　　　　　　（E）最低线

12. 经济形势分析的内容包括（　　）。

（A）国家宏观经济形势和宏观政策分析

（B）本地区上一年度经济增长、企业工资增长分析

（C）本年度经济增长预测及周边地区的比较分析

（D）劳动力市场价格、人工成本水平分析

（E）社会劳动生产率、对外贸易状况分析

13. 劳动力市场工资指导价位分年工资收入和月工资收入两种形式，按（　　）标准反映平均水平。

（A）高位数　　　　　　（B）中位数　　　　　　（C）低位数

（D）奇位数　　　　　　（E）偶位数

14. 工资集体协商双方享有平等的（　　）。

（A）选举权　　　　　　（B）建议权　　　　　　（C）否决权

（D）起诉权　　　　　　（E）陈述权

15. 劳动力市场工资指导价位的制定应注意（　　）。

（A）坚持市场取向原则　　　　　　（B）坚持实事求是原则

（C）工资幅度标准　　　　　　　　（D）坚持劳动市场公平原则

（E）定期公开发布

16. 同一职业（工种）劳动力市场工资价位水平的高、中、低之分，是由（　　）等因素决定的。

（A）企业经济效益　　　（B）企业规模　　　　　（C）企业经济类型

（D）不同层次的劳动者　（E）就业状况

17. 劳动安全卫生管理制度包括（　　）。

（A）安全生产责任制度　　　　　　（B）安全技术措施计划管理制度

（C）安全生产教育制度　　　　　　（D）安全生产检查制度

（E）重大事故隐患管理制度

18. 伤亡事故报告和处理制度包括（　　）。

（A）企业职工伤亡事故分类　　　　（B）伤亡事故报告

（C）伤亡事故调查　　　　　　　　（D）事故责任认定

（E）伤亡事故处理

19. 劳动者健康检查制度包括（　　）。

（A）员工招聘健康检查　　　　　（B）企业员工的定期体检

（C）企业员工的不定期体检　　　（D）发放体检卡福利

（E）职业病检查

20. 职业安全卫生保护费用包括（　　）。

（A）工伤保险费　　　　　　　　（B）劳动安全卫生保护设施建设费用

（C）工伤认定、评残费用等　　　（D）个人劳动安全卫生防护用品费用

（E）有毒有害作业场所定期检测费用

21. 劳动工作场所优化应做到（　　）。

（A）科学装备、布置工作地

（B）保持工作场所的正常秩序和良好的工作环境

（C）劳动环境优化

（D）工作时间合理

（E）正确组织工作场所的供应和服务

22. 劳动组织优化主要包括（　　）。

（A）作业班组合理组织　　　　　（B）准备性工作和执行性工作合理组织

（C）工作时间合理组织　　　　　（D）不同工种、工艺阶段合理组织

（E）劳动环境优化

23. 劳动争议的特征包括（　　）。

（A）劳动争议的当事人是特定的　（B）劳动争议的内容是特定的

（C）劳动争议仅仅局限在争议主体之间（D）劳动纠纷涉及范围较窄

（E）劳动争议有特定的表现形式

24. 劳动争议的解决机制包括（　　）。

（A）自力救济　　　　　　　　　（B）社会救济

（C）公力救济　　　　　　　　　（D）社会救济与公力救济相结合

（E）法律救济

25. 劳动争议处理的原则包括（　　）。

（A）在查清事实的基础上依法处理（B）当事人在适用法律上一律平等

（C）强制执行　　　　　　　　　（D）及时处理

（E）着重调解

26. 劳动争议仲裁的特征为（　　）。

（A）仲裁主体具有特定性

（B）仲裁对象具有特定性

（C）仲裁施行强制原则

（D）劳动争议仲裁施行仲裁前置、裁审衔接制

（E）着重协商调解原则

27. 劳动争议仲裁委员会的构成包括（　　）。

（A）劳动行政部门代表　　　（B）企业职工代表　　　（C）同级工会代表

（D）用人单位方面的代表　　　（E）司法机构代表

28. 劳动争议仲裁的基本制度包括（　　）。

（A）仲裁庭制度　　　　　　　（B）一次裁决制度　　　　　（C）合议制度

（D）回避制度　　　　　　　　（E）管辖制度及区分举证责任制度

29. 仲裁时效中断的法定事由包括（　　）。

（A）向对方当事人主张权利　　　　　（B）向有关部门请求权利救济

（C）对方当事人同意履行义务　　　　（D）不可抗力

（E）其他正当理由

30. 团体劳动争议与一般的劳动争议相比的特点有（　　）。

（A）争议主体的团体性　　　　　　　（B）争议的广泛性

（C）争议内容的特定性　　　　　　　（D）影响的广泛性

（E）争议处理的紧迫性

二、解析

1. 解析：ABC　职工参与企业的民主管理的形式包括组织参与、岗位参与和个人参与，具体如职工代表大会制度、质量管理小组、班组自我管理、各类岗位责任制，以及职工通过其个人的行为参与企业管理。

2. 解析：ABCDE　劳动关系与劳务关系的区别包括：（1）两者产生的原因不同；（2）适用的法律不同；（3）主体资格不同；（4）主体性质及其关系不同；（5）当事人之间权利义务方面有着系统性的区别；（6）劳动条件的提供方式不同；（7）违反合同产生的法律责任不同；（8）纠纷的处理方式不同；（9）履行合同中的伤亡事故处理不同。

3. 解析：ACE　被派遣劳动者与劳务派遣机构的劳动争议由劳务派遣机构所在地管辖。被派遣劳动者与用工单位的劳动争议由用工单位所在地管辖。被派遣劳动者与劳务派遣机构和用工单位的劳动争议，可由劳动合同或劳务派遣协议约定，由当事人选择劳务派遣机构所在地或用工单位所在地管辖。

4. 解析：ABCE　经营劳务派遣业务的劳务派遣单位应当依照公司法的有关规定设立，并应当具备下列条件：（1）注册资本不得少于人民币200万元；（2）有与开展业务相适应的固定的经营场所和设施；（3）有符合法律、行政法规规定的劳务派遣管理制度；

（4）法律、行政法规规定的其他条件。

5. 解析：ABCDE　关于劳务派遣中用工单位应当履行的义务包括：（1）执行国家劳动标准，提供相应的劳动条件和劳动保护；（2）告知被派遣劳动者其工作要求和劳动报酬；（3）支付加班费、绩效奖金，提供与工作岗位相关的福利待遇；（4）对在岗被派遣劳动者进行工作岗位所必需的培训；（5）连续用工的，实行正常的工资调整机制。

6. 解析：ABC　外国企业常驻代表机构聘用中国雇员管理规定的适用范围包括：（1）外国企业常驻代表机构；（2）涉外就业服务单位；（3）到外国企业常驻代表机构工作的中国雇员。

7. 解析：ABCD　涉外就业服务单位向外国企业常驻代表机构提供中国雇员服务应依法与其签订劳务派遣协议。

8. 解析：ABCDE　工资集体协商的内容包括：（1）工资协议的期限；（2）工资分配制度、工资标准和工资分配形式；（3）职工年度平均工资水平及其调整幅度；（4）奖金、津贴、补贴等分配办法；（5）工资支付办法；（6）变更、解除工资协议的程序；（7）工资协议的终止条件；（8）工资协议的违约责任；（9）双方认为应当协商约定的其他事项。

9. 解析：ABCD　对企业工资集体协商中产生的矛盾，认真负责地进行调解，避免突发性事件和冲突事件发生，并及时向上级组织报告，维护正常的生产、工作秩序和社会稳定，属于工资集体协商咨询指导员的义务。

10. 解析：ABCDE　工资指导线的作用包括：（1）为企业集体协商确定年度工资增长水平提供依据，有利于企业形成正常的工资增长机制；（2）引导企业自觉控制人工成本水平；（3）完善国家的工资宏观调控体系，体现了市场经济条件下的"政企分开"。

11. 解析：ABC　经济形势分析的内容包括：（1）国家宏观经济形势和宏观政策分析；（2）本地区上一年度经济增长、企业工资增长分析；（3）本年度经济增长预测及周边地区的比较分析。

12. 解析：ABCD　工资指导线有三条线：上线（预警线），基准线，下线。

13. 解析：ABC　劳动力市场工资指导价位分年工资收入和月工资收入两种形式，按高位数、中位数、低位数标准反映平均水平。

14. 解析：BCE　工资集体协商双方享有平等的建议权、否决权和陈述权。

15. 解析：ABCD　同一职业（工种）劳动力市场工资价位水平的高、中、低之分，是由企业经济效益、企业规模、企业经济类型及不同层次的劳动者等因素决定的。

16. 解析：AB　劳动力市场工资指导价位的制定应注意以下几点：（1）坚持市场取向原则；（2）坚持实事求是原则。

17. 解析：ABCDE　劳动安全卫生管理制度包括：（1）安全生产责任制度；（2）安全技术措施计划管理制度；（3）安全生产教育制度；（4）安全生产检查制度；（5）重大事故隐患管理制度；（6）安全卫生认证制度；（7）伤亡事故报告和处理制度；（8）个人劳动安全卫生防护用品管理制度；（9）劳动者健康检查制度。

18. 解析：ABCE　伤亡事故报告和处理制度包括：（1）企业职工伤亡事故分类；（2）伤亡事故报告；（3）伤亡事故调查；（4）伤亡事故处理。

19. 解析：AB　劳动者健康检查制度包括：（1）员工招聘健康检查；（2）企业员工的定期体检。

20. 解析：ABCDE　职业安全卫生保护费用包括：（1）劳动安全卫生保护设施建设费用；（2）劳动安全卫生保护设施更新改造费用；（3）个人劳动安全卫生防护用品费用；（4）劳动安全卫生教育培训经费；（5）健康检查和职业病防治费用；（6）有毒有害作业场所定期检测费用；（7）工伤保险费；（8）工伤认定、评残费用等。

21. 解析：ABCE　劳动工作场所优化应做到：（1）科学装备、布置工作地；（2）保持工作场所的正常秩序和良好的工作环境；（3）正确组织工作场所的供应和服务；（4）劳动环境优化等。

22. 解析：ABCD　劳动组织优化主要包括：（1）不同工种、工艺阶段合理组织；（2）准备性工作和执行性工作合理组织；（3）作业班组合理组织；（4）工作时间合理组织。

23. 解析：ABE　劳动争议的特征包括：（1）劳动争议的当事人是特定的；（2）劳动争议的内容是特定的；（3）劳动争议有特定的表现形式。

24. 解析：ABCD　劳动争议的解决机制包括四种方式：（1）自力救济；（2）社会救济；（3）公力救济；（4）社会救济与公力救济相结合。

25. 解析：ABD　劳动争议处理的原则包括：（1）在查清事实的基础上依法处理；（2）当事人在适用法律上一律平等；（3）及时处理，着重调解。

26. 解析：ABCD　劳动争议仲裁的特征为：（1）仲裁主体具有特定性；（2）仲裁对象具有特定性；（3）仲裁施行强制原则；（4）劳动争议仲裁施行仲裁前置、裁审衔接制。

27. 解析：ACD　劳动争议仲裁委员会的构成：（1）劳动行政部门代表；（2）同级工会代表；（3）用人单位方面的代表。

28. 解析：ABCDE　劳动争议仲裁的基本制度包括：（1）仲裁庭制度；（2）一次裁决制度；（3）合议制度；（4）回避制度；（5）管辖制度；（6）区分举证责任制度。

29. 解析：ABC　仲裁时效中断的法定事由有三种情形：（1）向对方当事人主张权利；（2）向有关部门请求权利救济；（3）对方当事人同意履行义务。

30. 解析：ACD　团体劳动争议与一般的劳动争议相比，特点为：（1）争议主体的团体性；（2）争议内容的特定性；（3）影响的广泛性。

第三节　简答题及解析

一、简答题

1. 事实劳动关系形成的原因有哪些？
2. 简述劳动关系与劳务关系的区别。
3. 劳动力市场工资指导价位的制定程序有哪些？
4. 简述职业安全卫生预算编制审核程序。
5. 简述劳动争议处理的基本程序。

二、解析

1. 解析：

（1）不订立书面劳动合同形成事实劳动关系。（2）无效劳动合同而形成劳动关系。（3）双重劳动关系而形成实施劳动关系。（4）以其他劳动形式替代劳动合同形成事实劳动关系。

2. 解析：

（1）两者产生的原因不同。（2）适用的法律不同。（3）主体资格不同。（4）主体性质及其关系不同。（5）当事人之间权利义务方面有着系统性的区别。（6）劳动条件的提供方式不同。（7）违反合同产生的法律责任不同。（8）纠纷的处理方式不同。（9）履行合同中的伤亡事故处理不同。此外还有一些其他不同，如劳动报酬与劳务报酬的决定方式、支付方式、支付时间方面，权利保护时效方面等都存在差异。

3. 解析：

（1）信息采集。信息采集主要通过抽样调查方法取得调查内容为上一年度企业中有关职业（工种）在岗职工全年工资收入及有关情况。调查时间为每年一次。

（2）价位制定。工资指导价位的制定是将同一职业（工种）调查全部的职工工资收入从高到低进行排列，对有关数据进行检查、分析及做必要调整后，分别确定本职业（工种）工资指导价位的高位数、中位数和低位数。劳动力市场工资指导价位的制定应注意以下几点：①坚持市场取向原则；②坚持实事求是原则。

（3）公开发布。工资指导价位在每年6~7月发布，每年发布一次。

4. 解析：

（1）企业最高决策部门决定企业劳动安全卫生管理的总体目标和任务，并应提前下达到中层和基层单位；（2）劳动安全卫生管理职能部门根据企业总体目标的要求制定具体目标，提出本单位的自编预算；（3）自编预算在部门内部协调平衡，上报企业预算委员会；（4）企业预算委员会经过审核、协调平衡，汇总成为企业全面预算，并应在预算期前下达相关部门执行；（5）编制费用预算；（6）编制直接人工预算；（7）根据企业管理费用预算表、制造费用预算表及产品制造成本预算表的相关预算项目对职业安全卫生预算进行审核。

5. 解析：

（1）根据我国劳动立法的有关规定，当发生劳动争议时，争议双方应协商解决。

（2）不愿协商或协商不成，当事人可以申请企业劳动争议调解委员会调解。

（3）调解不成或不愿调解，当事人申请劳动争议仲裁机构仲裁。

（4）当事人一方或双方不服仲裁裁定，则申诉到人民法院，由人民法院依法审理并做出最终判决。

第四节　案例分析题及解析

一、案例分析题

1. 张某是 A 公司劳动合同制工人，其工作是在产生大量粉尘的环境下进行的。2005 年 2 月，经职业病诊断机构诊断后，张某被确诊为患有尘肺病，住院 3 个月后出院上班。出院时，诊断机构提出张某不应再从事原岗位劳动。张某返回公司后，要求调离原岗位。但公司 3 个月后仍没有为其更换工作岗位。当张某再次要求调动工作岗位时，公司以各岗位满员，不好安排工作为由，让其继续从事原工作。张某无奈，向当地劳动争议仲裁委员会提出申诉，要求用人单位为其更换工作岗位。

劳动争议仲裁委员会受理后，经过调查了解，张某患有尘肺病，有诊断机构的诊断书。尘肺病属职业病。诊断机构认为张某不宜再从事原岗位工作，建议 A 公司为其调整工作岗位，这是合理要求。劳动争议仲裁委员会认为，张某在确诊患有尘肺病后，A 公司仍要求其继续从事有毒有害工种违反了职业病保护规定。故裁定 A 公司为张某调换工作岗位。

请分析劳动争议仲裁委员会的仲裁结果是否正确，依据是什么？

2. 2003 年，B 公司通过猎头公司聘用赵某为公司项目经理，聘用期限为 5 年，期限届满前，如双方无异议，该聘用期限自动续延 5 年。聘用职位为公司新产品的研发和销售部门的项目经理。后因赵某工作表现优异，2005 年 7 月，公司决定调任赵某为公司技术总监，负责整个产品研发部门。

同时因赵某的工作涉及到公司的一些核心商业秘密，遂与其签订了保密协议及竞业限制协议并约定了较高的违约金。2008 年 12 月，双方未就续签达成一致，赵某与 B 公司的劳动合同终止，公司支付了竞业限制经济补偿金。2009 年 4 月，公司发现赵某在另一家与自己有竞争关系的企业工作，遂要求赵某支付违约金。赵某同意支付，但考虑到违约金较高，要求公司给予 6 个月的宽限期。

6 个月后，公司主张违约金时，赵某以股票套牢为由，仍希望公司能够再给自己 6 个月宽限期，考虑到赵某的实际情况，公司同意了赵某的请求。但是，等再次给予的 6 个月宽限期满后，公司再次找到赵某时，赵某则认为违约金过高、不合理，拒绝支付。

那么，此时如果 B 公司提起劳动争议仲裁，是否已经超过了申诉时效？

二、解析

1. 解析：

此案例是一起因用人单位违反劳动安全卫生法规，不对职工实施劳动安全保护而引发的劳动争议案。劳动争议仲裁委员会对 A 公司的处理是正确的。

首先，尘肺病是一种严重的职业病，患有尘肺病的劳动者有权享受职业病待遇。尘肺病是一种职工在生产劳动中因吸入粉尘而发生的肺组织纤维化为主的疾病，是对职工身体健康危害较大的一种职业病。早在 1987 年 12 月 3 日，国务院就曾颁布过《尘肺病防治条例》，其中第 21 条规定，企业、事业单位对已确诊为尘肺病的职工，必须调离尘肺作业岗位，并给予治疗或疗养。

本案张某被职业病诊断机构确诊为尘肺病，进行了住院治疗，在出院后诊断机构提出其不应再从事原岗位工作。张某被诊断为尘肺病后，依法应享受职业病待遇，A 公司应根据职业病诊断机构的诊疗意见，将张某调离原工作岗位。

其次，用人单位以各岗位满员、不好安排别的工作为由，让张某继续从事原岗位工作是违法的，侵犯了张某享受职业病待遇的权利。职业病待遇实行职业灾害保障制度，只要劳动者被确认为职业病后，用人单位应无条件地按职业病待遇或有关工伤保险待遇处理。职业病处理有关规定要求对职业病患者调离原工作岗位，用人单位应及时调整。

本案张某经诊断被确诊为职业病后，诊断机构向 A 公司建议调离张某的工作。按照规定，用人单位应在确认之后起 2 个月内将张某调离原工作岗位，可本案中 A 公司在张某提出调离要求 3 个月后，仍不调换张某的工作岗位，甚至找理由进行拖延，这是违法的。故应裁定 A 公司为张某调换工作岗位。

2. 解析：

本案涉及的主要问题是仲裁时效的中断。《劳动争议调解仲裁法》第二十七条第二款规定："前款规定的仲裁时效，因当事人一方向对方当事人主张权利，或者像向有关部门请求权利救济，或者对方当事人同意履行义务而中断。从中断之日起，仲裁时效期间重新计算。"

本案例中，B公司多次向赵某主张权利，属于仲裁时效的法定中断情形。所以，B公司向赵某主张权利的仲裁时效先后两次中断，此时公司提起劳动争议仲裁，并未超过法定的仲裁时效。并且，从最后一次宽限期满B公司请求而遭遇赵某拒绝时，仲裁时效期间开始重新计算。即便是在此后一年以内技术公司提起仲裁，也未超过法定的仲裁时效。

第五节 方案设计题及解析

一、方案设计题

假设你是某公司行政部负责人，在工资集体协商双方达成一致意见后，请你设计一份工资集体协议书，写出协议书的正文。

二、解析

解析：

工资集体协议书（正文）

甲乙双方在平等自愿、协商一致的基础上，根据××省《关于开展企业工资集体协商的试行意见》及国家和省有关法律、法规，结合本企业实际情况，签订本协议，并遵守执行。

第一条 本协议期限从_____年___月___日起至_____年___月___日止。

第二条 工资协议的内容

1. 企业基本工资制度。

2. 工资标准（一般有另行的具体规定，可以附件的形式存在）。

3. 企业根据各类人员不同岗位的性质，工资分配的具体形式如下：_____。

4. 企业年工资总额达到_____万元，年增长_____%；员工年平均工资达到_____元，年增长_____%。

5. 企业以法定货币（人民币）形式，于每月_____日前支付全体职工的工资。如遇节假日、休息日可提前或推后至最近的工作日支付。

6. 加班加点工资的支付办法为：_____。

7. 职工在法定节假日、休息日及依法享受婚假、丧假、探亲假、产假等假期间，应视为提供了正常劳动，按照不低于其本人基本工资标准支付工资。

8．职工在病假、事假及工伤医疗期间的工资支付办法为：＿＿＿＿＿＿＿＿＿＿＿。

9．奖金、津贴、补贴的分配形式为：＿＿＿＿＿＿＿＿＿＿＿＿＿＿＿。

10．企业补充养老保险的办法和标准为：＿＿＿＿＿＿＿＿＿＿＿＿＿＿。

11．各项福利待遇为：＿＿＿＿＿＿＿＿＿＿＿＿＿＿＿＿。

第三条　企业的权利和义务

根据生产经营特点，制定与工资支付相关的规章制度；根据规章制度对职工进行考核和奖惩；根据对职工的考核情况，按时足额支付职工的工资。

第四条　职工的权利和义务

通过职工民主管理形式参与企业规章制度的制定；积极负责地按时完成生产或工作任务；完成任务后，按时足额领取劳动报酬。

第五条　凡遇有下列情况之一的，经双方协商一致，可以对合同进行修改或变更

1．国家法律、规定有重大变化，如最低工资标准的调整等。

2．企业生产经营发生重大变化，工资合同中的部分条款难以履行时。

3．本地区或同行业职工平均工资水平发生较大变化。

4．城镇居民消费价格指数发生重大变化，影响企业职工实际工资收入较大。

第六条　凡遇有下列情况之一的，经双方协商一致，可以提前终止合同

1．企业破产或濒临破产。

2．双方发生重大对抗，致使企业生产经营不能正常运行。

3．发生人力不可抗拒的自然灾害。

第七条　违约责任

1．由于甲乙双方中任何一方的过错造成合同不能履行或部分条款不能履行，由有过错一方承担法律责任；如属双方的过错，根据实际情况，由双方分别承担法律责任。

2．因不可抗拒因素造成不能履行协议或一方受损害的，可不承担法律责任。

3．甲乙双方中任何一方违反合同时，应按国家规定承担违约责任。

4．甲乙双方中任何一方违反合同，给双方造成损害的，应根据后果，按国家有关规定承担违约责任。

第八条　本合同条款与法律法规、规章政策有抵触的，按国家和省现行有

关规定执行。

第九条 本协议一式四份，甲乙双方各一份，当地劳动部门和企业上级工会组织各一份。

企业首席代表 职工首席代表

签字（盖章） 签字（盖章）

年 月 日 年 月 日

第七章 基础知识辅导训练

第一节 单项选择题及解析

一、单项选择题

1. 在市场经济中，支付是生产出来的，是生产的结果生产率等于（ ）。

（A）劳动结果 （B）支付能力 （C）支付手段 （D）劳动能力

2. 一定社会发展阶段所能够拥有的（ ）就是消费的支付能力。

（A）劳动能力 （B）劳动手段 （C）劳动量 （D）劳动资料

3. 利润定义为企业生产经营的总收入减去（ ）的差额部分。

（A）生产费用 （B）总费用 （C）原材料费用 （D）人工费用

4. 劳动力参与率是衡量、测度（ ）程度的指标。

（A）人口密度 （B）社会劳动强度

（C）人口参与社会劳动 （D）参与工作人口比例

5.（ ）是指在一定的市场工资率的条件下，劳动力供给的决策主体（家庭或个人）愿意并且能够提供的劳动时间。

（A）劳动力供给 （B）劳动力总量 （C）劳动力需求 （D）劳动力市场

6. 劳动力供给量变动对工资率变动的反应程度被定义为劳动力供给的工资弹性，简称（ ）。

（A）供给无弹性 （B）劳动力供给弹性

（C）供给缺乏弹性 （D）供给富有弹性

7. 劳动力需求的自身工资弹性是（　　）变动对工资率变动的反应程度。

（A）劳动力需求　　（B）劳动力供给　　（C）劳动力需求量　（D）劳动力供给量

8. 在完全竞争条件下，短期企业劳动力需求决定的原则是（　　）。

（A）MRP=VMP　　（B）BRP=MP　　（C）VMP=MP　　（D）MP=MC

9.（　　）的劳动力市场是广义的劳动力市场交换关系的外在表现，是实现劳动资源配置的有效途径。

（A）劳动要素　　（B）狭义　　　　（C）劳动关系　　　（D）劳动机制

10. 劳动法的基本原则是指调整劳动关系及与劳动关系密切联系的其他一些社会关系时必须遵循的（　　）。

（A）基本规范　　（B）指导思想　　（C）基本准则　　　（D）基本原则

11. 劳动合同制度、劳动标准制度、职业培训制度、社会保险和福利制度等构成（　　）。

（A）劳动合同法　　（B）劳动权利法　　（C）劳动法体系　　（D）劳动保障体系

12. 劳动法律关系的种类不包括（　　）。

（A）劳动合同关系　　　　　　　　（B）劳动行政法律关系

（C）劳动民事法律关系　　　　　　（D）劳动服务法律关系

13.（　　）的内容是指劳动法律关系主体依法享有的权利和承担的义务。

（A）劳动法律事件　（B）劳动法律关系　（C）劳动法律效力　（D）劳动法律后果

14. 劳动法律事实包括（　　）和劳动法律事件。

（A）劳动法律行为　（B）劳动法律关系　（C）劳动法律效力　（D）劳动法律后果

15.（　　）是指企业为了适应未来环境的变化，寻求长期生存和稳定发展而制定的总体性和长远性的谋划与方略。

（A）企业调整　　（B）企业发展　　（C）企业战略　　　（D）企业规划

16. 环境因素调研的主要方法不包括（　　）。

（A）获取口头信息　（B）获取书面信息　（C）获取环境信息　（D）专题性调研

17.（　　）是指根据调查的信息，对外部环境中某些因素的今后发展及对本企业经营的影响用科学的方法进行预测，为企业进行经营决策提供依据。

（A）企业内部环境预测　　　　　　（B）企业外部环境预测

（C）企业内部环境评估　　　　　　（D）企业外部环境评估

18. 经营环境的微观分析不包括（　　）。

（A）现有竞争对手分析　　　　　　（B）潜在竞争对手分析

（C）替代产品或服务威胁的分析　　（D）供应渠道的分析

19. 经营环境的宏观分析不包括（　　）。

（A）政治法律环境 （B）经济环境 （C）组织环境 （D）技术环境

20. SWOT 分析方法的内容不包括（　　）。

（A）企业内部优势 　　　　　　　　（B）企业内部劣势

（C）企业外部环境机会 　　　　　　（D）国家经济政策的威胁

21. 企业的总体战略不包括（　　）。

（A）进入战略 （B）发展战略 （C）稳定战略 （D）重构战略

22. 认知能力测验成绩与工作绩效之间的相关系数为（　　）。

（A）0~0.2 （B）0.2~0.3 （C）0.2~0.4 （D）0.1~0.15

23.（　　）是人对某种事物或特定对象所持有的一种肯定或否定的心理倾向。

（A）态度 （B）认知 （C）智慧 （D）谦虚

24.（　　）指员工对自己的工作所抱有的一般性的满足与否的态度。

（A）工作成就 （B）工作绩效 （C）工作满意度 （D）工作态度

25.（　　）是指个体对其他个体的知觉。

（A）个体知觉 （B）社会知觉 （C）归因 （D）群体知觉

26.（　　）是指当对一个人的某些特性形成好或坏的印象之后，人们就倾向于据此推论其他方面的特性。

（A）光环效应 （B）投射效应 （C）首因效应 （D）刻板印象

27.（　　）就是利用有关的信息资料对人的行为进行分析，从而推论其原因的过程。

（A）内因 （B）外因 （C）归因 （D）知觉

28.（　　）是指团队生存、改进和适应变化着的环境的能力。

（A）绩效 （B）成员满意度 （C）团队学习 （D）外人的满意度

29. 关注于人际关系，它让团队成员们结合在一起，使大家能够继续相处甚至有某种乐趣的是（　　）。

（A）团队沟通职能 （B）团队任务职能 （C）团队维护职能 （D）团队决策

30. 对人力资本的理解不正确的是（　　）。

（A）人力资本是活的资本 　　　　　（B）人力资本凝结于劳动者体内

（C）人力资源是有形资本 　　　　　（D）人力资本内含一定的经济关系

31.（　　）不属于人力资本投资支出的形式。

（A）教育支出 （B）管理费用 （C）培训支出 （D）流动支出

32.（　　）不属于人力资本投资的特征。

（A）连续性、动态性 　　　　　　　（B）主体与客体具有同一性

（C）投资者与收益者的不完全一致性 （D）收益形式单一

33. 人力资源开发目标的特性不包括（　　）。

（A）多元性　　　　（B）层次性　　　　（C）整体性　　　　（D）稳定性

34. 在管理内容上，现代人力资源管理（　　）。

（A）以事为中心　　（B）以企业为中心　　（C）以人为中心　　（D）以社会为中心

35.（　　）不属于现代人力资源管理的三大基石。

（A）定编定岗定员定额　　　　　　　（B）员工的绩效管理

（C）员工的引进与培养　　　　　　　（D）员工的技能开发

二、解析

1. 解析：B　在市场经济中，支付能力是生产出来的，是生产的结果，生产力等于支付能力。

2. 解析：C　一定社会发展阶段所能够用于的劳动量就是消费的支付能力。

3. 解析：B　利润是企业生产经营的总收入减去总费用的差额部分。

4. 解析：C　劳动力参与率是衡量、测度人口参与社会劳动程度的指标。

5. 解析：A　劳动力供给是指在一定的市场工资率的条件下，劳动力供给的决策主体（家庭或个人）愿意并且能够提供的劳动时间。

6. 解析：B　劳动力供给量变动对工资率变动的反应程度被定义为劳动力供给的工资弹性，简称为劳动力供给弹性。

7. 解析：C　劳动力需求的自身工资弹性是劳动力需求量变动对工资率变动的反应程度。

8. 解析：A　在完全竞争条件下，短期企业劳动力需求决定的原则是 MRP=VMP=W。

9. 解析：B　狭义的劳动力市场是广义劳动力市场交换关系的外在表现，是实现劳动资源配置的有效途径。

10. 解析：C　劳动法的基本原则是指调整劳动关系及劳动关系密切联系的其他一些社会关系时必须遵循的基本准则。

11. 解析：C　劳动法的体系的法律制度构成包括：（1）促进就业法律制度；（2）劳动合同和集体合同制度；（3）劳动标准制度；（4）职业培训制度；（5）社会保险和福利制度；（6）劳动争议处理制度；（7）工会和职工民主管理制度；（8）劳动法的监督检查制度。

12. 解析：C　劳动法律关系的种类主要包括：（1）劳动合同关系；（2）劳动行政法律关系；（3）劳动服务法律关系。

13. 解析：B　劳动法律关系的内容是指劳动法律关系主体依法享有的权利和承担的义务。

14. 解析：A 劳动法律事实可以分为劳动法律行为和劳动法律事件两类。

15. 解析：C 企业战略是指企业为了适应未来环境的变化，寻求长期生存和稳定发展而制定的总体性和长远性的谋划与方略。

16. 解析：C 环境因素调研的主要方法包括：（1）获取口头信息；（2）获取书面信息；（3）专题性调研。

17. 解析：B 企业外部环境的预测，是指根据调查的信息，对外部环境中某些因素的今后发展及对本企业经营的影响用科学的方法进行预测，为企业进行经营决策提供依据。

18. 解析：D 经营环境的微观分析包括：（1）现有竞争对手分析；（2）潜在竞争对手分析；（3）替代产品或服务威胁的分析；（4）顾客力量分析；（5）供应商力量分析。

19. 解析：C 经营环境的宏观分析包括政治法律环境、经济环境、技术环境和社会文化环境四种。

20. 解析：D 企业内部条件和外部环境的综合分析，主要采用 SWOT 分析方法。所谓 S 是指企业内部优势（Strength）；W 是指企业内部劣势（Weaknesses）；O 是指企业外部环境的机会（Opportunities）；T 是指外部环境的威胁（Treats）。

21. 解析：D 企业的总体战略有进入战略、发展战略、稳定战略和撤退战略。

22. 解析：B 认知能力测验成绩与工作绩效之间的相关系数大约在 0.2~0.3 之间。

23. 解析：B 态度是人对某种事物或特定对象所持有的一种肯定或否定的心理倾向。

24. 解析：C 工作满意度是指员工对自己的工作所抱有的一般性的满足与否的态度。

25. 解析：B 社会知觉是指个体对其他个体的知觉，即我们如何认识他人。

26. 解析：A 光环效应是指当对一个人的某些特性形成好或坏的印象之后，人们就倾向于据此推论其他方面的特性。

27. 解析：C 归因就是利用有关的信息资料对人的行为进行分析，从而推论其原因的过程。

28. 解析：C 团队学习是指团队生存、改进和适应变化着的环境的能力。

29. 解析：C 团队维护的职能关于人际关系，它让团队成员们结合在一起，使大家能够继续相处甚至有某种乐趣。

30. 解析：C 人力资本概念包括以下几个方面：（1）人力资本是活的资本，它凝结于劳动者体内；（2）人力资本直接由投资费用转换而来；（3）人力资本独特的本质功能是，与物质资源要素相结合，转移价值、创造价值并产生新的价值增值；（4）人力资本内涵一定的经济关系。

31. 解析：B 人力资本投资支出分为三类，其中第一类为实际支出或直接支出，包括学杂费（教育投资）、流动支出（迁移）、培训支出。

32. 解析：D 人力资本的特征包括：（1）人力资本投资的连续性、动态性；（2）人力资本投资主体与客体具有同一性；（3）人力资本投资的投资者与收益者的不完全一致性；（4）人力资本投资收益形式多样。

33. 解析：D 人力资源开发目标的特性包括多元性、层次性和整体性。

34. 解析：C 在管理内容上，现代人力资源管理以人为中心。

35. 解析：C 人力资源管理的三大基石为：（1）定编定岗定员定额；（2）员工的绩效管理；（3）员工的技能开发。

第二节 多项选择题及解析

一、多项选择题

1. 在现代市场经济中，市场运作的主体是（   ）。

（A）企业　　　　　　　　（B）供给者　　　　　　　　（C）个人

（D）需求者　　　　　　　（E）政府

2. 利润最大的含义就是（   ）。

（A）"差额"如果是正值，则越大越好

（B）"差额"如果是负值，则越小越好

（C）利润最大化不过是效益最大化的变形

（D）利润最大化不过是效用的变化

（E）利润最大化是货币收入的变化

3. 劳动力市场上，（   ）分别是劳动力的供给方和需求方。

（A）居民户　　　　　　　（B）企业　　　　　　　　（C）劳动者

（D）公司　　　　　　　　（E）政府

4. 劳动力供给弹性分为（   ）。

（A）供给无弹性　　　　　（B）供给有无限弹性　　　　（C）单位供给弹性

（D）供给富有弹性　　　　（E）供给缺乏弹性

5. 货币工资的影响因素包括（   ）。

（A）货币工资率　　　　　　　　（B）工作时间长度

（C）相关的工资制度安排　　　　（D）市场经济变动

（E）市场需求

6. 下列属于福利实物支付方式的是（   ）。

（A）免费或折价的工作餐　　　　　　（B）折价或优惠的商品和服务

（C）退休金　　　　　　　　　　（D）失业保险

（E）医疗保险

7. 福利的特征包括（　　）。

（A）福利支付以劳动为基础　　　　（B）法定性

（C）企业自定性　　　　　　　　　（D）灵活性

（E）多变性

8. 失业的类型包括（　　）。

（A）摩擦性失业　　　　（B）技术性失业　　　　（C）结构性失业

（D）非结构性失业　　　（E）季节性失业

9. 解决技术性失业的办法包括（　　）。

（A）推行积极的劳动力市场政策　　（B）强化职业培训

（C）普遍地实施职业技能开发　　　（D）超前的职业指导和职业预测

（E）低费用的人力资本投资计划

10. 失业的影响包括（　　）。

（A）造成家庭生活困难　　　　　　（B）劳动力资源浪费的典型形式

（C）影响劳动者精神需要的满足程度　（D）造成市场动荡

（E）影响社会稳定

11. 对就业总量影响最大的宏观调控政策包括（　　）。

（A）财政政策　　　　　（B）货币政策　　　　　（C）收入政策

（D）支出政策　　　　　（E）市场经济政策

12. 劳动法的基本原则特点是（　　）。

（A）劳动法的结办原则是劳动法律部门指导性、纲领性的法律规范

（B）不同的法律部门有着不同的基本原则

（C）劳动法的基本原则具有高度的稳定性

（D）劳动法的基本原则具有高度的权威性

（E）劳动法基本原则是调整劳动关系的基本准则

13. 劳动法律渊源的类别包括（　　）。

（A）宪法中关于劳动问题的规定　　（B）劳动法律

（C）国务院劳动行政法规　　　　　（D）劳动规章

（E）地方性劳动法规

14. 劳动法的体系包括（　　）。

（A）促进就业法律制度　　　　　　（B）劳动合同和集体合同制度

（C）劳动标准和职业培训制度　　　（D）社会保险和福利制度

（E）工会和职工民主管理制度

15. 劳动法律关系的种类包括（　　）。

（A）劳动合同关系　　　　（B）劳动行政法律关系　　（C）劳动服务法律关系

（D）岗前培训法律关系　　（E）保证安全生产法律关系

16. 企业战略的实质是实现（　　）之间的动态平衡。

（A）外部环境　　　　　　（B）内部环境　　　　　　（C）企业实力

（D）战略目标　　　　　　（E）长远发展

17. 企业外部调研的方法主要包括（　　）。

（A）获取口头信息　　　　（B）获取书面信息　　　　（C）外部环境预测

（D）获取电话信息　　　　（E）专题性调研

18. 企业的总体战略有（　　）。

（A）进入战略　　　　　　（B）发展战略　　　　　　（C）稳定战略

（D）撤退战略　　　　　　（E）购并战略

19. 企业采取撤退战略的主要方式有（　　）。

（A）特许经营　　　　　　（B）分包和卖断　　　　　（C）管理层与杠杆收购

（D）拆产为股/分拆　　　　（E）资产互换与战略贸易

20. 决策树的构成要素包括（　　）。

（A）概率收益值　　　　　（B）决策点　　　　　　　（C）方案枝

（D）状态节点　　　　　　（E）概率枝

21. 影响消费者购买行为的主要因素包括（　　）。

（A）文化因素　　　　　　（B）社会因素　　　　　　（C）个人因素

（D）市场因素　　　　　　（E）心理因素

22. 市场营销的策略包括（　　）。

（A）产品策略　　　　　　（B）定价策略　　　　　　（C）包装策略

（D）分销策略　　　　　　（E）促销策略

23. 人际关系与沟通的阶段包括（　　）。

（A）选择或定向阶段　　　（B）试验和探索阶段　　　（C）加强阶段

（D）融合阶段　　　　　　（E）盟约阶段

24.（　　）是人力资源开发的理论体系内容。

（A）心理开发　　　　　　（B）生理开发　　　　　　（C）伦理开发

（D）智力开发　　　　　　（E）技能开发

25.（　　）属于现代人力资源管理的基本测量技术。

（A）工作岗位研究　　　　（B）KPI技术　　　　　　（C）关键事件访谈

（D）BSC 技术　　　　　（E）人员素质测评

二、解析

1. 解析：AC 在现代市场经济中，市场运作的主体是企业和个人。

2. 解析：ABC 利润最大化的含义是："差额"是正值，则越大越好；"差额"如果是负值，则越小越好；利润最大化不过是效益最大化的变形。

3. 解析：AB 在生产要素市场，居民户是生产要素的供给者，企业是生产要素的需求者。

4. 解析：ABCDE 劳动力供给弹性分为五大类：供给无弹性；供给有无限弹性；单位供给弹性；供给富有弹性；供给缺乏弹性。

5. 解析：ABC 货币工资是指工人单位时间的货币所得。它受到三个主要因素的影响：货币工资率、工作时间长度、相关的工资制度安排。

6. 解析：AB 福利的支付方式分为两类：其一为事物支付，包括各种免费或折价的工作餐、折价或优惠的商品和服务。其二为延期支付，包括各类保险支付，如退休金、失业保险等。

7. 解析：ABCD 福利的特征：福利支付以劳动为基础、法定性、企业自定性和灵活性。

8. 解析：ABCE 失业的类型主要包括摩擦性失业、技术性失业、结构性失业和季节性失业。

9. 解析：ABC 解决技术性失业最有效的办法是推行积极的劳动力市场政策，强化职业培训，普遍地实施职业技能开发。

10. 解析：ABC 失业的影响包括：（1）失业造成家庭生活困难；（2）失业是劳动力资源浪费的典型形式；（3）失业直接影响劳动者精神需要的满足程度。

11. 解析：ABC 对就业总量影响最大的宏观调控政策，是财政政策、货币政策、收入政策。

12. 解析：ABCD 劳动法的基本原则有以下特点：劳动法的基本原则是劳动法律部门指导性、纲领性的法律规范；不同的法律部门有着不同的基本原则；劳动法的基本原则有着高度的稳定性；劳动法的基本原则具有高度的权威性。

13. 解析：ABCDE 劳动法律渊源的类别包括：《宪法》中关于劳动问题的规定；劳动法律；国务院劳动行政法规；劳动规章；地方性劳动法规；我国立法机关批准的相关国际公约。

14. 解析：ABCDE 劳动法的体系包括：促进就业法律制度；劳动合同和集体合同制度；劳动标准制度；职业培训制度；社会保险和福利制度；劳动争议处理制度；工会

和职工民主管理制度；劳动法的监督检查制度。

15. 解析：ABC 劳动法律关系的种类包括：劳动合同关系；劳动行政法律关系；劳动服务法律关系。

16. 解析：ACD 企业战略的实质是实现外部环境、企业实力和战略目标三者之间的动态平衡。

17. 解析：ABE 企业外部调研的方法主要包括:（1）获取口头信息;（2）获取书面信息;（3）专题性调研。

18. 解析：ABCD 企业的总体战略有：进入战略、发展战略、稳定战略和撤退战略。

19. 解析：ABCDE 撤退战略的主要方式有：特许经营；分包、卖断；管理层与杠杆收购；拆分为股 / 分拆；资产互换与战略贸易。

20. 解析：BCDE 决策树的构成有四个要素，包括决策点、方案枝、状态节点、概率枝。

21. 解析：ABCE 影响消费者购买行为的主要因素有文化因素、社会因素、个人因素、心理因素。

22. 解析：ABDE 市场营销策略包括产品策略、定价策略、分销策略和促销策略。

23. 解析：ABCDE 人际关系与沟通的五个阶段包括选择或定向阶段、试验和探索阶段、加强阶段、融合阶段、盟约阶段。

24. 解析：ABCDE 人力资源开发以提高效率为核心，以挖掘潜力为宗旨，以立体开发为特征，形成一个相对独立的理论体系。这一理论体系包括了人力资源的心理开发、生理开发、伦理开发、智力开发、技能开发和环境开发。

25. 解析：AE 现代人力资源管理的两种测量技术为工作岗位研究及人员素质测评。

第八章　职业道德辅导训练

第一节　单项选择题及解析

一、单项选择题

1. 职业道德是从业人员在职业活动中（　　）。

（A）必须服从的工作指令　　　　　（B）应该遵循的行为规范

（C）衡量绩效的根本标准　　　　　　（D）自我评价的价值尺度

2. 下列不属于职业道德的具体功能的是（　　）。

（A）导向功能　　　（B）协助功能　　　（C）整合功能　　　（D）激励功能

3. 社会主义道德的基本要求是（　　）。

（A）爱岗敬业　　　（B）爱社会主义　　　（C）诚实守信　　　（D）奉献社会

4. 下列不同时属于职业道德和社会公德的要求的是（　　）。

（A）文明礼貌　　　（B）勤俭节约　　　（C）诚实守信　　　（D）崇尚科学

5. 关于职业道德修养的重要性，下列说法不正确的是（　　）。

（A）有利于职业生涯的拓展　　　　　　（B）有利于职业境界的提高

（C）有利于组织目标的实现　　　　　　（D）有利于个人成长成才

6. 公道的重要性不包括（　　）。

（A）公道是企业发展的重要保证

（B）公道是员工发展的动力

（C）公道是确定员工薪酬的一项指标

（D）公道与否影响到员工职业发展的前景

7.（　　）可以是本职工作之内的，也可以是职责以外的。

（A）奉献　　　（B）纪律　　　（C）合作　　　（D）公道

8. 公民道德建设坚持（　　）为核心。

（A）以集体主义　　　（B）为人民服务　　　（C）以爱社会主义　　　（D）以社会公德

二、解析

1. 解析：B　职业道德是从事一定职业的人们在职业活动中应该遵循的，依靠社会舆论、传统习惯和内心信念来维持的行为规范的总和。

2. 解析：B　职业道德的具体功能包括导向功能、规范功能、整合功能和激励功能。

3. 解析：B　社会主义职业道德确立了以为人民服务为核心，以集体主义为原则，以爱祖国、爱人民、爱劳动、爱科学、爱社会主义为基本要求，以爱岗敬业、诚实守信、办事公道、服务群众、奉献社会为主要规范和主要内容，以社会荣辱观为基本行为准则。

4. 解析：C　下列几个方面，既是职业道德的要求，又是社会公德的要求。（1）文明礼貌；（2）勤俭节约；（3）爱国为民；（4）崇尚科学。

5. 解析：C　职业道德修养的重要性包括：（1）加强职业道德修养有利于职业生涯的拓展；（2）加强职业道德修养有利于职业境界的提高；（3）加强职业道德修养有利于个人成长成才。

6. 解析：B 公道的重要性包括：（1）公道是企业发展的重要保证；（2）公道是员工和谐相处，实现团队目标的保证；（3）公道是确定员工薪酬的一项指标；（4）公道与否影响到员工职业发展的前景。

7. 解析：A 奉献可以是本职工作之内的，也可以是职责以外的，如见义勇为，它往往与无私联系在一起，人们称为"无私奉献"。

8. 解析：B 公民道德建设应以为人民服务为核心，以集体主义为原则，以爱祖国、爱人民、爱劳动、爱科学、爱社会主义为基本要求，以社会公德，职业道德、家庭美德为着力点。

第二节　多项选择题及解析

一、多项选择题

1. 职业道德的社会作用包括（　　）。

（A）有利于调整职业利益关系，维护社会生产和生活秩序

（B）有助于提高人们的社会道德水平，促进良好社会风尚的形成

（C）有利于完善人格，促进人的全面发展

（D）有利于维护社会良好风气

2. 社会主义职业道德的基本要求包括（　　）。

（A）爱祖国爱人民　　　　　　　　（B）爱社会主义

（C）爱劳动　　　　　　　　　　　（D）爱科学

3. 下列关于"诚信"的说法正确的是（　　）。

（A）诚信关系着企业的兴衰

（B）诚信是个人职业生涯的生存力和发展力

（C）诚信是企业发展的保障

（D）诚信是个人事业成功的前提

4. 公道的特征包括（　　）。

（A）公道观念的单一性　　　　　　（B）公道标准的时代性

（C）公道观念的多元性　　　　　　（D）公道意识的社会性

5. 从领域上看，职业纪律包括（　　）。

（A）劳动纪律　　（B）财经纪律　　（C）保密纪律　　（D）管理纪律

6. 关于"节约"，正确的说法是（　　）。

（A）节约是企业兴盛的重要保证

（B）节约是从业人员立足企业的品质

（C）节约是从业人员事业成功的法宝

（D）节约是企业赢得利润的最关键的手段

7. 奉献的重要性包括（　　）。

（A）奉献是企业健康发展的保障

（B）奉献是从业人员履行职业责任的必由之路

（C）奉献有助于创造良好的工作环境

（D）奉献是从业人员实现职业理想的途径

8. 我国社会主义道德建设（　　）。

（A）以为人民服务为核心

（B）以集体主义为原则

（C）以爱祖国、爱人民、爱劳动、爱科学、爱社会主义为基本要求

（D）以社会公德，职业道德、家庭美德为着力点

二、解析

1. 解析：ABC　职业道德的社会作用包括：（1）有利于调整职业利益关系，维护社会生产和生活秩序；（2）有助于提高人们的社会道德水平，促进良好社会风尚的形成；（3）有利于完善人格，促进人的全面发展。

2. 解析：ABCD　社会主义职业道德确立了以为人民服务为核心，以集体主义为原则，以爱祖国、爱人民、爱劳动、爱科学、爱社会主义为基本要求，以爱岗敬业、诚实守信、办事公道、服务群众、奉献社会为主要规范和主要内容，以社会荣辱观为基本行为准则。

3. 解析：AB　（1）诚信关系着企业的兴衰；（2）诚信是个人职业生涯的生存力和发展力。

4. 解析：BCD　公道的特征有公道标准的时代性、公道观念的多元性、公道意识的社会性。

5. 解析：ABC　从领域上看，职业纪律包括劳动纪律、财经纪律、保密纪律等。

6. 解析：ABC　（1）节约是企业兴盛的重要保证；（2）节约是从业人员立足企业的品质；（3）节约是从业人员事业成功的法宝。

7. 解析：ABCD　奉献的重要性包括：（1）奉献是企业健康发展的保障；（2）奉献是从业人员履行职业责任的必由之路；（3）奉献有助于创造良好的工作环境；（4）奉献是从业人员实现职业理想的途径。

8. 解析：ABCD　坚持以为人民服务为核心，以集体主义为原则，以爱祖国、爱人

民、爱劳动、爱科学、爱社会主义为基本要求，以社会公德，职业道德、家庭美德为着力点。

第三节　个人表现及解析

一、个人表现部分

1. 如果你对自己目前所从事的工作很不满，想辞去现职，而所签订的聘用合同又未到期，你会采取的处理方式是（　　）。

（A）毅然辞职

（B）尽管无奈，但会坚持到合同期满

（C）提前告知单位，坚持辞职

（D）为了不使自己违约，会设法让公司主动辞退自己

2. 公休日你最要好的几个朋友决定搞一次户外体育活动，邀请你参加，但你因家务很忙而且对这项运动没有兴趣，你会（　　）。

（A）委婉拒绝　　　　　　　　　（B）积极参与，支持朋友们搞活动

（C）把自己的真实想法告诉大家　　（D）提出别的运动方式

3. 在你看来，一些社会活动志愿者不取报酬，却热心工作的目的是（　　）。

（A）出出名　　　　　　　　　　（B）悠闲所致

（C）为了改善自己的生活环境　　　（D）增加一些阅历

4. 公司组织员工做工间操，但大家对此举的反应并不积极，你认为究其原因是（　　）。

（A）做工间操没有必要　　　　　（B）员工们还是工作太忙了

（C）组织不得力　　　　　　　　（D）缺乏奖励措施

5. 你正在紧张地工作，邻居单位施工现场不断传来巨大的嘈杂声。这时你会（　　）。

（A）放心手头的工作，闭目养神

（B）向主管领导反映，并说在这种环境下难以完成工作任务

（C）尽管心烦，但工作还得继续干

（D）这样的声音不会对自己造成影响

6. 你在马路边摆了个货摊以贴补家用，一个年老体衰的社区老太太前来劝阻，说你影响交通和市容，但她看起来不会硬要赶走你，你会（　　）。

（A）不理会她，自己该怎样卖还怎样卖

（B）敷衍她一下，说自己再卖一会儿就走

（C）与老太太说明自己的难处

（D）换一个地方继续叫卖

7. 假如你只是一名普通的公司职员，关于公司的重大决策，你认为（　　）。

（A）这些事情是公司领导的职责，自己从不关心也不过问

（B）假如有领导征求自己的意见时，会说出自己的观点

（C）会时刻关注，但考虑某些因素，不会向领导们提出意见或建议

（D）很关注，自己会主动提出意见或者建议

8. 如果你必须在下列事项中做出选择，目前你最担心的事情是（　　）。

（A）个人发展前景　　　　　　　　（B）完不成工作任务

（C）公司发展前景　　　　　　　　（D）工资收入降低

二、解析

此部分无标准答案，请根据人力资源从业人员的职业价值观作答。

第九章　论文写作辅导训练

论文写作参考范文：

论人力资源管理中的薪酬体系机制分析

——咨询行业薪酬分析及探讨

摘要： 我国的咨询行业发展迅猛，他们为企业提供各种各样的咨询服务。但从总体上看，我国咨询业尚处于初级阶段，在薪酬上面还存在着不少的问题。本文在深入分析咨询业内涵的基础之上，进而分析我国咨询业存在的薪酬问题，并提出相应的解决措施，为我国咨询业的进一步良好发展提供参考。

关键字： 咨询现状　薪酬　合理的薪酬

只要人力是资源，只要资源的价值需要用货币来表示，企业（以及任何组织的）薪酬制度的设计和完善就注定是人力资源管理提升的一个重要方面。随着市场经济、商品社会的不断发展，咨询企业的行业地位日渐提高，而薪酬管理和薪酬体系就成为了咨询企业的重要问题，下面笔者通过自身了解并结合所学，从以下五个方面进行说明。

一、当今咨询行业现状

咨询业是市场经济的产物，市场经济的完善与发展必然带来咨询行业的发展，随着知识经济时代的到来，人们认识到了信息和知识的重要性，产生了更多的咨询需求，咨询业的社会地位有了相应的提高。管理咨询在中国兴起，并呈现出广阔的发展前景。

经过 10 余年的培育和发展，我国管理咨询市场不断扩大。而近几年来管理咨询业更经历了高速成长和扩张的黄金时期。2002~2003 年，管理咨询公司新增客户数量以每年超过 10% 的速度递增，至 2003 年已有 49.9% 的上市公司接受过管理咨询服务。随着市场的扩大，我国管理咨询公司的数量也呈急剧增长之势。

因为咨询行业的高速发展，所以建立一套"对内具有公平性，对外具有竞争力"的薪酬体系，是目前我国很多咨询公司的当务之急。

薪酬机制分析与设计是现代企业管理的重要环节，它关系到员工的切身利益和企业的发展前景。薪酬机制分析与设计在咨询行业还是一个新的课题。

二、薪酬机制分析与设计的原则和思路

中国咨询行业发展历史不长，但竞争已经相当激烈。人才的竞争已经成为企业一种重要的竞争手段。如何培养人才并留住人才是企业的重要课题。假如有些企业一味地增加工资，或不断增加业务收入提成并希望以此留住人才。但这些方式能否作为公司的长期管理手段呢？实际上，薪酬机制分析与设计不能单纯考虑一个方面的问题，需要全面长远的眼光。一般来说，薪酬机制分析与设计需要遵循以下几个原则。

1. 企业发展战略导向原则。强调薪酬机制分析与设计要从企业发展战略高度进行分析，制定薪酬政策和制度必须体现企业发展战略要求。要激发有助于企业发展战略因素的成长和提高，遏制、消退和淘汰企业发展战略的不利因素。企业在设计薪酬时，要客观分析哪些因素重要，哪些因素次重要，哪些因素无足轻重，并根据科学的参照标准，给予这些因素一定的权重，以此作为薪酬标准的依据。

2. 激励作用原则。强调薪酬机制分析与设计要充分考虑薪酬所带来的激励作用，包括实质性激励和精神性激励。实质性激励主要是指能产生明显效果的激励方式，比如增加提成比例或者增加奖金等；精神性激励主要是指根据员工工作性质，以一定方式体现的带有象征性的激励，比如对拥有某些资格的人给予一定补贴。设计薪酬还必须分析企业薪酬与激励效果之间投入产出比例关系，使薪酬设计获得最大的激励效果。要短期激励和长期激励相结合，不断满足员工生存和发展的需要，吸引更多高级人才。

3. 建立以市场和业绩为导向的薪酬管理机制。企业设计薪酬时，要参照人力资源市场价位，设为首页引入人力资源市场价格机制，重点向关键岗位和关键人才倾斜。降低与市场价位接近且操作简单岗位的增加酬薪幅度，适当拉大岗位间工资差别，同时既要体现员工劳动价值又要考虑企业成本支出。企业在设计薪酬时，需要处理好人力资源管理与企业发展战略、企业发展与员工发展及员工创造与员工待遇之间的三个矛盾。

4. 平衡外部竞争性和内部协调性的原则。外部竞争性强调企业在设计薪酬时必须考虑到同行业薪酬市场的薪酬水平和竞争对手的薪酬水平，企业薪酬设计与同行业的同类人才相比具有一致性。保证企业的薪酬水平在市场上具有一定的竞争力，能充分地吸引和留住企业发展所需的战略、关键性人才。内部协调性强调企业在设计薪酬时要协调好几个关系：一是横向协调关系，即企业所有员工之间的薪酬标准、尺度应该是一致的；二是纵向协调关系，即企业设计薪酬时必须考虑到历史的延续性，一般情况下，一个员工过去、现在乃至将来收入标准体系应该基本上是一致并有所增长的，过去现在将来能协调一致。工资有一个刚性问题，员工工资水平在正常情况下只能涨，不能跌，否则会引起员工很大的不满。

三、薪酬定位的基本过程

1. 内部环境审视：对企业的薪酬理念、薪酬战略、人力资源规划、战略规划、财务支付能力等内部制约因素进行分析。

2. 外部环境审视：对目标劳动力市场的竞争程度、产品市场的差异化程度、相关的法律环境等外部制约因素进行分析。

3. 对薪酬定位进行灵敏性分析：充分考虑薪酬定位对现有的人力资源管理体系、企业文化、核心竞争力及企业战略实现进程等相关领域的影响程度。

4. 确定薪酬定位：通过对以上因素的通盘考虑，最后确定企业的薪酬定位。

需要指出的一点是，薪酬定位作为薪酬体系设计过程中的一个关键环节，在决策的过程中需要遵循一定的方法和规律，有其科学性的一面，同时我们还需要看到，在这个决策过程中，同样也存在着许多需要靠丰富的经验进行主观判断的地方，所以我们说，薪酬定位和企业管理实践过中的其他工作一样，是科学和艺术的结合。它要求薪酬体系设计人员不但要了解薪酬体系设计的过程和原理，同时也需要对企业运营管理的细微之处有着切身的体会和深刻的理解，能够在关键之处对分寸拿捏得当。这也是为什么有些薪酬体系看起来很科学很合理，但使用的时候存在很多问题的主要原因之一。

四、如何设计薪酬制度

设计薪酬分配制度主要抓住三个环节。

1. 合理界定企业所需岗位及岗位职责。根据行业特点，咨询行业岗位一般可以分为三类：一是管理岗位，主要是董事会和总经理管理班子；二是业务技术部门，包括市场开拓、业务操作、技术审核等环节；三是后勤部门，包括人事、财务、后勤、档案管理；等等。根据公司业务需要，对三类岗位及其中相关工种，特别是对于管理层和后勤部门，需要进行严格的职责界定，规定必须承担的工作，有所为，有所不为。

2. 根据岗位差别设计管理层和后勤部门的薪酬制度。根据薪酬设计原则，考虑到不同类型岗位的特点，为不同类型的岗位设计不同的薪酬激励模式，建立企业的分层分类薪酬体系。主要包括年薪制薪酬体系、绩效薪酬体系、等级薪酬体系等。

设计管理层薪酬制度，一般可采用年薪制薪酬体系。主要从全公司总体效益角度来核定业绩，并参照分管部门的业务收入情况，确定年薪和其他收益。总体收益水平可以参考公司全年总收入和总利润，按照一定的比例确定总的薪酬，再根据贡献大小分配。当然年薪的确定是基于一定任务和工作量为前提的。

对于后勤部门的考核主要集中在工作职责的到位情况，以及与业务技术部门的服务和配合情况。按照职能到位情况，可以分为几个档次，确定薪酬标准。建立以岗位工资为主的工资体系，明确岗位职责和技能要求，实行以岗定薪，岗变薪变，其薪酬基于岗位和技能的薪酬模式，采用等级薪酬体系等。后勤部门各类人员贡献形式不一样，需设置不同的分配权重。

3. 重点设计业务技术部门的薪酬制度。设计业务技术部门的薪酬制度，是薪酬设计的核心，它关系到企业经济利益和发展后劲。咨询行业业务技术部门及人员一般基于直接工作业绩的薪酬模式，采用直接业绩薪酬体系。业务技术部门的薪酬设计主要可以采用底薪＋提成的模式。底薪的确定按照岗位不同而不同。底薪的确定按照职位或所承担的责任来承担。按照部门经理、副经理、项目经理等一定系列差别来设置底薪，职责多的底薪高，职责少的底薪低。具体可以参照后勤部门及人员的基本工资、岗位津贴、特殊津贴的构成方式确定底薪。底薪＋提成制，按照具体情况又分为三种类型：一是高底薪，低提成。以高于同行的平均底薪，以低于同行业之间的提成发放奖励。该制度容易留住具有忠诚度的业务技术人员，也容易稳定一些能力相当的人才，但容易带来员工懈怠情绪。二是低底薪，高提成。以低于同行的平均底薪为标准，以高于同行业的平均提成发放奖励。这种薪酬制度对于一些能力很棒、经验很足的人员有一定的吸引力。但往往造成两种极端，能力强的人收入可观，能力弱的人基本生活保障都可能成问题。三是中底薪，中提成。鉴于以上两种薪酬制度的利弊，更多企业采取了"折中办法"。

以同行的平均底薪为标准，以同行的平均提成发放提成。员工会考虑在这样的企业长期发展，"比上不足比下有余"。加入收藏目前，大部分企业更倾向于这种薪酬发放方式。

除了传统底薪＋提成的模式外，薪酬制度还有其他新的模式，主要是分解任务量薪酬制、达标高薪制和阶段考评薪酬制三类。（1）分解任务量薪酬制，是按照员工完成的工作量，对比平均工作量，确定员工应得薪酬。（2）达标高薪制是一个达到一定业务标准才能实现的高工资制度。（3）阶段考评薪酬制借鉴底薪＋提成制度，常规按月发薪酬，但采取季度总结考核的方式。每月发放薪酬的时候，提成不完全发放，譬如提成只发放3%，剩下的5%要到三个月后，按照总业绩是否达标进行综合考评，然后再发放三个月的累计提成薪酬。

无论哪种薪水制度，留住人才并且让企业可持续发展才是最终目的，对于一个企业来说，绝对没有给业务人员发高了薪水或者发低薪水了一说，只有发对了薪水或没有发对薪水之分。

五、需要特别关注几个问题

薪酬设计是关乎公司前途的综合性系统工程，涉及方方面面的均衡问题，因此需要特别关注几个问题。

1. 业绩的考核要与回款率挂钩。要求业务技术人员不仅能够做项目，还要能够谈项目，并保证项目的回款。要充分顾及风险控制因素，将部分奖励额延后发放。

2. 要提倡全面薪酬的概念。除了现金收入之外，要强调企业的非现金收入，特别要强调，良好宽松的工作环境、和谐的企业文化、较多的培训机会及生活成本降低等都是薪酬的具体表现形式，不宜仅仅局限于现金薪酬。

3. 薪酬制度的设计要客观明了，便于操作。过于复杂和过于简单的薪酬制度都会降低薪酬的激励作用。

4. 要充分考虑整个团队的协作，充分发挥员工参与管理的积极性。在加强激励效果的同时，注意稳定核心员工队伍。

5. 要适当给部门负责人一定的权限，可在项目正常提成中预留少部分作为部门奖励，由部门决定分配方案。项目负责人应在基本符合规定比例的前提下，制定该项目的分配方案。

6. 在薪酬设计中应当力求避免有些不恰当的做法，主要包括：

（1）薪资拖延发放，计算经常出错误等。这都会导致员工对公司的信用产生疑问，此外公司利润还要适当与员工分享。

（2）薪酬水准低于市场水准。企业薪酬水准低于市场水准，又没有相配合的较高福利、便利工作条件等，就很难留住高素质的员工，从而影响企业的经济效益和发展目标。

（3）薪酬标准不公平，同工不能同酬，劳逸不均。如果企业中出现同工不同酬的现象，比如有的员工每天勤勤恳恳、辛辛苦苦，而有的员工无所事事，但工资相同，长此下去必然会造成员工积极性的下降，造成内部不团结，影响士气，影响公司形象和声誉，慢慢会给企业造成很大的损失。

（4）管理层薪酬远远高于基层员工。企业的业务骨干与管理层的关系必然疏远甚至僵化，员工情绪低落，影响了整个公司生机和活力。

六、结语

当然，在薪酬设计的过程中，我们最好还应该考虑根据公司绩效管理制度制定绩效工资部分。针对咨询行业的特殊性，可以考虑采用以经济增加值为导向的目标责任制绩效管理，将绩效工资和提成进行分离，在这笔者就不一一唠叨了。总之，咨询行业现在高速发展阶段，咨询公司关注的是市场的开发、产品的开发及创新。所以咨询公司对灵活性的需要是很强的，薪酬管理上也注意分权，通常的做法就是让员工参与设计薪酬增加薪酬的透明度。但在与竞争对手相比较的时候，咨询公司往往没有什么竞争的优势，所以咨询公司要采用市场的追随政策，力图与竞争对手的水平保持一致。出于对成本的考虑，不想因为增加薪酬水平而增加产品的成本，也不想在劳动力市场上输给竞争对手而达不到足够数量的员工，这就要求咨询公司做好市场的薪酬调查，确切掌握市场薪酬水平，制定出更合理的薪酬体系。

第四篇
通关计划四：名师点评易错易混鉴定点

　　本篇呈现了名师对历年真题的考情点评，对2014年及之后考试的预测，对各章节易错易混鉴定点的深入分析，解读了六类题型的应试技巧等，使考生能够在全面复习、掌握重点的基础上，按照命题的视角与答题的要求，有针对性地备考。

　　此外，有必要提及在历年考评点评和考试预测分析中各章节出现的共同点，以免在文中进一步赘述。历年考情点评从选择题、简答题及综合题三个角度进行分析。其中，简答题和综合题在考查每章内容时会呈现不同特点，此处将在每章中进行说明；而关于每章内容的选择题在各个年度的理论知识考试中均以"9+6"的数量出现，所占分值保持不变（详见各章节的历年考情汇总表）。

　　考虑到从2014年11月开始，企业人力资源管理师二级的考试将采用第三版教程，因此对考试的预测分析不仅要依托历年考情的总结，还要基于对第三版教材与第二版教材中的内容进行比对，即此部分会包括第三版新增、修订和删除的内容。

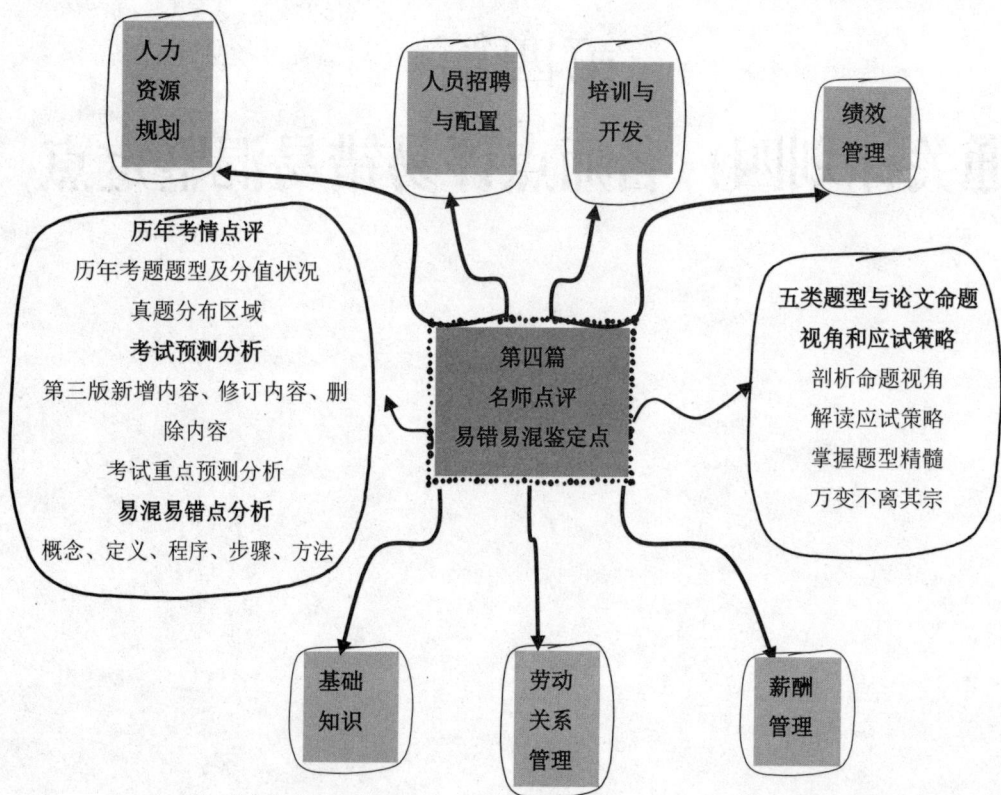

第一章 人力资源规划

第一节 历年考情点评

人力资源规划历年考情具体如表 4-1-1 所示。

表 4-1-1 人力资源规划历年考情汇总表

考情 题型	年份	2010.5	2010.11	2011.5	2011.11	2012.5	2012.11	2013.5	2013.11
单选 + 多选	数量	9+6	9+6	9+6	9+6	9+6	9+6	9+6	9+6
	分值	15	15	15	15	15	15	15	15
简答题	数量	0	0	1	0	1	1	1	0
	分值	0	0	14	0	16	16	16	0
综合题	数量	1	1	0	1	0	0	0	1
	分值	18	20	0	18	0	0	0	18

人力资源规划部分的简单题和综合题存在交替出现的情形，而且所占分值并不是整齐划一。例如，2010 年 5 月、2010 年 11 月、2011 年 11 月、2013 年 11 月未出现简答题，但是以综合题的形式出现，且分值在"14~20 分"变化。简答题和综合题在培训教程中的分布如下。

（1）2010 年 5 月、2011 年 5 月、2011 年 11 月的简答题或综合题均考查的是企业组织结构变革的内容，见《企业人力资源管理师（二级）》（第三版）第 25~31 页。

（2）2010 年 11 月的综合题考查的是企业各类人员计划的编制的内容，见《企业人力资源管理师（二级）》（第三版）第 52~53 页。

（3）2012 年 5 月的综合题考查的是企业人力资源供给与需求平衡的内容，见《企业人力资源管理师（二级）》（第三版）第 95~96 页。

（4）2012 年 11 月、2013 年 5 月及 2013 年 11 月的简答题或综合题考查的是企业人力资源的需求预测的内容，见《企业人力资源管理师（二级）》（第三版）第 57~71 页。

综上发现，企业组织结构的变革；企业人力资源规划的基本程序；人力资源需求预测的基本程序、技术路线和方法及企业人力资源供给与需求平衡是简答题和综合题考查的重点。

第二节 考试预测分析

《企业人力资源管理师（二级）》（第三版）教程中关于人力资源规划部分变动的内容有以下方面。

一、第三版新增内容

（1）企业组织结构设计：①超事业部制、矩阵制、流程型组织及网络型组织；②企业组织结构设计的内容和概念；③组织的职能设计和组织的部门设计；④注意事项。

（2）企业组织结构的变革：战略指导性与结构滞后性。

（3）工作岗位设计。

（4）人力资源管理制度规划。

二、第三版修订内容

（1）将"企业组织结构变革应用实例"修改为"企业组织结构整合应用实例"，并删除"某钢铁有限公司组织结构变革方案之一""某钢铁有限公司组织结构变革方案之二""某钢铁有限公司组织结构变革方案之三"。

（2）将企业人力资源管理系统修改为企业自身的人力资源及人力资源管理系统。

（3）人力资源需求预测的定量方法：将"工作定额分析法"修改为"劳动定额分析法"。

三、第三版删除内容

（1）企业组织结构设计：①分公司与总公司、子公司与母公司及企业集团；②组织结构设计的程序。

（2）人力资源需求预测的技术路线和方法：岗位定员法。

根据《企业人力资源管理师（二级）》（第三版）教程中人力资源规划的内容变动情况，结合历年考情点评的结果，对有关人力资源规划的相关考试内容预测具体如表4-1-2所示。

表4-1-2　人力资源规划考试预测分析

序号	预测重点	教程页码	解析	题型
1	组织职能设计的步骤	P14	职能分析、职能调整、职能分解	简答题

序号	预测重点	教程页码	解析	题型
2	组织部门设计的方法	P15~P21	部门纵向结构设计与部门横向结构设计的方法	简答题
3	企业组织结构变革的程序	P25~P28	组织结构诊断、实施结构变革、企业组织结构评价	案例题
4	企业组织结构整合的措施	P28~P29	整合依据、新建企业级现有企业的结构整合	简答题
5	改进岗位设计的基本内容	P34~P36	岗位工作扩大化与丰富化、岗位工作的满负荷、岗位的工时工作制及劳动环境的优化	简答题
6	岗位工作扩大化的设计方法	P42~P44	岗位宽度扩大法、岗位深度扩大法	简答题
7	人力资源规划的基本程序	P50~P52	信息收集、需求分析和供给分析、制定与实施、控制欲评估	简答题案例题
8	企业各类人员计划的编制	P52~P53	人员配置计划、人员需求计划、人员供给计划、人员培训计划、人力资源费用计划、对风险进行评估并提出对策	简答题案例题
9	影响人员需求预测的因素	P57	11项影响因素	简答题
10	人力资源需求预测的程序	P58~P62	准备阶段、预测阶段、编制人员需求计划	简答题案例题
11	人力资源需求预测的方法	P63~P71	定性和定量两大类	简答题案例题
12	内部供给预测的方法	P89~P94	人力资源信息库、管理人员接替模型、马尔可夫模型	简答题案例题
13	人力资源供给与需求平衡措施	P95~P96	供不应求与供大于求的措施	简答题案例题
14	人力资源管理制度制定步骤	P105~P107	基本步骤与具体人力资源管理制度的制定程序	简答题案例题

第三节　易错易混鉴定点分析

一、组织理论与组织设计理论

　　例如，2011年5月第32题就是考查的关于组织理论与组织设计理论的区分。题目内容如下。

以下关于组织理论与组织设计理论的说法不正确的是（　　）。

（A）组织理论研究组织运行的全部问题

（B）逻辑上组织理论应该包括组织设计理论

（C）组织设计理论主要研究企业组织结构设计

（D）组织理论与组织设计理论在外延上是相同的

此题答案选D。原因：组织理论被称为广义的组织理论或大组织理论，包括组织运行的全部问题。组织理论与组织设计理论在外延上是不等的，从逻辑上说，组织理论包括组织设计理论。组织设计理论被称为狭义的组织理论或小组织理论，主要研究企业组织结构的设计。

二、静态组织设计理论研究的内容与动态组织设计理论研究的内容

例如，2010年5月第32题考查的关于静态的组织设计理论的研究内容。题目内容如下。

（　　）不属于静态的组织设计理论的研究内容。

（A）管理行为规范 （B）权、责结构

（C）组织信息控制 （D）部门划分的形式和结构

此题答案选D。原因：静态的组织设计理论主要研究组织的体制（权、责结构）、机构（部门划分的形式和结构）和规章（管理行为规范）。动态的组织设计理论除了包含上述基本内容之外，还包括人的因素、组织结构设计，以及组织在运行过程中的各种问题，诸如协调、信息控制、绩效管理、激励制度、人员配备及培训等。

三、管理层次与管理幅度

管理层次是指职权层级的数目，即一个组织内部，从最高管理者到最底层职工的职级、管理权力的层级。管理幅度又称管理跨度，是指主管人员有效地监督、管理其直接下属的人数。管理层次与管理幅度成反比，在组织规模给定的情况下，管理幅度增大，管理层次就减少；管理幅度减少，则管理层次增多。

四、工作扩大化与工作丰富化

工作扩大化和工作丰富化虽然都属于改进岗位设计的重要方法，但两者存在明显差异。工作扩大化是通过增加任务、扩大岗位任务结构，使员工完成任务的内容、形式和手段发生变更；工作丰富化是通过岗位工作内容的充实，使岗位的工作变得丰富多彩，更有利于员工的身心健康，促进员工的综合素质逐步提高，全面发展。

五、人力资源管理制度规划的基本步骤与制定具体人力资源管理制度的程序

人力资源管理制度是企业单位组织实施人力资源管理活动的准则和行为的规范；人力资源管理制度体系是由一系列具体管理制度组成的。一项具体的人力资源管理制度一般应由总则、主文和附则等章节组成。人力资源管理制度规划的基本步骤有三步，而制定具体人力资源管理制度一般需要经过教程第 105~107 页所述的 10 个步骤。

第二章 人员招聘与配置

第一节 历年考情点评

人员招聘与配置历年考情具体如表 4-2-1 所示。

表 4-2-1 人员招聘与配置历年考情汇总表

题型 \\ 考情 \\ 年份		2010.5	2010.11	2011.5	2011.11	2012.5	2012.11	2013.5	2013.11
单选+多选	数量	9+6	9+6	9+6	9+6	9+6	9+6	9+6	9+6
	分值	15	15	15	15	15	15	15	15
简答题	数量	1	0	0	0	0	1	0	1
	分值	15	0	0	0	0	16	0	16
综合题	数量	0	1	1	1	1	0	1	0
	分值	0	20	16	20	18	0	18	0

从 2010 年 5 月~2013 年 11 月的八次考试中，关于人员招聘与配置的简答题出现三次，综合题出现五次，即对人员招聘与配置的考查主要以综合题为主。考查的分值范围在 12~20 分不等。简答题和综合题在培训教程中的分布情况如下。

（1）2010 年 5 月的简答题考查的是面试的实施阶段的内容，见《企业人力资源管理师（二级）》（第三版）第 154~156 页。

（2）2010 年 11 月的综合题考查的是无领导小组讨论前期准备的内容以及编制讨论题目应注意的问题，见《企业人力资源管理师（二级）》（第三版）第 180~182 页。

（3）2011年5月的综合题考查的是结构化面试及试题的类型的内容，见《企业人力资源管理师（二级）》（第三版）第164页。

（4）2011年11月的综合题考查的是面试实施技巧及情境性面试问题的内容，见《企业人力资源管理师（二级）》（第三版）第159~161页和第170页。

（5）2012年5月的综合题考查的是无领导讨论中资源争夺型问题的内容，见《企业人力资源管理师（二级）》（第三版）第184~186页。

（6）2012年11月的简答题考查的是设计无领导小组讨论试题时聘请专家审查的内容，见《企业人力资源管理师（二级）》（第三版）第191页。

（7）2013年5月的综合题考查的是群体决策法的概念和特点及运用群体决策法进行录用决策的内容，见《企业人力资源管理师（二级）》（第三版）第173~176页。

（8）2013年11月的简答题考查的是员工测评准备阶段的内容，见《企业人力资源管理师（二级）》（第三版）第127~128页。

综上发现，面试实施的内容；无领导小组讨论前期准备的内容及编制讨论题目应注意的问题；结构化面试及试题的类型；面试实施技巧及情境性面试问题；无领导讨论中资源争夺型问题等是简答题和综合题考查的重点。

第二节　考试预测分析

《企业人力资源管理师（二级）》（第三版）中关于人员招聘与配置变动的内容有以下方面。

一、第三版新增内容

（1）测评标准体系构建的步骤：①明确测评的客体与目的；②确定测评的项目或参考因素；③确定素质测评标准体系的结构；④筛选与表述测评指标；⑤确定测评指标权重；⑥规定测评指标的计量方法；⑦试测或完善素质测评标准体系。

（2）应聘人员笔试的设计与应用。

（3）企业人力资源的优化配置。

二、第三版修订内容

（1）测评标准体系的纵向结构：增加测评指标设计的原则内容。

（2）将"做出聘用决策"修改为"做出录用决策"。

（3）将"调查可用性"修改为"进行试题复查"。

（4）将"向专家咨询"修改为"聘请专家审查"。

根据《企业人力资源管理师（二级）》（第三版）中招聘与配置的内容变动情况，结合历年考情点评的结果，对有关人员招聘与配置的相关考试内容预测具体如表 4-2-2 所示。

表 4-2-2　人员招聘与配置考试预测分析

序号	预测重点	教程页码	解析	题型
1	测评标准体系构建的步骤	P124	测评的课题与目的、测评的项目或参考因素、素质测评标准体系的结构、筛选与表述测评指标、确定测评指标权重测评指标计量方法、标准体系	简答题
2	企业员工测评实施案例	P135~P140	组建招聘团队、员工初步筛选、设计测评标准、选择测评工具、分析测评结果、做出最终决策、发放录用通知	综合题
3	笔试设计与应用的基本步骤	P143~P144	成立考务小组、制订笔试计划、设计笔试试题、监控笔试过程、笔试阅卷评分、笔试结果运用	简答题
4	面试中的常见问题	P158~P159	目的不明确、标准不具体、缺乏系统性、问题设计不合理、考官偏见	综合题
5	群体决策法实施步骤	P174~176	建立招聘团队、实施招聘测试、做出录用决策	综合题
6	无领导小组讨论前期准备	P180~P182	编制讨论题目、设计评分表、编制计时表、对考官培训、选定场地、确定讨论小组	简答题综合题
7	无领导小组题目的类型	P188~P189	五种类型	简答题
8	企业员工个人素质的构成	P195~P198	年龄、性别、体质、性格、智力、品德	简答题
9	人力资源个体与整体配置的方法	P203~P206	劳动定额配置法、企业定员配置法、岗位分析配置法	综合题
10	劳动生产率指标	P207~P208	产量表示法、时间表示法	综合题

第三节　易错易混鉴定点分析

一、选拔性测评、开发性测评、诊断性测评与考核性测评

例如，2010 年 5 月第 41 题考查的就是关于这四种测评类型的区分。题目内容如下。

以摸清情况，了解测评对象的优势和不足为目的的员工素质测评类型是（　　）。

（A）选拔性测评　　（B）考核性测评　　（C）开发性测评　　（D）诊断性测评

此题答案选 C。原因：选拔性测评是指以选拔优秀员工为目的的测评。考核性测评

又称鉴定性测评，是指以鉴定或验证某种素质是否具备及具备的程度为目的的测评。开发性测评是指以开发员工素质为目的的测评，可以为人力资源开发提供依据。诊断性测评是以了解现状或查找根源为目的的测评。

二、首因效应、对比效应与晕轮效应

例如，2013年11月第46题考查的就是关于首因效应、对比效应和晕轮效应的区分。题目内容如下。

面试考官根据面试阶段的感受对应聘者做出主观评价，这属于（　　）。

（A）第一印象　　　（B）对比效应　　　（C）晕轮效应　　　（D）录用压力

此题答案选C。原因：首因效应指面试考官根据开始几分钟，甚至是面试前从资料（如笔试、个人简历等）中得到的印象对应聘者做出评价。对比效应指面试考官相对于前一个接受面试的应聘者来评价目前正在接受面试的应聘者的倾向。晕轮效应就是"以点带面"，从某一优点或缺陷出发去评价应聘者其他方面。

三、无领导小组讨论设计的步骤和无领导小组讨论题目设计的流程

无领导小组设计的步骤为：（1）前期准备；（2）具体实施阶段；（3）评价与总结。

前期准备的内容包括：①编制讨论题目；②设计评分表；③编制计时表；④对考官的培训；⑤选定场地；⑥确定讨论小组。

具体实施阶段的内容包括：①宣读指导语；②讨论阶段。

评价与总结的内容包括：①参与程度；②影响力；③决策程序；④任务完成情况；⑤团队氛围和成员共鸣感。

无领导小组讨论题目设计的流程为：（1）选择题目类型；（2）编写试题初稿；（3）进行试题复查；（4）聘请专家审查；（5）组织进行测试；（6）反馈、修改和完善。

第三章　培训与开发

第一节　历年考情点评

培训与开发历年考情具体如表4-3-1所示。

表 4-3-1　培训与开发历年考情汇总表

年份 考情 题型		2010.5	2010.11	2011.5	2011.11	2012.5	2012.11	2013.5	2013.11
单选+ 多选	数量	9+6	9+6	9+6	9+6	9+6	9+6	9+6	9+6
	分值	15	15	15	15	15	15	15	15
简答题	数量	0	1	1	1	1	0	1	1
	分值	0	16	14	12	16	0	16	16
综合题	数量	1	0	0	0	0	1	0	0
	分值	18	0	0	0	0	18	0	0

从 2010 年 5 月 ~2013 年 11 月的八次企业人力资源管理师二级考试中，与培训与开发相关的简答题与综合题的比例是 3：1，即培训与开发以简答题的形式出现在考试中的可能性更高，但不能排除对综合题的考查。简答题和综合题在培训教程中的分布如下。

（1）2010 年 5 月的综合题综合性较强，考查考生对培训管理系统和培训制度的理解程度。

（2）2010 年 11 月与 2011 年 5 月的简答题内容在《企业人力资源管理师（二级）》（第三版）教程中均已删除。

（3）2011 年 11 月与 2012 年 5 月的简答题内容均考查的是员工培训评估方法与应用，见《企业人力资源管理师（二级）》（第三版）第 299~317 页。

（4）2012 年 11 月与 2013 年 11 月的简答题或综合题考查的是培训评估指标与标准设计的内容，见《企业人力资源管理师（二级）》（第三版）第 292~299 页。

（5）2013 年 5 月的简答题考查的是管理人员培训与开发的内容，见《企业人力资源管理师（二级）》（第三版）第 272~278 页。

综上发现，员工培训评估方法与应用；培训评估指标与标准设计及管理人员培训与开发是简答题和综合题考查的重点。

第二节　考试预测分析

《企业人力资源管理师（二级）》（第三版）中关于培训与开发部分变动的内容有以下方面。

一、第三版新增内容

（1）企业员工培训规划的设计：企业员工培训规划的分类。

（2）企业年度培训计划的设计。

（3）企业员工培训计划的实施。

（4）培训课程体系的开发与管理：①企业培训课程设计的特征；②培训课程的需求度调查；③培训课程体系的设计定位；④选择适用的课程培训方式；⑤培训课程编制的基本要求；⑥培训课程编制的主要任务；⑦编排训练课程的关键点。

（5）管理人员培训与开发：①管理培训体系涉及的原则；②管理人员培训的项目类别；③管理人员培训与开发的计划与实施；④管理人员培训开发系统设计的程序；⑤管理人员培训开发体系的结构设计；⑥建立适应管理培训的实施体系；⑦管理培训课程的设计与开发；⑧管理技能培训开发的目的；⑨管理技能培训开发的内容；⑩管理继任者培训项目设计与实施；⑪设立副职、临时提升、案例评点法、事件过程法、理论培训、专家演讲学习班、大学管理学习班、阅读训练、文件事务处理训练法、管理游戏法、无领导小组讨论法。

（6）培训评估方案设计与实施：①员工培训评估的基本原则；②培训评估体系的构成；③培训评估体系的总体设计；④培训评估方案的实施。

（7）员工培训评估方法与应用：①培训效果的综合评估方法修订为硬指标与软指标结合的评估法、集体讨论评估法、绩效评估法、内省法、笔试法、操作性测验、行为观察法；②受训者培训成果的评估；③培训主管业绩的评估；④培训教师的综合评估。

二、第三版修订内容

（1）企业员工培训规划的设计：培训规划设计的程序和步骤。

（2）培训课程体系的开发与管理：①"培训课程的设置应体现企业培训功能的基本目标，进行人力资源开发。"修订为"培训课程设计的主要依据是现代系统理论的基本原理"；②课程演练与试验；③信息反馈语课程修订。

（3）管理人员培训与开发：①管理技能培训开发的要求及职能组合；②"轮流任职计划"修改为"职务轮换"。

（4）培训评估方案设计与实施：①"培训效果与培训评估的含义"修订为"员工培训评估的概念"；②培训评估方案的设计；③培训评估结果的反馈。

（5）员工培训评估方法与应用：培训效果的定性评估方法修订为目标评估法、关键人物评估法、比较评估法、动态评估法、访谈法、座谈法；培训效果的定量评估方法修订为问卷调查评估法、收益评估法、6 sigma 评估法。

三、第三版删除内容

（1）企业员工培训规划的设计：在培训项目与培训完成期限之间进行平衡。

（2）培训课程体系的开发与管理：①教学计划的设计原则；②培训课程分析；③课程内容的确定。

（3）管理人员培训与开发：①管理人员的层次等级；②企业管理人员的一般培训；③企业高层、中层、基层管理人员的培训；④在职开发、短期学习、决策模拟训练、决策竞赛、跨文化管理训练。

（4）培训评估指标与标准设计：①培训成果的层级体系；②标准干扰、标准缺陷；③培训评估标准的应用举例；④投资回报率的公式及案例。

根据历年考情点评及对《企业人力资源管理师（二级）》（第三版）培训与开发部分新增、修订、删除的分析，对其的考试预测分析具体如表4-3-2所示。

表4-3-2 培训与开发考试预测分析

序号	预测重点	教程页码	解析	题型
1	培训规划设计的程序和步骤	P216	培训需求分析、培训目标、培训规划设计的基本程序	简答题案例题
2	企业年度培训计划的设计	P222	五大模棱、基本内容、基本程序、主要步骤	案例题
3	实施培训计划的配套措施	P234	7项配套措施	简答题
4	培训课程性质与任务层次	P244	知识、技能、思维、观念、心理	简答题
5	培训课程编制的主要任务	P247	5项任务	简答题
6	培训教师的选聘标准	P260	10项标准	简答题案例题
7	管理人员培训开发的步骤	P263	明确目的、确认差距、分析差距、执行计划	简答题案例题
8	管理人员培训开发计划编制的原则	P266	一个中心、两个基本点	简答题
9	管理技能培训开发的内容	P272	高层、中层、基层	简答题
10	管理技能培训开发的方法	P274	在职培训、一般培训和培训新方法	简答题
11	接班人计划的实施流程	P280	5个步骤	简答题案例题
12	培训效果评估的作用	P284	培训前、培训中、培训后	简答题
13	员工培训评估方案的设计	P287	6个步骤	简答题案例题

序号	预测重点	教程页码	解析	题型
14	培训成果的四级评估体系	P292	反应评估、学习评估、行为评估、结果评估	简答题
15	培训成果评估的指标	P295	认知成果、技能成果、情感成果、绩效成果、投资回报率	简答题 案例题
16	培训教师的综合评估	P315	课程满意度评估、培训师能力评估	案例题
17	撰写培训评估报告	P316	6项要求、6个步骤	简答题 案例题

第三节　易错易混鉴定点分析

一、培训规划设计的程序与员工培训规划设计的基本程序

（1）培训规划设计的程序包括企业员工培训需求分析、明确企业员工培训的目标、员工培训规划设计的基本程序。

（2）员工培训规划设计的基本程序包括明确培训规划的目的、获取培训规划的信息、培训规划的研讨与修正、把握培训规划设计的关键点、撰写培训规划方案。

二、年度培训计划设计的基本程序与年度培训计划设计的主要步骤

（1）年度培训计划设计的基本程序包括前期准备、培训调查与分析研究、年度培训计划的制订、年度培训计划的审批及开展。

（2）年度培训计划设计的主要步骤包括培训需求的诊断分析、确定培训对象、确定培训目标、根据岗位特征确定培训项目和内容、确定培训方式和方法、做好培训经费预算与控制、预设培训评估项目和工具、年度培训计划的确定方式。

三、企业不同发展阶段采用的培训课程

在创业初期，企业应集中力量提高创业者的营销公关能力、客户沟通能力。在发展期，企业应集中力量提高中层管理人员的管理能力。在成熟期，企业应集中力量建设企业文化。

四、培训课程构成要素与课程教学计划内容

（1）培训课程的构成要素包括课程目标、课程内容、课程教材、教学模式、教学策略、课程评价、教学组织、课程时间、课程空间、培训教师及学员。

（2）课程教学计划的内容包括教学目标、课程设置、教学形式、教学环节及教学时间安排。

五、管理人员培训开发系统设计的程序与管理人员培训开发的一般步骤

（1）管理人员培训开发系统设计的程序包括明确管理培训开发的目的和作用、管理人员培训开发的一般步骤。

（2）管理人员培训开发的一般步骤包括明确培训开发的目的、确认培训对象的差距、分析差距确定优先顺序、确定并执行培训计划。

六、培训评估体系的总体设计与培训评估方案的设计

（1）培训评估体系的总体设计包括对培训需求的评估、确定培训评估目标、设计培训评估方案、实施培训评估方案、对培训项目进行调整、培训评估结果的反馈。

（2）培训评估方案的设计包括员工培训需求的评估、做出培训评估的决定、设计员工培训评估方案。

第四章　绩效管理

第一节　历年考情点评

绩效管理历年考情具体如表 4-4-1 所示。

表 4-4-1　绩效管理历年考情汇总表

题型\考情\年份		2010.5	2010.11	2011.5	2011.11	2012.5	2012.11	2013.5	2013.11
单选+多选	数量	9+6	9+6	9+6	9+6	9+6	9+6	9+6	9+6
	分值	15	15	15	15	15	15	15	15
简答题	数量	1	1	0	1	0	1	0	1
	分值	15	12	0	14	0	16	0	14
综合题	数量	0	0	1	0	1	0	1	0
	分值	0	0	20	0	18	0	18	0

关于简答题与综合题中的绩效管理内容，除 2010 年的企业人力资源管理师二级考试均以简答题的形式出现外，从 2011 年到 2013 年，简答题与综合题呈现均衡化，并且同一年考试中仅出现一次简答题或一次综合题。简答题和综合题在培训教程中的分布情况如下。

（1）2010 年 5 月、2011 年 11 月的简答题内容均考查的是关键绩效指标的设计与应用，见《企业人力资源管理师（二级）》（第三版）第 341~346 页。

（2）2010 年 11 月与 2012 年 11 月简答题考查的评价中心技术与劳动定额法在《企业人力资源管理师（二级）》（第三版）教程中均已删除。

（3）2011 年 5 月与 2013 年 11 月的简答题或综合题的内容均考查的是绩效考评指标体系的设计，见《企业人力资源管理师（二级）》（第三版）第 325~329 页。

（4）2012 年 5 月的综合题考查的是末位淘汰制，在教程中没有具体出现，需要考生依据理论知识，并结合实际工作经验进行作答。

（5）2013 年 5 月的综合题考查的是绩效考评标准的设计，见《企业人力资源管理师（二级）》（第三版）第 330~332 页。

综上发现，绩效考评指标体系的设计、绩效考评标准的设计、关键绩效指标的设计与应用是简答题和综合题考查的重点。同时，也有一部分发挥性的题目，因此要求考生平时要注意加强对实际工作经验的总结。

第二节　考试预测分析

《企业人力资源管理师（二级）》（第三版）中关于绩效管理部分变动的内容有以下方面。

一、第三版新增内容

（1）绩效考评指标体系设计：①绩效考评指标的作用；②绩效考评指标的来源。

（2）绩效监控与沟通。

（3）绩效考评方法应用：①不同的绩效考评方法的比较；②避免考评者误差的方法；③考评者的培训；④基于信息化的绩效考评；⑤考评结果的反馈与应用；绩效管理系统总体评估。

二、第三版修订内容

（1）绩效考评指标体系设计：绩效考评指标体系的设计原则由三项修订为八项。

（2）绩效考评标准的设计：①绩效考评标准的类型；②考评指标标准的评分方法。

三、第三版删除内容

（1）关键绩效指标的设计与应用：①确定工作产出的基本原则；②平衡计分卡的概念和特点；③提取设定关键绩效指标的应用实例。

（2）绩效考评方法应用：①合成考评法的含义和特点；②日清日结法的含义和特点；③行为导向型考评方法；④结果导向型考评方法；⑤综合型绩效考评方法；⑥上级评价、同级评价、下级评价、客户评价及自我评价；⑦基于互联网的 360 度考评。

根据历年考情点评及对《企业人力资源管理师（二级）》（第三版）绩效管理部分新增、修订、删除的分析，对其的考试预测分析具体如表 4-4-2 所示。

表 4-4-2　绩效管理考试预测分析

序号	预测重点	教程页码	解析	题型
1	绩效考评指标体系的设计方法及程序	P325	6 个方法和 4 个步骤	简答题 案例题
2	绩效考评标准的类型	P330	量词式、等级式、数量式、定义式	简答题 案例题
3	提取关键绩效指标的程序	P341	分析工作产出、提取指标、设定标准、审核和修改指标和标准	简答题 案例题
4	设定 KPI 的问题和解决方法	P346	4 项问题及相应的解决方法	简答题
5	绩效辅导的时机与方式	P349	4 个辅导时机和 3 项辅导方式	简答题 案例题
6	绩效沟通的技巧	P358	7 个技巧	简答题
7	绩效考评方法的比较	P360	品质主导型、行为主导型、结果主导型	简答题
8	360 度考评的实施程序	P374	考评项目设计、培训考评者、实施考评、反馈面谈、效果评价	简答题 案例题
9	基于信息化绩效考评的优势与不足	P376	5 点优势和两点不足	简答题 案例题
10	绩效面谈的类型	P381	单向劝导、双向倾听、解决问题、综合式	简答题
11	绩效反馈面谈的程序	P384	8 个步骤	简答题 案例题
12	绩效管理系统总体评估内容	P386	5 项内容	简答题
13	绩效管理评估问卷设计	P390	基本信息、问卷说明、主体部分、意见征询	案例题

第三节 易错易混鉴定点分析

一、不同类型组织绩效考评指标

（1）生产性组织，对其考评的指标应以最终的工作成果如生产数量、生产质量等为主要考评指标，同时也要考评其工作方式、组织气氛等指标。

（2）技术性组织，兼顾工作过程与工作成果两个方面。

（3）管理性组织和服务性组织，主要考评其整体素质、工作效率、出勤率、工作方式、组织气氛等指标。

二、宽厚误差与苛严误差

宽厚误差又称宽松误差，即评定结果是负偏态分布，也就是大多数员工被评为优良。苛严误差又称严格、偏紧误差，即评定结果是正偏态分布，也就是大多数员工被评为不合格或勉强合格。

第五章 薪酬管理

第一节 历年考情点评

薪酬管理历年考情具体如表 4-5-1 所示。

表 4-5-1 薪酬管理历年考情汇总表

题型	考情	2010.5	2010.11	2011.5	2011.11	2012.5	2012.11	2013.5	2013.11
单选+多选	数量	9+6	9+6	9+6	9+6	9+6	9+6	9+6	9+6
	分值	15	15	15	15	15	15	15	15
简答题	数量	0	0	0	0	1	0	0	0
	分值	0	0	0	0	14	0	0	0
综合题	数量	1	1	1	1	0	1	1	1
	分值	20	18	20	20	0	16	18	18

关于简答题与综合题中的薪酬管理内容，除2012年5月的企业人力资源管理师二级考试以简答题的形式出现外，其余年份的考试均以综合题的形式出现。简答题和综合题在培训教程中的分布情况如下。

（1）2010年5月的综合题内容考查的是技能薪酬制的相关内容，见《企业人力资源管理师（二级）》（第三版）第446~451页。

（2）2010年11月的综合题内容考查的是岗位分类的主要步骤及岗位横向分类的步骤与方法，见《企业人力资源管理师（二级）》（第三版）第432~435页。

（3）2011年5月的综合题考查的是工资奖金分配制度，在教程中没有具体出现，需要考生依据理论知识，并结合实际工作经验进行作答。

（4）2011年11月的综合题内容考查的是薪酬制度的诊断与调整，见《企业人力资源管理师（二级）》（第三版）第476~484页。

（5）2012年5月的简答题内容考查的是对薪酬调查数据进行统计分析的方法，见《企业人力资源管理师（二级）》（第三版）第412~418页。

（6）2012年11月的综合题内容考查的是薪酬满意度调查问卷的设计，见《企业人力资源管理师（二级）》（第三版）第422~426页。

（7）2013年5月的简答题内容考查的是对薪酬调查数据进行统计分析的方法，见《企业人力资源管理师（二级）》（第三版）第412~418页。

（8）2013年11月的综合题内容考查的是薪酬计划的制订，见《企业人力资源管理师（二级）》（第三版）第489~491页。

综上分析可见，市场薪酬调查、薪酬满意度调查、岗位分类的步骤、各类薪酬制度的设计及薪酬制度的诊断与调整是简答题和综合题考查的重点。同时，也有一部分发挥性的题目，因此要求考生平时要注意加强对实际工作经验的总结。

第二节　考试预测分析

《企业人力资源管理师（二级）》（第三版）中关于薪酬管理部分变动的内容有以下方面。

一、第三版新增内容

（1）薪酬市场调查。①薪酬的基本概念；②薪酬管理的内容绩效考评指标的作用；③薪酬市场调查报告；④薪酬水平的市场定位。

（2）薪酬满意度调查。①薪酬满意度的内容；②影响员工薪酬满意度的因素。

（3）岗位分级与分类。①岗位分类的基本功能；②岗位分类的基本要求；③岗位分类的缺陷；④岗位横向分类的依据。

（4）宽带薪酬体系设计。①宽带薪酬的设计原则；②设计宽带薪酬的关键决策；③实施宽带薪酬的几个要点。

（5）薪酬制度的诊断与调整。①薪酬制度的常见问题；②薪酬制度诊断的方法；③实施宽带薪酬的几个要点。

（6）制定薪酬战略的流程。

（7）企业补充医疗保险。

二、第三版修订内容

（1）将"工资"表述修订为"薪酬"。

（2）"员工薪酬满意度调查"修订为"薪酬满意度调查"。

（2）第二节"工作岗位分类"修订为第一节第三单元"岗位分类与分级"。

（3）第三节第一单元"企业工资制度的设计"修订为第二节第一单元"不同类型的薪酬制度"。

（4）第三节第二单元"宽带式工资结构设计"修订为第二节第二单元"宽带薪酬体系设计"。

（5）工作岗位横向分类的原则。①单一原则；②程度原则；③时间原则；④选择原则。

（6）将"薪酬结构的概念"进行了修订。

（7）"宽带薪酬的作用"修订为"宽带薪酬的特征"。

（8）宽带薪酬体系设计流程：①理解企业战略；②整合岗位评价；③完善薪酬调查；④构建薪酬结构；⑤加强控制调整。

三、第三版删除内容

岗位评价、绩效考评与薪酬管理的关系等内容。

根据历年考情点评及对《企业人力资源管理师（二级）》（第三版）薪酬管理部分新增、修订、删除的分析，对其的考试预测分析具体如表 4-5-2 所示。

表 4-5-2　薪酬管理考试预测分析

序号	预测重点	教程页码	解析	题型
1	薪酬管理的内容	P397	企业工资总额管理、员工薪酬水平的控制、企业薪酬制度设计与完善、日常薪酬管理工作	简答题 案例题
2	薪酬市场调查的基本程序	P405	5大步骤、调查问卷的设计	案例题

续表

序号	预测重点	教程页码	解析	题型
3	薪酬满意度调查程序	P421	3 个步骤、薪酬满意度调查表的设计	案例题
4	岗位分类的基本要求	P430	5 点要求	简答题
5	制定薪酬制度的基本程序	P461	7 大步骤	案例题
6	宽带薪酬体系设计流程	P469	理解企业战略、整合岗位评价、完善薪酬调查、构建薪酬结构、加强控制调整	简答题 案例题
7	薪酬制度的诊断	P476	薪酬制度常见的 10 个问题	简答题 案例题
8	制定薪酬战略的流程	P488	4 个步骤	简答题 案例题
9	企业补充医疗保险	P493	企业补充医疗保险的规定、作用、特征、模式	简答题

第三节　易错易混鉴定点分析

一、薪酬市场调查与薪酬满意度调查的基本程序

（1）薪酬市场调查的基本程序：①确定调查目的；②确定调查范围；③选择调查方式；④薪酬调查数据的统计分析；⑤撰写薪酬调查报告。

（2）薪酬满意度调查的程序：①确定调查对象；②确定调查方式；③确定调查内容。

二、岗位分类的几个基本概念的区分

（1）职系是由工作性质和基本特征相似相近，而任务轻重、责任大小、繁简难易程度和要求不同的岗位所构成的岗位序列。

（2）职组是由岗位性质和特征相似相近的若干职系所构成的岗位群。

（3）职门是工作性质和特征相似的若干职组的集合。

（4）岗级是在同在一职系中，工作岗位性质、任务轻重、繁简易难程度、责任大小，以及所需人员资格条件相同或相近的工作岗位集合。

（5）岗等是将工作性质不同，但工作繁简难易、责任大小及所需资格条件相同或相近的岗位组成的集合。

三、薪酬调整与薪酬标准档次调整

（1）薪酬调整：①薪酬定级性调整；②物价性调整；③工龄性调整；④奖励性调整；⑤效益性调整；⑥考核性调整。

（2）薪酬标准档次的调整：①"技变"晋档；②"学变"晋档；③"龄变"晋档；④"考核"变档。

第六章　劳动关系管理

第一节　历年考情点评

劳动关系管理历年考情具体如表 4-6-1 所示。

表 4-6-1　劳动关系管理历年考情汇总表

考情 题型	年份	2010.5	2010.11	2011.5	2011.11	2012.5	2012.11	2013.5	2013.11
单选+多选	数量	9+6	9+6	9+6	9+6	9+6	9+6	9+6	9+6
	分值	15	15	15	15	15	15	15	15
简答题	数量	1	1	1	1	0	0	1	0
	分值	14	14	16	16	0	0	14	0
综合题	数量	0	0	0	0	1	1	0	1
	分值	0	0	0	0	18	18	0	18

从 2010 年 5 月 ~2013 年 11 月的八次企业人力资源管理师二级考试中，在简答题与综合题中对劳动关系管理的考查，主要以简答题的形式存在，综合题出现的情形较少。简答题和综合题在培训教程中的分布如下。

（1）2010 年 5 月的简答题考查的是职业安全卫生预算的编制审核程序，见《企业人力资源管理师（二级）》（第三版）第 535 页。

（2）2010 年 11 月的简答题考查的是积极营造劳动安全卫生环境，见《企业人力资源管理师（二级）》（第三版）第 536~537 页。

（3）2011年5月的简答题考查的是工资集体协商的主要内容，见《企业人力资源管理师（二级）》（第三版）第520~521页。

（4）2011年11月的简答题考查的是因签订集体劳动合同发生争议的处理办法，见《企业人力资源管理师（二级）》（第三版）第565页。

（5）2012年5月的综合题内容考查的是工资集体协商的程序，见《企业人力资源管理师（二级）》（第三版）第526~527页。

（6）2012年11月的综合题内容考查的是非法解除劳动关系引发劳动争议的处理，综合考查劳动关系及劳动争议处理的相关内容。

（7）2013年5月的简答题内容考查的是劳动争议仲裁的程序，见《企业人力资源管理师（二级）》（第三版）第558~565页。

（8）2013年11月的综合题内容考查的是劳务派遣机构及被派遣劳动者的管理，见《企业人力资源管理师（二级）》（第三版）第510~512页。

综上发现，劳务派遣机构管理、工资集体协商的内容与程序、劳动争议仲裁程序与争议处理、劳动安全卫生环境的管理，以及职业安全卫生预算的编制审核是简答题和综合题考查的重点。

第二节　考试预测分析

《企业人力资源管理师（二级）》（第三版）中关于劳动关系管理部分变动内容有以下方面。

一、第三版新增内容

（1）劳务派遣用工管理。①劳动关系的含义与特征；②劳动法律关系的含义和特征；③劳务关系；④劳动关系与劳务关系的区别；⑤法律责任；⑥外国企业常驻代表机构聘用中国雇员的管理。

（2）工资集体协商。①工资集体协商制度是我国集体合同制度的重要组成部分；②工资集体协商咨询指导员；③社会协商。

（3）企业劳动争议处理。①劳动争议处理制度；②劳动争议仲裁的时效制度；③企业劳动争议的协商解决；④支付令申请书的结构；⑤劳动争议仲裁的申请和受理。

二、第三版修订内容

（1）2008年实施的《劳动合同法》对劳务派遣做了全面的规范。针对劳务派遣最近几年发展中存在的问题，2012年12月28日全国人大常委会决定对《劳动合同法》

的相关内容做出修改，并从 2013 年 7 月 1 日起生效。新版教程对相关内容进行了相应的修订，考生应着重注意，重点复习。

（2）劳动仲裁争议的基本制度。①仲裁庭制度；②一次裁决制度；③合议制度；④回避制度；⑤管辖制度；⑥区分举证责任制度。

（3）调解委员会调解的程序。①申请和受理；②调查和调解；③调解协议书；④与协商、调解相关的时效规定；⑤人民法院的支付令。

三、第三版删除内容

劳务派遣的成因等。

根据历年考情点评及对《企业人力资源管理师（二级）》（第三版）劳动关系管理部分新增、修订、删除的分析，对其的考试预测分析具体如表 4-6-2 所示。

表 4-6-2　劳动关系管理考试预测分析

序号	预测重点	教程页码	解析	题型
1	劳动关系与劳务关系的区别	P505	两者的含义与特征和 9 项区别	简答题 案例题
2	劳务派遣机构的管理	P510	新增及修订内容	案例题
3	工资集体协商的程序	P526	协商代表的确定、协商的实施步骤、工资协商的审查、明确工资协议期限	简答题 案例题
4	劳动力市场工资指导价位的制定程序	P531	信息采集、价位制定、公开发布	简答题
5	劳动安全卫生预算的编制与审核	P535	费用分类、审核程序	简答题 案例题
6	劳动争议处理制度	P542	劳动争议四种解决机制	简答题 案例题
7	劳动争议仲裁的特征	P547	4 项特征	简答题
8	劳动仲裁争议的基本制度	P547	6 项制度及其内容	简答题 案例题
9	调解委员会调解的程序	P555	5 大程序及具体内容	简答题 案例题
10	支付令申请书	P558	支付令申请书的结构及内容	简答题
11	劳动争议仲裁的程序	P558	受理和申请、开庭和裁决、集体劳动争议处理的程序、因签订集体合同发生的团体争议的处理方法	简答题 案例题

第三节　易错易混鉴定点分析

一、劳动关系与劳务关系

（1）两者产生的原因不同。（2）适用的法律不同。（3）主体资格不同。（4）主体性质及其关系不同。（5）当事人之间权利义务方面有着系统性的区别。（6）劳动条件的提供方式不同。（7）违反合同产生的法律责任不同。（8）纠纷的处理方式不同。（9）履行合同中的伤亡事故处理不同。此外，还有一些其他不同，如劳动报酬与劳务报酬的决定方式、支付方式、支付时间方面，权利保护时效方面等都存在差异。

二、劳动工作场所优化与劳动组织优化

（1）劳动工作场所优化应做到：①科学装备、布置工作地；②保持工作场所的正常秩序和良好的工作环境；③正确组织工作场所的供应和服务；④劳动环境优化等。

（2）劳动组织优化主要包括：①不同工种、工艺阶段合理组织；②准备性工作和执行性工作合理组织；③作业班组合理组织；④工作时间合理组织等。

三、劳动争议的类别的区分

（1）个别争议：职工一方当事人人数为 10 人以下，有共同争议理由的争议。

（2）集体争议：职工一方当事人人数为 10 人以上，有共同争议理由的争议。

（3）团体争议：工会与用人单位因签订或履行集体合同发生的争议。

（4）权利争议：又称既定权利争议，劳动关系当事人基于劳动法律、法规的规定，或集体合同、劳动合同约定的权利与义务所发生的争议。

（5）利益争议：当事人因主张有待确定的权利和义务所发生的争议。

（6）劳动合同争议，解除、终止劳动合同而发生的争议。

（7）关于劳动安全卫生、工作时间、休息休假、保险福利而发生的争议。

（8）关于劳动报酬、培训、奖惩等因适用条件的不同理解与实施而发生的争议等。

四、调解委员会调解程序与劳动争议仲裁程序

（1）调解委员会调解程序：①申请和受理；②调查和调解；③调解协议书；④与协商、调解相关的时效规定；⑤人民法院的支付令。

（2）劳动争议仲裁的程序：①申请和受理；②开庭和裁决；③集体劳动争议处理的程序；④因签订集体合同发生的团体争议的处理方法。

第七章 基础知识

第一节 历年考情点评

此部分为专业基础知识，对专业部分的理解具有间接基础性的帮助，就实践来讲，对人力资源管理的理性认识的提升会有直接的帮助。人力资源基础知识在第一场考试中所占分值比例为 10%，共 6 道单选、4 道多选。此部分只有选择题，无其他类型题。

第二节 考试预测分析

基础知识部分的历年考点较为集中，就复习的命中概率来说，比专业部分选择题的命中率高出很多。历年真题中有许多相同的考点，平均每章内容均有考察的可能，考生应做好相应准备。

第三节 易错易混鉴定点分析

一、劳动力供给弹性与劳动力需求弹性

劳动力供给量变动对工资率变动的反应程度被定义为劳动力供给的工资弹性，简称劳动力供给弹性。劳动力需求量变动对工资率变动的反应程度定义为劳动力需求的自身工资弹性。

两者都是对工资率变动的反应程度，但是前者表示的是劳动力的供给量，后者表示的是劳动力的需求量，考生在考试过程中应仔细辨别。

二、劳动合同与集体合同

劳动合同是雇员与雇主确立劳动关系、明确双方权利义务的协议。集体合同是通过工会与雇主或雇主协会按照合法的程序，经过集体谈判达成的关于一般劳动条件的协议。两者的区别在于劳动合同是雇员直接与雇主达成协议，而集体合同需要通过工会、经过集体谈判来达成协议。

三、确定型决策方法和不确定型决策方法

确定型决策的方法包括量本利分析法、线性规划法和微分法。

不确定型决策方法包括悲观决策标准、乐观系数决策标准、中庸决策标准、最小后悔决策标准和同等概率标准（机会均等标准）。

四、企业的战略选择

企业的战略选择包括总体战略、一般竞争战略和不同行业阶段的战略。

企业的总体战略有进入战略、发展战略、稳定战略和撤退战略；一般竞争战略包括低成本战略、差异化战略、重点战略；不同行业的战略又分为新兴行业的战略、成熟行业的战略、衰退行业的战略。

此部分内容很容易混淆，考生在答题过程中应仔细对待，对企业的战略有明确、清晰的认知。考生在考试中应注意看清考题题干，认真区分所考知识点，快速甄别答题要点，避免陷入误区而出现"答非所问"的现象。

第八章　六类题型命题视角和应试策略

第一节　单项选择题

一、单选题的命题视角

（1）基本概念。主要是指各种概念、定义的内涵。

例如：（　　）是一种以母子公司为主体，通过产权关系和生产经营协作等多种方式，与众多企业法人组织共同组成的经济联合体。

（A）多维立体组织结构　　　　　（B）模拟分权组织结构

（C）子公司与母公司　　　　　（D）企业集团

解析：A

（2）基本观点。主要是指常识性的、比较重要的观点。

例如：培训面试考官的培训内容不包括（　　）。

（A）现场发挥　　（B）提问的技巧　　（C）追问的技巧　　（D）评价标准掌握

解析：A

（3）相近概念。一些相近（并列）的概念，内涵差别不十分明显，其外延也不易区别，容易"张冠李戴"的词与句，往往是比较好的出题素材。

例如：结果不公开的测评是（　　）。

（A）选拔性测评　　（B）开发性测评　　（C）诊断性测评　　（D）考核性测评

解析：C

二、单选题应试策略

单项选择题的答题要求是每小题的备选答案中只有一个最符合题意。这就是说，每小题只能选一个答案，选两个以上（尽管正确的也被选中了）将被视作错误，不给分。选择题的得分在于问题的准确性，在答题时应注意每个选项的差别和联系，合理谨慎地选择出正确的选项。

第二节　多项选择题

一、多选题命题视角

（1）基本概念的外延，这是主要的题目来源之一。

例如：培训的配套激励制度主要包括（　　）。

（A）岗位任职资格制度　　（B）业绩考核制度　　　　（C）岗位晋升制度

（D）收入分配制度　　（E）培训服务制度

解析：ABCD

（2）包含于一个命题中的并列从属项，多见于一些并列的"性质""方法"等。

例如：员工发展规划的合作性原则主要是考虑个人的目标与他人的目标是否具有（　　）。

（A）合作性　　　　（B）协调性　　　　（C）一致性

（D）具体性　　　　（E）清晰性

解析：ABC

二、多选题应试策略

多项选择题的答题要求是每小题的备选答案中有两个或两个以上符合题意的答案。错选、漏选或多选不得分。这里须注意答题要求，在多选题中，只有全部选择正确才能得分，比如某小题有四个正确答案，你从五个备选答案中选择了四个，其中三个是正确的，一个是错误的，那么你选的答案也不能得分。同样，多选、漏选不得分，也不扣分。

第三节　简答题

一、简答题命题视角

简答题的命题视角比较好掌握，主要包括企业人力资源管理的具体程序、方法、过程和步骤等。

（1）简述薪酬调查的作用。

解析：①为企业调整员工的薪酬水平提供依据；②为企业调整员工的薪酬制度奠定依据；③有助于掌握薪酬管理的新变化和新趋势；④有利于控制劳动力成本，增强企业竞争力。

（2）工作岗位设计的基本原则是什么？

解析：①明确任务目标的原则；②合理分工协作的原则；③责权利相对应的原则。

二、简答题应试策略

简答题的答题要求是力求"简要"。考生在解答这类题型时不应刻意追求完美，花费大量篇幅，做出过多的阐述，而要根据试题的要求，准确和完整地抓住重点，突出要点，对试题做出明确和完整的回答。

第四节　案例分析题

一、案例分析题的命题视角

案例分析题的命题不是简单孤立地考核问题本身，而是考核考生对基本原理和方法的扎实掌握和综合应用能力。这类试题的命题视角一般体现在对企业人力资源管理重要的基本原理的理解，以及基本程序、方法的操作和运用上。为了帮助考生掌握本类题型答题的应试技巧，本部分的"案例分析题应试策略"对此做了详细的说明。

例：某建筑材料公司 2013 年上半年销售收入明显下降，而生产总成本比去年同期提高了 15%，特别是人工成本有了较大幅度的增加。2013 年 10 月公司人力资源部委托一家中介机构对国内同行业的薪酬水平进行了深入调查，发现公司薪酬水平位于市场薪酬的 75% 点处，根据公司市场部预测，未来三年公司的营业收入将会有显著提高，年平均增长 16% 左右。公司人力资源部经过研究后认为，2014 年度员工的薪酬水平增幅应控制在 8% 以下。

请结合本案例，说明该公司应当如何编制年度员工薪酬计划？

解析：制订薪酬计划的工作程序如下。

（1）通过薪酬市场调查，比较企业各岗位与市场上相对应岗位的薪酬水平（这里的薪酬水平是指总薪酬水平，包括工资、奖金、福利、长期激励等）。

（2）了解企业财力状况，根据企业人力资源策略，确定企业薪酬水平采用何种市场薪酬水平，是 90% 点处、75% 点处，还是 50% 点处、25% 点处。

（3）了解企业人力资源规划。

（4）将前三个步骤结合画出一张薪酬计划计算表。此表是某企业的薪酬计划计算表，各岗位的薪酬水平企业采用 50% 点处的市场薪酬水平。

（5）根据经营计划预计的业务收入和前几步骤预计的薪酬总额，计算薪酬总额／销售收入的比值，将计算出的比值与同行业的该比值或企业往年的该比值进行比较，如果计算的比值小于或等于同业或企业往年水平，则该薪酬计划可行；如果大于同业或企业往年水平，可以根据企业董事会对薪酬计划的要求将各岗位的薪酬水平适当降低。

（6）各部门根据企业整体的薪酬计划和企业薪酬分配制度规定，考虑本部门人员变化情况、各员工的基本情况如工龄、业绩考核结果、能力提高情况等做出部门的薪酬计划，并上报到人力资源部，由人力资源部进行所有部门薪酬计划的汇总。

（7）如果汇总的各部门薪酬计划与整体薪酬计划不一致，需要再进行调整。

（8）将确定的薪酬计划上报企业领导、董事会报批。

二、案例分析题应试策略

案例分析题主要考查考生的实际专业能力，要求考生根据人力资源管理的有关原理和方法，对案例中存在的问题进行深入分析，紧密结合工作实际，或说明自己的具体意见，或提出切实可行的对策建议，或指出解决问题的途径和方法。一般来说，考生在回答此类问题时，需要综合运用教材中所涉及的企业人力资源管理的原理、程序、步骤、工具和方法，同时注意高级别覆盖低级别的要求。

首先，审阅案例的内容和情节。为了弄清案例发生的背景和来龙去脉，需要采用 5W2H 的方法。要提出 Who（何人）、When（何时）、Where（何地）、What（何事）、Which（何物）、How（如何做）、How much（费用）等一连串的疑问，即从时间、空间、人物、过去、现在与未来等多维度、多视角提出问题，然后再认真思考。只有对提问逐一做出正确的回答，才能真正把握案例实情。在分析案例发生的背景和隐含的问题时，一定要注意文中的细节，认真地对待案例中的人和事，考生应当实现中高层管理者的角色扮演，设身处地进入案例的情节之中，只有这样做，考生才能在掌握各种数据的基础上，透过错综复杂的案情，"一进门"就抓住事件的关键，认清事物的本质。其次，考生应当根据正确的判断，提出具体的评析意见或者解决问题的对策。

在撰写案例分析的答卷时，考生还应当注重分析问题的系统性和深入性，考虑问题思路的逻辑性和清晰性，文章层次结构的条理性和严谨性，运用所学理论知识的针对性和适用性，语言表达的准确性和流畅性等。

第五节　方案设计题

一、方案设计命题视角

方案设计题主要检验考生对企业人力资源管理的基本原理和基本方法，以及相关制度的基本内容、制定程序、执行过程等方面知识和能力的理解与掌握程度。简言之，就是检测考生运用企业人力资源管理的基本原理和基本方法，分析和解决实际工作中遇到的困难和问题的能力。一般而言，方案设计题为一个案例，题目要求考生在对案例中所存在的问题进行分析的基础上提出具体的解决方案。

此外，方案设计题的另一个命题视角就是要求考生根据一定的情景和约束条件，提出实践性很强的工作计划，或者设计出具有可操作性的规章制度、劳动规范或管理标准，或者设计出一些日常管理中经常使用的调查统计表格，如招聘申请表、员工满意度调查表、企业薪酬调查表等。因此，方案设计题并不是单纯地考查考生对企业人力资源管理内容和程序的了解与记忆程度，而是考查其对企业人力资源实践活动的掌控和驾驭的管理能力。

例：某公司是一家小型公司。创业初期，将降低成本、提高销售额作为公司的总目标。由于业务繁忙，公司没有时间制定一套正式的、完整的绩效考评评价制度，只是由以前公司老总王某兼任人力资源总监，采取了一些补救措施，如他会不定期地对工作业绩好的员工提出表扬，并予以物质奖励，同时也会对工作不积极的员工提出批评；一旦员工的销售业绩连续下滑，他会找员工谈心，找缺陷，补不足，鼓励员工积极进取。

这几年公司发展非常迅速，其规模已经由最初的十几个人发展到现在的上百人。随着规模不断扩大，管理人员和销售人员不断增加，问题也出现了。员工的流失率一直居高不下，员工的士气也不高。王某不得不考虑是否该建立正式的绩效考评制度，以及如何对管理人员进行考评等问题。

请你论述该公司制定绩效考评制度的必要性，并为该公司的销售人员设计一套绩效考评方案。

解析：（1）建立正式的绩效管理制度的必要性包括：有效的绩效评估和考评系统可以不断改进组织氛围，优化组织环境，持续激励员工，提高组织绩效。

（2）销售人员的绩效考评方案如下。

对销售人员的考评内容，以考评工作效果（结果）为主，重点放在员工的业绩和对公司的实际贡献上，考评的重点是工作业绩。因此，对销售人员的考评，应采用"效果（结果）主导型"，即按照工作成果进行考评的方法。

①科学地确定考评基础：工作要项及要项的考评标准如下表所示。

某公司的考评标准表

工作要项	工作要项解释	权重（%）	要项的考评标准
销售任务完成率	实际销售数量与计划销售数量的比率	50	任务完成率每超（欠）1%，奖（扣）0.5分
资金回收率	实际回款数额与计划回款数额的比率	20	回款率每超（欠）1%，奖（扣）0.2分
市场占有率	个人负责区域内本公司产品销售数量占所有同类产品销售数量的比例	15	市场占有率比上一个考评周期每增（降）1%，奖（扣）0.5分
成本费用率	员工完成的销售收入中，个人成本（包括员工工资、福利、出差补贴、公关费用）所占的比例	15	成本费用率比上一个考评周期每增（降）1%，奖（扣）0.5分

②考评实施：根据每个考评周期中销售人员各工作要项的实际完成情况，与考评标准进行对比，按照权重分别打分，并累加各工作要项的所得分数，得到每位销售人员的最终得分。根据最终得分，由上级主管对销售人员进行排序和强制分布，优秀、及格、尚待改进三部分的比例分别为 2：7：1。

③绩效面谈和绩效改进计划的制订：根据绩效考评结果，通过及时的绩效面谈，表扬优点，指正缺点，对下一个考评周期的工作提供指导。

④绩效结果的应用：将最终得分与销售人员的工资基数挂钩，计算出销售人员的工资、奖金；同时，总结分析绩效管理中存在的主要问题，提出有效的对策，或者针对销售人员存在的问题提出具体的培训计划。

二、方案设计题应试策略

方案设计题要求考生在对题目所提供的案例进行分析的基础上，提出解决问题的对策或实施方案，或者要求考生根据题意起草一项操作性更强的专项管理的制度、计划。方案设计题的命题范围一般集中于企业人力资源管理中的基础工作或者是经常出现的一些"难点""疑点"或"焦点"问题。在制度设计方面，一般会涉及企业人力资源管理重要制度，如员工的绩效管理制度、薪酬福利制度（工资方案设计）、员工培训与开发等。

第九章　论文写作命题视角与应试策略

第一节　综合评审命题视角

从全国各地的人力资源管理师二级考试情况来看，各省自行负责本省的论文考试，其考查形式多样化。从论文提交的时间上看，有的省份是考试之前提交，有的省份是考试现场写作，有的省份则是理论和操作技能考试成绩出来后再提交论文；从题目拟定方式来看，有的省份是考生自己拟定论文题目，有的省份则是命题论文；从考试模式来看，一般是以书面答辩的形式考查。考生应提前了解所参加考试省份的综合评审命题要求，有针对性地做好准备。

第二节　论文写作应试策略

考生在应对论文写作时，一般可采取以下策略，以确保论文写作通过。

一、筛选论文题目

论文采取考生自选题方式。选题应根据国家职业标准要求，参考培训教程，同时结合考生所在单位或有关行业实际工作的情况自行拟定。

论文选题的一些策略如下。

（1）在教程的规划、招聘、培训、绩效、薪酬、劳动关系管理六个模块中选题，不要选边缘性题目。

（2）可以选择自身工作中曾经操作、总结过的方案或设计等，但不可以原文照搬，要改编为论文要求的结构。

（3）避免选择自己不熟悉的题目，注重与工作经验的结合，考虑资料的充分程度。

二、知晓论文撰写要求

（1）必须由考生独立完成，不得侵权、抄袭，或请他人代写。

（2）如无特殊说明，论文字数原则上职业资格二级不少于 3000 字，职业资格一级不少于 5000 字。

（3）论文所需数据、参考书等资料一律自行准备，论文中引用部分须注明出处。

（4）论文一律采用 A4 纸打印，一式 5 份。

（5）考生应围绕论文主题收集相关资料，进行调查研究，从事科学实践，得出相关结论，并将研究过程和结论以文字、图表等方式组织到论文之中，形成完整的论文内容。

（6）论文内容应做到主题明确，逻辑清晰，结构严谨，叙述流畅，理论联系实际。

三、掌握论文格式要求

（1）论文由标题、署名、摘要、正文、注释及参考文献组成。

（2）标题即论文的名称，应当能够反映论文的内容，或是反映论题的范围，尽量做到简短、直接、贴切、精炼、醒目和新颖。

（3）摘要应简明扼要地概括论文的主要内容，一般不超过 300 字。

（4）注释是对论文中需要解释的词句加以说明，或是对论文中引用的词句、观点注明来源出处。注释一律采用尾注的方式（即在论文的末尾加注释）。

（5）论文的末尾须列出主要参考文献的目录。

（6）注释和参考文献的标注格式如下。

①图书：按作者、书名、出版社、出版年、版次、页码的顺序标注。

②期刊：按作者、篇名、期刊名称、年份（期号）、页码的顺序标注。

③报纸：按作者、篇名、报纸名称、年份日期、版次的顺序标注。

④网页：按作者、篇名、网页、年份日期的顺序标注。

四、明确论文提交要求

提交论文时，一律装入文件袋并贴封。文件袋封面格式和论文首页格式应统一。

第五篇

通关计划五：真题模拟题测试与综合检查

进入到真题及模拟练习阶段，在这一阶段复习过程中，按照真题考试的时间长短，抽出整块时间进行测试，并严格遵循闭卷考试规则，对自己的真实水平进行检验。考生可以通过自我测试，考查自己对知识点的掌握情况，并对照教材查漏补缺，扎实掌握理论知识与操作技能。

在真题练习结束后，考生可以有针对性地进行模拟训练，通过本篇精编的全真模拟考题，全面巩固和掌握知识要点，从而信心百倍、从容应对考试！

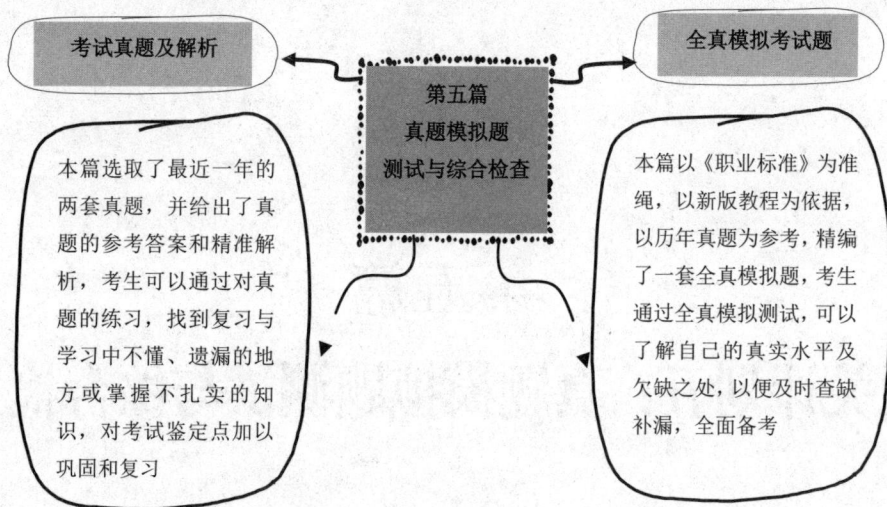

考试真题及解析	第五篇 真题模拟题 测试与综合检查	全真模拟考试题
本篇选取了最近一年的两套真题，并给出了真题的参考答案和精准解析，考生可以通过对真题的练习，找到复习与学习中不懂、遗漏的地方或掌握不扎实的知识，对考试鉴定点加以巩固和复习		本篇以《职业标准》为准绳，以新版教程为依据，以历年真题为参考，精编了一套全真模拟题，考生通过全真模拟测试，可以了解自己的真实水平及欠缺之处，以便及时查缺补漏，全面备考

2013 年 5 月企业人力资源管理师

全国统一鉴定考试真题

真题卷册一及答案解析

真题卷册一

第一部分 职业道德

（第 1~25 题，共 25 道题，共 25 分）

一、职业道德基础理论与知识部分

（一）单项选择题（第 1~8 题）

1. 在西方，"道德"（MORALE）一词引申的意思是（　　）。

（A）已经得到了，不再做了　　　　　（B）规范和行为品质

（C）道路、路径　　　　　　　　　　（D）潮流和趋势

2. 下列说法中，正确地反映了道德与法律差别的是（　　）。

（A）在管理效力上，道德比法律的作用效果差

（B）在使用范围上，道德比法律的适用范围小

（C）在调节时效上，道德比法律具有自觉性和事前性的特点

（D）在社会地位上，道德比法律地位低、权威弱

3. 下列关于职业活动内在道德准则的理解，正确的说法是（　　）。

（A）对企业的忠诚，实际上就是对出资人的忠诚

（B）摆脱审慎，敢于冒险，是对职业经理人的职业品质要求

（C）善始善终，不虎头蛇尾是勤勉的具体体现

（D）强调规则和规范而非主动积极，是职业化素养的核心

4. 下列符合"慎独"内涵要求的是（　　）。

（A）崇尚自由、独立　　　　　　　　（B）小心驶得万年船

（C）求于志同，乐于道合　　　　　　（D）无人监督，仍行道德之事

5. 下列做法中，最符合"敬业"本质要求的是（   ）。

（A）用心做事　　　（B）谨慎虔敬　　　（C）服从领导　　　（D）加班加点

6. 下列说法中，符合"世界 500 强企业关于优秀员工的 12 条核心标准"的是（   ）。

（A）能力不是主要的，只要有敬业精神，能力会提高

（B）忠诚是重要的，无论何时都要站在企业立场上思考问题

（C）员工既要保持鲜明的个性与独立性，又要学会团队合作

（D）为了维护企业利益，员工必须懂得如何使他人分担责任

7. 上司对待下属的正确做法是（   ）。

（A）任务繁重时，要求下属无条件服从公司安排

（B）下属工作出错时，上司要给予严厉的处罚

（C）关心下属的成长，遵守与下属约定的事项

（D）既要平等待人，更有特别关照有潜力的下属

8. 关于"公道"，正确的说法是（   ）。

（A）公道标准具有时代性，无从准确判定何为公道

（B）公道是人的主观感觉，凭感觉办事是践行公道的基本要求

（C）每个人的公道观念都不一样，因此不宜以公道判别事物

（D）按照贡献取酬，是公道的具体实践

（二）多项选择题（第 9~16 题）

9.《公民道德建设实施细要》提出，从业人员职业道德要求包括（   ）。

（A）爱国创新　　　（B）以人为本　　　（C）服务群众　　　（D）奉献社会

10. 关于职业化，正确的说法有（   ）。

（A）职业化是人力资源开发的基本途径

（B）职业化是新型劳动观的核心内容

（C）职业化是全球职场中的通用语言

（D）职业化素养要求在工作中努力增强主观性

11. 根据"比尔·盖茨 10 大优秀员工准则"，正确的说法有（   ）。

（A）始终表现出对公司及产品的兴趣和热爱

（B）站在上司的立场上为客户着想

（C）思考如何让产品更贴近客户

（D）做一个积极主动的人

12. 职业道德规范"诚信"的特征包括（   ）。

（A）通识性　　　（B）智慧性　　　（C）止损性　　　（D）资质性

13. 违反《中华人民共和国反不正当竞争法》规定的行为有（ ）。

（A）擅自使用他人的企业名称或姓名，引人误以为是他人的商品

（B）接受折扣、佣金的经营者必须如实入账

（C）广告的经营者在未加核实的情况下，制发了虚假广告

（D）经营者在任何情况下不得以低于成本价格销售商品

14. 下列做法中，符合职业纪律要求的有（ ）。

（A）某医生竭尽全力救护了一个十恶不赦的罪犯

（B）某法院拒绝了一个恶贯满盈的杀人恶魔的辩护请求

（C）某建筑企业要求全体从业人员必须佩戴安全帽作业

（D）某机组要求乘务员登机服务时必须面带微笑

15. 关于"节约"，正确的说法有（ ）。

（A）节约指的是当用则用，当省则省

（B）少花钱多办事是节约的基本要求

（C）零缺陷、零库存是"节约"向企业战略延伸的生动实践

（D）"节约"是企业竞争力的有机组成部分

16. 从业人员要做到求同存异，正确的做法有（ ）。

（A）换位思考，理解他人　　　　　（B）胸怀宽广，学会宽容

（C）和谐相处，密切配合　　　　　（D）机动灵活，不唯原则

二、职业道德个人表现部分（第17~25题）

17. 关于读书，你的看法是（ ）。

（A）现在的书籍太多太烂，不值得读

（B）读书不如朋友间的交谈收获大

（C）读与工作相关的书，对自己提升较快

（D）读书加上思考才是真正的读书

18. 某企业的年度销售冠军，一年后因工作压力太大，不堪重负，选择了轻生。对该员工的做法，你的看法是（ ）。

（A）现代人压力太大，企业应多关心职工

（B）太可惜了，对自己的要求应该适度

（C）人生得意须尽欢，这是何必呢？

（D）没啥看法，现在轻生的人不少

19. 某员工思维活跃，想法很多，并且许多点子还是很有启发性的，但他一直都是只说不练。为此，很多人都讥笑他，甚至拿他开涮。对于这样的人，你的看法是（ ）。

（A）他不会有任何成就　　　　　（B）他没有真才实学

（C）少说多做会更好　　　　　　（D）他需要伯乐加以训练

20. 如果你帮助了别人，但是当你有困难寻求对方帮助时，对方却委婉拒绝了你。对此，你会（　　）。

（A）认为自己看错了人，以后不再与之往来

（B）仔细了解对方说的理由是否成立

（C）认为这样的人太自我，以后和他保持一定的距离

（D）以后不再热心帮助别人，先把自己的事做好

21. 公司聘请了一个总经理，起初他信心百倍、干劲十足，后来，由于公司管理制度方面的限制，他的许多设想无法实现，热情逐渐消退了，再后来，他干脆辞职了。你对此人的看法是（　　）。

（A）他的应变能力不足　　　　　　（B）他没有处理好与聘用方的关系

（C）公司聘而不能用，太可惜了　　（D）这个人该走

22. M公司参与一项招标工程投标。公司觉得凭资金实力、技术水平和设计理念，肯定可以中标。但后来，有关渠道传来的消息说，竞争对手W公司已采取了"非常"手段，很可能会拿下订单。假如你是M公司负责人，你会（　　）。

（A）也采取"非常"手段公关

（B）收集证据，以备将来控告W公司非法竞标

（C）直接到招标管理单位反映情况

（D）相信自己的实力

23. 假如你利用业余时间研制出了一项技术发明，并申请了个人专利。你向自己所在的公司负责人说明了情况，并希望用此专利促进公司的技术改造，但公司无人重视，不予理睬。你会（　　）。

（A）带着技术发明投奔其他公司　　（B）反复向公司推荐，希望引起重视

（C）把发明专利卖出去　　　　　　（D）观察一段时间再做决定

24. 某打工者W终日守候于电影公司门口，之后感动导演，于是演了一部电影，从此，W一举成名，名利双收。于是，许多人纷纷效仿，放弃工作，到电影公司门前聚集，期望有朝一日像W一样被发现。对于这种现象，你的看法是（　　）。

（A）守株待兔　　　　　　　　　　（B）理解，但空想成分太多

（C）自己也会像W那样试一试　　　（D）凭本事吃饭，成功有很多方式

25. 最近你的主管总是对你不满甚至当面批评你，你觉得自己一直在按部就班、稳定有序地工作，与往常并没有不同之处。面对这样的情况，你会（　　）。

（A）感到疑惑，努力弄清主管的想法　　（B）感到伤心，不满主管对自己的态度

（C）感到遗憾，但不会影响自己的工作　　（D）感到不解，会找时间与主管聊一聊

第二部分 理论知识

（26~125题，共100道题，满分为100分）

一、单项选择题（26~85题，每题1分，共60分。每小题只有一个最恰当的答案，请在答题卡上将所选答案的相应字母涂黑）

26. 实际工资的计算公式是（   ）。

（A）货币工资 + 价格

（B）货币工资 / 价格指数

（C）货币工资 × 价格

（D）货币工资 × 价格指数

27. 劳动法的最主要表现形式是（   ）。

（A）劳动规章

（B）劳动法律

（C）国务院劳动行政法规

（D）地方性劳动法规

28. 完全劳动行为能力人是指身体健康，有完全行为自由，（   ）。

（A）16~18岁的劳动者

（B）16岁以上的劳动者

（C）18岁以上的劳动者

（D）18岁以上的男性劳动者

29. 企业管理资源状况分析的内容不包括（   ）。

（A）企业文化　　（B）品牌知名度　　（C）领导风格　　（D）组织管理水平

30. （   ）是指员工对工作所抱有的一般性的满足与否的态度。

（A）薪酬满意度　　（B）工作绩效　　（C）工作满意度　　（D）工作成就

31. （   ）认为，创新就是"建立一种新的生产函数"。

（A）泰勒　　（B）法约尔　　（C）熊彼特　　（D）德鲁克

32. （   ）是组织设计的最基本原则。

（A）专业分工与协作原则

（B）任务与目标原则

（C）有效管理幅度原则

（D）集权与分权原则

33. 企业为了贯彻专业分工与协作的原则，可以采取的措施不包括（   ）。

（A）实行系统管理

（B）鼓励创建学习型的组织

（C）创造协调环境

（D）设立一些必要的委员会

34. 以（   ）为中心设计的部门结构包括事业部制和模拟分权制。

（A）成果　　（B）工作　　（C）关系　　（D）任务

35. （   ）是企业最常用的组织结构变革方式。

（A）扩张式变革

（B）爆破式变革

（C）组织结构整合

（D）突发式变革

36. SWOT分析法中，W代表（   ）。

（A）优势　　（B）机会　　（C）劣势　　（D）威胁

37. 人力资源需求预测所依据的一般原理不包括（　　）。

（A）惯性原理　　　（B）相关性原理　　　（C）聚类原理　　　（D）相似性原理

38. 企业人员需求预测方法中，（　　）不属于量化分析方法。

（A）德尔菲预测法　　　　　　　　（B）趋势外推法

（C）马尔科夫分析法　　　　　　　（D）转换比率法

39.（　　）不属于定员定额分析法。

（A）工作定额分析法　　　　　　　（B）比例定员法

（C）劳动效率定员法　　　　　　　（D）人员比率法

40. 企业人力资源供不应求，会导致（　　）。

（A）生产效率低下　　　　　　　　（B）组织内部人浮于事

（C）企业设备闲置　　　　　　　　（D）固定资产利用率高

41. 下列关于人事测评的说法，不正确是（　　）。

（A）人的素质是有差异的　　　　　（B）先天因素可以造成素质差异

（C）测评的内容是心理素质　　　　（D）后天因素可以造成素质差异

42. 下列关于选拔性素质测评的表述，正确的是（　　）。

（A）测评标准无区分功能　　　　　（B）强调定性描述测评结果

（C）测评标准应具有弹性　　　　　（D）测评标准要尽可能精确

43. 美国教育学家布鲁姆将教育认知目标由低到高分为多个层次，最低层次是（　　）。

（A）理解　　　（B）应用　　　（C）记忆　　　（D）分析

44. 下列关于集中量数的说法，不正确的是（　　）。

（A）它是描述数据集中趋势的指标

（B）算数平均数和标准差都属于集中量数

（C）它可以说明一组数据的某项特征

（D）可以用它说明几组数据间的比较

45. 企业员工素质测评的准备阶段包括以下步骤：①制定测评方案；②组织强有力的测评小组；③收集必要的资料。正确的排序是（　　）。

（A）③②①　　　（B）②③①　　　（C）②①③　　　（D）③①②

46."您在什么类型的企业工作过？"属于结构化面试中的（　　）问题。

（A）经验性　　　（B）情境性　　　（C）压力性　　　（D）背景性

47. 评价中心技术不包括（　　）。

（A）公文筐测验　　　　　　　　　（B）管理游戏

（C）无领导小组讨论　　　　　　　（D）心理测评

48."在企业人事管理中，物质激励更重要，还是精神激励更重要？"属于（　　）面试题目。

（A）排序型　　　（B）双向式　　　（C）开放式　　　（D）两难式

49. 无领导小组讨论题目的设计流程包括：①向专家咨询；②编写初稿；③调查可用性；④试测；⑤选择题目类型；⑥反馈、修改、完善。排序正确的是（　　）。

（A）①⑤③②④⑥　　　　　　　　（B）⑤②③①④⑥

（C）①⑤②③⑥④　　　　　　　　（D）⑤③②①⑥④

50.（　　）属于企业培训的直接成本。

（A）培训教室租赁费　　　　　　（B）培训项目设计费

（C）培训项目管理费　　　　　　（D）培训主管的工资

51. 企业培训课程设计的原则是（　　）。

（A）流行什么，就培训什么　　　（B）最前沿是什么，就培训什么

（C）需要什么，就培训什么　　　（D）员工需求培训什么，就培训什么

52. 关于"岗位指南"这种培训材料的说法，正确的是（　　）。

（A）岗位指南就是岗位说明书

（B）岗位指南必须像技术手册那样精确

（C）岗位指南使包含许多复杂步骤的任务简单化

（D）岗位指南无法替代培训，它增加了培训成本

53. 对于基层管理人员而言，（　　）是最重要的。

（A）专业技能　　　（B）人文技能　　　（C）理念技能　　　（D）协调技能

54.（　　）是企业管理的中坚力量。

（A）高层管理人员　　　　　　　（B）中层管理人员

（C）基层管理人员　　　　　　　（D）一线管理人员

55. 下列关于培训的非正式评估的说法，不正确的是（　　）。

（A）不会给受训者造成太大压力　（B）评估时需要大量的事实与数据

（C）评估过程较为方便，成本较低　（D）建立在评估者主管看法之上

56. 对培训效果进行行为评估，评估单位应为（　　）。

（A）培训单位　　　　　　　　　（B）受训者的直接主管

（C）培训教师　　　　　　　　　（D）受训者的单位主管

57.（　　）很难评估培训的认知成果。

（A）笔试法　　　（B）现场观察法　　　（C）访谈法　　　（D）工作抽样法

58. 某企业通过员工培训降低了事故发生率，节约了生产成本，这属于培训的（　　）。

（A）认知成果　　　（B）技能成果　　　（C）情感成果　　　（D）绩效成果

59. （　　）效标更适用于评价人际交往频繁的工作岗位。

（A）行为　　　　　（B）结果　　　　　（C）特征　　　　　（D）综合

60. （　　）不属于绩效考评结果的分布误差。

（A）宽厚误差　　　（B）苛严误差　　　（C）中间倾向　　　（D）相似偏差

61. 考评的（　　）是指评定结果呈负偏态分布，大多数员工被评为优良。

（A）偏紧误差　　　（B）中间倾向　　　（C）宽松误差　　　（D）标准误差

62. （　　）不是由考评者的主观性带来的。

（A）对比偏差　　　　　　　　　　（B）自我中心效应

（C）分布误差　　　　　　　　　　（D）评价标准误差

63. 一般情况下，应以（　　）能达到的绩效水平作为考评指标的评定标准。

（A）全体员工　　　（B）多数员工　　　（C）少数员工　　　（D）个别员工

64. 在 KPI 指标和指标值的设定上，不可以选择的参照企业是（　　）。

（A）本行业领先的最佳企业　　　　（B）世界 500 强企业

（C）行业内中等水平的企业　　　　（D）中国 500 强企业

65. 一般来说，KPI 是根据能够创造价值的（　　）设定的。

（A）工作行为　　　（B）工作结果　　　（C）工作流程　　　（D）工作方式

66. 在设计 KPI 时，解决"工作产出项目过多"的问题，不宜采用的方法是（　　）。

（A）设置更为全面的指标体系

（B）比较产出结果对组织的贡献率

（C）删除与工作目标不符合的产出项目

（D）合并同类项，将增值贡献率的产出归到一个更高的类别

67. 下列关于 360 度考评的说法，不正确的是（　　）。

（A）具有全方位、多维度特点　　　（B）不考评胜任特征指标

（C）一般采取匿名的方式进行　　　（D）有利于促进员工发展

68. 社会公开的薪酬调查数据源不包括（　　）。

（A）各种每日公布的薪酬数据

（B）各种民间组织提供的薪酬数据

（C）政府部门公布的薪酬数据资料

（D）委托中介机构进行调查获得的薪酬数据

69. 岗位评价要素的特点不包括（　　）。

（A）重复性　　　（B）可观察性　　　（C）共通性　　　（D）可衡量性

70. （　　）显示了不同职系之间的相同相似岗位等级的比较和平衡关系。

（A）职组　　　　（B）职门　　　　（C）岗级　　　　（D）岗等

71. 薪酬满意度调查的步骤包括：①设计并发放调查表；②回收并处理调查表；③确定调查方式；④确定调查对象；⑤反馈调查结果；⑥确定调查内容。正确的排序是（　　）。

（A）④③⑥①②⑤　　　　　　　　（B）⑥④③①②⑤
（C）④⑥③①②⑤　　　　　　　　（D）⑥③④①②⑤

72. 下列关于岗位工资制的说法，不正确的是（　　）。

（A）工资给付的主观性较强　　　　（B）以岗位分析为基础
（C）根据岗位性质给付工资　　　　（D）有利于贯彻同工同酬原则

73. 现代企业主要的绩效工资形式不包括（　　）。

（A）计件工资制　　（B）佣金制　　（C）薪点工资制　　（D）提成工资制

74. 企业要实行经营者年薪制的前提条件，不包括（　　）。

（A）完善有效的高官甄选和晋升制度
（B）明确的经营者业绩考核指标体系
（C）健全的经营者人才市场，完善的竞争机制
（D）健全的职工代表大会制度，完善的群众监督机制

75. 员工的（　　）与企业的经济效益、部门业绩考核和个人业绩考核结果挂钩。

（A）浮动工资　　（B）固定工资　　（C）基本工资　　（D）岗位工资

76. 企业年金的缴费额度不超过本企业上年度员工工资总额的（　　）。

（A）1/6　　（B）1/10　　（C）1/12　　（D）1/15

77. 企业工资集体协商内容不包括（　　）。

（A）工资指导线　　　　　　　　　（B）工资分配制度
（C）工资分配形式　　　　　　　　（D）工资收入水平

78. 劳务派遣协议使派遣单位与接收单位双方建立起（　　）。

（A）实际劳动关系　　　　　　　　（B）劳务派遣关系
（C）形式劳动关系　　　　　　　　（D）民事法律关系

79. 劳务派遣单位的注册资本不得低于（　　）万元。

（A）30　　（B）50　　（C）80　　（D）100

80. 工资集体协商的双方可书面委托本企业外的人士作为本方协商代表，但委托人数不得超过本方代表的（　　）。

（A）1/2　　（B）1/3　　（C）1/4　　（D）1/5

81. 伤亡事故报告和处理制度的内容不包括（　　）。

（A）伤亡事故报告　　　　　　　　（B）伤亡事故调查
（C）工伤事故预防　　　　　　　　（D）伤亡事故处理

82. 企业员工在劳动安全卫生保护工作中的职业道德行为准则不包括（　　）。

（A）安全第一　　　（B）注重效率　　　（C）预防为主　　　（D）以人为本

83. 下列关于劳动争议仲裁的说法，不正确的是（　　）。

（A）仲裁要遵循回避原则　　　　　　（B）仲裁遵循非强制性原则

（C）仲裁对象具有特定性　　　　　　（D）仲裁主体具有特定性

84. 劳动争议仲裁委员会的构成不包括（　　）。

（A）员工代表　　　　　　　　　　（B）同级工会代表

（C）用人单位方面的代表　　　　　　（D）劳动行政部门代表

85. 劳动争议仲裁的程序包括：①开庭审理和裁决；②申请和受理；③仲裁文书的送达；④案件仲裁准备。正确的排序是（　　）。

（A）②④①③　　　（B）②①③④　　　（C）④③②①　　　（D）④②①③

二、多项选择题（86~125 题，每题 1 分，共 40 分。每题有了多个答案正确，请在答题卡上将所选答案的相应字母涂黑。错选、少选、多选，均不得分）

86. 对国民经济就业总量影响最大的宏观调控政策有（　　）。

（A）财政政策　　　　　　（B）贸易政策　　　　　　（C）货币政策

（D）金融政策　　　　　　（E）收入政策

87. 企业战略的实质是实现（　　）之间的动态平衡。

（A）外部环境　　　　　　（B）内部环境　　　　　　（C）企业实力

（D）战略目标　　　　　　（E）长远发展

88. 影响群体决策的群体因素有（　　）。

（A）群体熟悉度　　　　　　（B）群体多样性　　　　　　（C）参与决策程度

（D）决策能力　　　　　　（E）群体认知能力

89. 下列关于人的心理属性的说法，正确的有（　　）。

（A）是人性的本质

（B）是人性的重要组成部分

（C）由心理素质和心理状态两部分组成

（D）由个性心理特征和个人行为倾向两部分组成

（E）是人的感觉、知觉、记忆、思维等一切心理现象的总和

90. 下列关于组织结构设计的说法，正确的有（　　）。

（A）以企业组织结构为核心

（B）是企业管理的基本前提

（C）是企业总体设计的重要组成部分

（D）是一项理论性强、操作性弱的工作

（E）要在企业人事管理理论的指导下进行

91. 以工作和任务为中心的部门结构形式包括（　　）。

（A）矩阵结构　　　　　（B）直线制　　　　　（C）事业部制

（D）分权制　　　　　　（E）直线职能制

92. 狭义的人力资源规划包括（　　）。

（A）培训计划　　　　　（B）补充计划　　　　（C）配备计划

（D）薪酬计划　　　　　（E）晋升计划

93. 人力资源规划可以通过对风险的（　　）等一系列活动防范风险。

（A）识别　　　　　　　（B）对比　　　　　　（C）估计

（D）盘点　　　　　　　（E）监控

94. 人力资源预测的局限性，主要表现在（　　）。

（A）预测方法不精密　　（B）企业内部的抵制　　（C）预测的成本高昂

（D）知识水平的限制　　（E）环境的不确定性

95. 在计算某工种定员人数时，通常要按公式核算出（　　）等指标数值。

（A）劳动力供给人数　　（B）出勤率　　　　　　（C）制度工时利用率

（D）作业率　　　　　　（E）劳动定额完成率

96. 下列关于员工素质诊断性测评的说法，正确的有（　　）。

（A）测评的结果不公开　　（B）测评指标较灵活　　（C）具有较强的系统性

（D）强调测评的区分功能　　（E）测评的内容十分精细

97. 品德测评法包括（　　）。

（A）问卷法　　　　　　（B）抽样法　　　　　　（C）投射技术

（D）访谈法　　　　　　（E）FRC 测评法

98. 员工素质测评中，能力测试的类型主要有（　　）。

（A）创造力测试　　　　（B）特殊能力测评　　　（C）学习能力测评

（D）综合能力测评　　　（E）一般能力测评

99. 员工素质测评指导语的内容应包括（　　）。

（A）素质测评的目的　　　　　（B）强调测评与测验考试的不同

（C）举例说明填写要求　　　　（D）填表前的准备工作和填表要求

（E）测评结果的保密和处理

100. 面试的发展趋势有（　　）。

（A）提问刚性化　　　　　　　（B）面试考官的专业化

（C）面试的形式丰富多样　　　（D）测评的内容不断扩展

（E）非结构化面试成为面试的主流

101. 下列关于无领导小组讨论的说法，正确的有（　　）。

（A）对评价者和测评标准的要求较高

（B）题目的质量影响到测评的质量

（C）被评价者的表现易受同组成员的影响

（D）被评价者无法掩饰自己的不足

（E）题目的数量对测评质量有显著影响

102. 在制订培训规划时，必须保证培训规划的（　　）。

（A）普遍性　　　　　　（B）有效性　　　　　　（C）标准化

（D）多样性　　　　　　（E）系统性

103. 企业在设计培训教学计划时，应遵循的原则包括（　　）。

（A）针对性原则　　　　（B）紧跟前沿原则　　　（C）创新性原则

（D）成本最优原则　　　（E）适应性原则

104. 在企业内部开发培训师的缺点有（　　）。

（A）开发成本高

（B）培训过程较难控制

（C）内部教师不易于在学员中树立威望

（D）选择范围较小，不易开发出高质量的教师队伍

（E）受环境限制，内部教师很难上升到新的高度来看待问题

105. 与高、基层管理人员相比，中层管理人员更应具备的能力有（　　）。

（A）目标设定能力　　　（B）协调能力　　　　　（C）教练与咨询能力

（D）批判能力　　　　　（E）计划与控制能力

106. 培训效果评估的内容包括（　　）。

（A）培训的综合效果　　（B）培训报告完成情况　（C）培训目标达成情况

（D）培训计划执行情况　（E）培训工作者的绩效

107. 在设定培训评价标准时，应当注重评估指标和标准的（　　）。

（A）相关度　　　　　　（B）前沿性　　　　　　（C）区分度

（D）可行性　　　　　　（E）动态性

108. 下列关于合成考评法的说法，正确的有（　　）。

（A）考评对象可以是团队

（B）只能针对个人进行考评

（C）考评表格较为复杂，不易填写

（D）考评量表一般分为三个评定等级

（E）考评既注重岗位职责与任务，又注重个人潜能开发

109. 关于绩效考评方法的短文法，下列表述正确的是（　　）。

（A）可以减少考评的晕轮效应　　　　　　（B）具有较大的局限性

（C）可以降低考评的苛严误差　　　　　　（D）仅适用于激发员工表现

（E）不能用于员工之间的比较

110. 绩效考评方法在实际应用中，可能出现的偏误有（　　）。

（A）后继效应　　　　　（B）统计误差　　　　　（C）个人偏见

（D）优先效应　　　　　（E）晕轮误差

111. 设计绩效考评标准时，应遵循的基本原则包括（　　）。

（A）突出特点　　　　　（B）普遍通用　　　　　（C）先进合理

（D）简洁扼要　　　　　（E）定量准确

112. KPI 必须具有可测性，也就是说（　　）。

（A）指标要易于获取　　　　　　　　　　（B）数据资料要准确可靠

（C）数据资料要体现增值性　　　　　　　（D）各指标标准要有明确的界定

（E）各指标要有简便易行的计算方法

113. 利用客户关系图来提取 KPI，能够（　　）。

（A）分析客户的满意度标准　　　　　　　（B）了解企业的内外客户

（C）掌握为客户所提供的具体产出　　　　（D）了解企业的市场占有率

（E）设定考评标准来衡量团队或个人绩效

114. 从调查的组织者来看，正式薪酬调查可以分为（　　）。

（A）区域薪酬调查　　　（B）商业性薪酬调查　　　（C）公众薪酬调查

（D）专业性薪酬调查　　（E）政府薪酬调查

115. 一般来说，企业可以选取（　　）作为薪酬调查对象。

（A）同行业同类型企业　　　　　　　　　（B）全国 500 强企业

（C）其他行业有类似岗位的企业　　　　　（D）世界 500 强企业

（E）本地区同一劳动力市场招聘同类型员工的企业

116. 薪酬满意度调查的内容包括员工对（　　）的满意度。

（A）薪酬水平　　　　　（B）薪酬差距　　　　　（C）薪酬发放形式

（D）工作环境　　　　　（E）薪酬决定因素

117. 一般来说，团队可以分为（　　）。

（A）平行团队　　　　　（B）交叉团队　　　　　（C）项目团队

（D）流程团队　　　　　（E）复合团队

118. 工资制度总体设计的前期工作包括（　　）。

（A）建立绩效管理体系　　　　　　　　　（B）工资的市场调查

（C）确定工资原则与策略　　　　（D）工资制度的调整

（E）工作岗位分析与评价

119. 宽带式工资结构的特点有（　　）。

（A）不利于工作绩效改进　　　　（B）支持扁平型组织结构

（C）不利于工作岗位变动　　　　（D）不利于员工自我发展

（E）有利于管理人员的角色转变

120. 劳务派遣现象在我国的出现及其迅速发展，有其内在的深刻原因，这包括（　　）。

（A）为强化劳动法制提供条件

（B）降低劳动管理成本

（C）减轻企业参加社会保险的负担

（D）促进就业与再就业

（E）满足国外组织驻华代表机构等特殊单位的需求

121. 随着市场经济体制的深入与完善，国家对企业工资分配的宏观调控（　　）。

（A）由直接调控转变为调控工资总量

（B）由间接调控转向直接控制

（C）由调控工资水平转变为调控工资总量

（D）由直接调控转向间接调控

（E）由调控工资总量转变为调控工资水平

122. 制定劳动力市场工资指导价位时，应（　　）。

（A）坚持市场取向　　　　　　（B）优先考虑企业

（C）定期公开发布　　　　　　（D）优先保护劳动者

（E）科学地考虑指导价位差别的因素

123. 按照劳动争议的标的不同，可以把劳动争议划分为（　　）。

（A）权利争议　　　　　　　　（B）利益争议

（C）由于劳动条件而发生的争议　　（D）劳动合同争议

（E）由于劳动报酬而发生的争议

124. 劳动争议仲裁的原则包括（　　）。

（A）合议原则　　　　（B）自愿原则　　　　（C）强制原则

（D）隶属原则　　　　（E）区分举证责任原则

125. 按照承担法律责任要件对劳动争议案例进行分析，其思维结构包括（　　）。

（A）确定劳动争议的标的　　　　（B）分析确定意思表示的意志内容

（C）确定引起劳动争议的事实和结果　（D）根据差异当事人做出判断和选择

（E）确定行为模式标准与当事人所实施行为的差异

真题卷册一答案解析

第一部分　职业道德

此部分无标准答案，根据人力资源从业人员的职业价值观作答。

第二部分　理论知识

26. 解析：B 实际工资的计算公式是：实际工资＝货币工资÷价格指数

27. 解析：B 劳动法律是《劳动法》的最主要的表现形式。

28. 解析：D 完全劳动行为能力人是指身体健康，有完全行为自由，18周岁以上的男性劳动者。

29. 解析：B 企业管理资源状况包括组织管理水平、领导的风格、企业文化。

30. 解析：C 工作满意度是指员工对工作所抱有的一般性的满足与否的态度。

31. 解析：C 西方经济学家熊彼特认为，所谓创新，就是"建立一种新的生产函数"。

32. 解析：B 任务与目标原则是组织设计的最基本原则。

33. 解析：B 企业为了贯彻专业分工和协作的原则，可以采取的措施包括：（1）实行系统管理；（2）设立一些必要的委员会及会议来实现协调；（3）创造协调环境。

34. 解析：A 以成果为中心设计的部门结构包括事业部制和模拟分权制。

35. 解析：C 组织结构整合是企业最常用的组织结构变革方式。

36. 解析：C SWOT分析法中，W代表劣势（Weakness）。

37. 解析：C 人力资源需求预测的一般原理包括：（1）惯性原理；（2）相关性原理；（3）相似性原理。

38. 解析：A 企业人员需求预测方法中，定量预测方法包括转换比率法、人员比率法、趋势外推法、回归分析法、经济计量模型法、灰色预测模型法、生产模型分析法、马尔可夫分析法、定员定额法、计算机模拟法。

39. 解析：D 定员定额分析法包括：（1）工作定额分析法；（2）岗位定员法；（3）设备看管定额定员法；（4）劳动效率定员法；（5）比例定员法。

40. 解析：C 人力资源供小于求，企业设备闲置，固定资产利用率低。

41. 解析：C 人的素质是有差异的，造成人们素质差异的因素是多方面的，既有先天的因素，也有后天的自然因素、社会因素。

42. 解析：D 测评标准刚性强，即测评标准应该精确，不能使人含糊不解。

43. 解析：C 美国教育学家布卢姆把认知目标由低到高分为六个层次，记忆是知识目标的最低层次。

44. 解析：B 集中量数的功能包括：（1）它是一组数据的代表值，可以用来说明一组数据全貌的一个方面的特征，即它们的典型情况；（2）可以用来进行组间比较，以判明一组数据与另一组数据的数值差别。

45. 解析：A 企业员工素质测评的准备阶段的步骤：（1）收集必要的资料；（2）组织强有力的测评小组；（3）测评方案的制定；（4）选择合理的测评方法。

46. 解析：D 背景性问题。即关于应聘者的个人背景、家庭背景、教育背景和工作背景等方面的问题。

47. 解析：D 评价中心技术主要包括无领导小组讨论、公文筐测验、案例分析、管理游戏等。

48. 解析：D 两难式问题是指让被评价者在两种互有利弊的选项中选择其中的一种，并说明理由，主要用于考察被评价者分析问题的能力、语言表达能力及影响力。

49. 解析：B 无领导小组题目设计的一般流程为：（1）选择题目类型；（2）编写初稿；（3）调查可用性；（4）向专家咨询；（5）试测；（6）反馈、修改、完善。

50. 解析：A 培训教室租赁费属于企业培训的直接成本。

51. 解析：D 企业培训课程设计要符合企业和学员的需求。

52. 解析：C 岗位指南是对最常用、最关键的任务的描述，使包含许多复杂步骤的任务简单化。

53. 解析：A 对于基层管理人员而言，专业技能是最重要的。

54. 解析：B 中层管理人员是企业的中坚力量。

55. 解析：B 非正式评估一般不需要记录太多信息，但有时要记下某些认为对评估有价值的信息。

56. 解析：B 对培训结果进行行为评估，评估单位为学员的单位主管。

57. 解析：B 现场观察法很难评估培训的认知成果。

58. 解析：D 绩效成果包括由于员工流动率或事故发生率的下降导致的成本降低，以及产品产量质量的提高或顾客服务水平的改善。

59. 解析：A 行为效标更适用于评价人际交往频繁的工作岗位。

60. 解析：D 绩效考评结果的分布误差包括宽厚误差、苛严误差、集中趋势和中间倾向。

61. 解析：C 考评的宽松误差是指结果呈负偏态分布，大多数员工被评为优良。

62. 解析：D 评价标准误差不是由考评者的主观性带来的。

63. 解析：B 一般情况下，应以多数员工能达到的绩效水平作为考评指标的评定标准。

64. 解析：C 在KPI指标和指标的设定上，可以选择的参考企业至少存在着三种情况：一是本行业领先的最佳企业；二是具有国内领先地位的最优企业；三是居于世界领先地位的顶尖企业。

65. 解析：B　一般来说，KPI 是根据能够创造价值的工作结果设定的。

66. 解析：A　设计 KPI 时，解决"工作的产出项目过多"的方法为删除与工作目标不符合的产出项目；比较产出结果对组织的贡献率；合并同类型，将增值贡献率的产出归到一个更高的类别。

67. 解析：B　360 度考评方法考虑的不仅仅是工作产出，还考虑深层次的胜任特征。

68. 解析：D　采集社会公开的信息是指采集各级政府部门公布的数据资料，有关的行业协会、专业学会或学术团体提供的薪酬调查数据，以及见诸报纸、杂志、互联网等各类媒体上公开发表的统计数据，作为衡量企业员工薪酬水平和确定薪酬制度的重要依据和参考。

69. 解析：A　岗位评价要素的特点包括可观察性、共通性、可衡量性。

70. 解析：D　岗等显示了不同职系之间的相同岗位等级的比较和平衡关系。

71. 解析：A　薪酬满意度调查的步骤包括：（1）确定调查对象；（2）确定调查方式；（3）确定调查内容；（4）设计并发放调查表；（5）回收并处理调查表；（6）反馈调查结果。

72. 解析：A　岗位工资制的特点包括：（1）根据岗位支付工资；（2）以岗位分析为基础；（3）客观性较强。

73. 解析：C　现代企业主要的绩效工资形式包括：（1）计件工资制；（2）佣金制（提成制）。

74. 解析：A　实行经营者年薪制应具备的条件包括：（1）健全的经营者人才市场，完善的竞争机制；（2）明确的经营者业绩考核指标体系；（3）健全的职工代表大会制度，完善的群众监督机制。

75. 解析：A　员工的浮动工资与企业的经济效益、部门业绩考核和个人业绩考核结果挂钩。

76. 解析：C　企业缴费每年不超过本企业上年度员工工资总额的 1/12。

77. 解析：A　工资集体协商是指企业工会（雇员）代表与企业（雇主）代表依法就企业内部工资分配制度、工资分配形式、工资收入水平等事项进行平等协商，在协商一致的基础上签订工资协议的行为。

78. 解析：D　劳务派遣协议使派遣单位与接收单位双方建立起民事法律关系。

79. 解析：B　劳务派遣单位的注册资本不得低于 50 万元。

80. 解析：B　工资集体协商的双方可书面委托本企业外的人士作为本方协商代表，但委托人数不得超过本方代表的 1/3。

81. 解析：C　伤亡事故报告和处理制度的内容包括：（1）企业职工伤亡事故分类；（2）伤亡事故报告；（3）伤亡事故调查；（4）伤亡事故处理。

82. 解析：B 安全第一、预防为主、以人为本成为企业所有员工在劳动安全卫生保护工作中的职业道德行为准则。

83. 解析：B 劳动争议仲裁有强制原则。

84. 解析：A 劳动争议仲裁委员会的构成包括：（1）劳动行政部门代表；（2）同级工会代表；（3）用人单位方面的代表。

85. 解析：A 劳动争议仲裁程序包括：（1）申请和受理；（2）案件仲裁准备；（3）开庭审理和裁决；（4）仲裁文书的送达。

86. 解析：ACE 对就业总量影响最大的宏观调控政策，是财政政策、货币政策和收入政策。

87. 解析：ACD 企业战略实施是实现外部环境、企业实力和战略目标三者之间的动态平衡。

88. 解析：ABDE 影响群体决策的群体因素包括：（1）群体多样性；（2）群体熟悉度；（3）群体的认知能力；（4）群体成员的决策能力；（5）参与决策的平等性；（6）群体规模；（7）群体决策规则。

89. 解析：ABE 心理属性，即人的感觉、知觉、记忆、思维、想象、意志、需要、动机等一切心理现象的总和。这是人性的重要构成部分，是人性的本质。

90. 解析：ABCD 组织结构设计是指以企业组织结构为核心的组织系统的整体设计工作。它是企业总体设计的重要组成部分，也是企业管理的基本前提。组织设计虽然是一项操作性较强的工作，但它是在企业组织理论的指导下进行的。

91. 解析：ABE 以工作和任务为中心设计的部门内部结构包括：直线制、直线职能制、矩阵结构（任务小组）等模式。

92. 解析：BCE 狭义的人力资源规划包括：（1）人员配备计划；（2）人员补充计划；（3）人员晋升计划。

93. 解析：ACE 风险分析与策略的制定就是通过风险识别、估计、监控等一系列的活动来防范风险的发生。

94. 解析：BCDE 人力资源预测的局限性主要体现在：（1）环境的不确定性；（2）企业内部的抵制；（3）预测的代价高昂；（4）知识水平的限制。

95. 解析：BCDE 在计算某工种定员人数时，通常要按公式核算出出勤率、制度工时利用率、作业率、劳动定额完成率等指标数值。

96. 解析：ACE 诊断性测评的特点包括：（1）测评内容或者十分精细（查找原因），或者全面广泛（了解现状）；（2）结果不公开；（3）有较强的系统性。

97. 解析：ACE 品德测评法包括FRC品德测评法、问卷法、投射技术。

98. 解析：ABCE 能力测评包括一般能力测评、特殊能力测评、创造力测评和学习能力测评。

99. 解析：ABCDE 报告测评指导语的内容包括：（1）员工素质测评的目的；（2）强调测评与测验考试的不同；（3）填表前的准备工作和填表要求；（4）举例说明填写要求；（5）测评结果保密和处理，测评结果反馈。

100. 解析：BCD 面试发展的趋势为：（1）面试形式丰富多样；（2）结构化面试成为面试的主流；（3）提问的弹性化；（4）面试测评的内容不断扩展；（5）面试考官的专业化；（6）面试的理论和方法不断发展。

101. 解析：ABC 无领导小组讨论的缺点包括：（1）题目的质量影响测评的质量；（2）对评价者和测评标准的要求较高；（3）应聘者表现易受同组其他成员影响；（4）被评价者的行为仍然有伪装的可能性。

102. 解析：ABCE 制订培训规划的要求包括系统性、标准化、有效性、普遍性。

103. 解析：ACE 教学计划的设计原则：（1）适应性原则；（2）针对性原则；（3）最优化原则；（4）创新性原则。

104. 解析：CDE 开发企业内部的培训师的缺点包括：（1）内部人员不易于在学员中树立威望；（2）内部选择范围较小，不易开发出高质量的教师队伍；（3）内部教师看待问题受环境决定，不易上升到新的高度。

105. 解析：ABC 中层管理人员应具备的能力包括判断能力、领导能力、协调能力、沟通能力、专业能力、目标设定能力、业绩考核能力、教练与咨询能力、解决团队问题的能力、向高层经营者提供信息的能力等。

106. 解析：ACE 培训效果评估的主要内容包括：（1）培训目标达成情况评估；（2）培训效果效益综合评估；（3）培训工作者的工作绩效评估。

107. 解析：ACD 在设定培训评价标准时，应当注重评估指标和标准的相关性、可靠性、区分度和可行性。

108. 解析：ADE 合成考评法的特点包括：（1）它所考评的是一个团队而不是某个员工；（2）考评的侧重点具有双重性；（3）表格现实简单便于填写说明；（4）考评量表采用了三个评定等级。

109. 解析：ABDE 短文法可以减少考评的晕轮效应，具有较大的局限性，仅适用于激发员工表现，不能用于员工之间的比较。

110. 解析：ACDE 绩效考评方法可能出现的误差有分布误差、晕轮误差、个人偏见、优先和近期效应、自我中心效应、后继效应。

111. 解析：ACDE 绩效考评标准的设计原则包括：（1）定量准确的原则；（2）先进合理的原则；（3）突出特点的原则；（4）简洁扼要的原则。

112. 解析：ABDE KPI 指标标准体系必须具有可测性，不但各个指标有明确的界定和简便易行的计算方法，还能够有利于管理人员采集获取和处理，以保障相关数据资料的可靠性、公正性和准确性。

113. 解析：ABCE　通过绘制客户关系图，不但可以观察到某一团队或个体为哪些内外客户提供了工作产出，全面掌握为每个客户所提供的工作产出的具体项目和构成，还可以根据绩效考评的要求，分析内外客户对这些工作产出的满意度标准，从而设定考评标准来衡量团队或个体的绩效。

114. 解析：BDE　正式薪酬调查可以分为商业性薪酬调查、专业性薪酬调查、政府薪酬调查。

115. 解析：ACE　企业可供调查选择的企业包括：（1）同行业中同类型的其他企业；（2）其他行业中有相似或相近工作岗位的企业；（3）与本企业雇用同一类的劳动力，可构成人力资源竞争对象的企业；（4）在本地区同一劳动力，可构成人力资源竞争对象的企业；（5）经营策略、信誉、报酬水平和工作环境均合乎一般标准的企业。

116. 解析：ABCE　调查的内容包括员工对薪酬福利水平、薪酬福利结构比例、薪酬福利差距、薪酬福利的调整、薪酬福利的发放方式等的满意度。

117. 解析：ACD　团队分为平行团队、流程团队、项目团队等。

118. 解析：BCE　工资制度总体设计的前期工作包括工作的市场调查、确定工资原则与策略、工作岗位分析与评价。

119. 解析：BE　宽带式工资结构：（1）支持扁平型组织结构；（2）能引导员工自我提高；（3）有利于岗位变动；（4）有利于管理人员及人力资源专业人员的角色转变。

120. 解析：ABDE　劳务派遣现象出现及其迅速发展有其内在的深刻原因包括：（1）降低劳动管理成本；（2）促进就业；（3）为强化劳动法制提供条件；（4）满足外国组织驻华代表机构等特殊单位的需求。

121. 解析：DE　随着市场经济体制的深入与完善，国家对企业工资分配的宏观调控已经由计划经济体制时期的直接控制转向间接调控，由调控工资总量转变为调控工资水平。

122. 解析：ACE：制定劳动力市场工资指导价位时，应坚持市场取向、定期公开发布、科学地考虑指导价位差别的因素。

123. 解析：CDE　按照劳动争议的标的划分，劳动争议可以划分为：（1）劳动合同争议；（2）关于劳动安全、工作时间、休息休假、保险福利而发生的争议；（3）关于劳动报酬、培训、奖惩等因适用条件的不同理解与实施而发生的争议等。

124. 解析：ACE　劳动争议仲裁的原则包括：（1）一次裁决原则；（2）合议原则；（3）强制原则；（4）回避原则；（5）区分举证责任原则。

125. 解析：CDE　思维结构可以归纳为：（1）确定引起劳动争议的事实和结果；（2）确定行为模式标准与当事人所实施行为的差异；（3）根据差异当事人做出判断和选择。

真题卷册二及答案解析

真题卷册二

一、简答题(本题共3题，第1小题16分，第2小题16分，第3小题14分，共46分)

1. 企业人力资源需求预测的一般影响因素有哪些？（16分）

2. 简述企业管理人员一般培训的内容及技能开发的基本模式。（16分）

3. 简述劳动争议仲裁在申请与受理阶段的主要工作内容和相关规定。（14分）

二、综合题（本题共3题，每小题18分，共54分）

1. 某家电公司以招聘地区销售主管若干名。人力资源部决定用群体决策法进行面试并确定录用人选，为此成立了由销售副总经理、人力资源部经理、集团销售部经理、地区资深销售主管4人组成的面试小组。下表是面试小组对甲、乙、丙、丁、戊等5名候选人的评定结果。

评分结果汇总表

面试考官	候选人					权重（%）
	甲	乙	丙	丁	戊	
销售副总经理	80	80	75	75	85	20
人力资源部经理	85	80	80	75	85	25
集团销售部经理	90	85	85	85	85	30
地区资深销售主管	85	85	75	80	80	25
最终得分						

注：各位考官评分所占权重分别为：20%、25%、30%、25%

根据上述资料，回答以下问题：

（1）什么是群体决策法则？具有哪些优点？（6分）

（2）请运用群体决策法则从5名候选人中选出最适合录用人选。（12分）

2. 某知名科技公司对员工绩效考评制度进行了调整，取消了七个等级（A、B、C、D、E、F、G）的评价方式，取而代之是四级（1、2、3、4）评等方式。员工如果评定为1等，说明该员工超越了原定目标；如果评为4等，说明该员工业绩很差。数据显示被评为4等的员工所占比例很小，大部分员工都被评为2等。

新的绩效考评制度规定，除了由各级主管做年终绩效考评外，员工还可以另外寻找6位同事，以匿名的方式对他们进行考评，称为"360度反馈"。

每年年初，员工都要在充分理解公司业绩目标和本部门KPI的基础上，在主管的指导下制订自己的绩效计划，并列出自己"实现业绩目标、执行方案和团队合作"这三个方面所需要采取的具体行动，这相当于员工与公司签订了一份绩效合同。

请您结合本案例，回答以下问题：

（1）采取定性表述，为该公司设计绩效考评结果1~4级的等级标准，填入下表。（8分）

（2）对该公司新的绩效考评制度进行剖析，说明其优点和不足。（10分）

绩效考评等级标准表

考评等级	评等标准
1	
2	
3	
4	

3. 安岩公司最近的员工流失问题十分严重，离职的员工不仅有对公司发展非常重要的技术研发人员，也有中基层管理者，一线生产操作人员的离职率也日渐升高。离职面谈显示收入因素是重要原因之一。以下是若干离职面谈的摘录。

A：我2007年进入公司，从那时起工资制度就没有变过，现在我连工龄工资都没有。

B：我现在工资水平是2009年确定的，三年过去了我的收入连变都没变。

C：现在五花肉都快涨到20元一斤了，我的工资增长幅度是0，现在工资2000多元根本没法和两年前的2000多元相比。

D：我表弟在东安公司和我做同样的工作，每月工资比我高300多元，一年就多4000元。

E：我是设计人员，可是我现在的收入和加班加点的一线工人差不多，我觉得不公平。

F：副总一年收入30万元，生产线长一年10万元，我年收入3万多元，这差距也太大了。

关键是，想要高薪就必须升职，但职位就那么多，我看不到涨工资的希望。

假如您是安岩公司的薪酬主管，想了解员工对薪酬的具体满意度情况，请设计一份薪酬满意度调查问卷。（18分）

真题卷册二答案解析

一、简答题

1. 解析：

①顾客需求的变化；②生产需求（企业总产值）；③劳动力成本趋势（工资状况）；④劳动生产率的变化趋势；⑤追加培训的需求；⑥每个工种员工的移动情况；⑦旷工趋

向（或出勤率）；⑧政府的方针政策；⑨工作小时的变化；⑩退休年龄的变化；⑪社会安全福利保障。

2. 解析：

（1）企业管理人员的一般培训的内容。

①知识补充与更新；②技能开发；③观念转变；④思维技巧。

（2）管理技能开发的基本模式。

①在职开发；②替补训练；③短期学习；④轮流任职计划；⑤决策模拟训练；⑥决策竞赛；⑦角色扮演；⑧敏感性训练；⑨跨文化管理训练。

3. 解析：

（1）仲裁申诉书应当载明下列事项。

①员工当事人的姓名、职业、住址和工作单位；②用人单位的名称、地址、法定代表人的姓名、职务；③仲裁请求及事实和理由；④证据、证人的姓名、住所。

（2）经审查符合受理条件的案件，填写《立案审批表》，报争议仲裁委员负责人审批，审批应在填表5日内做出决定。

①决定立案的，应在决定立案的5日内向申诉人发出书面通知，将申诉副本送达被诉人，并要求在15日内提交答辩书和证据。

②决定不予立案的，应在5日内制作不予受理通知书，说明不予立案的理由，送达申诉人。

（3）当事人双方可以自行和解。自行和解后，申请仲裁的当事人应当向仲裁委员会提出撤诉申请。仲裁庭审查后决定其撤诉是否成立，认为成立的，应在5日内制发仲裁决定书准予撤诉。

（4）申请劳动争议仲裁应当符合以下条件。

①申诉人必须是与本案有直接利害关系的职工与单位；②有明确的被诉人、具体的要求和理由；③属于国家有关劳动争议处理法规规定的劳动争议；④属于受诉仲裁委员会管辖，并符合申请仲裁的时效规定。

二、综合题

1. 解析：

（1）群体决策法及其优点。（6分）

概念：群体决策法是指在招聘活动中，组建决策团队，由具有不同背景的多个决策人员对应聘者进行评价和打分，最后综合各决策人的评价意见，得出应聘者的最终评价结果的招聘决策方法。

优点：①决策人员来源广泛。

②决策人员不唯一。

③它运用了运筹学群体决策法的原理，提高了招聘决策的科学性与有效性。

（2）运用群体决策法则从5名候选人中选出最适合录用人选。（12分）

步骤一：找出每行最小数，进行各行约减，结果见表一。

面试考官	候选人					权重（%）
	甲	乙	丙	丁	戊	
销售副总经理	5	5	0	0	10	20
人力资源部经理	10	5	5	0	10	25
集团销售部经理	10	5	5	5	0	30
地区资深销售主管	10	10	0	5	5	25
注：各位考官评分所占权重分别为：20%、25%、30%、25%						

步骤二：计算各位候选人最终得分，结果见表二。

面试考官	候选人					权重（%）
	甲	乙	丙	丁	戊	
销售副总经理	5	5	0	0	10	20
人力资源部经理	10	5	5	0	10	25
集团销售部经理	10	10	0	5	5	30
地区资深销售主管	10	10	0	5	5	25
最终得分	9	6.25	2.75	2.75	5.75	
注：各位考官评分所占权重分别为：20%、25%、30%、25%						

甲得分 $=5\times20\%+10\times25\%+10\times30\%+10\times25\%=9$

乙得分 $=5\times20\%+5\times25\%+5\times30\%+10\times25\%=6.25$

丙得分 $=5\times25\%+5\times30\%=2.75$

丁得分 $=5\times25\%+5\times30\%=2.75$

戊得分 $=10\times20\%+10\times25\%+5\times25\%=5.75$

则，最适合的人选排序是甲、乙、戊、丙、丁。

2. 解析：

（1）考评等级标准。（8分）

绩效考评等级标准表

考评等级	评等标准
1	超出所有的要求：出色完成任务，员工所取得的成果远远超出所设目标的要求，并对公司目标的达成做出重大贡献

考评等级	评等标准
2	达到所有要求：员工完成或部分超过了承诺的要求
3	没有达到所有的要求：员工达到了多数目标要求。但仍然需要增加相应的经验并改善其原有的结果
4	结果不满意：员工离既定目标相去甚远，须通过相应的努力来提高，如在既定的期限内没有改善将导致离职

（2）公司新的绩效考评制度的优点和不足。（10分）

主要优点：①简化了评定等级，更突出了对大多数员工的激励。

②员工自始至终参与绩效计划的制订过程，增强了员工的自主性，提高了年度绩效计划的科学性和可行性。

③使员工进一步明确了公司、部门，以及自己在本年度内所应当达成的目标要求及努力的方向。

④突出了"行动"的重要性，积极倡导注重团队建设的个人承诺的企业文化。

⑤根据管理人员的特殊性，采取了具有针对性的绩效管理新模式，通过有效的绩效管理，最大限度地调动各级主管的积极性和主动性。

⑥新的绩效管理模式更有利于促进各级员工的成长和发展。

主要不足：①该考评法实质上是目标管理法的进一步发展，由于计划目标是根据具体情况确定的，各个部门乃至各个岗位员工的绩效水平，难以横向进行比较。

②容易造成分配上的不公平，即除非有例外情况，绝大多数员工都能等到2等，这对绩效优异的部门会认为不公，因为部门主管会认为本单位得2等的人要多一些，而对绩效差的单位，也拿到同样比例的2等，也造成分配上不公平。

③从考评者的角度看，以各级主管考评为主是科学合理的，由员工自己另外寻找6位同事，进行所谓的"360反馈"，具有片面性和盲目性，会直接影响考评结果的信度和绩效。

3. 解析：

薪酬满意度调查问卷。（18分）

说明：请您选择一个最符合您看法的答案，我们将对您的答案保密，请您务必表达您真实的想法。

例如：1. 我对目前获得的收入感到满意

□比较同意	□说不清楚	□不同意	□强烈反对

如果您对上述的问题感到"比较同意"，请您在"比较同意"前的"□"中打上"√"，其余选项则不必填写。注意：每一题只能有一个选择。

所在部门	年龄	性别	本专业／领域工作年限
企业工龄	职务	学历	现在的年收入（元）

1. 我对目前获得的收入感到满意

□非常同意	□比较同意	□说不清楚	□不同意	□强烈反对

2. 我的收入与本地区同行业其他企业相比我感到满意

□非常同意	□比较同意	□说不清楚	□不同意	□强烈反对

3. 我认为企业的奖金分配很公平

□非常同意	□比较同意	□说不清楚	□不同意	□强烈反对

4. 我对企业提供的福利、补贴感到满意

□非常同意	□比较同意	□说不清楚	□不同意	□强烈反对

5. 我的收入充分反映了我的业绩表现

□非常同意	□比较同意	□说不清楚	□不同意	□强烈反对

6. 我的收入充分反映了我的岗位职责

□非常同意	□比较同意	□说不清楚	□不同意	□强烈反对

7. 我的收入充分反映了我的能力

□非常同意	□比较同意	□说不清楚	□不同意	□强烈反对

8. 我的收入各项目之间的比例是合理的

□非常同意	□比较同意	□说不清楚	□不同意	□强烈反对

9. 我认为我的年收入应是__元。

10. 我认为在总收入中浮动工资部分应占__%。

2013年11月企业人力资源管理师

全国统一鉴定考试真题

真题卷册一及答案解析

真题卷册一

第一部分　职业道德

（第1~25题，共25道题，共25分）

一、职业道德基础理论与知识部分

（一）单项选择题（第1~8题）

1. 在道德建设中，所谓"应该"和"不应该"的含义是（　　）。

（A）自己想怎么做，就怎么做，凭自己的主观判断行事

（B）社会公众所谓的"应该"，在自己看来往往是"不应该"

（C）人们在长期的社会生活中所形成的行为规范

（D）长辈们说应该就是应该，反之亦然

2. 道德与法律比较，二者的区别是（　　）。

（A）道德比法律产生得早　　　　　（B）道德不如法律的作用强

（C）道德依附于法律　　　　　　　（D）道德的适用范围小

3. 企业文化的整合功能是指（　　）。

（A）对人们起到的整顿效用　　　　（B）增强人们的归属意识

（C）抑制功能　　　　　　　　　　（D）激励作用

4. 符合文明礼貌具体要求的是（　　）。

（A）市场经济条件下，做生意要讨价还价

（B）从业人员热情服务，主动将顾客拉进店铺

（C）饰品华丽，以招徕顾客

（D）主动向顾客介绍情况，当好参谋

5. 下列描述中，合乎语言规范要求的是（　　）。

（A）您走好　　　　（B）请稍后　　　　（C）嗯　　　　（D）您请便

6. 下列成员中，其核心体现爱岗敬业精神的是（　　）。

（A）三顾茅庐　　　（B）庖丁解牛　　　（C）买椟还珠　　　（D）刻舟求剑

7. 职业责任的特点是（　　）。

（A）明确的规定性　　　　　　（B）非物质利益相关性

（C）人为性　　　　　　　　　（D）非强制性

8. 下列做法中，体现了诚实守信要求的是（　　）。

（A）知耻后勇　　　（B）凿壁偷光　　　（C）童叟无欺　　　（D）程门立雪

（二）多项选择题（第9~16题）

9. 据说某公司有如下做法，其中你认为真实的是（　　）。

（A）每次开会前，贴出告示，告诉与会者每秒钟值多少钱

（B）工作用的手套，一直破损了只允许换这一只

（C）员工办事，离开工作岗位三步以上，一律要跑步前进

（D）在厕所的马桶里放三块砖，以节约冲水量

10. 对从业人员站姿的要求是（　　）。

（A）不托腮，两手下垂　　　　（B）不前趴后仰

（C）直立，目视前方　　　　　（D）没有顾客时，抓紧时间学习

11. 在处理各种利益关系时，要做到（　　）。

（A）把个人利益放在第二位，以个人利益服从集体利益

（B）不管发生怎样的事情，要始终把企业利益放在第一位

（C）处理好眼前利益与长远利益的关系，以眼前利益为重

（D）在发生利益矛盾时，以局部利益服从整体利益

12. 符合忠诚所属企业要求的做法是（　　）。

（A）不管发生怎样的变化，只在一个单位工作

（B）按照与企业签订的合同和契约，开展各种职业活动

（C）在产品生产上，用一些略次一点的材料，以降低生产成本

（D）敢于批判所在企业的弊端

13. 关于产品的认识，正确的看法是（　　）。

（A）产品如人品

（B）产品反映着一个企业的文化品位

（C）产品中既包含着技术和技能，又包含着职业道德要素

（D）产品中凝结着超过市场价值以外的价值

14. 下列做法中，违背办事公道要求的是（　　）。

（A）"这个人虽然穿着一般，但看起来好像很有钱，我们不能怠慢"

（B）"一个巴掌拍不响，两个人都写检查，各扣罚半个月奖金"

（C）"请大家排队，不分男女，先来后到，依次购物"

（D）"看装束，你是个学生，但如果你拿不出证件，就只能购买全价票"

15. 体现了团结互助要求的是（　　）。

（A）三个臭皮匠，胜过诸葛亮　　　（B）三人行，则必有我师焉

（C）以子之矛，攻子之盾　　　（D）人敬我一尺，我敬人一丈

16. 关于创造，正确的认识是（　　）。

（A）人人是创造之人　　　（B）天天是创造之时

（C）事事是创造之机　　　（D）处处是创造之地

二、职业道德个人表现部分（第17~25题）

17. 小李总与别人的观点不一致，并常因此与他人发生争执。你认为小李应该（　　）。

（A）坚持自己的观点　　　（B）调整自己，尽量与别人一致

（C）多与他人沟通　　　（D）不在乎别人怎么说

18. 小亮春节放鞭炮，炸伤了手。如果你是小亮的父母，你会（　　）。

（A）责备自己，不该让小亮放鞭炮

（B）以后再也不允许小亮放鞭炮

（C）教小亮正确的放鞭炮的方法

（D）以后让小亮放安全性高的鞭炮

19. 你在回家的途中买些东西，但回到家，发现售货员少找了你两元。购买东西的商店离你家有2000米的路，你会（　　）。

（A）难以接受，但自认倒霉　　　（B）返回去，讨要少找的钱

（C）考虑售货员可能不认账，就算了　　　（D）就当捐助了

20. 有个朋友向你借了50元，但一年过去了，他依然没有还。你会（　　）。

（A）向朋友要钱

（B）朋友不可能这么长时间不还账，怀疑自己是否记错了

（C）既然是朋友，这么一点小钱，就不再要了

（D）即使不还也没关系，绝不放在心上

21. 朋友聚会时，你觉得在付餐饮费这个问题上（　　）是你所赞赏的。

（A）大家都主动争着付费　　　（B）谁做东，谁付费

（C）大家轮流付费　　　（D）AA制

22. 如果上司交给你一项任务，你认为自己难以完成，而上司说你行，你会（　　）。

（A）试着去做　　　（B）说明理由，推脱任务

（C）征求自己最好的朋友的意见　　　（D）接受任务，但对上司说明后果

23. 某人考上了一所名牌大学，但他后来认为自己面临一个不错的商机，遂中途退学经商。但多年来，他在生意场遭遇挫折，并未如愿。你认为（   ）。

（A）他不该下海经商，而应该首先完成学业

（B）他选择的经商时机实际上是不正确的

（C）他的选择没错，也许未来他能够成功

（D）认准的事情就干下去，他有选择的自由

24. 假如你在单位的表现已十分优异了，但某个新来的同事的业绩总是比你更突出，这时，你会（   ）。

（A）产生"既生瑜，何生亮"的感觉　　（B）努力与他做朋友

（C）暗自努力，超过他　　　　　　　　（D）多少有点忧伤

25. 上司交给你一个任务，规定你一个月内完成，但现在突然改变了时间，限你在一周之内完成，你分析了任务和情况，没有可能在一周之内完成任务。你会告诉上司（   ）。

（A）自己难以完成，要求上司另请他人

（B）自己只能试一试，能否完成任务不好说

（C）自己可以尽力试一试，但完不成任务不能怪罪自己

（D）自己努力在一周之内完成任务

第二部分　理论知识

（26~125题，共100道题，满分为100分）

一、单项选择题（26~85题，每题1分，共60分。每小题只有一个最恰当的答案，请在答题卡上将所选答案的相应字母涂黑）

26. 下列劳动力需求曲线中,（   ）表示劳动力需求量变动相对于工资率变动富有弹性。

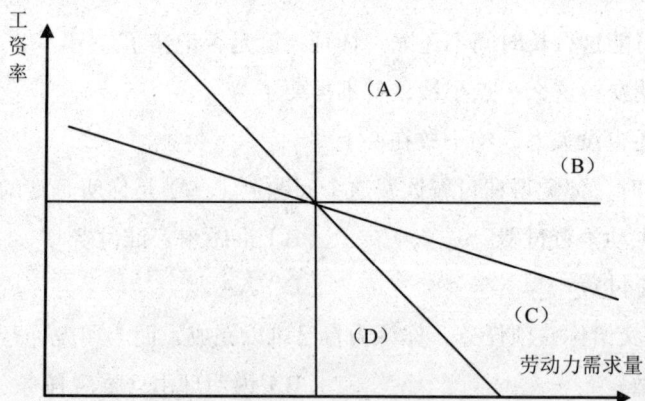

27.（　　）在国家的法律体系中具有最高法律效力。

（A）劳动法律 　　　　　　　　　（B）宪法

（C）国务院劳动行政法规 　　　　（D）劳动规章

28. PDCA 循环包括：①执行；②处理；③检查；④计划。排序正确的是（　　）。

（A）④①③② 　　（B）③②①④ 　　（C）③①④② 　　（D）①②③④

29.（　　）是指当对一个人某些特征形成好或坏的印象之后，就倾向于据此推论其他方面的特性。

（A）光环效应 　　（B）投射效应 　　（C）首因效应 　　（D）刻板印象

30. 下列关于员工激励的说法，不正确是（　　）。

（A）任何一种激励方法都不是万能的

（B）对员工的激励不一定达到满意效果

（C）员工对激励做出的反应需要一定时间

（D）对员工的激励一定会产生直接反应

31. 下列关于现代企业人力资源管理的说法，不正确的是（　　）。

（A）更加强调管理的系统化 　　　（B）更加强调管理手段的现代化

（C）更加强调管理的规范化 　　　（D）更加强调管理技术的静态化

32. 静态的组织设计理论不研究（　　）等方面的问题。

（A）行为规范 　　（B）组织体制 　　（C）信息控制 　　（D）部门结构

33.（　　）组织将矩阵组织结构形式与事业部组织结构形式有机地结合在一起。

（A）独立型 　　（B）模拟分权制 　　（C）依托型 　　（D）多维立体制

34. 进行组织结构设计时，要选择不同的部门结构模式。（　　）不属于部门结构模式。

（A）直线职能制 　　（B）咨询机构 　　（C）超事业部制 　　（D）事业部制

35.（　　）不属于组织结构分析的内容。

（A）各种职能的性质及类别

（B）员工与岗位之间是否匹配

（C）决定企业经营的关键性职能

（D）内部环境变化对企业组织职能的影响

36. 企业结构整合的过程包括：①互动阶段；②拟定目标阶段；③控制阶段；④规划阶段。排序正确的是（　　）。

（A）①②④③ 　　（B）②④①③ 　　（C）②④③① 　　（D）④②①③

37. 编制人员需求计划时，计划期内员工的补充需要量等于（　　）。

（A）计划期人员总需要量减去报告期期末人员总数，加上计划期自然减员人数

（B）计划期人员总需要量加上报告期期末人员总数，减去计划期自然减员人数

（C）计划期自然减员人数加上计划期人员总需要量，减去报告期期初人员总数

（D）报告期自然减员人数减去计划期人员总需要量，加上报告期期末人员总数

38. 下列关于人力资源预测的说法，不正确的是（　　）。

（A）人力资源预测的方案和过程相对简单易行

（B）要求预测者具有高度的创造性和分析能力

（C）人力资源预测所面临的环境具有不确定性

（D）人力资源预测能够引导员工的职业生涯规划

39.（　　）依据失误发展变化的因果关系来预测事物未来的发展趋势，这种方法也可以进行人力资源需求预测。

（A）趋势外推法　　（B）人员比率法　　（C）回归分析法　　（D）转换比率法

40. 下列关于人力资源预测方法的说法，不正确的是（　　）。

（A）趋势外推法最简单，自变量只有一个

（B）回归分析法不考虑不同变量之间的影响

（C）趋势外推法与回归分析法本质上都是经济计量模型法

（D）经济计量模型一般只在管理基础较薄弱的小公司采用

41.（　　）素质测评的目的是了解员工素质现状或查找问题根源。

（A）选拔性　　　（B）考核性　　　（C）开发性　　　（D）诊断性

42.（　　）的对象一般具有明显的数量关系，量化后的数据直接提示了测评对象的实际特征。

（A）一次量化　　（B）二次量化　　（C）类别量化　　（D）模糊量化

43. 对被测评者的回答或反应不做任何限制的品德测评技术是（　　）。

（A）心理技术　　（B）FRC 技术　　（C）投射技术　　（D）问卷技术

44. 对员工的学习能力进行测评，最简单有效的方式是（　　）。

（A）面试　　　（B）情景测验　　（C）智力测验　　（D）心理测验

45.（　　）不是员工素质测评结果的分析方法。

（A）要素分析法　　（B）曲线分析法　　（C）综合分析法　　（D）岗位分析法

46. 面试考官根据面试阶段的感受对应聘者做出主观评价，这属于（　　）。

（A）第一印象　　（B）对比效应　　（C）晕轮效应　　（D）录用压力

47. "你好像不太适合我们这里的工作，你看呢？"属于（　　）面试问题。

（A）压力性　　　（B）知识性　　　（C）思维性　　　（D）经验性

48. 招聘过程中经常用到群体决策法，关于这种方法的论述，不正确的是（　　）。

（A）需要组建决策团队　　　　　　（B）由不同背景的人进行评价

（C）增强了招聘的主观决策性　　　　（D）需要利用运筹学原理

49. 设计无领导小组讨论评分表时，评分指标应控制在（ ）以内。

（A）5个　　　　　　（B）10个　　　　　　（C）30个　　　　　　（D）40个

50. 独立的小型组织部门的培训宜采用（ ）的培训方式。

（A）分散　　　　　（B）边实践边学习　　（C）集中　　　　　　（D）完全脱产学习

51. 制订培训规划时，培训需求分析的目标是（ ）。

（A）明确员工现有技能与理想状态间的差距

（B）收集有关新岗位和现在岗位要求的数据

（C）明确培训的需求，预测培训的潜在困难

（D）明确测评培训规划的工具、指标和标准

52. 企业在成立初期，培训力量应集中于（ ）。

（A）组建管理团队　　　　　　　　（B）提高创业者的营销公关能力

（C）提高员工对企业的认同感　　　　（D）提高中层管理人员的管理能力

53. 企业中层管理人员的培训目标不包括（ ）。

（A）提高其经验、知识和技能　　　　（B）使其适应不断变换的环境

（C）培养业务骨干成为接班人　　　　（D）对目前的业务能更加熟练

54. 一般来说，不同层次的管理人员有不同的技能要求，对于中层管理人员而言，
（ ）是最重要的。

（A）专业技能　　（B）理念技能　　（C）人文技能　　（D）协调技能

55. 企业需要对培训效果进行建设性评估，下列说法不正确的是（ ）。

（A）建设性评估是非正式评估

（B）建设性评估是主观性评估

（C）建设性评估的结果决定了培训项目是否保留

（D）建设性评估让培训对象认识到自己是否进步

56. 对培训效果进行行为评估的方法不包括（ ）。

（A）任务项目法　　（B）问卷调查法　　（C）笔试法　　　　（D）行为观察法

57. 员工培训的认知成果是（ ）的主要对象和内容。

（A）学习评估　　（B）反应评估　　　（C）结果评估　　　（D）行为评估

58.（ ）更适用于调查面广，以封闭式问题为主的调查。

（A）访谈法　　　（B）问卷调查法　　（C）观察法　　　　（D）电话调查法

59. 劳动定额法属于（ ）绩效考评方法。

（A）品质导向型　　（B）结果导向型　　（C）行为导向型　　（D）综合型

60. 下列关于强迫选择法的表述，不正确的是（ ）。

（A）是一种定量化考评方法　　　　　（B）属于行为导向型的客观考评方法

（C）可以用来考评特殊工作行为表现 （D）属于行为导向型的主观考评方法

61.（ ）是一种评价中心技术，它将被考评者置于模拟管理岗位上，让他在一段时间内参与有关文件或文书的起草，并解决工作中出现的各种问题。

（A）实务作业 （B）个人报告 （C）管理游戏 （D）个人测验

62. 对于科技人员进行绩效考评，主要考评（ ）方面的指标。

（A）个人绩效 （B）人员素质

（C）工作流程 （D）工作过程和成果

63."获得专利权的项目数"属于（ ）的绩效考评指标。

（A）行为过程型 （B）品质特征型 （C）工作结果型 （D）工作方式型

64. 战略导向的 KPI 体系更加强调对员工（ ）的激励。

（A）目标 （B）行为 （C）心理 （D）学习

65. 关键绩效指标法的核心是（ ）。

（A）考评标准的建立 （B）新型激励机制的构建

（C）KPI 指标的提取 （D）企业战略目标的明确

66. 在绩效评价中最常采用的评价方式是（ ）。

（A）客户评价 （B）自我评价 （C）上级评价 （D）同级评价

67.（ ）是指能将绩效优秀者与绩效一般者区分开来的个体潜在的深层次特征。

（A）行为特征 （B）胜任特征 （C）心理特征 （D）业绩特征

68.（ ）所得到的市场薪酬信息，其缺点是数据的针对性不强。

（A）企业之间相互调查 （B）问卷调查

（C）采集社会公开信息 （D）访谈调查

69. 一般来说，工资水平高的企业应关注市场（ ）点处的薪酬水平。

（A）15% （B）25% （C）50% （D）75%

70.（ ）是岗位横向分类的最后一步。

（A）职级的划分 （B）岗级的划分 （C）职系的划分 （D）岗等的划分

71.（ ）将工资水平直接与企业效益和员工的工作业绩相联系。

（A）一岗一薪工资制 （B）薪点工资制

（C）一岗多薪工资制 （D）提成工资制

72. 下列关于绩效工资制的说法，不正确的是（ ）。

（A）以工作业绩为基础支付工资 （B）注重团体绩效差异的确定

（C）计件工资制是一种主要形式 （D）提成制是一种典型形式

73.（ ）的工作方式是：确保成员将小部分的时间和精力投入到团队中去，而将大部分时间和精力投入到各自的常规工作中去。

（A）平行团队　　　　（B）交叉团队　　　　（C）流程团队　　　　（D）项目团队

74.（　　）的工资结构比较适用于责、权、利明确的企业。

（A）以绩效为导向　（B）以行为为导向　（C）以工作为导向　（D）以技能为导向

75. 工资水平对外具有竞争性的企业，其工资水平应比行业平均工资水平高（　　）。

（A）5%　　　　　　（B）15%　　　　　　（C）50%　　　　　　（D）75%

76. 人力资源和社会保障行政部门自收到企业年金方案文本之日起（　　）内未提出异议的，企业年金方案即行生效。

（A）15 日　　　　　（B）30 日　　　　　（C）45 日　　　　　（D）60 日

77. 下列关于劳务派遣的说法，不正确的是（　　）。

（A）雇员是被派遣的劳动者　　　　（B）是一种组合劳动关系

（C）本质是劳动力的雇用和使用相统一　（D）雇主是劳务派遣单位

78. 工资集体协商的内容不包括（　　）。

（A）最低工资标准的确定　　　　　（B）年度平均工资水平及其调整幅度

（C）工资分配制度、工资标准和形式　（D）工资协议的终止条件与违约责任

79. 政府在工资宏观调控方面的总原则不包括（　　）。

（A）平均工资的增长低于劳动生产率的增长

（B）平均工资的增长低于人均 GDP 的增长

（C）在工资的调控上由总量控制向水平控制转变

（D）企业工资总额的增长低于经济效益的增长

80. 制定劳动力市场工资指导价位的依据不包括（　　）。

（A）就业状况　　　　　　　　　　（B）经济总量

（C）物价水平　　　　　　　　　　（D）劳动力供求关系

81. 企业制定（　　）的目的是：及时处理事故，采取预防措施，总结经验，防止类似事件再次发生。

（A）安全生产责任制度　　　　　　（B）重大事故隐患处理制度

（C）安全生产检查制度　　　　　　（D）伤亡事故报告和处理制度

82. 安全卫生认证制度的要点不包括（　　）。

（A）重大事故隐患分类

（B）有关人员资格认证

（C）有关单位、机构的劳动安全卫生资格认证

（D）与劳动安全卫生联系特别密切的物质技术产品的质量认证

83. 企业劳动争议调解委员会对劳动争议进行调解，这种调解的特点不包括（　　）。

（A）群众性　　　　（B）合议性　　　　（C）自治性　　　　（D）非强制性

84. 劳动争议申请仲裁的有效期间为（　　）。

（A）1个月　　　　（B）半年　　　　（C）3个月　　　　（D）1年

85. 劳动争议仲裁委员会收到仲裁申请之日起（　　）内，认为符合受理条件的，应当受理。

（A）5日　　　　（B）10日　　　　（C）15日　　　　（D）30日

二、多项选择题（86~125题，每题1分，共40分。每题有多个答案正确，请在答题卡上将所选答案的相应字母涂黑。错选、少选、多选，均不得分）

86. 劳动资源稀缺性的属性包括（　　）。

（A）具有普遍性　　　　　　　　　　（B）仅存在于市场经济中

（C）是一种相对的稀缺性　　　　　　（D）仅存在于当前社会

（E）可以表现为消费劳动资源的支付能力和支付手段的稀缺性

87. 劳动权的核心内容包括（　　）。

（A）平等就业权　　　　（B）劳动报酬权　　　　　（C）休息休假权

（D）自由择业权　　　　（E）职业培训权

88. 满足安全需要的行为可以是（　　）。

（A）免受失业和经济危机的威胁　　　（B）比竞争者更出色

（C）避免任务或者决策失败　　　　　（D）免受疾病和残疾的威胁

（E）避免受到伤害或处于危险的环境

89. 人力资源的一般特点包括（　　）。

（A）时间性　　　　（B）消费性　　　　　（C）地域性

（D）创造性　　　　（E）主观能动性

90. 某单位在进行组织结构诊断时要分析组织关系，即需要明确（　　）。

（A）应同哪些单位和个人发生联系　　（B）要求别人给予何种配合和服务

（C）如何才能取得行业的领头位置　　（D）应当为别的单位提供哪些服务

（E）内部环境变化如何引起战略和目标的改变

91. 企业组织结构整合的目的主要在于（　　）。

（A）实现组织间的相互协调　　　　　（B）实现组织管理的系统化

（C）解决部门内部的分工问题　　　　（D）解决结构分化时的分散倾向

（E）保证企业生产经营活动的正常运行

92. 企业晋升计划的内容一般由（　　）等指标组成。

（A）晋升时间　　　　（B）晋升比率　　　　（C）晋升条件

（D）晋升职位　　　　（E）晋升人数

93. 人员晋升计划是企业根据（　　）制定的员工职务提升方案。

（A）企业目标　　　　　　（B）人员需要　　　　　　（C）工作条件

（D）工资水平　　　　　　（E）内部人员分布情况

94. 下列关于人力资源预测方法的说法，正确的有（　　）。

（A）马尔可夫法可以预测企业的人力资源需求

（B）经济计量模型法其实是一种转移概率矩阵

（C）马尔可夫法可以预测企业的人力资源供给

（D）趋势外推法与回归分析法本质上都是经济计量模型法

（E）灰色预测模型只能对含有未知或非确定信息的系统进行预测

95. 预测企业内部人力资源供给量必须考虑的因素包括（　　）。

（A）替休　　　　　　　　（B）退休　　　　　　　　（C）平调

（D）晋升　　　　　　　　（E）轮换

96. 员工素质测评标准体系的要素包括（　　）。

（A）标准　　　　　　　　（B）标度　　　　　　　　（C）标记

（D）数据　　　　　　　　（E）模型

97. 员工素质测评中，特殊能力测评的主要内容包括（　　）。

（A）文书能力　　　　　　（B）运动能力　　　　　　（C）操作能力

（D）学习能力　　　　　　（E）机械能力

98. 员工素质测评结果处理的常用分析方法有（　　）。

（A）集中趋势分析　　　　（B）岗位分析　　　　　　（C）离散趋势分析

（D）因素分析　　　　　　（E）文字分析

99. （　　）属于面试中背景性问题的内容。

（A）个人兴趣　　　　　　（B）家庭情况　　　　　　（C）法律常识

（D）工作经历　　　　　　（E）遗传病史

100. 下列关于无领导小组讨论的表述，不正确的是（　　）。

（A）它有效地运用密集性群体讨论的方式

（B）它可以快速地诱发被评价者特定的行为

（C）它可以用于选拔员工，也可以进行培训诊断

（D）它可以用来判断被评价者所具有的个性特征

（E）考官可以在现场临近观察并直接写出评定意见

101. 下列关于无领导小组讨论的表述，正确的有（　　）。

（A）评价指标应具有针对性

（B）面试场地的布置要肃穆给人以压力感

（C）应从岗位分析中提取特定的评价指标

（D）设计评分表的重点是确定测评能力指标

（E）被测评者应以抽签的方式决定座位顺序

102. 在企业员工培训活动中，教学形式受（　　）等因素的影响。

（A）教师　　　　　　　（B）时间　　　　　　　（C）教材

（D）课程　　　　　　　（E）教案

103. 一般来说，企业外部培训资源的开发途径包括（　　）。

（A）聘请专职的培训师　　　　　（B）聘请本专业的专家、学者

（C）从高校毕业生中进行招聘　　　（D）从高校或技术学院聘请教师

（E）从顾问公司聘请培训顾问

104. 培训中评估的内容包括（　　）。

（A）培训内容　　　　　　　　（B）培训环境

（C）培训活动的参与状况　　　　（D）培训机构和培训人员

（E）培训进度与中间效果

105. 对培训效果进行正式评估的优点包括（　　）。

（A）不会给受训者带来太大压力

（B）使得评估结论更具有说服力

（C）简便易行不需投入过多成本

（D）在数据和事实的基础上做出判断，客观性较强

（E）可将评估结论与最初计划比较核对，易发现问题

106. 对新的培训方式进行效果评估，则评估的侧重点在于（　　）。

（A）课程组织　　　　　（B）培训教材　　　　　（C）教学人员

（D）课程设计　　　　　（E）应用效果

107. 一般来说，进行员工培训评估时，投资回报率的评估标准包括（　　）。

（A）劳动效率　　　　　（B）直接成本　　　　　（C）专利项数

（D）间接成本　　　　　（E）质量要求

108. 从考评的性质和特点看，行为导向型主观评价方法的特点是（　　）。

（A）考评有客观依据　　　　（B）缺乏量化的考评标准

（C）可以用于考评团队绩效　　（D）受考评者主观因素的制约和影响

（E）利用同一标准衡量所有员工的工作绩效

109. 下列关于日清日结法的表述，正确的有（　　）。

（A）是一种目标管理方法　　（B）可有效提高工作效率

（C）将 PDCA 周期压缩至一周时间　　（D）可提高工作有效性和及时性

（E）是一种静态、固化的绩效考评方法

110. 绩效考评造成宽厚误差的原因主要有（　　）。

（A）考评标准和方法的主观性强　　　　（B）评价标准过低

（C）拟压缩提薪或奖励人数比例　　　　（D）评价标准过高

（E）为缓和上下级关系，给被考评者过高的评价

111. 下列关于比率量表的说法，正确的有（　　）。

（A）量表中没有绝对零点　　　　　　　（B）采用的统计方法较为单一

（C）是测量水平最高的量表　　　　　　（D）测量结果可以进行四则运算

（E）测量结果可以计算几何平均数

112. 为 KPI 设定工作产出时，应当遵守（　　）的原则。

（A）增值产出　　　　　　（B）组织优化　　　　　　（C）结果优先

（D）设定权重　　　　　　（E）客户导向

113. 360 度考评中，外部客户评价的内容包括（　　）。

（A）心理素质　　　　　　（B）服务态度　　　　　　（C）成本收益

（D）服务质量　　　　　　（E）工作数量

114. 市场薪酬调查的被调查岗位，应在（　　）等方面与本企业岗位具有可比性。

（A）工作性质　　　　　　（B）岗位职责　　　　　　（C）劳动强度

（D）薪酬水平　　　　　　（E）在岗人数

115. 在不同企业中，工作职责相同的岗位但薪酬存在较大差距，其原因可能是（　　）。

（A）不同行业有不同的惯例　　　　　　（B）管理理念和薪酬策略不同

（C）不同企业所处的地理位置不同　　　（D）对企业的价值或贡献大小不同

（E）在职者在该岗位上工作时间的长短不同

116. 实行一岗一薪制，需要测评的岗位因素包括（　　）。

（A）职责范围　　　　　　（B）薪酬水平　　　　　　（C）劳动强度

（D）责任大小　　　　　　（E）在岗人数

117. 人力资源部向员工介绍企业工资制度的途径包括（　　）。

（A）员工招聘会　　　　　（B）员工手册　　　　　　（C）员工座谈会

（D）企业内部网站　　　　（E）工资满意度调查

118. 工资调整的具体类型包括（　　）。

（A）物价性调整　　　　　（B）工龄性调整　　　　　（C）随机性调整

（D）效益性调整　　　　　（E）考核性调整

119. 企业在制订薪酬计划时，应掌握的人力资源规划资料包括（　　）。

（A）企业现有的员工人数　　　　　　（B）未来一年预计休假的员工人数

（C）未来一年预计岗位轮换的员工人数（D）未来一年预计晋升职务的员工人数

（E）企业在过去三年的各类员工总数

120. 劳务派遣的主体有（　　）。

（A）用工单位　　　　　　（B）政府　　　　　　（C）劳务派遣单位

（D）工会　　　　　　　　（E）被派遣劳动者

121. 被派遣劳动者的用工单位应履行的义务包括（　　）。

（A）提供工作岗位　　　　　　　　（B）进行劳动安全卫生教育

（C）进行劳动组织和监督管理　　　（D）支付工资、缴纳社会保险费

（E）提供与工作岗位相关的劳动条件

122. 运用劳动力市场工资指导价位时，必须处理好指导价位与（　　）的关系。

（A）"两低于"原则　　　（B）企业员工总数　　　（C）企业经济效益

（D）企业员工结构　　　（E）企业短期货币工资决定方式

123. 企业所有员工在劳动安全卫生保护工作中应遵循的职业道德行为准则包括（　　）。

（A）安全第一　　　　　（B）预防为主　　　　　（C）以人为本

（D）防治结合　　　　　（E）奖惩结合

124. 根据争议性质的不同，劳动争议可划分为（　　）。

（A）劳动合同争议　　　（B）劳务派遣争议　　　（C）集体合同争议

（D）权利争议　　　　　（E）利益争议

125. 按照承担法律责任要件对劳动争议案例进行分析，其思维结构包括（　　）。

（A）分析确定劳动争议的标的

（B）分析确定劳动争议当事人所实施的行为

（C）分析确定行为人的行为是否有主观上的过错

（D）分析确定当事人的行为是否造成或足已造成一定的危害

（E）分析确定当事人行为与危害结果之间是否存在直接的因果关系

真题卷册一答案解析

第一部分　职业道德

此部分无标准答案，根据人力资源从业人员的职业价值观作答。

第二部分　理论知识

26. 解析：C 供给富有弹性表示劳动力供给量变动的百分比大于工资率变动的百

分比。

27. 解析：B　宪法在国家的法律体系中具有最高法律效力。

28. 解析：A　PDCA 循环的步骤是计划、执行、检查、处理。

29. 解析：A　光环效应是指当对一个人某些特征形成好或坏的印象之后，就倾向于据此推论其他方面的特性。

30. 解析：D　对员工的激励不一定会产生直接反应。

31. 解析：D　在管理形式上，传统的劳动人事管理属于静态管理。

32. 解析：C　静态的组织设计理论不研究信息控制等方面的问题。

33. 解析：D　多维立体制组织将矩阵组织结构形式与事业部组织结构形式有机地结合在一起。

34. 解析：B　进行组织结构设计时，要选择不同的部门结构模式。咨询机构不属于部门结构模式。

35. 解析：B　组织结构分析的内容主要有：(1)内外环境变化引起的企业经营战略和目标的改变；(2)决定企业经营的关键性职能；(3)各种职能的性质及类别。

36. 解析：B　企业结构整合的过程为拟定目标阶段、规划阶段、互动阶段、控制阶段。

37. 解析：A　编制人员需求计划时，计划期内员工的补充需要量等于计划期人员总需要量减去报告期期末人员总数，加上计划期自然减员人数。

38. 解析：A　人力资源预测与规划都是相当复杂的工作。

39. 解析：C　回归分析法依据失误发展变化的因果关系来预测事物未来的发展趋势，这种方法也可以进行人力资源需求预测。

40. 解析：D　经济计量模型一般只在管理基础比较好的大公司里采用。

41. 解析：D　诊断性素质测评的目的是了解员工素质现状或查找问题根源。

42. 解析：A　一次量化的对象一般具有明显的数量关系，量化后的数据直接提示了测评对象的实际特征。

43. 解析：C　在投射技术中，一般对被测评者的回答或反应不做任何的限制，完全是自由性的反应。

44. 解析：D　对于学习能力测评最简单有效的是心理测验，具体的应用形式是笔试。

45. 解析：D　测评结果分析方法有要素分析法、综合分析法、曲线分析法。

46. 解析：C　从某一优点或缺陷出发去评价应聘者其他方面称为晕轮效应。

47. 解析：A　压力性问题将应聘者置于一个充满压力的情境中，观察其反应，以对其情绪稳定性、应变能力等进行考察。

48. 解析：C　群体决策法是指在招聘活动中，组建决策团队，由具有不同背景的多个决策人员对应聘者进行评价和打分，最后综合各决策人员的评价意见，得出应聘者的最终评价结果的招聘决策方法。

49. 解析：B 设计无领导小组讨论评分表时，评分指标应控制在10个以内。

50. 解析：A 独立的小型组织部门的培训宜采用分散的培训方式。

51. 解析：A 培训需求分析的目标是明确员工现有技能水平和理想状态之间的差距。

52. 解析：B 企业在成立初期，培训力量应集中于提高创业者的营销公关能力。

53. 解析：D 中层管理人员的培训目标主要有：提高其胜任未来工作所必需的经验、知识和技能；使其能够适应不断变化的环境；使其能够宣传和深化企业的宗旨、使命、信念、价值观和管理文化；培养个别骨干分子成为企业未来高层管理人员的接班人。

54. 解析：C 一般来说，不同层次的管理人员有不同的技能要求，对于中层管理人员而言，人文技能是最重要的。

55. 解析：C 培训过程中的建设性评估是培训项目改进的依据。

56. 解析：C 对培训效果进行行为评估的方法包括任务项目法、问卷调查法、行为观察法。

57. 解析：A 员工培训的认知成果是学习评估的主要对象和内容。

58. 解析：B 问卷调查法更适用于调查面广，以封闭式问题为主的调查。

59. 解析：B 劳动定额法属于结果导向型绩效考评方法。

60. 解析：D 强迫选择法是一种行为导向型的客观考评方法。

61. 解析：A 是一种评价中心技术，它将被考评者置于模拟管理岗位上，让他在一段时间内参与有关文件或文书的起草，并解决工作中出现的各种问题。

62. 解析：D 对于科技人员进行绩效考评，主要考评工作过程和成果方面的指标。

63. 解析：C "获得专利权的项目数"属于工作结果型的绩效考评指标。

64. 解析：B 战略导向的KPI体系更加强调对员工行为的激励。

65. 解析：C KPI指标的提取是关键绩效指标法的核心。

66. 解析：C 上级评价是绩效评价中最常采用的方式。

67. 解析：B 胜任特征是指能将绩效优秀者与绩效一般者区分开来的个体潜在的深层次特征。

68. 解析：C 采集社会公开信息所得到的市场薪酬信息，其缺点是数据的针对性不强。

69. 解析：D 一般来说，工资水平高的企业应关注市场75%点处的薪酬水平。

70. 解析：C 职系的划分是岗位横向分类的最后一步。

71. 解析：B 岗位薪点工资制使工资分配直接与企业效益和员工的工作业绩相联系。

72. 解析：B 注重个人绩效差异的评定。

73. 解析：A 平行团队的工作方式是：确保成员将小部分的时间和精力投入到团队中去，而将大部分时间和精力投入到各自的常规工作中去。

74. 解析：C 以工作为导向的工资结构比较适用于各工作之间的责、权、利明确的企业。

75. 解析：B 工资水平对外具有竞争性的企业，其工资水平应比行业平均工资水平高 15%。

76. 解析：A 人力资源和社会保障行政部门自收到企业年金方案文本之日起 15 日内未提出异议的，企业年金方案即行生效。

77. 解析：C 劳务派遣的本质特征是雇用和使用相分离。

78. 解析：A 工资集体协商的内容包括：(1) 工资协议的期限；(2) 工资分配制度、工资标准和工资分配形式；(3) 职工年度平均工资水平及其调整幅度；(4) 奖金、津贴、补贴等分配办法；(5) 工资支付办法；(6) 变更、解除工资协议的程序；(7) 工资协议的终止条件；(8) 工资协议的违约责任；(9) 双方认为应该协商约定的其他事项。

79. 解析：B 国家宏观经济政策和对工资增长的总体要求，坚持企业工资总额的增长低于企业经济效益的增长，平均工资的增长低于劳动生产率的增长的原则。

80. 解析：B 制定劳动力市场工资指导价位的依据包括就业状况、物价水平、劳动力供求关系。

81. 解析：D 企业制定伤亡事故报告和处理制度的目的是：及时处理事故，采取预防措施，总结经验，防止类似事件再次发生。

82. 解析：A 安全卫生认证制度的要点包括：(1) 有关人员资格认证；(2) 有关单位、机构的劳动安全卫生资格认证；(3) 与劳动安全卫生联系特别密切的物质技术产品的质量认证等。

83. 解析：B 调解的特点包括群众性、自治性、非强制性。

84. 解析：D 劳动争议申请仲裁的有效期间为 1 年。

85. 解析：A 劳动争议仲裁委员会收到仲裁申请之日起 5 日内，认为符合受理条件的，应当受理。

86. 解析：ACE 劳动资源稀缺性是相对的稀缺性；具有普遍和绝对的属性；本质表现是消费劳动资源的支付能力、支付手段的稀缺性。

87. 解析：AD 劳动权的核心内容包括平等就业权和职业培训权。

88. 解析：ACDE 满足安全需要的行为可以是免受失业和经济危机的威胁；避免任务或者决策失败的风险；免受疾病和残疾的威胁；避免受到伤害或处于危险的环境。

89. 解析：ABDE 人力资源的一般特点包括时间性、消费性、创造性、主观能动性。

90. 解析：ABD 组织关系分析包括应同哪些单位与个人发生联系；要求别人给及

何种配合和服务；应对别的单位提供什么协作和服务。

91. 解析：AD　企业组织结构整合的目的主要在于实现组织间的相互协调和解决结构分化时的分散倾向。

92. 解析：ABC　企业晋升技术的内容一般由晋升时间、晋升比率、晋升条件等指标组成。

93. 解析：ABE　人员晋升计划是企业根据企业目标、人员需要、内容人员分布情况制定的员工职务提升方案。

94. 解析：AD　马尔科夫法可以预测企业的人力资源需求，趋势外推法与回归分析法本质上都是经济计量模型法。

95. 解析：BCD　预测企业内部人力资源供给量必须考虑的因素包括退休、平调、晋升。

96. 解析：ABC　员工素质测评标准体系的要素包括标准、标度、标记。

97. 解析：ACE　员工素质测评中，特殊能力测评的主要内容包括文书能力测评、操作能力测评和机械能力测评。

98. 解析：ACD　员工素质测评结果处理的常用分析方法有集中趋势分析、离散趋势分析、因素分析。

99. 解析：ABD　应聘者的个人背景、家庭背景、教育背景和工作背景等方面的问题属于面试中背景性问题的内容。

100. 解析：AE　关于无领导小组讨论表述正确的有可以快速地诱发被评价者特定的行为；可以用于选拔员工，也可以进行培训诊断；可以用来判断被评价者所具有的个性特征。

101. 解析：ACDE　关于无领导小组讨论的表述正确的有：评价指标应具有针对性；应从岗位分析中提取特定的评价指标；设计评分表的重点是确定测评能力指标；被测评者应以抽签的方式决定座位顺序。

102. 解析：ACDE　在企业员工培训活动中，教学形式受教师、教材、课程、教案等因素的影响。

103. 解析：ABDE　外部培训资源的开发途径包括：（1）从大中专院校聘请教师；（2）聘请专职的培训师；（3）从顾问公司聘请培训顾问；（4）聘请本专业的专家、学者；（5）在网络上寻找并联系培训教师。

104. 解析：ABCDE　培训中评估的内容包括培训内容、培训环境、培训活动的参与状况、培训机构和培训人员、培训进度与中间效果。

105. 解析：BDE　正式评估的优点是在数据和事实的基础上做出判断，使评估结论更有说服力；更容易将评估结论用书面形式表现出来；可将评估结论与最初计划比较核对。

106. 解析：ABDE　对新的培训方式进行效果评估，则评估的侧重点在于课程组织、培训教材、课程设计、应用效果。

107. 解析：BD　一般来说，进行员工培训评估时，投资回报率的评估标准包括直接成本和间接成本。

108. 解析：BDE　行为导向型的主观评价方法是将所有员工的个体工作绩效，通过一个共同的标准即整体绩效来进行衡量，整体绩效作为一个全面的绩效考量指标，它是单一的缺乏量化的没有客观依据的一种考评标准，因而使考评结果受到考评者主观因素的制约和影响。

109. 解析：ABD　关于日清日结法的表述，正确的有：（1）是一种目标管理方法；（2）可有效提高工作效率；（3）可提高工作有效性和及时性。

110. 解析：ABE　造成宽厚误差的原因主要有：（1）由于评价标准过低造成的；（2）主管为了缓和关系、避免冲突和对抗，给下属过高的评价；（3）采用了主观性很强的考评标准和方法；（4）在考评中曾与被考评者反复多次进行沟通；（5）"护短"心理；（6）鼓励员工，提高薪酬待遇；（7）认为考评过于严格和精确不利于激励员工；（8）避免消极影响；（9）保护业务骨干。

111. 解析：CDE　比率量表是在量表中测量水平最高的量表，可以进行加减乘除的四则运算，还可使用几何平均数和相对差异量等统计方法。

112. 解析：ACDE　为 KPI 设定工作产出时，应当遵守增值产出、结果优化、设定权重、客户导向。

113. 解析：BD　客户评价，即让客户对员工的服务态度和服务质量进行评价。

114. 解析：ABC　市场薪酬调查的被调查岗位，应在工作性质、岗位职责、劳动强度等方面与本企业岗位具有可比性。

115. 解析：ABCDE　在不同企业中，工作职责相同的岗位但薪酬存在较大差距，原因包括不同行业有不同的惯例；管理理念和薪酬策略不同；不同企业所处的地理位置不同；对企业的价值或贡献大小不同；在职者在该岗位上工作时间的长短不同。

116. 解析：ACD　实行一岗一薪，需要测评的岗位因素包括岗位责任范围和责任程度、岗位对员工的技能水平要求、岗位劳动强度、劳动条件等。

117. 解析：CE　人力资源部向员工介绍企业工资制度的途径包括员工座谈会和工资满意度调查。

118. 解析：ABDE　工资调整的具体类型包括工资定级性调整、物价性调整、工龄性调整、奖励性调整、效益性调整、考核性调整。

119. 解析：BCD　企业在制订薪酬计划时，应掌握的人力资源规划资料包括预计休假的与员工人数、预计岗位轮换的员工人数、预计晋升职务的员工人数。

120. 解析：ACE 劳务派遣的主体有用工单位、劳务派遣单位、被派遣劳动者。

121. 解析：ABCE 被派遣劳动者的用工单位应履行的义务包括提供工作岗位；进行劳动安全卫生教育；进行劳动组织和监督管理；提供与工作岗位相关的劳动条件。

122. 解析：CE 运用劳动力市场工资指导价位时，必须处理好指导价位与企业经济效益、企业短期货币工资决定方式的关系。

123. 解析：ABC 企业所有员工在劳动安全卫生保护工作中应遵循的职业道德行为准则包括安全第一、预防为主、以人为本。

124. 解析：DE 根据争议性质的不同，劳动争议可划分为权利争议和利益争议。

125. 解析：BCDE 劳动争议案例分析方法的思维结构：（1）分析确定劳动争议当事人所实施的行为；（2）分析确定当事人的行为是否造成或足以造成一定的危害；（3）分析确定当事人行为与危害结果之间是否存在直接的因果关系；（4）分析确定行为人的行为是否有主观上的过错。

真题卷册二及答案解析

真题卷册二

一、简答题（本题共3题，第1小题16分，第2小题16分，第3小题14分，共46分）

1. 在员工素质测评准备阶段需要完成哪些具体的工作？（16分）

2. 根据培训效果四级评估体系的主要内容和评估方法，填写下表。（16分）

	评估层级	评估内容	评估方法
第一级			
第二级			
第三级			
第四级			

3. 采用问卷调查法设计绩效考评指标体系的具体步骤有哪些？（14分）

二、综合题（本题共3题，每小题18分，共54分）

1. 某公司决定起草《公司人力资源发展规划》，由规划专员小王负责预测公司的人力资源需求。该公司生产部门在过去几年中技能操作人员、专业技术人员和管理人员的人数比例一直稳定在6:3:1。根据业务规划，生产部门计划明年补充技能操作人员60人，目前已经确定将会有15名专业技术人员和8名管理人员离职，5名管理人员调整到其他部门。

假设您是规划专员小王，请结合案例，回答以下问题。

（1）可采用哪些定性与定量方法进行人力资源需求预测？（10分）

（2）假设生产部门组织结构和生产率不变，请利用人员比率法确定该部门明年专业技术人员和管理人员的需求量。（8分）

2. 某建筑材料公司2013年上半年销售收入明显下降，而生产总成本比去年同期提高了15%，特别是人工成本有了较大幅度的增加。2013年10月公司人力资源部委托一家中介机构对国内同行业的薪酬水平进行了深入调查，发现公司薪酬水平位于市场薪酬的75%点处，根据公司市场部预测，未来三年公司的营业收入将会有显著提高，年平均增长16%左右。公司人力资源部经过研究后认为，2014年度员工的薪酬水平增幅应控制在8%以下。

请结合本案例，说明该公司应当如何编制年度员工薪酬计划？（18分）

3. 2013年1月，美国一家酒店管理公司委派以安德鲁为首的管理团队进军A市，准备在短时间内使第一家五星级酒店开业。公司要求安德鲁必须在2个月内完成副经理以下管理人员及全部辅助人员的招聘工作。安德鲁感觉工作非常棘手，于是与A市一家从事中高端人力资源派遣业务的公司签订协议，由该派遣公司在45日内完成酒店要求的人员招聘，并负责完成劳动合同签订、社会保险登记与缴纳、个税处理等一系列的人力资源手续。2013年6月，这家五星级酒店正式营业，酒店的经营团队就遇到一个管理难题，即如何管理好这种庞大的被派遣员工队伍。

请结合我国《劳动合同法》的相关规定，阐述以安德鲁为首的管理团队应当从哪些方面入手，管理好这支员工队伍。（18分）

真题卷册二答案解析

一、简答题

1. 解析：

（1）收集必要的资料。

（2）组织强有力的测评小组，必须对小组成员加以培训，使之了解、熟悉并掌握各种方法和相关的知识，尽量避免个人感情因素对测评工作的干扰。

（3）测评方案的制定。

①确定被测评对象范围和测评目的；②设计和审查员工素质能力测评的指标与参照标准，这项工作是减少测评过程中测评误差的一种手段，应引起足够的重视；③编制或修订员工素质能力测评的参照标准，测评的参照标准是测评人员所遵循的客观"尺度"。

编制参照标准时，要严格遵守编制程序、方法和原则；④选择合理的测评方法，人事测评方法通常采用四个指标，即效度、公平程度、实用性和成本。

2. 解析：

	评估层级	评估内容	评估方法
第一级	反应评估	衡量学员对具体培训课程、培训师与培训组织的满意度	问卷调查、电话调查、访谈法、观察法、综合座谈
第二级	学习评估	衡量学员对于培训内容、技巧、概念的吸收和掌握程度	提问法、角色扮演、笔试法、口试法、演讲、模拟练习与演示、心得报告与文章发表
第三级	行为评估	衡量学员在培训后的行为改变是否因培训所导致	问卷调查、行为观察、访谈法、绩效评估、管理能力评鉴、任务项目法、360度评估
第四级	结果评估	衡量培训给公司的业绩带来的影响	个人与组织绩效指标、生产率、缺勤率、离职率、成本效益分析、组织气候等资料分析、客户与市场调查、360度满意度调查

3. 解析：

问卷调查法的具体步骤是：

第一步，根据绩效考评目的和对象，查阅工作岗位说明书，通过必要的现场调查，详细地采集与工作绩效各种要素与指标相关的数据和资料。

第二步，列出所有相关的影响和制约工作绩效的要素及具体的指标，并进行初步筛选。

第三步，用简洁精练的语言或计算公式，对每个相关要素（指标）概念的内涵和外延，做出准确的界定。

第四步，根据调查的目的和单位的具体情况，确定调查问卷的具体形式、所调查对象和范围，以及具体的实施步骤和方法。

第五步，设计调查问卷。将需要调查的内容，以一定的格式编制成问卷。

第六步，发放调查问卷。通过一定的渠道将调查问卷分发给调查者，选择的渠道应是可靠的。

第七步，回收调查问卷，进行整理汇总和统计分析，取得最后的调查结果。

二、综合题

1. 解析：

（1）人员需求预测的定性和定量方法有：（10分）

①定性预测主要有经验预测法、描述法和德尔菲法。

②人力资源需求预测的定量方法有：转换比率法、人员比率法、趋势外推法、回归分析法、经济计量模型法、灰色预测模型法、生产模型法、马尔可夫分析法、定员定额分析法、计算机模拟法。

（2）预测明年专业技术人员和管理人员需求量。（8分）

具体做法如下：

①生产效率不变、组织结构不变，说明该企业的技能操作人员、专业技术人员、管理人员的人数构成不变，还是6∶3∶1。

②专业技术人员数=60×（3／6）=30（人），明年该企业需要补充的总的专业技术人员数=30+15=45（人）。

③管理人员数=60×（1／6）=10（人），明年该企业需要补充的总的管理人员=10+8+5=23（人）。

所以该企业明年至少应招收45名专业技术人员和23名管理人员。

2. 解析：

制订薪酬计划的工作程序如下。

（1）通过薪酬市场调查，比较企业各岗位与市场上相对应岗位的薪酬水平（这里的薪酬水平是指总薪酬水平，包括工资、奖金、福利、长期激励等）。

（2）了解企业财力状况，根据企业人力资源策略，确定企业薪酬水平采用何种市场薪酬水平，是90%点处、75%点处，还是50%点处、25%点处。

（3）了解企业人力资源规划。

（4）将前三个步骤结合画出一张薪酬计划计算表。此表是某企业的薪酬计划计算表，各岗位的薪酬水平企业采用50%点处的市场薪酬水平。

（5）根据经营计划预计的业务收入和前几步骤预计的薪酬总额，计算薪酬总额／销售收入的比值，将计算出的比值与同行业的该比值或企业往年的该比值进行比较，如果计算的比值小于或等于同业或企业往年水平，则该薪酬计划可行；如果大于同业或企业往年水平，可以根据企业董事会对薪酬计划的要求将各岗位的薪酬水平适当降低。

（6）各部门根据企业整体的薪酬计划和企业薪酬分配制度规定，考虑本部门人员变化情况、各员工的基本情况如工龄、业绩考核结果、能力提高情况等做出部门的薪酬计划，并上报到人力资源部，由人力资源部进行所有部门薪酬计划的汇总。

（7）如果汇总的各部门薪酬计划与整体薪酬计划不一致，需要再进行调整。

（8）将确定的薪酬计划上报企业领导、董事会报批。

3. 解析：

安德鲁管理的酒店应与A市派遣公司签订劳务派遣协议	（1）劳务派遣单位与用工单位应订立：劳务派遣协议 （2）协议中应当约定派遣岗位和人员数量、派遣期限、劳动报酬和社会保险费的数额与支付方式，以及违反协议的责任 （3）用工单位应该根据工作岗位的实际需要与劳务派遣单位确定派遣期限，不得将连续用工期限分割订立数个短期劳务派遣协议
A市派遣公司应与被招聘的劳动者订立劳动合同	（1）劳动合同中应当载明用工单位、派遣期限、工作岗位等 （2）劳务派遣单位与劳动者应签订两年以上的固定期限劳动合同，按月支付劳动报酬 （3）被派遣劳动者在无工作期间，劳务派遣单位应该按照所在地人民政府规定的最低工资标准，向其按月支付报酬
明确劳务派遣单位的法定义务	（1）应该将劳务派遣的内容告知被派遣劳动者 （2）不得克扣用工单位按照劳务派遣协议支付给被派遣劳动者的劳动报酬 （3）不得向被派遣劳动者收取费用 （4）在跨地区派遣劳动者时，劳务派遣单位应该保证被派遣劳动者享受的劳动报酬和劳动条件，符合用工单位所在地规定的标准 （5）因劳务派遣单位存在违法行为，给被派遣劳动者造成损害的，劳务派遣单位与用工单位承担连带赔偿责任 （6）派遣单位不得以非全日制形式招用被派遣劳动者
明确用工单位的法定义务	（1）不得向被派遣劳动者收取费用 （2）执行国家劳动标准，提供相应的劳动条件和劳动保护 （3）告知被派遣劳动者的工作要求和劳动报酬 （4）支付加班费、绩效奖金，提供与工作岗位相关的福利待遇 （5）对在岗被派遣劳动者进行工作岗位所必需的培训 （6）连续用工的，实行正常的工资调整机制 （7）不得将被派遣劳动者再派遣到其他用人单位
用人单位解除劳动合同	《劳动合同法》第三十九条　劳动者有下列情形之一的，用人单位可以解除劳动 （1）在试用期间被证明不符合录用条件的 （2）严重违反用人单位的规章制度的 （3）严重失职，营私舞弊，给用人单位造成重大损害的 （4）劳动者同时与其他用人单位建立劳动关系，对完成本单位的工作任务造成严重者经用人单位提出，拒不改正的 （5）被依法追究刑事责任的

全真模拟考试题

模拟题卷册一及参考答案

模拟题卷册一

第一部分　职业道德

（第1~25题，共25道题，共25分）

一、职业道德基础理论与知识部分

答题指导：

该部分均为选择题，每题均有四个备选项，其中单项选择题只有一个选项是正确的，多项选择题有两个或两个以上选项是正确的。

请根据题意的内容和要求答题，并在答题卡上将答案的相应字母涂黑。

错选、少选、多选，则该题不得分。

（一）单项选择题（第1～8题）

1. 诚信的基本特征是（　　）。

（A）通识性、智慧性、止损性、资质性　（B）双向性、对等性、资质性、惩罚性

（C）社会性、共识性、双向性、对等性　（D）单向性、前置性、智慧性、要约性

2. 职业化管理是一种建立在职业道德和职业精神基础上的法治。（　　）是实施职业化管理的关键步骤。

（A）重视标准化和规范化　　　　　　　（B）重视职业道德与科学管理的统一

（C）建立职业化行为规范　　　　　　　（D）建立职业化标准

3. 关于"职业理想"的说法中，正确的是（　　）。

（A）立足现实而言，职业理想本质上是一种梦想

（B）从职业生涯的发展角度看来，职业理想是现实职业目标的精神动力

（C）在个人生活上，只有有了职业理想才会感受幸福

（D）从个性来看，职业理想是人性惰性与贪婪的体现

4. "慎独"作为道德修养，其意思是（　　）。

（A）越是无人监督时，越是坚持按照道德要求行事

（B）独立自主，自我判断，绝不人云亦云

（C）食无求饱，居无求暖，敏于事而慎于言

（D）大胆假设，小心求证，养成实事求是的品行

5. 从业人员应该树立的正确理念是（　　）。

（A）劳动是一种交易，劳资双方应该遵循等价交换的原则

（B）时间就是金钱，员工花了时间，就应该得到金钱回报

（C）追踪世界前沿，不断更新观念、知识和技能

（D）奉行拿来主义，对外国的东西要全面大胆的汲取

6. 关于"敬业"，正确的说法是（　　）。

（A）敬业的判断标准是是否扎实工作、注重细节

（B）敬业的本质在于心理活动

（C）敬业是对从业人员最根本、最核心的要求

（D）敬业需要理性和冷静，不提倡激情

7. 古云"吾生有崖，而知无崖"，其意对现代从业人员的启示是（　　）。

（A）生命短暂，不要想入非非　　　（B）充分依靠员工个人的聪明才智

（C）不再强调过程管理　　　　　　（D）知识可以改变命运

8. 意大利诗人但丁说："道德常常能够填补智慧的缺陷，而智慧永远也填补不了道德的缺陷。"与这一言论相符合的中国传统道德思想是（　　）。

（A）君子敏于言而慎于行　　　　　（B）才者，德之资也；德者，才之帅也

（C）专心致志；阱事其业　　　　　（D）人无礼则不立，事无礼则不成。

（二）多项选择题（第9～16题）

9. 职业道德的社会作用包括（　　）。

（A）有利于调整职业利益关系，维护社会生产和生活秩序

（B）有助于提高人们的社会道德水平，促进良好社会风尚的形成

（C）有利于完善人格，促进人的全面发展

（D）促进道德立法工作和信用档案体系的建立

10. 以职业化的职业精神来从事自己的职业并持续追求体现工作的最优效果，是现代职业观和职业人的理想境界。职业精神指的是（　　）。

（A）指职业态度和职业道德，如崇尚敬业、责任、团队、创新和学习等

（B）在文化上的体现是重视标准化和规范化

（C）表现为对自己的严格要求

（D）职业思想、职业语言、职业动作

11. 诚信的要求包括（　　）。

（A）尊重事实　　　　（B）真诚不欺　　　　（C）讲求信用　　　　（D）信誉至上

12. 社会主义核心价值体系的基本内容是（　　）。

（A）马克思主义指导思想

（B）中国特色社会主义共同理想

（C）以爱国主义为核心的民族精神和以改革创新为核心的时代精神

（D）社会主义荣辱观

13. 下列做法中，违背《中华人民共和国反不正当竞争法》规定的是（　　）。

（A）使用与知名商品近似的名称、包装、装潢

（B）抽奖式的有奖销售，最高奖的金额超过 5000 元

（C）季节性降价

（D）因转产、歇业降价销售商品

14. 关于原则性与灵活性，正确的认识是（　　）。

（A）为处理好员工间的关系，原则性要让位于灵活性

（B）在企业经营过程中固守原则性，会导致办事僵化

（C）在原则性与灵活性之间，原则是前提

（D）坚持原则和适度灵活性是和谐企业建设的根本

15. 员工出差或开展业务公关活动时，合乎职业规范要求的认识和做法是（　　）。

（A）职业住宿费不超出规定标准的就应该算作节约

（B）牢固树立不能靠奢侈消费树立企业形象的观念

（C）可以接收对方赠送的小额广告礼品

（D）可以给对方附赠现金，但必须如实入账

16. 下面做法中，违背办事公道要求的是（　　）。

（A）某公司与员工约定不得兼职，员工张某偷偷兼职被公司处罚

（B）某公司遵循男女平等原则，规定男女员工干同样的工作

（C）某售票员发现自己的朋友在排队购票，于是允许其直接到前面购票

（D）某饭店阻止了一个衣衫褴褛的人的用餐要求

二、职业道德个人表现部分（第 17~25 题）

答题指导：

该部分均为选择题，每题均有四个备选项，您只能根据自己的实际状况选择其中一个选项作为您的答案。

请在答题卡上将所选择答案的相应字母涂黑。

17. 在日常工作中，你感觉自己处理最好的关系是（　　）。

（A）上下级关系　　（B）同事关系　　（C）与客户的关系　（D）朋友关系

18. 在单位，下班时你无意间发现同事装有重要资料的抽屉没有关好，你会（　　）。

（A）赶紧离开　　　　　　　　　（B）马上打电话告诉同事

（C）装作没看见　　　　　　　　（D）第二天再告诉对方

19. 一年来，公司效益剧增，却没有给员工涨工资，也没有提高奖金。这时，如果同事推选你为代表与公司谈判，你会（　　）。

（A）拒绝　　　　　　　　　　　（B）推荐其他同事

（C）勉强答应，但不付诸行动　　（D）答应且付诸行动

20. 在日常工作中，你的自我感觉一般是（　　）。

（A）不太能得到别人的理解　　　（B）能够赢得别人的认可

（C）有时会感到有人对自己不怀好意　（D）时刻能感受到大家的友好

21. 对那些比你晚到公司的年轻人，你会（　　）。

（A）觉得他们在经验上不如自己

（B）认为他们能混到自己目前这样子还需要一些时间

（C）觉得他们不该到这个单位来

（D）认为他们会增加自己的竞争压力

22. 个人事业进步是由许多因素促成的。下列因素中，你认为最重要的是（　　）。

（A）先天素质　　（B）时运机缘　　（C）家庭背景　　　（D）勤奋好学

23. 如果你觉得公司安排给你的任务已经超出了你的能力范围，接受这样的任务会给公司造成损失。这是，你会（　　）。

（A）立即找上司推掉这份工作

（B）立即找上司说明自己的想法

（C）既然是公司的决定，那就先干起来再说

（D）不管如何，服从总是第一位的

24. 公司高薪聘请了一个人才。这个人在其他单位表现十分优异，但是，到了你所在的这个单位，才能没能很好地发挥出来。你对这件事情的看法是（　　）。

（A）或许这个所谓的人才根本不是人才（B）单位不会合理地使用人才

（C）有时会聘请人才只是充样子　　（D）人才浪费十分可惜

25. 如果你的同时，也是你的好友告知你，他决意离开公司，并将带走公司的一些商业机密。这时，你会（　　）。

（A）直接向公司告发他　　　　　（B）不声张，假装不知道

（C）用匿名信告知公司　　　　　（D）极力劝阻朋友别这样做

第二部分 理论知识

（26～125题，共100道题，满分为100分）

一、单项选择题（第26～85题，每题1分，共60分。每小题只有一个最恰当的答案，请在答题卡上将所选答案的相应字母涂黑）

26. 劳动力市场的基本功能是（ ）。

（A）调解资源的配置　　　　　　　（B）决定就业量与工资

（C）解决生产什么的问题　　　　　（D）解决如何生产的问题

27.（ ）是指国家在一定时期内生产的最终产品和服务按价格计算的货币价值总量。

（A）总需求　　　（B）总需求价格　　　（C）总供给　　　（D）总供给价格

28.（ ）以法律共同体的长期实践为前提，以法律共同体的普通的法律确信为基础。

（A）法官法　　　（B）判例法　　　（C）习惯法　　　（D）成文法

29. 正常情况下，每个月依照法定程序延长的工作时间不能超过（ ）。

（A）34小时　　　（B）36小时　　　（C）38小时　　　（D）40小时

30.（ ）是指预定的战略目标或标准，是战略控制的依据。

（A）战略测评标准　　（B）战略实施标准　　（C）战略评价标准　　（D）战略计划标准

31. 在管理形式上，现代人力资源管理是（ ）。

（A）静态管理　　　（B）权变管理　　　（C）动态管理　　　（D）权威管理

32.（ ）是以行为科学为理论依据，甚至作为行为科学的一部分而存在。

（A）近代组织理论　（B）古典组织理论　（C）现代组织理论　（D）权变管理理论

33. 在直线职能制垂直形态组织系统的基础上，再增加一种横向的管理系统的是（ ）组织形式。

（A）超事业部制　　（B）矩阵制　　　（C）流程型组织　　（D）网络型组织

34. 组织职能设计的核心内容是（ ）。

（A）职能分析　　　（B）职能调整　　　（C）职能分解　　　（D）部门设计

35. 在行业增长阶段后期，组织应选择（ ）组织结构。

（A）职能制　　　（B）矩阵制　　　（C）事业部制　　　（D）经营单位

36. 以产品为中心划分事业部的大型跨国公司，采用的是与之相适应的（ ）结构。

（A）直线职能制　　（B）分权事业部制　　（C）多维立体制　　　（D）矩阵制

37. 下列不属于工作扩大化的特点的是（ ）。

（A）增加工作任务

（B）充实岗位工作内容

（C）扩大岗位任务结构

（D）使员工完成任务的内容、形式和手段发生变更

38.（　　）是以宏观的物料流程为对象的程序图。

（A）人—机程序图 　　　　　　　　　　（B）操作人程序图

（C）多作业程序图 　　　　　　　　　　（D）线图

39. 以下参数中不影响企业专业技术人员需求总量的是（　　）。

（A）企业战略 　　　　　　　　　　　　（B）组织结构

（C）销售收入 　　　　　　　　　　　　（D）企业信息化程度

40. 企业的"宪法"是（　　）。

（A）企业基本制度 　（B）管理制度 　　（C）业务规范 　　　（D）技术规范

41. 对素质测评的对象进行直接定量刻画的量化形式，称为（　　）。

（A）一次量化 　　　（B）二次量化 　　（C）类别量化 　　　（D）模糊量化

42. 在员工素质测评结果的相关分析中，r=0 表示二级测评数据（　　）。

（A）完全负相关 　　（B）零相关 　　　（C）完全正相关 　　（D）不确定

43. 笔试存在的问题不包括（　　）。

（A）重知识而轻能力 　　　　　　　　　（B）重结果而轻过程

（C）重识记而轻应用 　　　　　　　　　（D）重数量而轻质量

44. 在面试实施的（　　），面试考官会进一步对核心阶段所获得的信息进行确认。

（A）结束阶段 　　　（B）导入阶段 　　（C）提问阶段 　　　（D）确认阶段

45."若顾客向你投诉，说你的下属服务质量差，你将会怎么做？"这属于（　　）。

（A）知识性问题 　　（B）思维性问题 　（C）经验性问题 　　（D）情境性问题

46. 行为描述面试的假设前提是（　　）。

（A）它是一种特殊的结构化面试 　　　　（B）所有的提问都是行为性问题

（C）说和做是截然不同的两码事 　　　　（D）实质是识别关键性工作要求

47. 以下最不适合用无领导小组讨论法进行人员选拔的岗位是（　　）。

（A）人力资源主管 　（B）财务管理人员 　（C）销售部门经理 　（D）公关部门经理

48. 员工个体素质的构成不包括（　　）。

（A）年龄 　　　　　（B）性别 　　　　（C）体质 　　　　　（D）素养

49. 人力资源个体与整体配置的方法不包括（　　）。

（A）劳动定额配置法 　　　　　　　　　（B）企业定员配置法

（C）岗位需求配置法 　　　　　　　　　（D）岗位分析配置法

50. 专业技能培训应采用的培训方法是（　　）。

（A）边实践边学习 　（B）集中培训 　　（C）分散方式 　　　（D）在职学习

51. 围绕新技术、新方法、新知识开展的培训对应的战略类型是（　　）。

（A）成本领先战略

（B）集中一点战略

（C）差异化战略

（D）人力资源开展战略

52. （　　）不属于职内培训方式。

（A）工作教导　　（B）工作轮调　　（C）工作见习　　（D）自我开发

53. 下列不属于培训内部环境的是（　　）。

（A）培训场所

（B）制度设计

（C）培训设备

（D）培训者及学员的观念

54. 在创业初期，企业应集中力量（　　）。

（A）提高创业者的营销公关能力、客户沟通能力

（B）提升自己的核心竞争力

（C）提高中层管理人员的管理能力

（D）提升员工对企业的归属感

55. 开展培训需求度调查时，负责对企业层面的培训需求进行分析的主体是（　　）。

（A）培训管理委员会

（B）培训中心

（C）职能部门的管理人员

（D）人力资源部

56. （　　）是对最常用又最关键的任务的描述，使包含许多复杂步骤的任务简单化。

（A）工作任务表　　（B）岗位指南　　（C）学员手册　　（D）培训者指南

57. （　　）最重要的是应该具备服务于企业目标与战略的计划与组织实施能力。

（A）高层管理人员

（B）中层管理人员

（C）基层管理人员

（D）一线管理人员

58. 对关于企业文化、职业心态等精神层面的培训成果进行评估的是（　　）。

（A）技能结果的评估

（B）行为改善度的评估

（C）情感结果评估

（D）绩效增长度的评估

59. 下列属于生产性组织考评指标的是（　　）。

（A）出勤率　　（B）工作效率　　（C）工作方式　　（D）生产数量

60. （　　）考评标准采用带有程度差异的形容词、副词、名词等词组表示不同的等级水平。

（A）数量式　　（B）等级式　　（C）量词式　　（D）定义式

61. 系数计分法与自然数计分法的根本区别在于（　　）。

（A）自然数法是一次性获得测评的绝对数值，而系数法不能直接获得绝对数值

（B）自然数法是一次性获得测评的相对数值，而系数法获得的只是绝对数值

（C）自然数法是一次性获得测评的相对数值，而系数法获得的是相对数值和绝对

数值

（D）自然数法不能一次性获得测评的绝对数值，而系数法可以直接获得绝对数值

62.（　　）采用的是平衡计分卡设定目标的方法。

（A）关键分析法　　（B）目标分解法　　（C）标杆基准法　　（D）360度考评法

63.（　　）辅导方式主要针对那些完成任务所需的知识技能比较缺乏的员工。

（A）方向型　　　　（B）鼓励型　　　　（C）命令型　　　　（D）指示型

64. 沟通的目的和侧重点是管理者就绩效目标和工作标准经与员工讨论后达成一致的绩效管理阶段是（　　）。

（A）绩效执行阶段　　　　　　　　　　（B）绩效考评和反馈阶段

（C）绩效计划阶段　　　　　　　　　　（D）绩效改进与在职辅导阶段

65. 品质主导型的绩效考评方法适用的行业或职业是（　　）。

（A）IT行业　　　　（B）管理人员　　　（C）销售人员　　　（D）流水线工人

66.（　　）容易造成绩效管理的扭曲，出现"好人不好，强人不强，弱者不弱"的考评结果。

（A）宽厚误差　　　　　　　　　　　　（B）苛严误差

（C）晕轮误差　　　　　　　　　　　　（D）集中趋势和中间倾向

67.（　　）是指将绩效优秀者与绩效一般者区分开来的个体潜在的深层次特征。

（A）能力特征　　　（B）胜任特征　　　（C）心理特征　　　（D）个性特征

68. 薪酬对社会的功能体现在对劳动力资源的（　　）。

（A）导向作用　　　（B）配置作用　　　（C）再配置　　　　（D）保障作用

69. 在进行薪酬市场调查中，确定调查的企业、岗位、数据和时间段是属于（　　）。

（A）确定调查目的　（B）确定调查范围　（C）确定调查岗位　（D）确定调查信息

70. 同一职系中，岗位性质、任务轻重、责任大小、所需人员资格皆很相似的职位的集合是（　　）。

（A）职组　　　　　（B）职门　　　　　（C）岗级　　　　　（D）岗等

71. 在（　　）中，薪酬的给予对象主要是管理者和专家人员。

（A）管理者薪酬　　　　　　　　　　　（B）技能薪酬

（C）以基础能力为基础的薪酬　　　　　（D）以策略能力为基础的薪酬

72. 激励性薪酬更适合于（　　）的薪酬制度设计。

（A）平行团队　　　（B）流程团队　　　（C）垂直团队　　　（D）项目团队

73.（　　）是在同一薪酬等级中，最高档次的薪酬水平与最低档次之间的薪酬差距。

（A）薪酬级差　　　（B）薪酬档次　　　（C）浮动幅度　　　（D）等级重叠

74.（　　）各个相邻的薪酬等级浮动幅度在数值上的交叉程度。

（A）薪酬级差　　　　（B）薪酬档次　　　　（C）浮动幅度　　　　（D）等级重叠

75. 效益性调整是一种当企业效益提高时，对（　　）给予等比例奖励的薪酬调整方法。

（A）全体员工　　　　（B）销售部门　　　　（C）管理人员　　　　（D）基层员工

76. 保障型企业补充医疗保险是指（　　）。

（A）基本医疗保险　　　　　　　　　　（B）第三方医疗保险

（C）社会医疗保险　　　　　　　　　　（D）商业补充医疗保险

77. 劳务派遣机构与被派遣劳动者依法订立（　　），建立劳动关系。

（A）派遣合同　　　　（B）劳动合同　　　　（C）集体合同　　　　（D）人才租赁合同

78. 劳务派遣机构与用工单位之间发生的争议涉及被派遣劳动者的利益，属于（　　）。

（A）民事纠纷　　　　（B）劳动争议　　　　（C）行政争议　　　　（D）法人争议

79. 经营劳务派遣业务的劳务派遣单位注册资本不得少于人民币（　　）元。

（A）50万　　　　（B）100万　　　　（C）150万　　　　（D）200万

80. 工资指导价位在每年（　　）发布，每年发布（　　）。

（A）3~4月，一次　　（B）3~4月，两次　　（C）5~6月，一次　　（D）5~6月，两次

81.（　　）是处理生产与安全两者之间关系的基本准则。

（A）安全第一　　　　（B）预防为主　　　　（C）以人为本　　　　（D）防重于治

82. 关于劳动争议的分类，按照劳动争议的主体划分，职工一方当事人人数为10人以上，有共同争议理由的，称为（　　）。

（A）个别争议　　　　（B）团体争议　　　　（C）集体争议　　　　（D）小组争议

83. 当事人因主张有待确定的权利和义务所发生的争议称为（　　）。

（A）集体争议　　　　（B）权利争议　　　　（C）利益争议　　　　（D）团体争议

84.（　　）是进行诉讼的前置必经程序。

（A）调解　　　　（B）仲裁　　　　（C）协商　　　　（D）裁决

85.（　　）的劳动争议处理机构是劳动争议仲裁委员会的办事机构。

（A）企业工会　　　　　　　　　　（B）用人单位

（C）行业协会　　　　　　　　　　（D）劳动行政主管部门

二、多项选择题（86~125题，每题1分，共40分。每题有多个答案正确，请在答题卡上将所选答案的相应字母涂黑。错选、少选、多选，均不得分）

86. 对摩擦性失业表述正确的是（　　）。

（A）高效率利用劳动资源的需要　　　　（B）一种正常性失业

（C）动态性市场经济的一个自然特征 （D）一种岗位交换之间的失业

（E）表明劳动力经常处于流动过程之中

87. 企业战略的实质是实现（   ）之间的动态平衡。

（A）外部环境 （B）内部环境 （C）企业实力

（D）战略目标 （E）长远发展

88. 社会知觉包括的类型有（   ）。

（A）首因效应 （B）光环效应 （C）投射效应

（D）对比效应 （E）刻板印象

89.（   ）属于人力资源开发的主要内容。

（A）人才发现 （B）人才培养 （C）人才教育

（D）人才调剂 （E）人才培训

90. 流程型组织结构和传统型组织结构相比较，具有的优点包括（   ）。

（A）以顾客或市场为导向 （B）提高了组织的运行效率

（C）组织结构的扁平化 （D）能够对市场变化做出快速的反应

（E）使企业组织结构的灵活性和适应性不断增强

91. 职能调整的方法包括（   ）。

（A）转移职能的重心 （B）充实已有职能 （C）增加新的职能

（D）删除已有职能 （E）重新确定职能的重心

92. 按照不同对象和标志，部门结构的横向设计方法包括（   ）。

（A）自上而下法 （B）按人数划分法 （C）按时序划分法

（D）业务流程法 （E）按顾客划分法

93. 改进岗位设计的基本内容包括（   ）。

（A）岗位工作扩大化 （B）岗位工作丰富化 （C）岗位工作的满负荷

（D）岗位的工时工作制 （E）劳动环境的优化

94. 下列属于岗位深度扩大法的具体形式的是（   ）。

（A）岗位工作纵向调整 （B）充实岗位工作内容 （C）岗位工作连贯设计

（D）岗位工作轮换设计 （E）岗位工作矩阵设计

95. 企业经营管理人员分为（   ）。

（A）战略管理人员 （B）运营管理人员 （C）市场运作人员

（D）保障管理人员 （E）社会化服务管理人员

96. 考核性测评的主要特点是（   ）。

（A）结果不公开 （B）系统性强 （C）测评标准刚性强

（D）概括性较强 （E）有较高的信度与效度

97. 在素质测评中，常用的对员工进行分类的标准有（　　）。

（A）道德分类标准　　　　（B）调查分类标准　　　　（C）数学分类标准

（D）性别分类标准　　　　（E）能力分类标准

98. 笔试的优点包括（　　）。

（A）成本低，费时少，效率高　　　　（B）具有较高的信度和效度

（C）体现出公平、准确的特点　　　　（D）测试内容呈多样性

（E）不会出现"高分低能"现象

99. 根据面试实施的方式，面试可以分为（　　）。

（A）结构化面试　　　　（B）单独面试　　　　（C）小组面试

（D）行为性面试　　　　（E）经验性面试

100. 企业人力资源配置从配置的性质方面可以分为（　　）。

（A）数量配置　　　　（B）质量配置　　　　（C）结构配置

（D）个体配置　　　　（D）整体配置

101. 下列属于人力资源个体与整体配置的方法的是（　　）。

（A）劳动定额配置法　　　　（B）岗位需求配置法　　　　（C）个人能力配置法

（C）企业定员配置法　　　　（E）岗位分析配置法

102. 制订员工培训规划时应达到普遍性的要求，具体体现为（　　）。

（A）适应不同的工作任务　　　　（B）适应不同的培训对象

（C）适应不同的培训需求　　　　（D）适应不同的管理制度

（E）适应不同的部门职能

103. 培训的组织分析的内容包括（　　）。

（A）工作分析　　　　（B）责任分析　　　　（C）任职条件分析

（D）督导与组织关系分析　　　　（E）组织文化分析

104. 明确可行的目标必须符合（　　）的条件。

（A）明确任务　　　　（B）准确定位　　　　（C）具体明确可量化

（D）保障管理人员　　　　（E）有相应的时间限制

105. 年度培训计划由（　　）构成。

（A）封面模块　　　　（B）目录模块　　　　（C）计划概要模块

（D）主体计划模块　　　　（E）附录模块

106. 外部培训资源的开发途径包括（　　）。

（A）从大中专院校聘请讲师　　　　（B）聘请专职的培训师

（C）从顾问公司聘请培训顾问　　　　（D）聘请本专业的专家、学者

（E）在网络上寻找并联系培训教师

107. 下列属于中层管理人员能力组合的是（　　）。

（A）洞察能力　　　　　　（B）判断能力　　　　　（C）概念思维

（D）专业能力　　　　　　（E）业绩考核能力

108. 绩效考评指标的来源包括（　　）。

（A）组织战略　　　　　　（B）经营规划　　　　　（C）部门职能

（D）岗位职责　　　　　　（E）绩效短板与不足

109. 使用"头脑风暴法"进行集体讨论时，应遵循的原则包括（　　）。

（A）任何时候都不批评别人的想法　　　（B）思想越激进越开放越好

（C）强调产生想法的数量　　　　　　（D）鼓励别人改进想法

（E）针对性原则

110. 选择关键绩效指标的原则包括（　　）。

（A）整体性　　　　　　　（B）增值性　　　　　　（C）可测性

（D）可控性　　　　　　　（E）关联性

111. 绩效监控的有效性取决于（　　）。

（A）管理者领导风格的选择

（B）管理者绩效辅导水平

（C）管理者与下属之间绩效沟通的有效性

（D）绩效考评信息的有效性

（E）绩效辅导时机与方式的选择

112.（　　）属于绩效沟通的内容。

（A）绩效实施沟通　　　　（B）绩效计划沟通　　　（C）绩效辅导沟通

（D）绩效反馈沟通　　　　（E）绩效改进沟通

113. 绩效面谈的类型包括（　　）。

（A）单向劝导式面谈　　　（B）双向倾听式面谈　　（C）解决问题式面谈

（D）综合式绩效面谈　　　（E）问题提问式面谈

114. 岗位分级与品位分类的主要区别有（　　）。

（A）分类的依据标准不同　（B）分类的依据不同　　（C）适用范围不同

（D）适用岗位不同　　　　（E）适用资格不同

115. 岗位横向分类的原则包括（　　）。

（A）单一原则　　　　　　（B）程度原则　　　　　（C）对比原则

（D）时间原则　　　　　　（E）选择原则

116. 岗位薪酬制的特点包括（　　）。

（A）对岗不对人　　　　　（B）对人不对岗　　　　（C）根据岗位支付薪酬

（D）以岗位分析为基础　　　（E）客观性较强

117. 团队薪酬的主要组成要素包括（　　）。

（A）基本薪酬　　　　　（B）激励性薪酬　　　　　（C）绩效认可奖励

（D）风险收入　　　　　（E）年终奖金

118. 薪酬计划报告通常包括（　　）。

（A）企业薪酬总额和各主要部门薪酬总额

（B）人力资源规划情况

（C）预测的下一年度各主要部门薪酬增长率

（D）预计的招聘、晋升等情况

（E）预测的下一年度企业薪酬总额和薪酬增长率

119. 企业年金基金的组成包括（　　）。

（A）企业缴费　　　　　　　　（B）员工个人缴费

（C）企业年金基金投资运营收益　　　（D）企业定期分红

（E）员工年终奖金

120. 劳动关系与劳务关系的区别包括（　　）。

（A）两者产生的原因不同　　　　（B）适用的法律不同

（C）主体资格不同　　　　　　　（D）主体性质及其关系不同

（E）当事人之间权利义务方面有着系统性的区别

121. 经营劳务派遣业务的劳务派遣单位应当具备下列哪些条件（　　）。

（A）注册资本不得少于人民币 200 万元

（B）有与开展业务相适应的固定的经营场所和设施

（C）有符合法律、行政法规规定的劳务派遣管理制度

（D）有足以抵御可预见的系统风险的风险保证金

（E）法律、行政法规规定的其他条件

122. 属于工资集体协商的内容有（　　）。

（A）工资协议的期限

（B）工资分配制度、工资标准和工资分配形式

（C）工资支付办法

（D）职工年度平均工资水平及其调整幅度

（E）变更、解除工资协议的程序

123. 劳动者健康检查制度包括（　　）。

（A）员工招聘健康检查　　　　　（B）企业员工的定期体检

（C）企业员工的不定期体检　　　　（D）发放体检卡福利

（E）职业病检查

124. 劳动组织优化主要包括（　　）。

（A）作业班组合理组织　　　　　　（B）准备性工作和执行性工作合理组织

（C）工作时间合理组织　　　　　　（D）不同工种、工艺阶段合理组织

（E）劳动环境优化

125. 劳动争议仲裁的基本制度包括（　　）。

（A）仲裁庭制度　　　　（B）一次裁决制度　　　　（C）合议制度

（D）回避制度　　　　（E）管辖制度及区分举证责任制度

参考答案

第一部分　职业道德

此部分无标准答案，根据人力资源从业人员的职业价值观作答。

第二部分　理论知识

一、单项选择题

26. B　27. C　28. C　29. B　30. C　31. C　32. A　33. B　34. A　35. C　36. C　37. B　38. D　39. D　40. A　41. A　42. B　43. D　44. D　45. D　46. C　47. B　48. D　49. C　50. A　51. C　52. D　53. B　54. C　55. A　56. A　57. B　58. C　59. D　60. C　61. A　62. B　63. D　64. C　65. A　66. D　67. B　68. C　69. C　70. C　71. D　72. B　73. C　74. D　75. A　76. D　77. B　78. A　79. D　80. C　81. A　82. A　83. C　84. B　85. D

二、多项选择题

86. ABCDE　87. ACD　88. ABCDE　89. ABCDE　90. ABCDE　91. ABCE　92. BCE　93. ABCDE　94. ABCDE　95. ABCDE　96. DE　97. BC　98. ABCD　99. BC　100. AB　101. ACD　102. ABC　103. ABCDE　104. BCDE　105. ABCDE　106. ABCDE　107. BDE　108. ABCDE　109. ABCD　110. ABCDE　111. ABCD　112. ABCDE　113. ABCDE　114. ABC　115. ABDE　116. ACDE　117. ABC　118. ABCDE　119. ABC　120. ABCDE　121. ABCE　122. ABCDE　123. AB　124. ABCD　125. ABCDE

模拟题卷册二及参考答案

模拟题卷册二

一、简答题(本题共3题，第1小题20分，第2小题14分，第3小题12分，共46分)

1. 简述制定具体人力资源管理制度的程序。

2. 简述不同绩效管理阶段沟通的目的和侧重点。

3. 请简述技能薪酬制的主要类型。

二、综合题(本题共3题，第1小题22分，第2小题15分，第3小题17分，共54分)

1. 某机械制造销售公司拟在本年度内为下属的地区销售部招聘30名营销经理。公司人力资源部王经理，对新招聘来的大学生小李说："这项重要任务就交给你了，你先提出一个招聘方案吧！"小李是刚刚从一所知名大学人力资源管理专业毕业的本科生，他欣然地接受了任务，一周以后，他设计了一份详细的招聘计划草案，送到了王经理的面前。

在小李所提交的招聘计划草案中，提出营销经理的招聘工作分初选、细选和终选三个阶段完成。在根据应聘人员的简历、求职表和推荐信等资料进行初选的基础上，应当对候选人进行一次选拔性的素质测评，作为第二阶段的主要任务，然后再采用面试、无领导小组讨论等方法选拔出最终候选人。

请根据本案例，回答以下问题：

(1)您认为对应聘者进行选拔性素质测评，应当做好哪些准备工作？(8分)

(2)对营销经理的"团队管理能力"进行测评时，需要把握哪些测评要素？(14分)

2. 天美公司于2012年1月成立，主要从事美容产品的研发、生产和销售。为了提高员工的胜任能力，让员工迅速融入到企业文化中来，以最饱满的精神状态投入到工作中，从而更好地实现企业发展战略，公司在成立之初，管理层就非常注重对员工的培训，因此在公司成立的同时制订了详细的培训计划。

请结合案例，说明该公司应当采用哪些指标监督检查确立的培训计划？

3. 2009年5月15日，某地广告设计公司以严重违反公司规章制度为由，解除了与该公司员工张某的劳动合同。尽管张某在解除劳动合同后不久，即离开本地去外地找到了新的工作，但张某并不认为公司的劳动合同解除行为合法有效。

2010年5月13日，张某在办理职称评定准备相关材料的时候，发现其档案中有原单位注明其离职类型为"严重违纪"。张某认为原单位的这种表述很有可能影响其职称评定，因为特别注意到时效即将届满，于是马上购买了13日下午的飞机票准备回原单位进行交涉。

但是意想不到的是，由于天气原因，原航班被迫取消，张某最终于14日晚飞抵原工作地。次日清早，张某即向原公司提出交涉，但公司未予回应。当天下午，张某即向当地劳动争议仲裁委员会申请仲裁，但仲裁委发现该案刚好超过申诉时效1天时，明确告诉其时效已经超过，其申诉权利不再受法律保护。

试分析，如张某能够向仲裁委员会提供当日误机的客观证据，当地仲裁委员会是否应该受理，有何依据？

参考答案

一、简答题

1. 评分标准

企业制定具体人力资源管理制度的程序是：

（1）概括说明建立本项人力资源管理制度的原因，在人力资源管理中的地位和作用。（2分）

（2）对负责本项人力资源管理的机构设置、职责范围、义务分工，以及各项参与本项人力资源管理活动的人员的责任、权限、义务和要求做出具体规定。（2分）

（3）明确规定本项人力资源管理的目标、程序和步骤，以及具体实施过程中应当遵守的基本原则和具体的要求。（2分）

（4）说明本项人力资源管理制度设计的依据和基本原理，对数据采集、汇总整理、信息传递的形式和方法，以及具体的指标和标准等做出简要确切的解释和说明。（2分）

（5）详细规定本项人力资源管理活动的类别、层次和期限（如何时提出计划，何时确定计划，何时开始实施，何时具体检查，何时反馈汇总，何时总结上报等）。（2分）

（6）对本项人力资源管理制度中所使用的报表格式、量表、统计口径、填写方法、文字撰写和上报期限等提出具体的要求。（2分）

（7）对本项人力资源管理活动的结果应用原则和要求，以及与之配套的规章制度的贯彻实施和相关政策的兑现办法做出明确规定。（2分）

（8）对各个职能和业务部门本项人力资源管理活动的年度总结、表彰活动和要求做出原则规定。（2分）

（9）对本项人力资源管理活动中员工的权利与义务、具体程序和管理办法做出明确详细的规定。（2分）

（10）对本项人力资源管理制度的解释、实施和修改等其他有关问题做出必要的说明。（2分）

2. 评分标准

（1）在绩效计划阶段：沟通的目的和侧重点是管理者就绩效目标和工作标准与员工讨论后达成一致。在此期间管理者要当好辅导员和教练员，指导和帮助下属制订计划。（2分）

（2）在绩效执行阶段：沟通的目的主要有两个，一个是员工汇报工作进展或就工作中遇到的障碍向主管求助，寻求帮助和解决办法；另一个是主管人员对员工的工作与目标计划之间出现的偏差进行及时纠正。（4分）

（3）在绩效考评和反馈阶段：员工与主管进行沟通主要是为了对员工在考核期内的工作进行合理公正和全面的评价；同时，主管还应当就员工出现问题的原因与员工进行沟通分析，并共同确定下一阶段改进的重点。（4分）

（4）在考评后的绩效改进与在职辅导阶段，沟通的目的主要是跟踪了解整改措施的落实情况，并提供相关支持。具体地说，一是要经常性地关注员工的绩效发展，对绩效进行前后对比，发现偏差，及时纠正。二是要将整改的落实情况，纳入到下一轮绩效考核的依据收集中，做到闭环管理。（4分）

3. 评分标准

技能薪酬制是一种以员工的技术和能力为基础的薪酬制度，主要类型如下。

（1）技术薪酬。基本思想是根据员工的通过证书或培训所证明的技术水平支付其薪酬，而不管这种技术是否在实际工作中被应用。（4分）

（2）能力薪酬。①以基础能力为基础的薪酬；②以策略能力为基础的薪酬。（4分）

（3）绩效薪酬制。①计件薪酬制（计件工资制）；②佣金制（提成制）。（4分）

二、综合题

1. 评分标准

（1）为了保证人员选拔的质量，应做好以下准备工作。

①收集必要的相关资料和数据。（2分）

②组织强有力的测评小组。（2分）

③制定测评方案。（2分）

A. 确定被测评对象范围和测评目的。（1分）

B. 设计和审查员工素质能力测评的指标与参照标准。（1分）

C. 编制或修订员工素质能力测评的参照标准。（1分）

D. 选择合理的测评方法。（1分）

（2）对"团队管理能力"进行测评时，需要把握的测评要素。（每项2分）

①沟通协作；②组织能力；③监控；④培养与指导他人；⑤团队精神；⑥激励下属；⑦绩效导向。

2. 评分标准（每项1分）

（1）时间安排合理性；（2）培训进度安排合理性；（3）培训内容前后一致性；（4）培训顾问邀请可行性；（5）培训资金投入状况；（6）培训场所距离适合度；（7）人员分工明确性与合理性；（8）培训评估的合理量化标准；（9）培训所需工具资料准备全面性；（10）培训形式说明具体程度；（11）对培训对象的接待安排妥善程度；（12）培训实施安排与培训计划进度一致性；（13）对培训实施过程突发问题的防范措施；（14）对培训的纪律要求适当性；（15）培训管理者支援程度。

3. 评分标准

《劳动争议调解仲裁法》第二十七条第三款规定："因不可抗力或者有其他正当理由，当事人不能在本条第一款规定时效期间申请仲裁的，仲裁时效中止。从中止时效的原因消除之日起，仲裁时效期间继续计算。"（7分）

在本案例中，张某在时效即将届满的时候向原用人单位主张权利，但是由于天气原因航班延误，不得已在次日才得以进行相关权利主张。张某的此种延误应属于"因不可抗力"的情形，在其提供航空公司的相关证明文件或等仲裁委员会查明以后，其仲裁时效应基于中止的特别情形而特别处理。因此，张某于15日向公司交涉及向当地劳动争议仲裁委员会申请仲裁并未超过法定时效，当地仲裁委员会应予以立案受理。（10分）

第六篇
资料分享与实操技能提升

　　本篇所提供的人力资源实务资料旨在帮助人力资源从业者深入了解人力资源前沿理论与工具，在实践中升华理论，逐步提升人力资源管理实践操作的技能。

　　通过对本篇的学习，考生应能够有效地借助所提供的人力资源实操工具、方法、步骤等现有资料，增强人力资源知识与经验的积累，在实践工作中拨开人力资源管理的迷雾，学会站在巨人的肩膀上勇往直前！

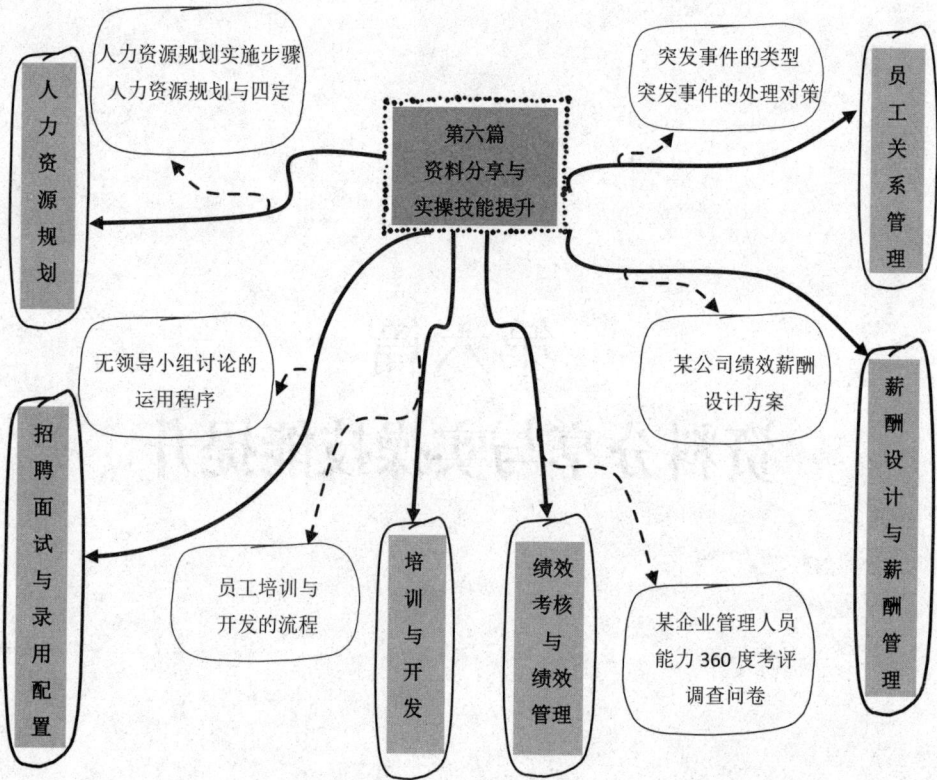

第一章　人力资源规划技能提升

人力资源规划在具体实施时，一般按照图 6-1-1 所示步骤进行。

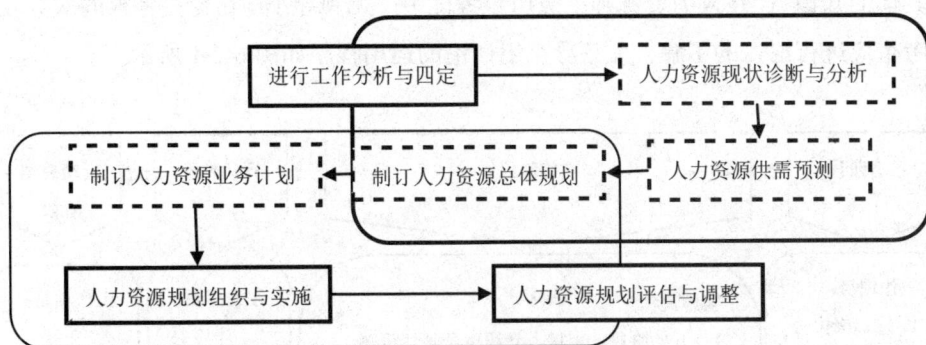

图 6-1-1　人力资源规划实施的步骤

由上图可知，四定（定岗、定编、定员、定薪）是人力资源规划的前提与基础。因此，考生要想能够深层次地理解人力资源规划，先应当明确四定能够为人力资源规划提供哪些方面的基础作用，进而能够使自己在考试中准确、全面、深刻地回答与人力资源规划相关的综合分析题。四定为人力资源规划提供的基础作用主要体现为图 6-1-2 所示内容。

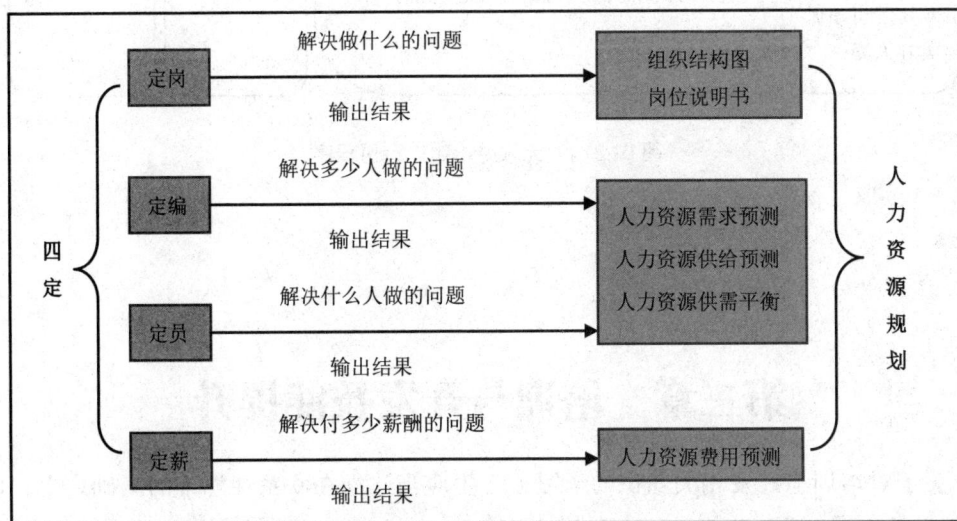

图 6-1-2　四定为人力资源规划提供的基础作用

第二章　招聘面试与录用配置技能提升

关于人员招聘与配置相关知识的学习，考生应理解和把握考试的重点和难点，同时兼顾其他的知识点。在人力资源师二级历年考试中，无领导小组讨论是考察的次数较多，因此考生应进行深入的了解，无领导小组讨论的运用程序如图 6-2-1 所示。

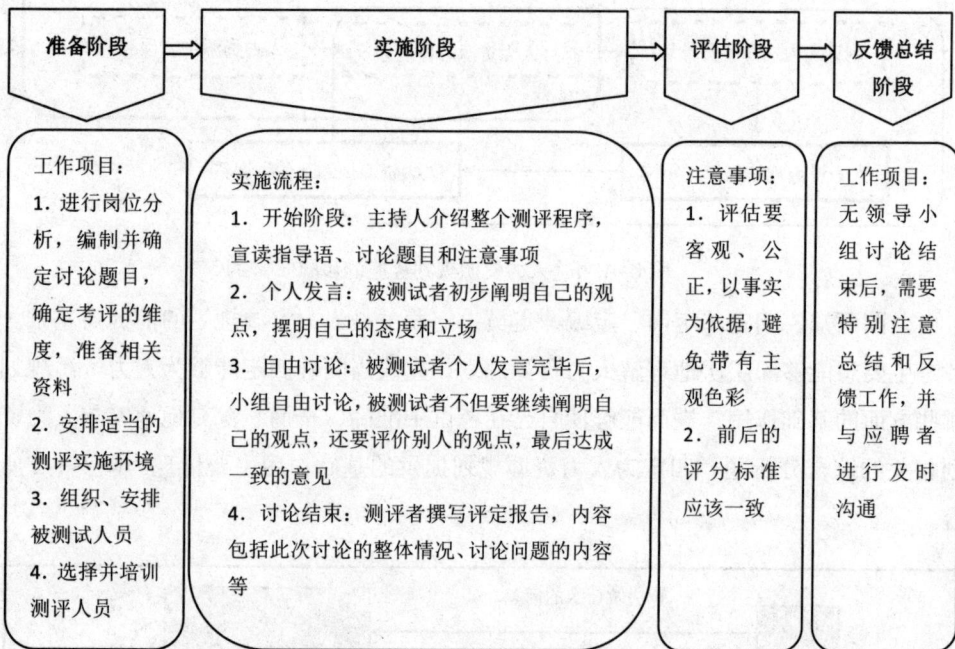

图 6-2-1　无领导小组的运用程序

第三章　培训与开发技能提升

关于对培训与开发相关知识的学习，考生应当建立在联系性思维的基础之上，以系统性的方法来掌握各个章节的内容。这样有利于提高考生的复习效率，提升考生对培训与开发内容的理解力，从而更好地应对企业人力资源管理师二级的考试。为此，考生有必要了解员工培训与开发的整个流程。员工培训与开发的流程具体如图 6-3-1 所示。

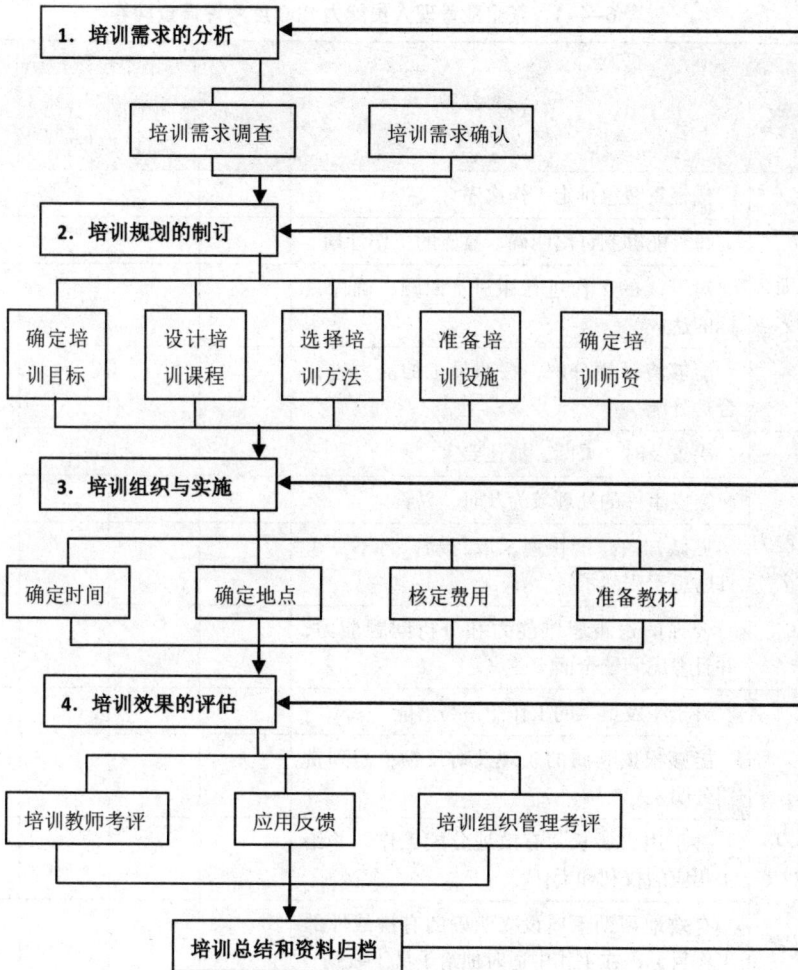

图 6-3-1　员工培训与开发的流程

第四章　绩效考核与绩效管理技能提升

360 度考评法强调全方位客观地对员工进行考评，它既注重考评员工的最终成果，又将员工的行为、过程和个人努力的程度纳入考评的内容，使得绩效考核更能全面客观地反映员工的表现和业绩。因此，越来越多的企业开始采用该方法。360度考评方法应用的关键是设计360度考评问卷。某企业管理人员能力360度考评调查问卷如表6-4-1所示，供考生参考。

表 6-4-1　某企业管理人员能力 360 度考评调查问卷

考核项目	考核内容	评分（每小题5分）				备注
		上级考评	同事考评	下级考评	自我考评	
计划控制能力（20分）	按轻重缓急排定工作次序					
	每月能够制订出明确、具体的工作计划					
	对下属的工作进行跟进、回顾，确保目标的达成					
	能够将计划分解，按照员工的能力进行合理分配					
分析决策能力（20分）	决策及时、果断，抓住要害					
	突发事件的处理较为及时、妥善					
	见微知著，能快速采取行动，将不良事件防患于未然					
	较强的逻辑思维能力和分析问题能力，并且考虑问题全面					
授权与激励能力（20分）	善于激发员工的工作激情与潜能					
	能够根据下属的表现及时反馈，做到赏罚分明					
	善于用人所长，有效地分配工作，并给予相应的权利和责任					
	有效地帮助下属设立明确的有挑战性的工作目标，在工作中适时地给予员工鼓励					
沟通协调能力（20分）	有效地化解矛盾和冲突					
	与下属沟通其工作目标的能力					
	制造一种让员工畅所欲言的氛围					
	积极听取下属的意见并有效地给予反馈					
团队协作能力（20分）	接受和支持团队决定					
	积极促进团队成员间的合作					
	主动配合领导、同事及其他相关部门工作					
	能够与上级和下属分享工作成绩，乐于协助同事解决工作中的问题					

第五章　薪酬设计与薪酬管理技能提升

绩效薪酬设计的基本原则是通过激励个人提高绩效促进组织绩效的改进，即通过绩效薪酬传达企业绩效预期的信息，刺激企业员工来达到目的，使企业更关注结果或独具特色的文化与价值观，促进高绩效员工获得高期望薪酬，保证薪酬因员工绩效而不同。绩效薪酬制度不是简单的工资与产品数量挂钩的薪酬形式，而是建立在科学的工资标准和管理程序基础上的薪酬体系。以下是某公司绩效薪酬设计方案的示例，可供实务操作中参考借鉴。

某公司绩效薪酬设计方案

为充分调动公司员工的工作积极性和创造性，以提高公司的生产效率和管理效率，促使公司和所有员工共同进步和发展，特制定本方案。

一、工资构成

本公司员工的工资由岗位工资、绩效工资和奖金三部分构成，具体如图6-5-1所示。

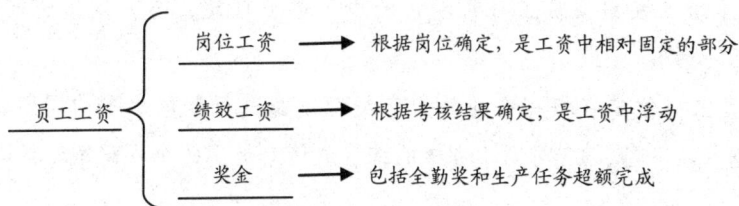

图 6-5-1　工资构成图

二、工资的核算（以生产岗位为例）

1.岗位工资

岗位工资根据员工所在岗位而定，实行一岗数薪制。下表为生产人员的工资支付标准。

职级	岗位	岗位工资（单位：元）
7		2200
6	基层管理者	1800
5		1500

续表

职级	岗位	岗位工资（单位：元）
4	生产二岗	1400
3		1250
2	生产一岗	1200
1		1000

2．绩效工资

绩效工资的计算公式如下。

绩效工资＝岗位工资×30%×品质系数×调整系数

（1）品质系数根据生产人员生产出来的产品的品质检验结果进行评定，其范围为0～1。

（2）调整系数是当因非生产人员的过失而造成产品质量下降时进行工资调节的一种手段，具体标准由生产部经理核定，报总经理审批后执行。

3．奖金

奖金分为全勤奖和生产任务超额完成奖两部分。

三、试用期人员岗位工资的支付

试用期人员的工资，按其所在岗位的岗位工资的80%支付。

四、工资的发放与调整

1．浮动工资根据员工每月考核的成绩进行评定，与固定工资同时按月发放。

2．员工岗位工资根据企业的生产经营效益进行整体水平的调整。同时，公司根据每年6月、12月两次考核的综合成绩对员工的个人薪酬进行调整。

第六章　员工关系管理技能提升

重大突发事件的发生会对企业系统的基本价值、根本利益和行为准则产生严重威胁，突发事件会造成对企业系统的高度破坏，导致资金、资产的流失，甚至人员伤亡，甚至还会损坏组织形象等。因此，人力资源从业人员有必要对企业突发事件类型和特点有所了解，并掌握处理突发事件的对策。在企业中的群体性突发事件的类型主要包括七种，具体如图 6-6-1 所示。

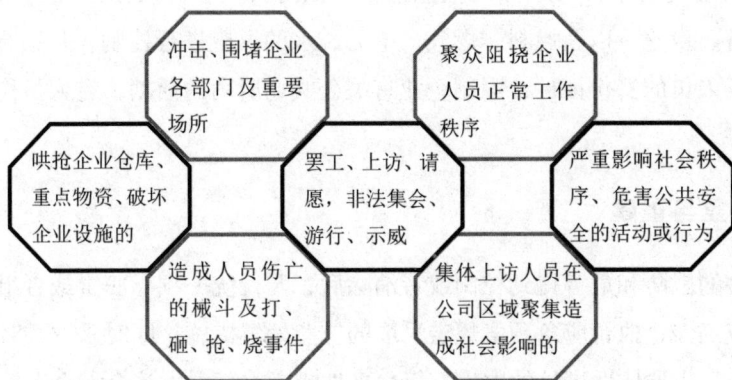

图 6-6-1　突发事件的类型

为了预防和减少突发事件的发生，控制、减轻和消除突发事件引起的严重危害，保护企业员工生命财产安全，维护企业安全和社会秩序，企业应当掌握突发事件的处理对策，一般包括突发事件的预防与应急准备、监测与预警、应急处置与救援、事后恢复与重建四个方面。

一、突发事件的预防与应急准备

企业应制定突发事件总体应急预案，应急预案应当针对企业员工冲突中突发事件的性质、特点和可能造成的危害，具体规定突发事件应急管理工作的组织指挥体系与职责和突发事件的预防与预警机制、处置程序、应急保障措施及事后恢复与重建措施等内容。企业还应当建立健全突发事件应急管理培训制度，对企业相关部门负有处置突发事件职责的工作人员定期进行培训。

二、监测与预警

企业应建立统一的突发事件信息系统，汇集、储存、分析、传输有关突发事件的信息，并与有关部门、专业机构和监测网点的突发事件信息系统实现互联互通，加强跨部门的信息交流与情报合作。当突发事件发生时，现场相关人员应当向上级部门或领导报告突发事件信息，报告突发事件信息时应当做到及时、客观、真实，不得迟报、谎报、瞒报、漏报。

三、应急处置与救援

突发事件发生后，履行统一领导职责或者组织处置突发事件的相关领导应当针对其性质、特点和危害程度，立即组织有关部门，调动应急救援队伍，依照企业应急预案的规定和有关法律、法规、规章的规定采取应急处置措施。

根据不同的突发事件有不同的应急措施，如对突发事件发生区域内的建筑物、交通工具、设备、设施，以及燃料、燃气、电力、水的供应进行控制，封锁有关场所、道路，查验现场人员的身份证件，限制企业有关公共场所内的活动，有人员伤亡时采取紧急救护措施等。

四、事后恢复与重建

突发事件的威胁和危害得到控制或者消除后，履行统一领导职责或者组织处置突发事件的企业应当停止执行应急预案规定采取的应急处置措施，同时采取或者继续实施必要措施，防止发生群体性事件的次生、衍生事件或者重新引发社会安全事件。

另外，在突发事件事后恢复与重建时期，企业一方面要如实兑现突发事件中对公众的承诺，做好善后工作。另一方面还需要对企业形象进行重新设计，准确定位，以弥补突发事件造成的形象损失，重新赢得公众的信任。

参考文献

[1] [美] 德斯勒，[新] 陈水华著. 人力资源管理（亚洲版·第 2 版）［M］. 北京：机械工业出版社，2013

[2] 程向阳，王明姬. 人力资源操作与风险规避指引手册［M］. 北京：北京大学出版社，2009

[3] 劳动和社会保障部职业鉴定中心，企业人力资源管理师项目办公室. 企业人力资源管理师（二级）国家职业资格考试指南，法律手册［M］. 北京：中国劳动社会保障出版社，2007

[4] 刘建华主编. 人力资源培训与开发［M］. 北京：中国电力出版社，2014

[5] 刘亚萍. 绩效管理方法与工具［M］. 北京：中国劳动社会保障出版社，2014

[6] 刘追主编. 人员招聘与配置［M］. 北京：中国电力出版社，2014

[7] 彭剑锋. 人力资源管理概论［M］. 上海：复旦大学出版社，2005

[8] 孙宗虎，姚小风. 员工培训管理实务手册（第 3 版）［M］. 北京：人民邮电出版社，2012

[9] 姚裕群. 人力资源开发与管理概论［M］. 北京：高等教育出版社，2005

[10] 王胜会. 员工面试与录用精细化实操手册［M］. 北京：中国劳动社会保障出版社，2013

[11] 赵曙明. 人才测评：理论、方法、工具、实务［M］. 北京：人民邮电出版社，2014

[12] 中国就业培训技术指导中心. 企业人力资源管理师（二级）［M］. 3 版. 北京：中国劳动社会保障出版社，2014

[13] 中国就业培训技术指导中心. 企业人力资源管理师基础知识［M］. 3 版. 北京：中国劳动社会保障出版社，2014